MARISA LETÍCIA LULA DA SILVA

Bordado realizado pelo coletivo Linhas de Sampa, a partir de fotografias de Hélio Campos Mello, de 8 de maio de 1980, durante a greve dos metalúrgicos do ABC. Marisa Letícia e as esposas de outros líderes presos reivindicam a reabertura das negociações entre sindicato e patrões

CONSELHO EDITORIAL
Ana Paula Torres Megiani
Eunice Ostrensky
Haroldo Ceravolo Sereza
Joana Monteleone
Maria Luiza Ferreira de Oliveira
Ruy Braga

MARISA LETÍCIA LULA DA SILVA

CAMILO VANNUCHI

Copyright © 2020 Camilo Vannuchi

Grafia atualizada segundo o Acordo Ortográfico da Língua Portuguesa de 1990, que entrou em vigor no Brasil em 2009.

Edição: Haroldo Ceravolo Sereza e Joana Monteleone
Editora assistente: Danielly de Jesus Teles
Projeto gráfico e diagramação: Danielly de Jesus Teles
Capa: Fabrício Igbó
Assistente acadêmica: Tamara Santos
Revisão: Haroldo Ceravolo Sereza e Joana Monteleone
Imagem da capa: Bordado realizado pelo coletivo *Linhas de Sampa*, a partir de fotografias de Hélio Campos Mello, de 8 de maio de 1980, durante a greve dos metalúrgicos do ABC

CIP-BRASIL. CATALOGAÇÃO-NA-FONTE
SINDICATO NACIONAL DOS EDITORES DE LIVROS, RJ

V343m

Vannuchi, Camilo
    Marisa Letícia Lula da Silva / Camilo Vannuchi. - 1. ed. - São Paulo : Alameda, 2020.
    ; 23 cm.

Inclui bibliografia
ISBN 978-85-7939-631-1

    1. Silva, Marisa Letícia Lula da, 1950-2017. 2. Cônjuges de presidentes - Brasil - Biografia. I. Título.

19-62064   CDD: 923.2
                CDU: 929:32

*Editora filiada à Liga Brasileira de Editoras (LIBRE) e
à Aliança Internacional dos Editores Independentes (AIEI)*

ALAMEDA CASA EDITORIAL
Rua 13 de Maio, 353 – Bela Vista
CEP 01327-000 – São Paulo, SP
Tel. (11) 3012-2403
www.alamedaeditorial.com.br

Para Aline

Em memória de Arthur Araújo Lula da Silva (2012-2019)

Quando a noite caiu, uma estrela insistentemente marcava presença no céu. Lembrou-se novamente das palavras do pai. As mulheres pareciam estrelas. Eram bonitas. Enfeitavam a noite que existia no peito dos homens.

Conceição Evaristo

Sumário

Apresentação – *Luiz Inácio Lula da Silva*	11
Prefácio – *Fernando Morais*	13
1. "A gente nunca vai conseguir"	15
2. Casamento de viúvos	25
3. A batateira do Bairro dos Casa	53
4. As greves	65
5. Prenderam o Lula!	99
6. Optei	125
7. Tão longe, tão perto	141
8. Quase lá	167
9. A esperança venceu o medo	195
10. Primeira-companheira	245
11. Sinfonia do Alvorada	283
12. Lava Jato	303
13. Agora eu sou uma estrela	339
Epílogo	389
Pessoas entrevistadas	401
Bibliografia e filmografia	403

Apresentação
Luiz Inácio Lula da Silva

Meu caro Camilo Vannuchi,

Recebi há pouco a notícia de que a biografia da Marisa ficou pronta. Já não era sem tempo! Em janeiro vai fazer dois anos que você esteve no Instituto Lula para me entrevistar. Parece até que você estava só esperando eu ser solto para liberar o livro para a gráfica.

Sinto não ter conversado com você outras vezes. Quando íamos retomar as entrevistas, decidiram que eu deveria ser preso: uma prisão política e arbitrária, que resultou de um processo cheio de ilegalidades, como sabíamos desde o início, mas que só recentemente começaram a aparecer na imprensa, após as revelações do *Intercept*.

Infelizmente, não posso dizer o que achei do livro porque ainda não o li. Você bem que podia ter enviado uma cópia para mim em Curitiba. Mas entendi sua decisão de não me mostrar antes de publicar.

Estou muito curioso para saber o que você escreveu sobre a Marisa. Eu e meus filhos. Acredito que seu trabalho terá um valor extraordinário, principalmente se fizer justiça à mulher que ela foi.

Sabe, Camilo, Marisa foi muito perseguida nos quarenta e dois anos que vivemos juntos. Muita gente a tratou com preconceito, com desrespeito. Desde o começo. Acho que a Lava Jato foi a gota d'água, sabe? Trataram Marisa como criminosa, invadiram sua casa, reviraram suas coisas, divulgaram conversas íntimas, expuseram os filhos e netos.

Você tem noção do que é isso?

Não tenho nenhum receio em afirmar que essa caçada foi determinante para a morte precoce da Marisa. Espero do fundo do meu coração que aqueles que a acusaram tenham a dignidade de admitir que erraram e pedir desculpas. Porque a verdade e a justiça precisam prevalecer.

Camilo, tenho certeza de que seu livro será um sucesso. Depois de 580 dias preso numa solitária, saio sem raiva nem ódio de ninguém, mas muito entristecido com o que fizeram e estão fazendo com nosso país. Estou pronto para rodar o Brasil e mostrar que é possível ter esperança de novo.

Aguardo um convite seu para o lançamento. Vou querer meu exemplar autografado.

Um forte abraço do
Lula

Prefácio
Fernando Morais

APESAR DE JOVEM, O JORNALISTA CAMILO VANNUCHI já parece um seguidor da máxima cunhada pelo grande repórter norte-americano Gay Talese, um dos pais do chamado *new-journalism*, ou jornalismo literário. É uma espécie de mantra que, em apenas oito palavras, resume a essência da profissão: "Jornalismo é a arte de sujar os sapatos." Em português mais prolixo, o que Talese ensina é que não se faz bom jornalismo senão entrevistando pessoas e revirando arquivos. O que se faz por telefone (ou e-mail, hoje em dia), de uma redação com ar condicionado, é o antijornalismo.

Lembrei de Gay Talese ao começar a ler de trás para frente esta bela biografia de Marisa Letícia Lula da Silva. Antes mesmo de bater os olhos na primeira página, fui ao epílogo e descobri que o autor realizou quase cem entrevistas – eclética lista que vai do ex-presidente Fernando Henrique Cardoso a Zelinha, ex-faxineira do Sindicato dos Metalúrgicos de São Bernardo que hoje toca uma lanchonete no local, passando por Fernando Haddad e toda a parentela de Marisa e Lula –, mergulhou em arquivos e leu quarenta livros para escrever sobre uma personagem que ele não chegou a entrevistar, mas com quem convivia desde quando ainda usava calças curtas. Isso significa sujar os sapatos.

Na verdade devo confessar que já conhecia essa virtude do Camilo escritor. Seus livros anteriores – particularmente É câncer! (2008) e *Na estrada com Gabriel Andrade* (2015) – já revelavam um autor precocemente maduro. Um jornalista que sabe pautar, sabe entrevistar, sabe pesquisar e, o mais difícil de tudo, sabe escrever. Escrever bem.

Nesta biografia de Marisa Lula ressaltam dois exemplos desse talento.

Pela mão e pela trajetória da personagem, Camilo conta um pouco da história do operariado paulista e de suas celebradas vitórias dos anos 1970 e 1980 do ponto de vista de alguém que estava no olho do furacão das greves, da repressão e das prisões do período. E além da Marisa militante, tem-se aqui o retrato da mãe coruja, da avó e da esposa que não tinha cerimônia em divergir do marido ilustre.

Em segundo lugar, é inevitável chamar a atenção para o fato de que Camilo não caiu na armadilha fácil da biografia áulica ou bajuladora. Ao contrário, não poupa Lula nem Marisa em diversos aspectos, embora a leitura nos faça solidários a ela, sobretudo pela compreensão de uma trajetória que não foi banal nem fútil como imaginam alguns.

Este é um livro muito bom. Informativo e comovente, torna-se leitura obrigatória para quem queira conhecer mais essa mulher singular e as circunstâncias em que viveu.

Fernando Morais é editor do site Nocaute e autor de *Olga* (1985) e *Os Últimos Soldados da Guerra Fria* (2011).

1

"A gente nunca vai conseguir"

De repente, dentro do ônibus mesmo, eu falei para o pessoal: "Vamos parar de lutar, vamos parar dessas brigas todas, porque isso a gente não consegue. Quem está no poder jamais vai deixar. Vão acabar matando todo mundo". Tive um chilique. Um ataque.

Marisa em entrevista à TVT, em 2012

PASSAVA DAS DEZ HORAS DA MANHÃ QUANDO O ÔNIBUS entrou pelo Eixo Rodoviário Sul, deixando para trás a BR-040 e uma noite inteira na estrada. Pela primeira vez em Brasília, Marisa seguia quieta, sentada ao lado do marido, que também pouco falava. Era a primeira vez que ela deixava os filhos em São Bernardo do Campo, na região metropolitana de São Paulo, para passar duas noites e dois dias sem eles, numa cidade tão longe, a mais de mil quilômetros de distância. Marcos, aos dez anos, já se virava sozinho. Mas Fábio, com seis, e Sandro, com três, talvez sentissem muito sua falta. Marisa telefonaria para eles assim que chegasse. Ainda bem que faltava pouco.

Chegar a Brasília era um sinal de que o horário do julgamento se aproximava, o que contribuía para deixar todo mundo ainda mais aflito. Inclusive Marisa. Àquela altura, era natural que surgissem sinais de cansaço. Mais do que a noite mal dormida, a proximidade da audiência, marcada para a tarde daquela quarta-feira, 2 de setembro de 1981, causava alguma irritação e enorme ansiedade.

Nem parecia o mesmo grupo que havia tomado o ônibus em frente ao Sindicato dos Metalúrgicos na noite anterior. Ao longo de toda a primeira etapa do trajeto, cinco horas de viagem entre São Bernardo e Ribeirão Preto, os onze sindicalistas transformados em réus, alguns deles acompanhados pelas esposas, haviam proseado sem intervalo. Uns jogavam baralho; outros, palito. Muitos fumavam. Até que o sono baixou. Quando amanheceu, a excursão já havia entrado em Goiás.

Dia feito, parte do grupo se esforçava para manter os olhos fechados por mais alguns minutos, enquanto a outra parte, preocupada, punha-se a maquinar estratégias em silêncio, imaginando os melhores e os piores cenários. Uma absolvição na terceira instância era tudo que eles sonhavam. Mas, se o Superior Tribunal Militar (STM) não acatasse o recurso, a cadeia seria o destino dos onze acusados.

Enquadrados na Lei de Segurança Nacional por organizar comícios e greves – duas práticas proibidas conforme o Artigo 42 da Lei 6.620 de 1978 –, os diretores dos sindicatos de São Bernardo e de Santo André não apenas tiveram seus mandatos cassados em abril de 1980 como foram condenados, em fevereiro de 1981, na 2ª Auditoria Militar de São Paulo. As penas iam de dois anos a três anos e meio de reclusão. Embora recorresse em liberdade, a maioria não havia conseguido se esquivar de outra penalidade, decretada ainda durante a greve: o desemprego.

Djalma Bom fora demitido da Mercedes Benz; Gilson Menezes, despedido da Scania; Devanir Ribeiro, escorraçado da Volks. Às vezes, nem para assinar a demissão permitiam que entrassem nas fábricas. "Você não é bem-vindo aqui", diziam os prepostos dos patrões. Nelson Campanholo, que nem chegara a ser preso no Dops, como os colegas de sindicato, perdera o emprego na Karmann-Ghia. Soube por carta: "Servimo-nos da presente para lhe comunicar que a partir desta data está afastado do emprego para a apuração de falta grave praticada, através de inquérito a ser instaurado oportunamente."

Após a condenação dos sindicalistas, em fevereiro, os advogados impetraram habeas corpus e apelaram ao STM pedindo a anulação do julgamento. Segundo Luiz Eduardo Greenhalgh, um dos advogados de defesa, aquela condenação carecia de legalidade por dois motivos. Primeiro, porque poderia provar que houvera julgamento prévio: as penas já tinham sido decididas e a sentença já estava datilografada na véspera, o que motivara o não comparecimento dos réus e advogados ao julgamento. Em segundo lugar, porque o artigo 431 do Código de Processo Penal Militar determinava a necessidade de suspender a seção e agendar novo julgamento sempre que réus e advogados não comparecessem. O episódio só não se transformou em escândalo porque o Brasil vivia sob ditadura.

Agora, em 2 de setembro, o STM julgaria o recurso. Além de Greenhalgh, estariam no tribunal os demais defensores dos sindicalistas: Heleno Fragoso, Iberê Bandeira de Mello, Idibal Pivetta, Paulo Gerab, Airton Soares e José Paulo Sepúlveda Pertence. Os onze réus também compareceriam, e por isso fretaram o ônibus de São Bernardo para Brasília. Na capital fede-

18

ral, lideranças populares e políticos de diferentes Estados e filiações partidárias seriam somados à delegação, incluindo representantes de associações de trabalhadores da Itália, da Holanda e da França. Derrubar a condenação imposta contra os metalúrgicos grevistas era uma bandeira da oposição, das centrais sindicais e de todos que lutavam pela redemocratização. Para essa frente, toda derrota imposta aos militares deveria ser vista, naquele momento, como vitória dos brasileiros.

Uma absolvição no STM não significaria somente escapar da cadeia. Para os sindicalistas, representaria voltar para casa com a ficha limpa, procurar emprego sem ser chamado de bandido e, acima de tudo, retomar a atividade sindical.

Para Marisa, havia um motivo igualmente importante. Em dia com a Justiça, Luiz Inácio, o Lula, seu marido, poderia concorrer nas eleições do ano seguinte. Presidente do Sindicato dos Metalúrgicos de São Bernardo e Diadema por duas vezes, de 1975 até 1980 – quando o mandato fora interrompido na metade, sob intervenção federal –, Lula fundara o Partido dos Trabalhadores em 1980 e, em 1982, disputaria o governo de São Paulo.

O grupo era aguardado desde cedo no alojamento do Instituto Presbiteriano Nacional de Educação, uma chácara na Asa Norte. Quando o ônibus estacionou ali, por volta das dez e meia, Frei Betto procurava uma bola de futebol para que os sindicalistas pudessem se entreter até a hora da audiência, marcada para o início da tarde. Frade dominicano nascido em Belo Horizonte, Frei Betto tinha sido preso político entre 1969 e 1973 por colaborar com a Ação Libertadora Nacional, a ALN, organização de resistência armada à ditadura liderada pelo baiano Carlos Marighella até novembro de 1969, quando foi assassinado por agentes do Dops numa emboscada na Alameda Casa Branca. Na virada dos anos 1980, Frei Betto atuava como assessor da Pastoral Operária no ABC Paulista. Desempenhara papel estratégico na greve e durante a prisão dos sindicalistas. Na noite em que foi pedida a prisão de Lula, Frei Betto se instalara em sua casa e permanecera ali, ajudando Marisa e os filhos, até o presidente do Sindicato ser solto, 31 dias depois.

Por ocasião do julgamento em Brasília, foi ele quem assumiu a tarefa de arrumar hospedagem para os réus e familiares. A amiga Mariaugusta

19

Caio Salvador, assessora técnica na Secretaria de Planejamento e militante do Grupo de União e Consciência Negra, encontrou um alojamento, sugerido por um pastor que havia conhecido no Cenfi, o Centro de Formação Intercultural da Conferência Nacional dos Bispos do Brasil (CNBB). Assim que o grupo desembarcou, Mariaugusta notou que havia um problema. Do jeito que estavam, os réus não poderiam comparecer à audiência.

— Tem que ter gravata e paletó – lembrou. — E as mulheres precisam ir de saia ou vestido.

Foi aquele fuzuê. O pessoal tinha viajado a noite inteira a troco de nada?

— Vão julgar sem a nossa presença, como da outra vez – Lula comentou com Marisa.

— Vamos dar um jeito – ela garantiu.

Enquanto Mariaugusta telefonava para Deus e o mundo pedindo paletós e gravatas emprestadas para os sindicalistas, parlamentares do PT foram acionados para negociar com o STM. O deputado federal Airton Soares, eleito pelo MDB em 1979, era o líder do PT na Câmara dos Deputados. Eduardo Suplicy, deputado estadual por São Paulo, estava também em Brasília para acompanhar o julgamento dos sindicalistas e tomou a frente da negociação. Foi conversar com o presidente do STM, o Tenente-Brigadeiro do Ar Faber Cintra, pedindo o relaxamento da norma a fim de permitir a presença dos réus. Os presidentes do PMDB, Ulysses Guimarães, do PP, Tancredo Neves, e do PTB, Ivete Vargas, também se somaram à força-tarefa.

Como não havia nada que os viajantes pudessem fazer a não ser esperar, Frei Betto propôs um *tour* pela cidade, capital do país. Haveria tempo de sobra. Sairiam logo depois do almoço e passeariam por uma hora, já a caminho do tribunal. Moradora da cidade, Mariaugusta seria a cicerone. Caberia a ela apresentar aos operários a arquitetura de Oscar Niemeyer, o urbanismo de Lúcio Costa, o paisagismo de Burle Marx. Frei Betto iria junto. Marisa, curiosa, aderiu prontamente. Embora a maioria dos homens tenha preferido tirar um cochilo ou jogar bola, Lula acompanhou a esposa.

Era tudo monumental naquele eixo. À esquerda, o Teatro Nacional com jeitão de pirâmide maia. À direita, a Catedral de Brasília em forma de coroa. Mais à frente, o Congresso Nacional, o Supremo Tribunal Federal, o Palácio do Planalto.

— É aí que o João trabalha? – perguntou uma das mulheres, referindo-se ao então presidente João Figueiredo.

— Quando não está andando a cavalo – respondeu uma amiga. Criador de equinos e amante do turfe, Figueiredo afirmara, em entrevista concedida em agosto de 1978, preferir o cheiro de cavalo ao cheiro do povo, resposta amplamente repercutida por políticos de oposição e pela imprensa alternativa.

Minutos depois, o ônibus estacionou em frente ao Palácio da Alvorada, residência oficial do presidente da República. Não havia grade naquela época, apenas o amplo gramado. Mariaugusta provocou:

— Já pensou, Marisa, o Lula presidente? Aí ele recebe a gente no Alvorada e eu preparo um vatapá para a gente almoçar.

Marisa se irritou.

— Nunca vou entrar aí. Não tem nada a ver morar num palácio desses. É um desrespeito à nossa luta, à busca por igualdade.

Mariaugusta se surpreendeu com a resposta. Lula permaneceu calado. Apenas observava.

Marisa acreditava que, se algum dia um trabalhador fosse eleito presidente do Brasil, ele e sua família deveriam morar numa casa comum, eventualmente num apartamento funcional como os usados pelos deputados, mas nunca num palácio daquele tamanho e com tantas mordomias. Era preciso reduzir a distância entre a população e os governantes, e não a perpetuar.

O ônibus voltou ao Eixo Monumental e Frei Betto sugeriu uma passada pelo Setor das Embaixadas, rumo ao Lago Sul. Os olhos não desgrudavam da janela. Era mansão para tudo que é lado. Uns e outros colocavam o próprio conhecimento à prova e brincavam de adivinhar os nomes dos países conforme as bandeiras expostas nas fachadas e jardins. Portugal, Reino Unido, Chile, Alemanha...

— Gozado, tem umas casas sem bandeira nenhuma – alguém notou.

— Essas não são embaixadas, são residências – Mariaugusta explicou.

21

Marisa arregalou os olhos. Quem poderia morar numa casa desse tamanho?

— Será que um dia a gente vai chegar aqui como governantes eleitos? – Frei Betto perguntou a Zeneide, esposa de Devanir Ribeiro.

Marisa ouviu a pergunta. Ela nunca tinha visto tamanha ostentação. Diante de seus olhos, passou um videotape. Lembrou-se da fundação do PT, das tardes em que perambulou de porta em porta colhendo assinaturas para a criação do partido, dos bazares organizados para levantar recursos para o núcleo do Bairro Assunção, o primeiro de São Bernardo do Campo e do Brasil. Lembrou-se das assembleias no estádio da Vila Euclides, da diretoria cassada, do dia em que os soldados bateram em sua porta às seis horas da manhã para levar seu marido preso, sob os canos de duas metralhadoras. Lembrou-se da greve de fome, dos encontros na Matriz, da caminhada das mulheres, do ato litúrgico comandado por Dom Paulo Evaristo Arns em homenagem aos trabalhadores em greve.

Lembrou-se das centenas de reuniões feitas em sua casa, regadas a cafezinho e cachaça com cambuci, algumas até bem tarde. Do dia em que o filho Marcos, aos nove anos, fez um desenho de um helicóptero do Exército sobrevoando a multidão no estádio. Do dia em que Fábio, aos quatro anos, deu um chute no delegado Romeu Tuma, chefe do Dops. Da noite em que Sandro, prestes a fazer dois anos, teve febre enquanto o pai estava preso e Marisa não sabia o que fazer: a casa cheia de companheiros dispostos a discutir os rumos da greve, mas incapazes de chamar um médico ou ir comprar um remédio na farmácia. Lembrou-se do assassinato do primeiro marido, da adolescência na fábrica de bombons, do primeiro emprego como babá...

— Esquece! – disse em voz alta.

Os companheiros aguçaram os ouvidos e olharam para ela.

— É perda de tempo! – Marisa continuou, incomodada com a opulência de tantos palácios e mansões, a beleza irrepreensível dos jardins esculpidos a tesoura. — Pra que tanta briga, fazer greve, fundar partido político? Nós nunca vamos chegar ao poder. Nunca vão deixar.

O que a mulher do Lula estava dizendo?

— Quem está no poder nunca vai aceitar – Marisa insistia. — Vão acabar matando todo mundo!

O desabafo foi seguido por um silêncio cúmplice, constrangedor. Lula tentou contornar, dizer que não era bem assim, que a mulher deveria manter a esperança. Mas ficou por isso mesmo.

Vivia-se, em 1981, o início de uma abertura política ainda tímida e dissimulada. A ditadura ruía, mas permanecia de pé. O advento dos novos partidos políticos, autorizados pelo Poder Executivo um ano antes, emprestava ao regime militar uma aura republicana que pouco se verificava na prática. Qualquer hipótese de eleição direta era abafada. A Lei de Segurança Nacional ainda era evocada para prender e censurar quem se metesse com qualquer projeto de resistência, inclusive os passageiros daquele ônibus.

Naquele dia, o julgamento dos sindicalistas terminou às nove e meia da noite. Os ministros do STM acataram a tese da defesa e anularam a sentença anterior, instruindo a 2ª Auditoria Militar de São Paulo a marcar nova data para apreciar o recurso dos metalúrgicos. Dois meses e meio depois, em 19 de novembro, o novo julgamento repetiu a condenação dos onze sindicalistas e determinou a manutenção das mesmas penas atribuídas no julgamento anulado. Houve reação imediata. A Anistia Internacional acusou as autoridades no Brasil de usar a Lei de Segurança Nacional para restringir a atividade dos sindicatos e reprimir dissidências. Notas de repúdio foram publicadas em diversos países.

O processo voltou ao STM em 16 de abril de 1982 quando, em nova reviravolta, uma maioria de nove ministros contra três decidiu pela incompetência da Justiça Militar para julgar o caso e determinou que os autos fossem enviados para a Justiça Comum. Ou seja, após dois anos de espera entre audiências e recursos, desde a prisão em 19 de abril de 1980, a decisão fez com que o processo prescrevesse e os sindicalistas foram todos absolvidos.

Vinte anos depois, em dezembro de 2002, Marisa voltaria a Brasília como primeira-dama. E para morar no Palácio da Alvorada.

2

Casamento de viúvos

Primeiro ele preparou o terreno para depois me conquistar. Mas ele foi muito sem-vergonha, sabe? Num belo domingo, apareceu na minha casa sem mais nem menos e foi logo conversando com minha mãe. Cara-de-pau!

Marisa em entrevista de
Lula à *Playboy*, julho de 1979

MARISA TINHA VINTE E TRÊS ANOS e um menino de dois chamado Marcos Cláudio quando entrou pela primeira vez no Sindicato dos Metalúrgicos de São Bernardo do Campo, no início de 1973. Ela precisava de um documento para dar entrada num pedido de benefício, uma pensão para o irmão João Paulino, o Paulo.

Com diagnóstico de alcoolismo, Paulo já não podia trabalhar. Desempregado, morava na casa da mãe, onde também Marisa voltara a morar um ano após o nascimento de Marcos. Agora, além de não trabalhar, o irmão começava a apresentar comportamento violento em razão do álcool. Até a polícia foi preciso chamar numa noite em que Paulo, alcoolizado, não parava de chutar o portão e xingar todo mundo. Mário, o irmão mais velho, chegou a ser ameaçado de morte por ele. Desde então, a família cogitava interná-lo numa clínica de reabilitação, o que acabou não acontecendo. Paulo saíria de casa e morreria pouco tempo depois, num barraco, sozinho e sem documentos.

Fato é que, no começo de 1973, Paulo estava incapacitado para o trabalho e Marisa foi requerer um benefício trabalhista em seu nome. Inspetora de alunos na Escola Estadual Senador Robert Kennedy, mais conhecida como Geba (abreviação de Grupo Escolar do Bairro Assunção) – localizada no mesmo imóvel onde, anos mais tarde, funcionaria o colégio Gomes Cardim –, Marisa tratou de providenciar a papelada.

— Procure o departamento jurídico do Sindicato – foi a orientação que recebeu.

Embora a solicitação pudesse ser feita em qualquer outro sindicato, Paulo havia trabalhado como metalúrgico e Marisa optou por ir até o sindicato da categoria, um dos mais fortes do ABC. Ao chegar lá, foi encaminhada ao setor de previdência. Aquela sessão, vinculada ao departamento jurídico, fora criada no ano anterior por iniciativa do presidente da entidade, Paulo Vidal Neto.

O Fundo de Garantia por Tempo de Serviço (FGTS) era coisa recente no Brasil. Tinha sido implementado apenas seis anos antes, em janeiro de 1967. Desde então, o número de trabalhadores que buscavam o sindicato com pedidos de aposentadoria ou outros benefícios crescia de forma exponencial, acompanhando a rápida industrialização do ABC.

Representantes da primeira geração de metalúrgicos que migrou para a cidade para trabalhar na indústria automobilística em fábricas como a Volkswagen, inaugurada em 1959, e a Scania, fundada em 1962, começavam a chegar à idade de pendurar as chuteiras. Vidal propôs desmembrar o departamento jurídico como resposta ao aumento da demanda. Mas havia também outra razão para o desmembramento: oferecer a chefia do departamento de previdência ao novo primeiro secretário, Luiz Inácio da Silva, eleito em 1972 para um mandato de três anos.

Em 1969, data da eleição anterior, o torneiro mecânico Luiz Inácio, que os colegas chamavam de Baiano – embora nascido em Pernambuco – integrara a chapa como segundo suplente. O posto não permitia ao trabalhador trocar o chão da fábrica por uma sala no sindicato, de modo que Lula, como também era chamado, continuou a bater cartão na Equipamentos Villares até a eleição seguinte, em 1972. Agora, a nova diretoria trazia Lula como membro efetivo, na posição de primeiro secretário, o que lhe permitiria assumir um cargo na sede.

Lula fora apresentado por seu irmão mais velho, José Ferreira de Melo, o Frei Chico, sindicalista que nada tinha de frade, mas ganhara o apelido em razão do cocuruto calvo, à maneira dos franciscanos. Frei Chico frequentava o Sindicato desde o início dos anos 1960, na época presidido por Afonso Monteiro da Cruz, e só não integrou a chapa em 1969, encabeçada por Paulo Vidal, porque já havia outro funcionário da sua fábrica na lista. Afonso pediu sugestão de nome.

— Tem meu irmão, que trabalha na Villares – ele lembrou.

— Ótimo. A Villares é uma fábrica importante. Traz seu irmão aqui.

Sem demonstrar muito interesse pela atividade sindical, Lula aceitou o desafio e se associou em setembro de 1968. Sua carteirinha tem o número de matrícula 25.968. Embora preferisse ver novela, o torneiro mecânico da

Villares, então com vinte e três anos, sentiu-se instigado pelos debates que presenciou nas poucas assembleias às quais assistiu ao lado do irmão. Driblou a resistência da mãe e da noiva, que temiam vê-lo metido em confusão, e deixou que o inscrevessem como segundo suplente na chapa que elegeu Paulo Vidal pela primeira vez, no início de 1969. Três anos depois, já viúvo, Lula seria promovido a primeiro secretário na eleição de 1972.

À frente do departamento de previdência, o Baiano se aprofundou nos meandros da legislação trabalhista. Trabalhavam com ele o advogado Hélio Manso e um estagiário chamado Luizinho.

No verão de 1973, Lula deu uma orientação importante para Luizinho:

— Quando aparecer uma viuvinha jovem, bem apessoada, de até vinte e cinco anos, você me chama e deixa que eu atendo.

No dia em que Marisa apareceu, Luizinho seguiu à risca a orientação do Baiano.

— Isso aí o meu chefe vai resolver pra você – prometeu.

Como era sexta-feira e Lula não estava, o estagiário orientou Marisa a voltar na segunda-feira. Ela cumpriu o combinado. Luizinho também.

— Lula, chegou uma loira aí. Acho melhor você atender.

O dirigente não titubeou. Numa das paredes da sala, Lula havia fixado uma folha sulfite. "Lembre-se: agora você é viúvo", dizia o cartaz.

Após a morte da primeira mulher, Maria de Lourdes, em 7 de junho de 1971, Luiz Inácio passara por maus bocados. Ao longo de um ano, faltava-lhe ânimo para sair de casa. O luto era duplo. Não fora apenas a esposa, sua primeira e única namorada, que Lula perdera. O destino roubara-lhe também o primeiro filho.

Destino, uma ova! Para Lula, as duas mortes não tinham nada a ver com destino. Mulher e filho tinham sido vítimas de negligência médica.

Lourdes tinha vinte e dois anos e estava no sétimo mês de gestação quando começou a vomitar tudo o que comia. Queixava-se de dor na região abdominal. Sentia como se tivesse engolido uma fogueira. O médico do bairro, assustado após a terceira visita da gestante com a mesma reclamação, assinou o pedido de internação. Lula disparou com a mulher pelas ladeiras do Parque Bristol, onde moravam, atrás do Jardim Zoológico, na divisa de São Paulo com São Bernardo e Diadema, e avançou pela Avenida Nossa Senhora das Mercês e pela Rua Vergueiro até chegar ao Hospital e Maternidade Modelo, no bairro da Liberdade. Ali, um convênio com a Villares garantiria atendimento gratuito.

O jovem médico que realizou o atendimento ainda tentou recusar a internação.

— Doutor, ela não está legal – Lula se desesperava.

— Aqui o médico sou eu – afirmou o doutor, a empáfia vestida de branco.

Maria de Lourdes deu entrada numa noite de quinta-feira, pálida e frágil.

— É assim mesmo, gravidez provoca enjoo – diziam as enfermeiras.

Ao longo do sábado, a paciente foi transferida para o isolamento. Tudo indicava que ela havia contraído uma infecção. No dia seguinte, ainda sem um diagnóstico preciso, a situação parecia ter se agravado. O médico minimizava:

— Já viu alguma mulher ter filho sem gritar?

No final do domingo, a dor era imensa. A equipe médica decidiu estimular o início das contrações. Lourdes gritava sem intervalo. Terminado o horário de visitas, Lula pediu para passar a noite com a mulher. Não deixaram. Tampouco permitiram que ele assistisse ao parto, prática que viria a se tornar um direito apenas em 2005.

— Vai pra casa e volta amanhã logo cedo com uma roupa para ela e outra pro bebê – orientou a chefe de enfermagem. — Ela dará à luz nas próximas horas.

O marido foi embora sem se despedir. Gritando e cuspindo sangue, Lourdes foi submetida a uma cesariana de emergência. Lula voltou ao hospital na manhã seguinte, com um par de sapatinhos nas mãos, e encontrou dois corpos inertes.

No hospital, falava-se numa infecção forte, avassaladora, que evoluíra rapidamente para uma infecção generalizada. O atestado de óbito informa que a morte foi decorrência de um "coma hepático, provável hepatite". Se fosse ele o autor do atestado, Lula escreveria outra coisa: "descaso". "Ninguém me tira da cabeça que ela morreu por negligência", diria, anos depois, em entrevista publicada no livro *Lula, o filho do Brasil*, de Denise Paraná.

O baque foi imenso. Lula não queria mais morar na casa que havia comprado com Maria de Lourdes, no Parque Bristol. Ali, tudo fazia lembrar a mulher. Quando punha os pés na rua, eram os parentes dela que ele encontrava. Todo domingo, comprava meia dúzia de palmas de Santa Rita e ia levar para Lourdes no cemitério. Quando tentava fazer um passeio, bastava ouvir uma música do Roberto Carlos para cair no choro e voltar correndo para casa.

Aos poucos, Lula começou a se entusiasmar com a ideia de morar sozinho, experiência que nunca tinha tido. Estava decidido a vender a casa e se mudar para uma kitnet no centro de São Bernardo quando a mãe, Dona Lindu, foi até o Sindicato ter uma conversa séria com ele.

— Vou morar lá com você – a mãe foi logo avisando, certa de que o filho seria incapaz de viver sem uma mulher para tomar conta dele.

— Imagina, mãe. Você não está morando com a Tiana?

— Tua irmã tem o marido dela. E ela sabe se virar muito bem. Amanhã mesmo levo minhas coisas para tua casa.

Não teve jeito. O jovem viúvo precisou adiar o sonho de morar sozinho. Pouco tempo depois de Dona Lindu, foi a irmã Maria que precisou pedir abrigo na casa do Parque Bristol. Seu marido, o caminhoneiro Antônio, tinha feito um mau negócio e perdeu todo o dinheiro que tinha. Lula construiu um quartinho no fundo para abrigar a irmã e o cunhado. O casal ainda estava por ali quando outro irmão o procurou. Frei Chico morou durante uns meses na casa, já casado e pai de um menino. Tanta gente fez Lula ter a sensação de viver num cortiço. Aos poucos acostumou-se ao entra-e-sai de parentes e foi recuperando a alegria e o entusiasmo.

Passou um ano até que, já refeito em 1972, Lula retomasse o plano inicial: vendeu a casa no Parque Bristol e foi morar de aluguel num quarto-e-cozinha situado no número 140 da Rua Ernesto Augusto Cleto, no bairro Rudge Ramos, em São Bernardo. Ali, já não sofria com as enchentes, como no endereço anterior, mas nos meses de chuva precisava calçar galochas para atravessar o trecho de lama entre o quarto-e-cozinha e o ponto de ônibus. Chegava na fábrica e tinha de lavar as galochas, colocá-las no armário e vestir o sapato do uniforme antes de assumir o torno. Na saída, a mesma coisa: trocava os sapatos pelas galochas para conseguir vencer o percurso até sua casa.

Segundo suplente da diretoria do Sindicato, Lula continuava a dar expediente na fábrica. Ir ao trabalho, no entanto, tornara-se um fardo para Lula, menos pelo barro que cobria as ruas do que pela sensação de vazio que a viuvez lhe havia impetrado. Paulo Vidal, o presidente do Sindicato, chegou a ir até a Villares sem que Lula soubesse para negociar uma licença para ele. Num segundo momento, tentou transferir Lula para dentro do sindicato, onde poderiam acompanhá-lo mais de perto. Para isso, Baiano precisaria assumir um cargo de direção, e não apenas uma suplência.

A indicação do nome de Lula para o posto de primeiro secretário na chapa que seria eleita em maio de 1972 surgiu em 20 de novembro do ano anterior, na festa de casamento do também metalúrgico e sindicalista Nelson Campanholo com sua noiva, Carmela Romano. Nelson havia passado os últimos três anos no conselho fiscal. Para ajudar a tirar Lula da fossa, o pessoal passou a requisitá-lo mais, a valorizá-lo mais, e logo sugeriu colocá-lo no cargo de primeiro secretário. Viúvo havia cinco meses e meio, Lula topou, mais por inércia do que por entusiasmo, e pouco se envolveu na campanha. Aos domingos, ia almoçar na casa de Nelson e Carmela. Bebia cerveja e cachaça, jogava conversa fora, comia macarronada e depois cochilava no sofá. Quando ameaçava escurecer, Nelson acordava o amigo e o enfiava no carro para levá-lo pra casa.

Empossado como primeiro secretário, Lula se transformou em pouco tempo. Agarrou-se ao trabalho com vigor e ânimo renovados. Agora, o problema era outro. Cumprida a etapa do luto e vencido o longo período de prostração, Lula estava doido para tirar o atraso. No seu caso, isso significava duas coisas: ir aos bailes e namorar.

Aos vinte e seis anos, viúvo e sem filhos, o garoto tímido que se casara aos vinte e três com a primeira namorada, irmã do melhor amigo, transformou-se no rei da gandaia. Lula queria namorar todo dia, de segunda a segunda. De preferência, com uma mulher diferente a cada dia. Luiz Inácio cumpria uma espécie de agenda. Ia da Villares para o Sindicato às seis da tarde, ficava por ali até às nove, e de lá seguia para a farra. Primeiro, dava uma calibrada nos botecos próximos ao Sindicato. Cachaça, cerveja, rabo de galo, caldinho de mocotó... Em seguida, rumava para o samba.

Às vezes, quando tinha dinheiro, inventava de descer até Santos com algum companheiro de gandaia. Era bom trocar de cidade: outros bares, outras mulheres. Vez ou outra, cometia alguma imprudência. Certa feita, Nelson Campanholo o encontrou de manhã, dormindo dentro do carro, no acostamento da Rodovia Anchieta. A posição do veículo, meio de lado fora da pista, não deixava dúvidas: o rei da noite havia tomado todas e apagado ao volante.

Naquela época, Lula havia decidido que não voltaria a se casar. Em razão disso, evitava se envolver com quem demonstrasse qualquer intenção de forçar a barra. O que ele queria era curtir os bailes, um cineminha no fim de semana e o sexo sem compromisso. Às vezes, dava uma escorregada e aparecia de rolo com alguém. Quando viram Lula de chamego com uma funcionária do Sindicato, alguns amigos chegaram a acreditar que o casal teria futuro, mas o romance não foi pra frente. De fato, Lula parecia preferir relacionamentos efêmeros.

Uma das mulheres com quem Lula se envolveu naquele período chamava-se Miriam Cordeiro. Era enfermeira na Clínica Modelo de Pediatria, conveniada com o Sindicato, localizada na Rua Frei Gaspar, centro de São Bernardo.

Miriam tinha vinte e quatro anos quando conheceu Lula, em agosto de 1972. Um dia, chegou à Clínica Modelo a notícia do falecimento do pai do Nelson Campanholo. Na estrutura do Sindicato, Campanholo era o responsável pela contratação de serviços e benefícios, incluindo os convênios médicos. Miriam foi ao velório representando a clínica, que se tornara conveniada do Sindicato por intermédio de Campanholo. Lá, a enfermeira engatou uma conversa com Lula. Descobriram coisas em comum. Miriam era amiga de Maria, uma das irmãs de Lula, enfermeira como ela. E, na clínica de pediatria em que trabalhava, já havia atendido alguns sobrinhos dele. Papo vai, papo vem, os dois saíram juntos do velório. Continuaram se encontrando por meses, sem jamais transformar o relacionamento em namoro.

Miriam parecia ser tudo o que Lula queria. Uma garota de fechar o comércio, solteira e, principalmente, livre. Havia um único problema: no ambiente conservador em que os metalúrgicos transitavam na recém-industrializada São Bernardo dos anos 1970, nenhuma mulher solteira podia sair – e dormir – com quem bem entendesse sem ficar com fama de namoradeira.

A enfermeira morava na Rua Municipal, no centro da cidade, a 500 metros do Sindicato, que na época ainda ocupava um predinho na Rua Milton Prado. Lula ia a pé até a casa de Miriam, normalmente às quintas-feiras, e depois seguia de ônibus até sua kitnet. Quando passava das dez, horário do último ônibus, Lula tomava um táxi na Praça Lauro Gomes. Como o salário de peão não comportava extravagâncias, Lula preferia pegar um fusca. Naquela época, o valor da corrida mudava conforme a categoria do veículo. Invariavelmente, pegava o carro do Seu Cândido dos Santos, único fusca a rodar em São Bernardo depois da meia-noite. Os outros táxis eram quase sempre modelos maiores, de quatro portas.

A frequência das viagens fez com que chofer e cliente começassem a trocar confidências e intimidades no trajeto.

— Perdeu o filho e a mulher de uma só vez?

— Foi.

— Parto?

— Hepatite. No oitavo mês. Deixei a mulher na maternidade e, quando voltei no outro dia, com a roupinha na sacola, tinham morrido os dois.

— Caramba, que tragédia!

Na corrida seguinte, o assunto continuava.

— Difícil viver sozinho depois de ficar viúvo?

— A gente vai levando. Minha mãe tá morando comigo, agora. Tem dia que é mais difícil.

Não demorou para o velho começar a falar de si:

— Perdi meu filho também.

— Quando foi isso?

— Vai fazer três anos. Foi neste táxi.

— Aqui no carro?

— Encontraram o carro abandonado num terreno baldio com o corpo dentro. E não levaram nada, nem o carro, nem o relógio, nem a aliança.

— Era casado?

— Recém-casado. Minha nora estava grávida de quatro meses, imagina. Tem dois anos o moleque. Marcos Cláudio, mesmo nome do pai.

— Trabalhava na praça também?

— Meu filho? Não, ele fazia transporte de carga, frete. Mexia com caminhão. Mas pegava o táxi depois do expediente pra tirar um extra. Começando a vida de casado, a esposa prenha, sabe como é... Rodava das seis às dez.

Na corrida seguinte, a conversa já seguia do ponto em que tinha parado.

— Como vai seu neto, Seu Cândido?

— A gente vai levando.

E desandava a falar.

— Moraram um tempo comigo. A Marisa ficou até o menino fazer um ano.

— Marisa?

— Minha nora. Fizemos questão que ela ficasse. Quando tudo aconteceu, Marisa já tinha pedido demissão na fábrica. Foi um baque enorme. Imagina, ficar viúva grávida de quatro meses. Ela teve que tomar remédio para aguentar a barra.

Seu Cândido falava muito sobre a nora. Após a morte do único filho, ele e a esposa mantiveram um carinho maternal com Marisa e, mais tarde, verdadeira devoção pelo neto. Ter a nora por perto era também uma forma de garantir a presença do menino. Marisa havia se distanciado dos pais naquele período. Antônio, seu pai, não queria que ela se casasse. Achava que a filha era nova demais para casar e insistia que ela poderia arrumar um marido melhor. Antônio morreu naquele mesmo ano, de câncer, após um tratamento que consumiu praticamente todas as economias que Seu João e Dona Regineta haviam conseguido poupar. Tudo isso contribuiu para Marisa aceitar o convite e estender a permanência na casa dos sogros, na Rua Caraíbas, perto da Prefeitura de São Bernardo.

Quando Marcos fez um ano, Marisa voltou para a casa da mãe. Regineta era dona de casa e poderia cuidar do neto enquanto a filha estivesse no trabalho. E Marisa precisava trabalhar, agora mais do que nunca. Viúva com uma criança pequena, dividindo a casa com irmãos e a mãe, ela trabalhou no açougue do tio Pêpe, que ocupava a parte da frente da sua casa, e como caixa no bar da prima Dirce, na Rua Cristiano Angeli. Um ano depois, foi contratada pela prefeitura de São Bernardo para trabalhar num colégio estadual conveniado com o município, primeiro nos serviços gerais e, em seguida, como inspetora de alunos.

— Minha nora trabalha no Grupo Escolar do Bairro Assunção – Seu Cândido contou. — Diz que não quer mais casar, nunca mais.

Dias depois, Seu Cândido já fazia propaganda da nora para o cliente.

— Precisava ver a minha nora. Benza-deus. Loira, olhos esverdeados...

Lula voltando da gandaia, saindo da casa de Miriam...

"Qualquer dia eu vou namorar a nora desse velho", pensou.

Luiz Inácio contou para Marisa que ela precisaria voltar no dia seguinte para retirar o documento. Assim poderia vê-la novamente, pensou. Por ora, havia um cadastro a ser preenchido. Nome, profissão, estado civil.

— Viúva?

— Faz três anos.

Lula já tinha sido informado pelo estagiário sobre a viuvez da loira. No momento da entrevista, pensou em contar que era viúvo também, mas achou que não pegaria bem. Precisava ser discreto. Por malandragem, deixou cair no chão um documento no qual constava seu estado civil. Fez com que caísse mais perto de Marisa, para que ela se abaixasse para pegar. O plano deu certo.

— Ah, você é viúvo também?

— Sou. Faz dois anos.

— Bom, não me interessa.

Por dever de ofício, Lula tratou de investigar um pouco mais sobre quem era aquela moça e o que a trouxera até ali. Marisa declinou a profissão do marido, contou que ele tinha sido assassinado, disse que tinha um filho pequeno... Foi aí que a ficha de Lula caiu.

— Teu sogro por acaso tem um táxi?

— Tem! Você conhece o Seu Cândido?

— Conheço, do ponto de táxi.

Papo vai, papo vem, Lula pediu que Marisa voltasse no dia seguinte para retirar o atestado. Ela foi. O atestado não estava pronto. O diretor do sindicato convidou a moça para tomar um cafezinho.

— Olha, deixa eu te explicar, o atestado demora um pouquinho, é normal, mas eu aviso assim que ficar pronto. É só você deixar seu telefone.

Marisa deixou o número da escola onde trabalhava. Para quê? Na mesma noite, Lula já telefonou. Marisa entrava às duas da tarde e saía às onze, quando terminava o curso noturno. Lula ligava praticamente todo dia. Dizia que o papel ainda não estava pronto, esboçava uma justificativa, quase sempre inventada, e logo a convidava para sair.

— Não posso, tenho que trabalhar.

— A gente sai depois do seu trabalho.

— Não dá. Preciso voltar pra casa para cuidar do meu filho.

— Então eu te pego na escola e te deixo em casa. Pronto.

Lula tinha comprado um TL azul. O cupê da Volks fazia um sucesso danado. Lançado em 1970, o TL fora eleito o carro do ano em 1971 pela revista *AutoEsporte*. Desfilar de TL não era para qualquer metalúrgico. Por meio do Lambari, seu amigo e ex-cunhado, que trabalhava na Volks, Lula conseguiu comprar um TL de frota: carro semi-novo, usado por apenas um ano por um dos diretores da montadora. Orgulhoso, ele não via a hora de levar a loira para passear. Marisa se esquivou o quanto pôde. Disse que não podia, que não ia dar. Acabou cedendo. Lula a pegou na escola e a deixou na esquina de casa. Fez isso outra vez. E mais outra. Sempre na esquina.

Passaram-se dois meses nessa ladainha. Até que num sábado de abril, por volta das cinco da tarde, Lula voltava de Santos com o amigo Sadao Higuchi, contador e administrador do Sindicato, quando decidiu visitar Marisa, mesmo sem saber seu endereço exato. Foi até a esquina onde costumava deixá-la, estacionou o TL e entrou a pé pela rua decidido a encontrá-la. Lula desconfiava que Marisa morava nos fundos de um açougue que havia naquele quarteirão e se aproximou do local. Encontrou uma senhora baixinha, de cabelo branco, e puxou assunto através da grade do portão:

— Por gentileza, a senhora por acaso é a mãe da Marisa?

— Sou, sim.

— E ela está?

Marisa morava com a mãe, Dona Regineta, um irmão mais velho, Miro, e duas irmãs mais novas, Tereza e Joana, no número 40 da Rua Cristiano Angeli, no Bairro Assunção. O pai falecera três anos antes, em setembro de 1970, poucos dias após o assassinato de seu marido – o que tornou ainda mais doloridos os últimos meses daquele ano.

O primeiro cômodo da casa era de uso comercial. Ali funcionava o açougue do tio Pêpe. Nos fundos, uma edícula abrigava outro irmão, Mário, com a esposa. Ao lado deles, um segundo quarto com entrada independente era ocupado pelo irmão Paulo. A casa era espaçosa e ficava num terreno amplo, onde a família cultivava uma horta e criava porcos e galinhas desde que haviam trocado o sítio pela cidade, quase vinte anos antes.

Marisa havia acabado de sair do banho. Estava se arrumando para encontrar o namorado quando a mãe gritou do quintal, avisando que ela tinha visita. Marisa foi até o portão e deu de cara com Lula.

— O que você está fazendo aqui? – Marisa ficou nervosa.

— Vim te ver, oras. Por que você está fugindo de mim?

— Você tem que ir embora. Eu tenho um compromisso.

— Compromisso?

— O Carlão está chegando.

— Seu namorado?

— É. Por quê? Não pode? Ele vai passar aqui e você precisa ir embora.

Na verdade, Marisa não considerava Carlão exatamente um namorado, o que não a impediu de dar aquela resposta. Ela e Carlão haviam crescido juntos. O rapaz era metalúrgico, como Lula, e trabalhava como chefe de seção na Volkswagen. Marisa começou a sair com ele depois de ficar viúva, para passear, numa época em que muitas mulheres ainda não ousavam passear sozinhas. Mas não ia muito além da "amizade colorida".

— Marisa, eu vim aqui pra gente começar a namorar.

— Você é louco. Eu não posso. O Carlão vai chegar e...

— Ele vai chegar e você vai dispensar esse rapaz. Eu vou ficar aqui.

— Imagina. Deixa de ser besta. Vai embora. Vai, vai, vai.

— Marisa, deixa eu te dizer uma coisa. Eu vou ficar ali na outra calçada te esperando e você vai dispensar esse Carlão. Vai dizer para ele que hoje você não pode sair. E a gente vai conversar em seguida.

Lula viu quando o rival desceu de um fusca branco e se aproximou do portão. Marisa fez o que Lula havia dito. Contrariado, Carlão voltou para o fusca e partiu, enquanto Lula era convidado a entrar. E já foi se apresentando como namorado da Marisa.

Dona Regineta ofereceu um copo de cachaça com cambuci, aperitivo que ela mesma preparava deixando a pinga curtir durante duas semanas num vidro com a fruta. Em poucos minutos, Lula e Regineta conversavam como velhos amigos. Pronto, Lula havia conquistado a mãe. E estava a meio caminho de conquistar a filha.

No domingo seguinte, Lula apareceu novamente. Pediu desculpas a Dona Regineta por não ter se apresentado direito na ocasião anterior, explicou onde trabalhava, contou que era viúvo. Marisa não podia se conformar com tanta falta de vergonha. Não podia, mas se conformou. E gostou. Sentia-se desejada, disputada.

Não restou alternativa a não ser pedir um tempo ao Carlão. Ela precisava pensar.

Lula grudou em Marisa que nem carrapicho. Ficava pendurado no telefone, ia ao grupo escolar esperar a inspetora de alunos para levá-la pra casa, insistia para que a moça aceitasse sair com ele.

Lula fazia convites; Marisa fazia charme. Ela gostava da paquera e das investidas do rapaz. Mas gostava também do Carlão. Operário da Volkswagen e descendente de italianos como ela, Carlão conhecia Marisa desde criança. As famílias eram vizinhas no Bairro dos Casa, onde todo mundo conhecia todo mundo. Os dois ficavam de prosa na calçada, iam ao cinema, saíam para jantar. Marisa ficou entre a cruz e a caldeirinha. Na sua cabeça, Carlão era moço sério, direito. Lula parecia ser o oposto: impulsivo, sedutor. Se Carlão não dava motivos para Marisa desconfiar de suas intenções, Lula os dava de sobra. Mas era um homem tão interessante, e tão disposto a conquistá-la, que todo o resto parecia perder a importância.

— Sábado é a inauguração da nova sede do sindicato – ele propôs, no final de setembro. — Quero que você vá comigo.

Já era outubro quando Marisa e Lula almoçaram juntos pela primeira vez, após um semestre inteiro de telefonemas, caronas, visitas e todo tipo de investida por parte de Lula, que havia posto fim à galinhagem e já não se encontrava com outras namoradas. O local escolhido foi o São Judas Tadeu, um restaurante tradicional no Bairro Demarchi, em São Bernardo, conhecido pelo frango a passarinho com polenta. Não havia nada de sofisticado ou romântico no gigantesco salão com capacidade para mais de 2 mil clientes, instalado numa edificação com aparência de galpão de fábrica e um enorme letreiro no telhado. Ao longo das décadas, Lula e Marisa continuariam fregueses, elegendo o restaurante em ocasiões tão diversas quanto reuniões de trabalho, conspirações políticas e comemorações.

O namoro transcorria de forma discreta, sem aparições públicas nem alarde. Quando chegou dezembro, Lula chamou Marisa para ir à casa do Nelson Campanholo. O irmão do Nelson ia se casar e, depois da cerimônia religiosa, haveria uma recepção ali mesmo, na casa de Nelson e Carmela. Lula emprestou o TL azul para Nelson transportar os noivos à saída da igreja. Embora não convivesse com os noivos nem os frequentasse, Marisa conhecia Nelson, sabia que ele era colega de Lula na diretoria do Sindicato e que, antes de ser funileiro na Karmann-Ghia, havia trabalhado como encarregado da área de solda da Mercantil Suíça, onde ensinara dois de seus irmãos, Paulo e Miro, a soldar.

Marisa aceitou o convite e chegou cedo à igreja. Lula não apareceu para a cerimônia religiosa. Marisa seguiu com os outros convidados para a recepção na casa de Nelson e Carmela. Cadê o Lula? Ninguém sabe, ninguém viu. Passava das oito da noite quando ele chegou. Pela primeira vez, Marisa e Lula assumiam o namoro na frente da turma toda dele e de muitos conhecidos dela.

Lula passou a ir à casa de Dona Regineta com uma frequência muito maior. Dirigia do Sindicato até o Bairro Assunção para ficar algumas horas com a namorada antes de ir para sua própria casa. O lugar preferido do casal era o poço. Havia um poço artesiano no quintal, numa área coberta que foi logo adotada por Lula e Marisa como se fosse um caramanchão. Os dois ficavam ali, sentados na mureta do poço, até a hora de Lula ir embora. Meses depois, quando a irmã mais nova de Marisa, Joana, começou a namorar o César Gonçalves, seu futuro marido, os casais começaram a disputar o caramanchão. Quem chegasse mais cedo se instalava no poço; quem chegasse depois ia namorar no carro.

Quando pintava convite para algum churrasco ou baile, Marisa deixava o filho Marcos aos cuidados da avó ou das tias. Imperdíveis eram os bailes no Sindicato. A diretoria promovia festas ao longo de todo o ano. Tinha baile do Havaí, festa junina, festa de Natal. Mas nenhum era tão disputado quanto a maratona de bailes na semana do Carnaval. Entre sexta-feira e terça-feira, a direção do Sindicato organizava nada menos do que quatro bailes e duas matinês. Os convites eram vendidos apenas para os sócios, uma garantia de segurança e ambiente familiar. Metalúrgicos que faziam plantão e trabalhavam no turno da noite não hesitavam em deixar as esposas ali. Nem as crianças nas matinês. Os próprios diretores executavam as tarefas e cuidavam de tudo. Devanir Ribeiro trabalhava na segurança, Nelson Campanholo vendia bebidas... Se alguém se excedia, um dos companheiros chegava junto, conversava, aplacava os ânimos, convencia a cortar o álcool. Lula era uma espécie de coordenador geral dos bailes. Nos intervalos entre as músicas, pegava o microfone e passava sermão nos foliões.

— Pessoal, tem um companheiro que estava fumando no meio do salão – ele dizia. — Quero avisar que se você queimar uma pessoa, vai dar confusão.

Quinze minutos depois, lá vinha o Lula de novo dar bronca no microfone.

— Companheiros, tô sabendo que tem companheiro espiando na porta do banheiro das mulheres. Sua filha pode ser a próxima a entrar no banheiro. Então não faça isso com as filhas dos outros se você não quiser que façam com sua filha, porra.

Os bailes de 1974 foram ainda mais especiais do que os anteriores. Pela primeira vez, eles aconteceram na nova sede do Sindicato, o amplo edifício de cinco andares e fachada de pastilhas verdes inaugurado no ano anterior na Rua João Basso, a apenas um quarteirão da Rua Marechal Deodoro, no bairro Ferrazópolis. As novas instalações haviam sido projetadas especialmente para as atividades sindicais: havia um auditório que comportava assembleias para mais de 500 pessoas; os banheiros eram grandes; havia palco com sistema de som, refeitório, recepção, tesouraria... Para os bailes de Carnaval, o amplo salão do quarto andar foi convertido em pista de dança, enquanto as mesas foram dispostas no mezanino. Quando Lula sumia para resolver alguma coisa, Marisa continuava de prosa com as esposas dos outros dirigentes: Carmela, esposa do Nelson, Zeneide, esposa do Devanir, Emília, esposa do Janjão... Desciam para a pista em grupo, comiam salgados, bebiam cerveja. Se alguma delas ainda não conhecia a namorada do Lula, ficou conhecendo ali.

Desde o início, era possível notar o perfil linha-dura de Marisa, em contraste com o espírito ingovernável do namorado. Lula se perdia pelo salão, mexia com todo mundo, abraçava, tomava um gole aqui, outro ali, quase se esquecia de voltar para a mesa. Marisa esticava o pescoço e apertava os olhos à procura do namorado. Onde o Lula foi parar? À mesa com as outras esposas, Marisa não disfarçava o ciúme. Reclamava, cobrava, grudava nele.

Quem convivia com Marisa e Lula tinha a sensação de que os dois já eram casados havia tempo, seja pela intensidade do namoro, seja pelas picuinhas. Da boca pra fora, os dois continuavam repetindo que não se casariam novamente. Até que, logo nos primeiros meses de 1974, Lula propôs que fossem morar juntos.

— Não precisa casar – dizia. — A gente pode morar junto. Melhor do que ficar pra lá e pra cá, entre a minha casa e a sua.

Marisa reagiu como se aquela proposta fosse um desrespeito.

— Eu sei bem como vocês querem tratar com viúva – resmungou.

Lula não insistiu. Deixa pra lá. Estava feliz ao lado dela. Se tivesse que casar, casaria. Se fosse para morar junto, moraria. E se fosse para continuar do jeito que estava, tudo bem, também.

Quem saiu perdendo foi Miriam Cordeiro. Apaixonado por Marisa, Lula deixou de sair com a enfermeira antes mesmo de oficializar o namoro com a loira. O cerco à inspetora de alunos tomava toda a sua atenção. É verdade que o relacionamento com Miriam oscilava desde sempre. Às vezes, ficavam um mês inteiro sem se ver. Também não era um namoro convencional o que eles viviam. Os dois "ficavam", para usar uma expressão que seria popularizada muitos anos depois. Lula jamais se referia a Miriam como sua namorada. Nunca tinha apresentado Miriam para sua mãe ou seus irmãos. A maioria dos familiares e amigos não sabia sequer da existência dela, exceção feita à irmã Maria, que já era amiga de Miriam antes de os dois se conhecerem.

Lula não contou para Miriam sobre Marisa, mas bastou ele se afastar para que a enfermeira intuísse que havia outra mulher na parada. Independente,

Miriam fez que não se importou, mas continuava pensando em Lula. Achava que, cedo ou tarde, ele voltaria a telefonar, a visitar, a querer encontrá-la.

Uma noite, em junho de 1973, Lula foi visitar a irmã Maria e deu de cara com Miriam na casa dela. Já fazia uns dois meses que ele não a procurava, período que coincidira com a corte a Marisa, as caronas, as tardes provando a cachaça com cambuci de Dona Regineta. Lula tratou do que precisava tratar com a irmã e pediu licença.

— Leva a Miriam – a irmã sugeriu.

Lula olhou firme para ela, como quem dá uma bronca. Maria sabia de Marisa.

— Ai, Lula, o que é que tem? Tá chovendo! Leva a Miriam até o ponto de ônibus.

— Vambora, Miriam – ele chamou, ainda ressabiado.

A enfermeira disse que não precisava, que logo a chuva ficaria mais fraca. Maria insistiu. Lula assentiu. No caminho, a chuva piorou.

— Que pé d'água! Dá pra você me levar até em casa?

Era inverno, fazia frio, o ônibus poderia demorar... Lula acabou levando Miriam até sua casa e aceitou o convite para entrar. Meses depois, recebeu a notícia de que ela estava grávida.

A primeira a saber da gravidez foi Maria. Coube à irmã do Lula insistir para que Miriam contasse o quanto antes. Se fosse verdade, Lula tinha de saber.

Ele, por sua vez, havia deixado a casa de Miriam naquela noite com uma sensação estranha. "Fiz merda", intuiu. Deu a partida no carro com remorso por ter cedido à "tentação". Pensava em Marisa, no quanto gostava dela, e torcia para que aquela pisada na bola não lhe custasse o namoro, que ainda engatinhava.

Quando Miriam contou sobre a gravidez não planejada, a primeira reação foi de desconfiança. Lula conhecia o gênio de Miriam e não tinha certeza se podia acreditar naquela notícia.

— Como aconteceu isso?

— Você não quer que eu te explique como uma mulher fica grávida, quer?

O metalúrgico refez a pergunta. Cobrou de Miriam a responsabilidade por não se proteger, lembrou que ela sempre tinha usado anticoncepcional durante o tempo em que se relacionaram e acabou convencido de que Miriam engravidara de propósito. "Parou de usar a porra do anticoncepcional e não me avisou", pensou.

— Por que você não me contou antes?

— Não sei, Lula. Para ter certeza. Para não gerar expectativa e depois perder o neném. Faz diferença?

Talvez fizesse. Lula era louco por criança. Tinha ficado tão entusiasmado com a gravidez de Lourdes e vivera o pior dia da sua vida quando perdeu a mulher e o filho. Ele queria ser pai, e seus olhos brilharam ao pensar nisso. Mas não queria que fosse desse jeito. Seu plano era ter uma criança que fosse crescer junto com ele e com a mãe, todos morando na mesma casa. Uma criança que fosse filha da mulher que ele amava.

No começo, os dois tinham operado em sintonia, numa lógica incompatível com aquela gravidez. Era como se tivessem selado um acordo segundo o qual nenhum deles exigiria fidelidade, monogamia ou compromisso. Filhos e casamento estavam fora de cogitação. Pelo menos era o que Lula achava. Desde que o sindicalista conhecera Marisa e deixara de sair com a enfermeira, algo parecia ter mudado em Miriam. Irmã dele e amiga dela, Maria foi a primeira a nomear o que se passava ali. Segundo ela, Miriam estava com ciúme. Mais do que ciúme, Miriam teria ficado "mordida" com o fato de Lula deixar de procurá-la e ir se enrabichar com aquela galega.

Constatada a gravidez, Miriam entendeu que haveria uma reviravolta no roteiro daquele romance. Lula desistiria de namorar Marisa e os dois viveriam juntos. Pouco interessava, agora, se o casamento havia sido em algum momento desejado por ele ou por ela. A criança deveria ficar em primeiro plano, e, para Miriam, criá-la sozinha estava fora de cogitação. Para Lula, o que estava fora de cogitação era se casar com Miriam. Tinha Miriam como uma mulher com quem gostava de se encontrar, em geral a sós, no apartamento dela. E só. As pessoas mais próximas, que sabiam dos encontros dos dois, como o amigo Nelson Campanholo e a irmã Maria, percebiam que aquela relação não podia ser caracterizada como namoro.

— Miriam, deixa eu te dizer uma coisa. Essa criança não vai me fazer casar com você. Vou assumir essa criança, mas não significa que a gente vai ficar juntos.

Para Miriam, a proposta não era suficiente:

— Não gerei essa criança sozinha, não vou tê-la sozinha. Se é assim, melhor tirar. E rápido, porque já estou indo pro quarto mês.

— De jeito nenhum. Você não vai tirar essa criança.

Após uma negociação sofrida, com tensões de ambos os lados, a interrupção da gravidez foi descartada. Lula prometeu acompanhar a gestação. Na prática, assumiu todos os custos dos exames pré-natais e do parto, em clínica particular, mas delegou o acompanhamento no dia-a-dia ao amigo Nelson Campanholo, tesoureiro do Sindicato, instruindo-o a não deixar nada faltar. Era preciso deixar claro que não eram namorados. E agora que o namoro com Marisa era oficial, qualquer aparição ao lado de Miriam poderia colocar tudo a perder.

Miriam acabou se sujeitando àquela situação. Se era para ter um filho, melhor que ele tivesse pai conhecido. E, de forma consciente ou não, mantinha uma réstia de esperança de que Lula, volúvel como era, ainda poderia mudar de ideia e formar com ela uma família.

Entre os poucos amigos do Sindicato que souberam da história, alguns partilhavam da convicção de que Lula jamais se casaria com Miriam. Outros acreditavam que ele cederia às investidas dela assim que a criança nascesse. "Ele não vai resistir quando vir o bebê", diziam. "Marisa vai acabar dançando".

A esposa de um desses amigos chegou a argumentar com Lula quando soube de tudo:

— Você vai se casar com uma mulher que já tem um filho em vez de se casar com a mulher que está esperando um filho seu? Vai deixar de criar uma criança que é sua para criar o filho da outra?

— Não é por aí – Lula respondia. — Vou criar os dois. Só não vou casar com a Miriam por causa da criança. Não faz sentido.

Miriam estava no sétimo mês de gestação quando Lula e Marisa começaram a conversar sobre casamento. Até então, Lula não havia contado sobre Miriam para a namorada. A hipótese de casamento mudava tudo. Agora, Marisa precisava saber. Lula hesitou por quase um mês até tomar coragem e abrir o jogo.

Numa sexta-feira de janeiro, noite quente, saíram para tomar um drinque e comer peixe no Bar do Santista, perto da casa do Lula, no bairro Rudge Ramos. Lula pediu uma caipirosca de limão e esperou a namorada provar sua caipirosca de morango.

— Olha, Marisa, eu quero me casar com você. Mas preciso que você saiba de uma coisa. Tem uma pessoa que está grávida e vai ter um filho meu.

Marisa arregalou os olhos e quis saber quem era. Ficou uma arara quando ouviu o nome da Miriam. A enfermeira já tinha atendido o Marcos na Clínica Modelo. E, segundo ela, quase matara o menino. Marisa culpava Miriam por um deslocamento de bacia que Marcos tivera na infância. O menino ficara semanas imobilizado para se recuperar. Agora vinha o Lula dizer que esperava um filho daquela mulher? Logo dela?

— Sabe, Marisa, aconteceu, foi uma mancada, mas quero que você saiba que eu não tenho mais nada com ela.

Os olhos de Lula pediam clemência. Aqueles meses de convivência com Marisa, sobretudo o tempo que ela se esquivara dele, já tinham lhe mostrado que aquela namorada era dura na queda. A hipótese de levar um pé na bunda ali mesmo, no bar, era real. E Lula tinha ido preparado para isso. Depois da conversa e de um silêncio que parecia durar anos, a resposta de Marisa veio melhor que a encomenda:

— Se você não tem mais nada com ela, então tudo bem.

No dia 8 de março de 1974, Miriam Cordeiro deu à luz uma menina no Hospital São Camilo, na Rua Marechal Deodoro. Lula não apareceu. Maria, irmã de Lula, assumiu a tarefa de pagar a conta da maternidade. Foi de Miriam a decisão de batizar a menina com o nome de Lurian, criado a partir da contração de Lula com Miriam. De certa maneira, numa conjuntura cercada de inseguranças sobre o futuro, aquele nome conferiria à criança uma espécie de registro simbólico de quem eram seu pai e sua mãe. E Miriam sinalizava ao pai da menina que não o deixaria desaparecer nem esconder sua paternidade. Aquela não tinha sido e jamais viria a se tornar uma produção independente.

Dias depois, faltando apenas dois meses para seu casamento, Lula contou para Marisa que a menina havia nascido e que iria registrá-la. Foi aí que o caldo entornou. Marisa só fazia chorar.

— Você disse que essa mulher era coisa do passado – ela reclamava. — Agora vai batizar a menina?

O marido respondia que Marisa estava misturando as coisas, que sua filha não tinha culpa daquela situação, que ele seria um canalha se não assumisse a criança. Jurou para Marisa que não tinha nem teria mais nada com Miriam, mas que assumir Lurian era não apenas um compromisso, mas também um desejo. Era sua filha, afinal.

Desde aquele dia, por imposição de Marisa, por muitos anos não se falou mais em Miriam nem em Lurian naquela casa. Numa espécie de pacto jamais verbalizado, ficou acertado que Lula assumiria a filha e poderia até continuar a vê-la, desde que o contato com a menina ficasse restrito a ele. Marisa não queria ver mãe e filha nem pintadas. Apenas a menção aos nomes das duas bastava para alimentar um trauma que, dali em diante, Marisa preferia esquecer.

MARISA E LULA SE CASARAM EM 23 DE MAIO DE 1974. O matrimônio foi lavrado no livro B-97, folha 59, sob o número 24.098, no 1º Cartório de Registro Civil da comarca de São Bernardo do Campo. O regime adotado foi o de comunhão de bens como era de praxe na época. Nelson e Carmela foram os padrinhos. Além deles, estiveram presentes a mãe de Lula, Dona Lindu, a mãe de Marisa, Dona Regineta, o filho Marcos, o juiz de paz, José Antonio de Oliveira, e o escrevente. Mais ninguém. Era uma quinta-feira e os irmãos estavam trabalhando. Não houve cerimônia religiosa. Saíram do cartório e foram almoçar na Cantina do Pintor, um restaurante italiano no Riacho Grande, distrito de São Bernardo, localizado à beira da represa Billings, cuja especialidade era o frango na panela de barro.

Lula e Marisa, agora marido e mulher, partiram para a lua de mel em Campos do Jordão, na Serra da Mantiqueira. Uma semana depois, Marisa voltou grávida para São Bernardo. Fábio Luís nasceu em 3 de março de 1975, nove meses e oito dias após o casamento.

Por pouco, Fábio não nasceu na represa Billings. Com um barrigão de quarenta semanas, Marisa havia passado o domingo inteiro pescando, entre irmãos, cunhados e amigos, num rancho no Riacho Grande. As tilápias fisgavam o anzol e iam para a frigideira ali mesmo. Já era noite quando a família levantou acampamento e voltou para casa. Às seis horas da manhã da segunda-feira, estourou a bolsa. O marido levou a mulher para o pronto-socorro municipal e correu para uma reunião no Sindicato. Era tanto abacaxi para descascar que Lula só se lembrou da esposa quando a reunião acabou, por volta das onze da manhã.

— Caralho, a Marisa!

Quando chegou ao hospital, Fábio já tinha nascido.

Foi de Lula a ideia de convidar Dona Marília e Seu Cândido, pais do primeiro marido de Marisa, para serem padrinhos de Fábio. Eles sentiam falta do neto Marcos, que já não os visitava com tanta frequência, e viam Lula como uma ameaça. Mesmo sem querer, ele acabaria por lhes roubar a convivência com o neto.

— Não estou roubando seu neto, estou dando a vocês um neto a mais – Lula buscava dizer.

Mais ou menos na mesma época, Marcos começou a chamar Lula de pai. O menino não conhecera o pai biológico, mas sabia seu nome e ouvia com relativa frequência histórias sobre ele, contadas pelos avós paternos, Seu Cândido e Dona Marília. Marisa e Lula não escondiam. Para todos os efeitos, no entanto, era Lula quem desempenhava o papel de pai. Quando Marisa entrou na reta final da gestação do Fábio, em janeiro de 1975, decidiu que era hora de matricular o Marcos, então com quatro anos, na escolinha. Sempre que Lula ia buscá-lo, as professoras o anunciavam como pai:

— Marcos, teu pai chegou!

A mesma coisa acontecia quando ele ia brincar com os primos e primas na casa da vó Regineta.

— Que hora teu pai vem te pegar? – diziam.

Com o tempo, o menino passou a se ressentir da diferença com os irmãos. Sobretudo após o nascimento do Sandro, em 1978. Lula, por respeito aos avós do Marcos e à memória do primeiro marido de Marisa, continuava chamando o menino pelo nome, embora ele o chamasse de pai. Agora, prestes a completar oito anos, Marcos deu de cismar que tanto o Fábio quanto o Sandro tinham o sobrenome do pai, e apenas o dele era diferente. Um dia, quando estava sozinho com Marisa, disse à mãe:

— Queria que o pai me adotasse.

Num primeiro momento, Marisa reagiu como se aquilo não tivesse importância:

— Para que isso, menino? Você é filho do Marcos Cláudio. E o Lula te trata como filho. Faz diferença?

— O meu pai, que eu conheci, é o Lula – disse o menino. — Queria ter o sobrenome dele.

Dias depois, Lula foi conversar com Seu Cândido e Dona Marília. Explicou a situação, contou sobre o pedido do Marcos.

— Se é a vontade dele, então você deve adotar – respondeu o avô.

Seu Cândido morreria menos de um ano depois, em 1979, em situação idêntica à que vitimara o filho único nove anos antes: assassinado enquanto dirigia o táxi pelas ruas de São Bernardo. Dona Marília, por sua vez, frequentaria a casa de Lula e Marisa durante muitos anos. Quando ficou viúva, foi morar em São Vicente, no litoral, mas voltou anos depois para viver com Lula e Marisa em São Bernardo. Todos os filhos de Marisa e Lula a chamavam de vó, posto vitalício que se tornou exclusivo já em 1980, quando morreram Dona Lindu, mãe de Lula, e Dona Regineta, mãe de Marisa.

Dona Marília ajudava no cuidado da casa e das crianças, frequentava festas e eventos, e entraria para a crônica da família, conforme os registros dos jornalistas e as memórias dos amigos, como "a sogra do Lula", embora não o fosse. "Devo ser o único homem na face da Terra a adotar uma sogra que não é a mãe da minha mulher", Lula provocava.

O PRIMEIRO ENDEREÇO DE MARISA E LULA foi a Rua Cristiano Angeli, antiga Rua das Palmeiras, no meio do caminho entre a escola onde Marisa trabalhava e a casa de sua mãe, na Rua Miosótis, no Bairro Assunção. Moraram de aluguel até juntarem o dinheiro necessário para dar entrada na casa própria. Lula tinha guardado a maior parte do que havia recebido ao vender a casa do Parque Bristol, mas ainda não era o suficiente para comprar um imóvel no Bairro Assunção. E Marisa não abria mão de morar perto da mãe e das irmãs. Se pudesse ser uma casinha com quintal, melhor.

Um dia, Lula chamou o compadre Nelson Campanholo para dar uma volta e o levou até uma casinha de esquina no número 273 da Rua Maria Azevedo Florence, uma área recém-urbanizada no Bairro Assunção. Os moradores mais antigos conheciam o lugar como Cohap, sigla de Cooperativa de Habitação Popular. O mercado imobiliário preferiu adotar o nome de Jardim Lavínia. No entorno, além do colégio João Firmino, havia o Triângulo Esporte Clube, instalado no Largo da Cohap, famoso pelas festas juninas e pelas comemorações em dias de vitória do time. Do outro lado do largo, o bar do Célio, onde Lula e outros companheiros gostavam de tomar cachaça.

— O que você acha? – perguntou para o amigo.

— Boa casa. Simples. Modesta.

— Casa de peão. Já falei pra Marisa que não dá para pensar em luxo.

— O importante é que vai ser de vocês. Tem dinheiro para pagar?

— Tem financiamento da Caixa.

— Mas dá para pagar a entrada e a mensalidade?

— Dá.

— Então compra.

Nelson se encarregou da burocracia e o casal assinou contrato no final de 1975. Inscrito no 2º Cartório de Registro de Imóveis de São Bernardo do Campo, o lote media aproximadamente 8 metros de largura por 23 metros de profundidade, com um dos cantos abaulado em razão da esquina. No total, o terreno media 181 metros quadrados. Nele, uma casa com apenas 33 metros quadrados: uma cozinha, uma sala, dois dormitórios e um banheiro, cada cômodo medindo cerca de 2 metros por 3 metros.

O proprietário anterior era um engenheiro da Ford que não se deu bem com a vizinhança. A molecada da Escola Estadual João Firmino, localizada bem em frente, adquiriu o triste hábito de atirar pedras e quebrar as vidraças da casa de Guilherme, o engenheiro, com alguma frequência. Até que ele se encheu e botou a casa à venda. Fechou negócio com Lula por Cr$ 253.172,11 (o equivalente, à época, ao valor de dez automóveis Fusca), dos quais 25% foram pagos à vista. O restante, financiado pela Caixa Econômica, seria amortizado em 196 prestações de 2 mil cruzeiros, mais juros anuais de 8,65%.

Lula trocou os vidros e levou Marisa para conhecer. Ela não gostou. Era tudo muito pequeno, o muro era muito baixo, o quarto ficava muito perto da rua, não tinha espaço para as crianças.

— Nada de luxo, filha – o marido foi ríspido. — Não fique pensando que a gente vai ter o que a gente não pode ter. Um dia a gente melhora essa casa.

Levaria uma década até que um prêmio de Direitos Humanos recebido por Lula na Alemanha permitiu a realização de uma reforma radical, que transformou a casinha de 33 metros quadrados num sobrado com o triplo da área. Apenas em 1985, a casa passaria a ter uma cozinha enorme, com 25 metros quadrados, uma sala com o mesmo tamanho, além de duas suítes, um terceiro quarto e uma varanda no andar de cima. Mas em 1975 o casebre era claramente apertado, mesmo para um casal com um único filho.

Na hora de fazer a mudança, uma surpresa: a casa tinha sido ocupada por uma família. Não havia Cristo que fizesse aquela turma de sem teto deixar o imóvel. Lula não podia acreditar.

— Porra, tanto imóvel vazio por aí, tanto prédio desocupado, e os caras tinham que entrar justamente na minha casa?

Foi conversar com o líder da ocupação.

— Companheiro, você não tá na casa de alguém que tem outra casa – o metalúrgico discursou. — Você tá na única casa que eu tenho. E eu preciso me mudar pra cá.

— Ninguém vai sair daqui – o sem teto respondeu. — Minha mulher tá grávida e a gente vai ficar.

Nelson Campanholo foi tentar dialogar e nada. Genival Inácio da Silva, o Vavá, irmão mais velho de Lula, e Frei Chico propuseram entrar à força e descer o sarrafo. Joana, a irmã mais nova de Marisa, ofereceu os préstimos do marido: César Gonçalves era policial militar. Mas também não deu certo. Muito polido, chegou na casa de maneira educada, explicando as regras. O sujeito engrossou com o César. O jeito foi recorrer ao sargento, superior hierárquico de César. Aí a coisa andou. Solícito, o sargento se ofereceu para "dar um susto" no pessoal.

— A gente toca todo mundo pra fora em vinte e quatro horas.

Lula e Marisa arregalaram os olhos.

— Sem violência?

— Deixa comigo.

O sargento foi até a casa, botou banca de autoridade e falou grosso.

— Vocês têm quinze minutos para sair daqui. Se não saírem, vou colocar toda a tralha de vocês na rua e tocar fogo. Com vocês junto!

A turma levou meia hora para arrumar uma caminhonete e cair no mundo. Não sem antes fazer cocô no meio da sala e emporcalhar as paredes de propósito. O protesto foi registrado, mas os novos proprietários puderam finalmente providenciar a faxina e a reforma. Arrancaram o carpete, botaram taco no chão, pintaram as paredes.

Os moleques do colégio, o mesmo onde os filhos de Marisa estudaram, nunca mais tacaram pedra na casa. Quando muito, roubavam pitangas da árvore que crescia junto ao muro, com metade da copa para o lado de fora.

3

A batateira do Bairro dos Casa

Minha mãe lavava roupa no rio. Ela me contava que eu era pequenininha e ela fazia um buraco no chão, como hoje se usa um chiqueirinho para o bebê, batia bem o chão e me colocava ali para poder trabalhar na roça. Ela dizia: "Você foi criada dentro de um buraco".

Marisa em entrevista para o livro *São Bernardo do Campo: 200 anos depois*, de Ademir Medici (2012)

MARISA LETÍCIA CASA NASCEU em 7 de abril de 1950 num sítio em São Bernardo do Campo. Seus pais, assim como os tios e os avós, praticavam agricultura familiar, essencialmente de subsistência. Cultivavam batata doce, cenoura, abóbora, milho e, principalmente, batata. Eram batateiros, conforme a tradição.

No início do século XX, os moradores de São Bernardo tinham o apelido de batateiros, enquanto os moradores de Santo André eram chamados de ceboleiros. Diz a lenda que, numa partida de futebol entre os times das duas cidades, a torcida do Santo André levou toneladas de cebola para atirar na torcida do São Bernardo. Esta, por sua vez, bombardeou a torcida adversária com batatas, sacramentando a rivalidade. A família de Marisa confirmava a tradição. Além das batatas, seus pais criavam galinhas, patos e porcos. Com o tempo, começaram a levar parte da produção para vender em feiras livres no centro da cidade e nas vizinhas Santo André e Mauá. Com o dinheiro da venda, compravam o que não brotava em suas terras: sal, açúcar, arroz, roupas, produtos de higiene pessoal. Também tiravam leite de vaca e vendiam pelo bairro.

Os pais de Marisa, Antônio João Casa e Regina Rocco Casa, ambos da primeira geração de filhos de italianos nascida no ABC, moravam numa área conhecida como Bairro dos Casa. Naquela época, muitos bairros foram batizados de acordo com o sobrenome predominante.

— Vamos pros Casa – alguém propunha.

— Preciso passar nos Demarchi antes – um amigo respondia.

A família de Antônio João Casa, o João, pai de Marisa, foi uma das pioneiras na região. Seus avós, Giuseppe Casa e Rosa Pierina Casa, chegaram da Itália em 1877. Deixaram para trás a comuna de Palazzago, na província de Bergamo, região da Lombardia, com quatro filhos pequenos: Giovanni, Ernesto, Letícia e Hermínio Luigi. Giovanni, o mais velho, avô de Marisa, tinha apenas sete anos quando imigrou. Ao chegar, instalou-se num dos lotes oferecidos aos italianos pela prefeitura para que formassem colônias. Como contrapartida, tinham o compromisso de cultivar a terra e produzir alimentos, saldar a dívida contraída em razão da viagem de navio e do material oferecido para a construção das casas e ajudar a povoar a região.

Os primeiros lotes foram distribuídos em 3 de setembro de 1877. Seguiam um desenho mais ou menos radial ao longo de "linhas", forma como as autoridades se referiam às estradas ou caminhos, por vezes picadas, que serviam de rota para chegar da Vila de São Bernardo até as novas colônias. Os imigrantes que chegaram da Itália a partir de 1877 estabeleceram-se prioritariamente ao longo da Linha Jurubatuba, em terras pertencentes a uma antiga fazenda de monges beneditinos que fora adquirida pelo governo imperial e retalhada em 79 lotes. Nas décadas seguintes, a Linha Jurubatuba daria origem aos bairros Planalto, Assunção, Dos Casa e Demarchi.

Uma capela servia de referência para quem visitava o Bairro dos Casa. Quando desembarcaram no novo continente, Giuseppe e Rosa, bisavós de Marisa, traziam na bagagem uma imagem de Santo Antônio esculpida em madeira. Preservada em terras brasileiras, a devoção fora adquirida em Palazzago, a 200 quilômetros de Pádua, onde o santo católico viveu os últimos anos e onde fora erguida uma basílica em sua homenagem.

No final do século XIX, os filhos de Giuseppe uniram-se para construir uma capela dedicada a Santo Antônio e a inauguraram, com autorização da Cúria, em 13 de junho de 1900, dia do santo. Em 5 metros quadrados, havia somente um crucifixo acima da porta e uma mesa ao fundo, sobre a qual fora colocada a imagem de madeira: o suficiente para oferecer alento a quem a visitava.

Era em torno daquela imagem que os Casa rezavam e festejavam a Páscoa e o Natal. Giovanni, avô de Marisa, ampliou a capela pouco depois, mas manteve a estrutura frágil da edificação anterior. Em 1925, as paredes desabaram. Não demorou para que a vizinhança se juntasse para construir uma nova capela, maior e mais firme. A nova Capela de Santo Antônio dos Casa, inaugurada nos anos 1930, seria tombada em 1987 pelo Conselho Municipal do Patrimônio Histórico e Cultural de São Bernardo do Campo.

REGINA ROCCO, MÃE DE MARISA, conhecida como Regineta, também fez parte da primeira geração de brasileiros filhos de italianos estabelecidos em São Bernardo do Campo. Seus pais, Mariano Rocco e Joanna Boff – se há algum parentesco com o teólogo Leonardo Boff, não se sabe –, chegaram crianças da Itália e fixaram-se com suas famílias em lotes da Linha Jurubatuba, exatamente como os avós paternos de Marisa. Os Rocco moravam um pouco mais próximos da Vila de São Bernardo, numa região que, anos mais tarde, receberia o nome de Bairro Assunção, quase na divisa com o Bairro dos Casa.

Os avós maternos de Marisa casaram-se em 1899. Suas terras incluíam a gleba que seria adquirida nos anos 1940 para a construção da Faculdade de Engenharia Industrial (FEI). Ali, Mariano produzia lenha e carvão. Colocava tudo numa carroça puxada por burro e ia entregar na estação ferroviária, a 8 quilômetros de São Bernardo, onde mais tarde seria fundada a cidade de Santo André. Durante muitos anos, sua produção alimentou as fornalhas dos trens da São Paulo Railway.

A capela dos Casa era o local de encontro das duas famílias, sobretudo em dias de procissão e feriados católicos. Nessas ocasiões, os Rocco iam até os Casa. Já nos dias de baile, eram os Casa que iam até a chácara dos Breda, vizinha dos Rocco, onde funcionou o primeiro clube das colônias, precursor do Esporte Clube XX de Setembro. Os filhos acabaram se conhecendo. Deu no que deu.

Regineta, filha de Mariano e Joanna Rocco, tinha vinte anos quando se casou com João, de vinte e três, filho de Giovanni e Carolina Casa, em 1927. Outros dois casamentos foram celebrados entre irmãos de Regina e irmãos de João na década seguinte. Vitorino Casa casou-se com Luiza Rocco. Antônio Rocco trocou alianças com Joana Casa.

João e Regineta tiveram a primeira filha, Nair, em 1928. Marisa, nascida vinte e dois anos depois, foi a décima criança de um time de onze. Onze que vingaram, porque outras três morreram no parto ou nos primeiros dias de vida. Quando nasceu, Marisa foi recebida por cinco irmãos e quatro irmãs: Nair, a primogênita, seguida por Santino, Carolina, Mario, Maria, José Luiz, Inês, João Paulino (conhecido como Paulo) e Valdemiro (o Miro). Quando Marisa tinha um ano, ganhou outra irmã, Teresa. João e Regineta adotariam uma última filha, Joana, quatro anos depois.

Dos primeiros anos, Marisa guardaria na memória o cotidiano de uma casa muito simples, de taipa, onde não havia luz elétrica, mas jamais faltou comida. As ruas no Bairro dos Casa permaneceriam sem calçamento até o final dos anos 1970. A "cidade", como diziam, ficava longe. Marisa e os irmãos pouco saíam. A não ser para vender legumes e tubérculos ou ir à igreja.

Um dia, ainda nos anos 1940, um advogado se ofereceu para ajudar João a obter a escritura da propriedade. Cobrava um honorário aqui, uma taxa ali, e foi tirando dinheiro do pai de Marisa. Quando João, confiante, achava que a escritura ficaria pronta a qualquer momento, o advogado aparecia com mais uma cobrança, sempre acompanhada de uma justificativa e uma nova promessa. Até que o dinheiro acabou antes que João conseguisse a escritura. Passado um tempo, apareceu um suposto proprietário reclamando a posse do sítio. Na realidade, muitas daquelas terras, inclusive as de João, jamais tiveram registro em cartório. A região havia sido povoada por imigrantes que, como os Rocco e os Casa, nunca firmaram escritura. A boa fé dos colonos permitiu que, em meados do século XX, aproveitadores grilassem parte das terras. Não foi diferente com João e Regineta. O vizinho advogado tanto assediou João que acabou comprando ele mesmo o sítio por um preço muito abaixo do valor de mercado. Anos depois, o local do velho sítio seria ocupado por um asilo, a Casa São Vicente de Paulo, também chamada Jardim dos Velhinhos. Em 2014, seria inaugurado ali o Hospital de Clínicas Municipal José Alencar.

Foi em 1955 que João e Regineta deixaram a roça e mudaram-se com os filhos para uma casa no Bairro Assunção. Haviam perdido as terras, mas conseguiram comprar uma casa, com um quintal amplo o suficiente para cultivar uma horta e criar porcos e galinhas. No fogão a lenha, Regineta preparava frango, polenta, minestrone... A água era de poço e ainda não havia luz elétrica, mas agora já tinha ônibus quase em frente de casa e um mercado no fim da rua. Ninguém mais precisaria andar a pé por uma hora em estrada de terra para chegar ao centro ou ao baile.

Pouco antes de mudar, João e Regineta adotaram uma menina recém--nascida. Joana era filha de Otaviano, que trabalhava com eles na lavoura. Sua esposa morrera ao dar à luz, e Otaviano, pai de outros cinco filhos, ficou desnorteado. Depois das primeiras semanas, foi bater na porta dos patrões.

— Tô aqui com a Joana para saber se vocês podem criar a menina.

O pedido pegou o casal de surpresa. O assunto era sério.

— A gente te ajuda a criar – prometeu Regineta. — Pode contar com a gente para ser os padrinhos. Imagino a barra que deve estar sendo.

— Padrinhos, não, Dona Regineta. Quero dar a menina pra vocês.

Os dois se entreolharam. João e Regina já tinham onze filhos.

— Que é isso, Otaviano?

— Não tenho condições – ele insistiu. — A Joana precisa de uma mãe, de uma mulher que saiba cuidar dela. Ela precisa da senhora, Dona Regineta.

Apenas no dia seguinte, o casal conseguiu formular uma resposta.

— Olha, Otaviano – João pôs-se a falar –, se a gente pegar a Joana, vai ter que ser de papel passado, porque a gente vai pegar afeto na menina e depois não vai deixar você tirar ela da gente.

— Sei disso, Seu João. É de papel passado mesmo.

Joana tinha três meses quando se mudou para a casa de Regineta. Chegou como se fosse a bonequinha das meninas mais novas: Inês, Marisa e Teresa. Aos cinco anos, Marisa esperava Joana dormir e, sem que ninguém visse, ia lhe roubar as chupetas que Mário, então com vinte anos de idade, trazia de presente para a irmã caçula. Satisfazia seu desejo e devolvia o bico sem que a irmãzinha acordasse.

Os irmãos mais velhos trabalhavam. Agora, não mais na lavoura, mas no setor industrial, que avançava na cidade desde a inauguração da Rodovia Anchieta, em 1947. Os rapazes buscavam colocação nas já tradicionais fábricas de móveis e nas primeiras automobilísticas do ABC, enquanto as moças arrumavam emprego nas tecelagens. Todas tinham de trabalhar.

MARISA FOI À ESCOLA AOS SETE ANOS. A sala de aula tinha paredes de madeira e ficava na paisagem semi-rural do Bairro Assunção. Aos oito anos, trocou a escola do bairro pela Escola Estadual Maria Iracema Munhoz, a mais tradicional de São Bernardo, no centro.

Fundada na década de 1890, recebera os nomes de Escolas Reunidas de São Bernardo em 1921 e de Grupo Escolar de São Bernardo em 1925, antes de adotar o nome definitivo, em 1952. No início, ocupara um prédio antigo, do final do século XVIII, onde funcionara a cadeia e, mais tarde, os

Correios. Após a demolição do casarão, em 1953, as turmas foram transferidas para um prédio novo, construído especialmente para abrigar o colégio. Era um pavilhão enorme, voltado para a Praça Lauro Gomes. Tanto a praça quanto a nova escola foram inauguradas em 1954. Eram tempos de urbanização acelerada no município.

O retrato oficial da aluna Marisa, em 1958, mostra a menina de oito anos com cabelos loiros e curtos, cacheados, vestindo camisa branca de manga curta e um lenço preto sob a gola. A mão direita sustenta uma caneta esferográfica a poucos centímetros do caderno brochura. Há ainda sobre a escrivaninha um globo e um vaso com um par de rosas. Ao fundo, um mapa do Brasil produzido pela Editora Melhoramentos.

No ano seguinte, cursando a terceira série, Marisa conheceu sua primeira patroa. Vilma era professora e dava aulas na Iracema Munhoz no período da tarde. Jaime Portinari, seu marido, era dentista, além de sobrinho do pintor Cândido Portinari, expoente do modernismo brasileiro. O casal tinha duas filhas. Para poder lecionar, Vilma precisava de alguém que tomasse conta das meninas. Inês, irmã de Marisa, assumiu a tarefa de cuidar das filhas de Vilma até fazer quatorze anos e arrumar emprego numa fábrica. Ao sair, deixou Marisa em seu lugar.

Marisa virou babá aos nove anos. Brincava, alimentava, dava banho, trocava. Em 1960, nasceu a terceira filha de Jaime e Vilma. Marisa passou a cuidar também da recém-nascida. Dormia no emprego de segunda a sexta, ia para a escola de manhã, voltava para a casa dos Portinari na hora do almoço e trabalhava até à noite. Pouco antes de completar onze anos, em fevereiro de 1961, ingressou no curso ginasial e migrou para o período noturno para poder passar o dia inteiro cuidando das meninas. Quando deixou a casa dos Portinari, Marisa tinha treze anos. E Vilma tinha quatro filhas: Regina Helena, Maria Helena, Ana Helena e Rosi Helena.

Por muito tempo, quando perguntavam à jovem Marisa o que ela gostaria de ser quando crescesse, dizia que seu sonho era ser professora e trabalhar com crianças. O pai preferia que ela aprendesse a lavar, cozinhar e costurar. Marisa não gostava dessas atividades, mas tratou de tomar as aulas de culinária e de costura que as convenções sociais lhe impuseram. Também ia à igreja. Adolescente, integrou o grupo de jovens devotas de Nossa Senhora conhecidas como Filhas de Maria, com o qual se reunia semanalmente na Igreja Matriz. Em casa, todo fim de tarde, os pais juntavam a filharada para rezar antes do jantar. Não havia televisão.

Marisa deixou de ser pajem para se tornar operária. No início de 1964, as fábricas eram proibidas de contratar menores de quatorze anos, salvo quando emancipados. Foi preciso que o pai de Marisa assinasse uma autorização para que ela pudesse ser admitida na Chocolates Dulcora, onde já trabalhavam duas de suas irmãs. Como muitas outras meninas que precisavam começar a trabalhar cedo, ela deixaria de ir à escola no ano seguinte, após completar a sétima série (equivalente à oitava série em 2020).

Instalada desde 1958 no quilômetro 22 da Rodovia Anchieta, a Dulcora era uma marca muito famosa de guloseimas. O carro chefe era o Drops Dulcora, "quadradinhos embrulhadinhos um a um", conforme o anúncio veiculado na TV em 1962. Marisa emitiria sua carteira de trabalho definitiva em 1968, aos dezoito anos. O registro na Dulcora, retroativo a 1964, atribui à jovem o cargo de "auxiliar de fabricação" e o salário de NCR$ 0,54 (cinquenta e quatro centavos de cruzeiro novo) por hora: o equivalente a R$ 5 por hora em valores atualizados para 2020 pelo IGP-DI, da FGV, ou cerca de R$ 1.040 ao final do mês, considerando a jornada de 48 horas semanais vigente na época.

Marisa trabalhava no setor de embalagens, mas não embrulhava drops. Sua função era embalar bombons Alpino, de chocolate, que nunca foram da Dulcora. Até a década anterior, o Alpino era um produto Gardano, mesma marca do Mentex, drops vendido numa caixinha quadrada amarela. Em 1957, os sócios da Gardano venderam o Alpino para a Nestlé e, com o dinheiro recebido, abriram a Dulcora no ano seguinte. A marca suíça de chocolate, que já tinha uma fábrica em Americana, no interior de São Paulo, optou por manter a fabricação do Alpino em São Bernardo, na mesma planta industrial dos irmãos Gardano, comprando deles a produção. Com isso, os bombons Alpino também eram "embrulhadinhos um a um" na sede da Dulcora. Décadas depois, Marisa ainda lembraria com certa aversão do forte cheiro de chocolate que marcou sua rotina durante tanto tempo. Desde então, passou a recusar a guloseima com frequência.

Depois de quase cinco anos embrulhando bombons Alpino, Marisa pediu as contas em abril de 1970, três dias depois de completar vinte anos. Agora, ela era uma mulher casada e deveria se dedicar à casa e ao marido. Marcos Cláudio tinha sido seu primeiro namorado.

NÃO ERA FÁCIL NAMORAR sob a vigilância de Seu João Casa. Mas Marisa se virava. Para paquerar, recorria às tardes de domingo na Rua Marechal Deodoro. Assim que terminava a sessão de cinema, era ali que os adolescentes faziam o *footing* nos anos 1960, subindo e descendo a rua com saquinhos de pipoca ou casquinhas de sorvete. A jovem também gostava de participar de tudo quanto era atividade social – para desespero do pai, que preferia vê-la em casa. Quando a chapa esquentava, a mãe agia como aliada: ajudava a inventar histórias para justificar as escapadas de Marisa, considerada a mais "rebelde" das filhas, a mais "rueira", a que menos se resignava em seguir o rígido controle do pai.

Aos quinze anos, Marisa não perdia um baile nem as reuniões no centro cívico. Se o Seu João perguntava onde estava a filha, Regineta costumava dizer que havia ido à igreja. Nem sempre era mentira, uma vez que muitas das festas e reuniões aconteciam ali mesmo, no salão paroquial. Terminado o expediente na fábrica, saía em bando com outras operárias para "bater perna" da Rua Marechal até a Praça Lauro Gomes. Foi naquela praça que ela conheceu Marcos Cláudio. Filho único de um taxista e uma dona de casa, Marcos tinha a mesma idade que Marisa e também passeava por ali depois do expediente.

Começaram trocando olhares, atentos aos hábitos um do outro, para fazer coincidir os horários do passeio. Até que um dia ele puxou assunto. Combinaram de se encontrar no dia seguinte e logo engataram namoro. Por namoro, entenda-se: conversar no portão e andar de mãos dadas até a esquina. Apenas depois de oficializar o noivado é que os namorados podiam entrar nas casas um do outro. Nesse estágio, transferia-se o papo do portão para o sofá, o que já era um progresso.

Marcos Cláudio dos Santos morava com os pais no bairro Jardim do Mar, entre o cemitério da Vila Euclides e os estúdios da Vera Cruz, já desativados. Mas, por convenção, era o rapaz que ia à casa da garota. Para sair com o noivo, só levando uma irmã junto. Os castiçais que "seguravam vela" para Marisa e

Marcos, principalmente nas matinês do Cine Anchieta, eram em geral Teresa e Joana, as irmãs mais novas de Marisa. Para garantir alguns minutos de privacidade, só mesmo subornando as meninas. Uma bala, um chocolate. Ou se contentar com o namoro no sofá da sala, onde havia sempre alguém por perto.

Privacidade era artigo de luxo na casa de Marisa. Sempre foi. Quarto compartilhado, banheiro compartilhado, sala, cozinha... Quase nunca se consegue ficar em silêncio quando se divide a vida com onze irmãos. Não bastasse a bagunça cotidiana, a menina era filha de benzedeira.

Ser benzedeira no bairro Assunção dos anos 1950 e 1960 implicava conviver com o entra-e-sai interminável de vizinhos e desconhecidos. Batiam na porta nos mais diversos horários e Dona Regineta mandava entrar. Quase sempre, traziam crianças adoecidas para se sentar na cadeira que Dona Regineta deixava estrategicamente preparada ao lado do fogão a lenha. Quebranto, bucho virado, mal de simioto, falta de apetite. Dona Regineta rezava, dava chá, ensinava a mãe a fazer. Quando a criança era muito pequena, Regineta pedia que o pai ou a mãe se sentasse na cadeira, com a criança no colo. Pegava um copo d'água e tirava uma brasa do fogão. Enquanto rezava, movimentava a brasa sobre a boca do copo, desenhando no ar o sinal da cruz, repetidas vezes. Por fim, soltava a brasa dentro do copo e buscava outra, até que três brasas caíssem na água. Regineta dizia que, se as brasas boiassem, era ótimo sinal. Se afundassem, então o caso requeria maior atenção.

A fama da benzedeira crescia na cidade à medida que seu dom era referendado por adeptos da medicina convencional. Seu Arnot, dono de uma farmácia na Rua João Firmino, não hesitava em prescrever aos pacientes uma visitinha à benzedeira.

— Isso aí é quebranto – ele dizia. — Leva na Dona Regineta.

O médico José Fornari, que foi prefeito de São Bernardo entre 1948 e 1952, também se curvava perante a fé de Dona Regineta. Quando percebia que seus conhecimentos e suas drogas não salvariam o paciente, mandava benzer.

Dona Regineta não cobrava nada. Nem aceitava dinheiro. Tampouco recebia presentes. Fazia o que tinha que ser feito, sem determinar dia certo nem restringir horário de atendimento. Tudo isso fazia da residência de Dona Regineta um local movimentado, sempre cheio de gente, uma casa da mãe Joana com as portas quase sempre abertas: um aglomerado de pessoas só comparável ao entra-e-sai de companheiros nas casas de sindicalistas e líderes populares.

4

As greves

Minha mulher tem muito medo, sabe. (...) Sou muito jeitoso em casa. Falei pra ela: "Você tem que entender que aquilo que estou fazendo hoje é aquilo que meu pai não fez por mim. Quero que meu filho amanhã não passe o que estou passando. Isso é normal de um homem que quer viver com um pouco de dignidade". "Olha, Lula, enfia esse teu idealismo naquele lugar. Teu filho quando crescer vai te meter o pé na bunda."

Lula em entrevista ao *Pasquim*,
24 a 31 de março de 1978

Fábio Luís, primeiro filho de Marisa com Lula, tinha apenas um mês quando o pai virou presidente do Sindicato dos Metalúrgicos de São Bernardo, em 19 de abril de 1975. O casamento ainda não havia completado um ano e a vida de Marisa já virava de pernas para o ar.

— É só desta vez – ele prometeu à esposa. — São três anos de mandato. Depois eu volto pra Villares.

Aquela mudança não estava nos planos de Marisa. É verdade que Lula já era primeiro secretário do sindicato quando ela o conheceu. Mas, presidente? Não tinha cabimento convidarem seu marido para ser cabeça de chapa. Lula não gostava de política, não sabia falar em público, tinha uma personalidade apagada, avessa a brigas e disputas.

— Lula, agora você é pai. Sua prioridade é a família, são teus filhos.

— Por isso mesmo, galega. Tenho que lutar para que eles vivam num país melhor do que o nosso.

No começo, o pessoal do sindicato não levou muito a sério a candidatura do Lula. Para uns, parecia uma manobra para que o então presidente Paulo Vidal Neto continuasse dando as cartas. Para outros, uma maneira de reverter o desgaste que Paulo Vidal havia sofrido nos últimos anos, sem comprometer a vitória da situação. O que se sabia de fato é que a fábrica em que Paulo Vidal era registrado, a Molins do Brasil, estava de mudança para Mauá, o que o impediria de continuar presidente do Sindicato, cuja jurisdição se restringia a São Bernardo do Campo e Diadema. Como a mudança ocorreria só no ano seguinte, houve acordo para que Vidal entrasse na chapa como primeiro secretário. Faltava definir o candidato a presidente.

O primeiro dirigente consultado foi o então vice-presidente do Sindicato, Rubens Teodoro de Arruda, o Rubão, que declinou. Em seguida, Paulo Vidal pensou em propor a candidatura de outro sindicalista, Luís dos Santos, o Lulinha, mas chegou à conclusão de que ele, ainda muito novo, não tinha experiência para ser presidente. Melhor esperar até que o rapaz amadurecesse. Finalmente, foi conversar com outro membro da diretoria, o Nelson Campanholo.

— Você quer ser presidente?

— Nem sei se vou continuar na diretoria – Nelson respondeu. — Já sou dirigente há seis anos. Não quero que o Emerson cresça sem ver o pai. Tô pensando em voltar pra Karmann-Ghia.

Paulo Vidal não quis se aprofundar nos queixumes de Nelson. Um problema de cada vez.

— O que você acha de lançar o Baiano? – perguntou a Nelson, referindo-se a Lula.

Paulo Vidal enxergava duas vantagens em Luiz Inácio da Silva. Uma delas era o carisma. Baiano era amigo de todo mundo e tinha excelente trânsito em todos os grupos, inclusive na oposição. Três anos antes, fora convidado a encabeçar uma chapa de oposição, mas acabou se convencendo de que era mais interessante sair como primeiro secretário na chapa da situação. Agora, não havia nome tão estratégico quanto o do Baiano. Se ele fosse lançado, provavelmente a oposição abriria mão de apresentar candidatura e aceitaria apoiá-lo. Ganhar seria sopa no mel.

Para Vidal, outra vantagem era justamente a possibilidade de manter a própria influência. Até oficializar a candidatura, Lula nunca tinha falado ao microfone. Nas assembleias, entrava mudo e saía calado. Tampouco havia dado entrevista. Era evidente que, eleito primeiro secretário, Paulo Vidal continuaria falando à imprensa em nome do Sindicato. E também comandaria as assembleias.

Lula hesitou. Conversou com Marisa, consultou os companheiros. Acabou aceitando com duas condições: ficaria apenas um mandato e teria o apoio irrestrito do presidente anterior. Era tudo que Paulo Vidal queria ouvir.

Não houve chapa adversária. Em fevereiro, Lula foi eleito presidente do Sindicato para o triênio 1975-1978 com 92% dos votos. A posse foi agendada para abril. O novo governador de São Paulo, Paulo Egydio Martins, foi quem o empossou. No dia da cerimônia, Lula estava tão nervoso que pediu ao advogado do Sindicato, Maurício Soares, que escrevesse um discurso. Não adiantou. Na hora de ler, Lula tremia tanto com o discurso nas mãos que era impossível adivinhar o que havia no papel. Mesmo assim, suas palavras causaram impacto, não pela prosódia, mas pelo conteúdo. Lula fez a defesa intransigente da liberdade e repudiou autoritarismos de qualquer espécie, tanto do capitalismo quanto do socialismo, uma retórica pouco convencional em tempos de Guerra Fria, mas que revelava muito da capacidade conciliadora do dirigente.

Lula levaria um ano para deslanchar. No início, ainda era o mesmo dirigente acanhado, que gaguejava ao microfone e, quase sempre, se limitava a referendar as palavras de Paulo Vidal, que o antecedia nos discursos e falava por quase uma hora, abordando tudo o que havia para ser dito.

— O Paulo Vidal já disse tudo – limitava-se a dizer na sua vez. — Faço minhas as palavras dele.

A rotina, no entanto, mudou imediatamente. Lula ficava enfurnado no sindicato doze horas por dia, das oito às oito. Nos fins de semana, surgia sempre uma reunião, a visita de algum sindicalista.

Com um filho de quatro anos e outro de um, Marisa tentava se acostumar à nova atividade do marido. Ela jamais voltaria a trabalhar fora. Também foi se adaptando aos assuntos, às conversas. Tinha aprendido com o pai a evitar o debate político. João Casa demorou muitos anos para comprar uma televisão e não permitia que os filhos discutissem política durante as refeições. A filha crescera concordando com ele. Depois de adulta, adquirira o hábito de assistir ao noticiário, mas não ia muito além disso. De repente, seu marido colocou a política dentro de casa. Não a política partidária, mas os debates intermináveis sobre reajuste salarial, carestia, inflação, direitos trabalhistas. Marisa começou a se incomodar com a dedicação exagerada de Lula àqueles assuntos. Poxa vida, ela pensava, precisa fazer reunião aqui em casa, inclusive no fim de semana?

Também começaram as viagens. Nos últimos dias de setembro de 1975, Lula fez sua primeira viagem internacional: foi ao Japão para participar de um congresso da Toyota a convite dos trabalhadores da empresa.

— Por que você precisa viajar? – Marisa queria saber. — Vai fazer o que lá?

— É um congresso, galega. Com gente da Toyota do mundo todo.

— Mas de que adianta você ir?

— Eles apresentam as novidades, as novas tecnologias da indústria, falam sobre as vendas, as expectativas pro ano que vem. É bom ficar por dentro para poder negociar melhor, saber se a tendência é de expansão ou retração, essas coisas.

— Agora você virou presidente do sindicato dos metalúrgicos de Tóquio? — ela debochava.

Lula estava no Japão quando seu irmão Frei Chico foi preso e levado para o Destacamento de Operações de Informação - Centro de Operações de Defesa Interna, o Dops, em 4 de outubro de 1975, um sábado. O episódio exerceria grande influência na atividade política de Lula e também de Marisa.

Cinco dias antes de ser preso, Frei Chico havia tomado posse como vice-presidente do Sindicato dos Metalúrgicos de São Caetano do Sul. A repressão investigava o envolvimento de sindicalistas com organizações marxistas. Ligado ao Partido Comunista Brasileiro (PCB), então na clandestinidade, o irmão de Lula soube na manhã de sábado que os militares haviam iniciado uma nova investida contra a legenda, a mando do chefe do II Exército, o Coronel Ednardo D'Ávila Mello. Depois de prender quase quarenta policiais militares ligados ao PCB, agora buscavam lideranças comunistas no movimento operário.

Quando Frei Chico chegou em casa, perto da hora do almoço, sua esposa, Ivene, contou que quatro homens numa veraneio haviam batido na porta para pedir informações sobre um homem cujo rosto exibiam numa foto. Era o antecessor de Frei Chico na vice-presidência do sindicato, Antônio Bernardino. Diziam que ele havia sofrido um acidente e buscavam informações. A esposa disse que não sabia de nada. Frei Chico intuiu que era ele que os agentes buscavam. E, enquanto a mulher foi à casa da mãe buscar os filhos – Dênis, de seis anos, e Luciano, de um –, correu para dar sumiço no que tinha de material "subversivo". Escondeu alguns papéis embaixo do tanque e decidiu ir até um terreno baldio no meio do quarteirão para jogar fora o único documento realmente comprometedor: um relatório feito pelo Partido Comunista Italiano sobre o movimento operário na Europa.

70

Não deu tempo. Ao colocar os pés na calçada, Frei Chico foi abordado por uma equipe do DOI-Codi e jogado na veraneio. Armados com metralhadoras, os agentes cobriram o rosto do preso com um capuz e o levaram até a Rua Tutoia, na Vila Mariana, onde funcionava o DOI-Codi, o mais cruel centro de tortura de São Paulo na primeira metade dos anos 1970. Seguindo a cartilha da repressão, o sindicalista foi sequestrado sem mandado de prisão e sem que nenhum familiar fosse informado de seu paradeiro.

Por dezessete dias, o irmão do Lula permaneceu preso no DOI-Codi, levando choque e porrada. Do lado de fora, ninguém conseguia localizá-lo. Seu nome não constava de nenhuma lista de presos fornecida pela Secretaria de Segurança Pública. Frei Chico havia desaparecido. A mulher e as irmãs foram procurar por ele no Instituto Médico Legal de São Paulo, no de São Bernardo e no de São Caetano. Percorreram hospitais, visitaram delegacias e até em cemitérios foram procurar o sindicalista, imaginando que ele pudesse ter sido enterrado como indigente. Também tentaram entrar em contato com Lula em Tóquio, em vão.

Foi somente durante a viagem de volta, numa escala nos Estados Unidos, que Lula telefonou para a família e ficou sabendo do sumiço. No mesmo dia, ainda nos Estados Unidos, recebeu um telefonema de Sebastião de Paula Coelho, que era advogado da Federação dos Metalúrgicos – e, entre 1979 e 1982, seria secretário estadual de Relações do Trabalho no governo de Paulo Maluf.

— Lula, a coisa aqui está um horror. Uma perseguição tremenda. Prenderam teu irmão e outros sindicalistas. Recomendo que você fique por aí.

— Nem fodendo – Lula respondeu. — Eu não falo a língua desses caras, não tenho dinheiro, a comida aqui é ruim pra cacete, não tem feijão. Prefiro ser preso no Brasil a ficar livre aqui nessa merda.

Lula não fazia ideia do que era o DOI-Codi, apelidado de "sucursal do inferno" por seu chefe na época, o notório torturador Coronel Carlos Alberto Brilhante Ustra.

Quando Lula chegou ao Brasil, em meados de outubro, a família já buscava por Frei Chico havia quinze dias. Os irmãos Lula e Vavá foram ao II Exército, tomaram um chá de cadeira de quatro horas e saíram com as mãos abanando. Ninguém informava o paradeiro do preso. Ivene, a esposa, passou a fazer plantão no Departamento de Ordem Política e Social (Dops), no Largo General Osório, no centro de São Paulo. Foi ela quem finalmente confirmou que Frei Chico estava numa cela do Dops, vinte e cinco dias depois de desaparecer, graças a um agente que era primo de sua mãe e que a reconheceu por acaso. "O que você está fazendo aqui?", ele perguntou. Ivone explicou e o carcereiro prometeu ajudar se ela esperasse discretamente num canto. "Ele está aqui", o agente se limitou a dizer, às escondidas, horas depois. A informação, no entanto, não poderia vazar de jeito nenhum. No mesmo dia, Frei Chico foi transferido para o Presídio do Hipódromo, na Mooca.

Os ânimos estavam exaltados no aparato repressivo naquela semana. Dias antes, em 25 de outubro, ocorrera um dos mais tristes e assustadores episódios da repressão política no país. O jornalista Vladimir Herzog, diretor de jornalismo da TV Cultura, fora morto no mesmo DOI-Codi em que Frei Chico havia sido torturado entre os dias 4 e 21. Logo começou a pipocar na imprensa alternativa e em setores da igreja progressista a denúncia de que Herzog não tinha se suicidado na cela, como dizia a versão oficial. Ele fora assassinado sob tortura. Poderia ter sido esse o destino de Frei Chico, assim como seria o do operário Manoel Fiel Filho em janeiro de 1976.

A família só teve notícias oficiais do paradeiro de Frei Chico quando ele já estava no Presídio do Hipódromo, em novembro. Agora a prisão era oficial e Frei Chico podia até receber visitas. Depois de dezessete dias no DOI-Codi e dez no Dops, o irmão de Lula ficaria detido por mais um mês e meio, sem mandado, sentença ou julgamento. Nem habeas corpus, instrumento extinto pelo AI-5 em 1968 e que permitiria que o preso respondesse em liberdade. Do sequestro à soltura, foram setenta e oito dias de prisão.

A experiência vivida pelo cunhado mexeu com Lula e Marisa. Como pode alguém ser preso e levar porrada da polícia por defender um futuro melhor e mais digno para os trabalhadores? Como podiam massacrar alguém que trabalhava desde os dez anos de idade, que tinha endereço fixo, que tinha família, que jamais tinha feito mal a ninguém?

Em casa, a tensão começou a aumentar:

— Lula, olha lá em que você vai se meter... – a esposa cobrava.

A prisão de Frei Chico também contribuiu para aumentar a consciência política de Lula. O suficiente para que, no início de 1976, Lula se livrasse em caráter definitivo da sombra de Paulo Vidal e assumisse para si as rédeas do Sindicato. Já em fevereiro, às vésperas da campanha salarial, Lula não quis mais saber de dividir a liderança com Paulo Vidal. Bastou que o primeiro secretário contradissesse uma declaração sua à imprensa para que o presidente do Sindicato fizesse aprovar, em reunião da diretoria, uma nova regra: a partir de agora, apenas ele falaria com a imprensa em nome da entidade.

À frente do Sindicato, Lula parecia comprar as brigas que Paulo Vidal evitava. Primeiro, comprou briga com a Ford, que tinha proposto reduzir a jornada de trabalho e também os salários para evitar, segunda a empresa, a demissão de 600 funcionários. Lula mostrou que a redução de salários criaria um precedente terrível: a cada crise, os salários seriam reduzidos novamente. No final, 400 operários foram demitidos, mas a posição do Sindicato, contrária a essa arbitrariedade, foi festejada pela categoria, e Lula conseguiu mostrar que não tinha vocação para pelego.

Em seguida, Lula teve êxito em desvincular o Sindicato da Federação dos Metalúrgicos de São Paulo. Os diretores do Sindicato alegavam que a federação não os representava, embora a Justiça do Trabalho considerasse que sim, o que implicava o entendimento de que as convenções assinadas junto aos diretores da federação deveriam valer também para os trabalhadores associados ao Sindicato. Foi preciso requerer judicialmente a autonomia do sindicato para que eles mesmos passassem a negociar salários e outros direitos, com as empresas ou com o governo, sem a intermediação da federação. Naquele ano, a categoria conquistou estabilidade de sessenta dias após o fim da licença maternidade para todas as mulheres metalúrgicas, estabilidade para o jovem ingressante no serviço militar e também o abono de falta motivada por exame escolar.

Já por ocasião da campanha salarial de 1977, Lula soube usar a seu favor a denúncia de que o governo, na figura de Delfim Netto (ministro da Fazenda entre 1867 e 1974), havia fraudado os índices oficiais de inflação e de custo de vida nos anos de 1972, 1973 e 1974. Em razão disso, os metalúrgicos haviam recebido reajustes de 18% em 1972 e 18% em 1973, quando deveriam ter sido de 35% em 1972 e 41% em 1973. O Departamento Intersindical de Estatísticas e Estudos Socioeconômicos (Dieese) concluiu que as perdas tinham sido de 34,1% no período, e Lula peitou a campanha salarial para recuperar esse prejuízo.

Agora, Lula falava sem hesitar para 10 mil trabalhadores, às vezes por quase uma hora. No início de 1978, foi reeleito presidente com 98% dos votos – e, pela primeira vez, sem Paulo Vidal na chapa. Marisa estava grávida.

— De novo essa história, Lula? – ela reclamou. — Você vai ficar até quando nessa vida de sindicalista, voltando tarde para casa, fazendo reunião de fim de semana?

Marisa arrancou uma promessa do marido:

— É a última vez, galega. Daqui a três anos eu largo essa vida e volto pra casa e pro meu emprego na Villares. Já avisei no sindicato.

— É bom mesmo.

LULA APARECEU NUMA CAPA DE REVISTA pela primeira vez em 1º de fevereiro de 1978. Tinha trinta e dois anos e usava apenas bigode na fotografia de Hélio Campos Mello para a revista *IstoÉ*. A publicação era dirigida por Mino Carta, jornalista italiano radicado no Brasil que, uma década antes, participara da fundação da revista *Veja* como seu primeiro diretor. Agora, trocara de editora e de revista, transformando a casa nova, também fundada por ele, na principal concorrente da casa antiga. Na *IstoÉ*, comandava uma equipe ousada, atenta ao novo sindicalismo que despontava no ABC.

Logo nos primeiros dias de 1978, Mino Carta soube da campanha salarial que se desenhava no Sindicato dos Metalúrgicos de São Bernardo do Campo e Diadema. Os dois municípios somavam 300 mil habitantes. Desses, 130 mil eram operários, 38 mil associados ao Sindicato. Os peões envolvidos na campanha salarial mostravam-se dispostos a entrar em greve se a negociação com os patrões não avançasse e pareciam satisfeitos em debater política como havia muito tempo não se via. Toda hora era hora. Após o expediente, davam seguimento ao papo nos bares da Marechal, até altas horas, enganando a fome com caldinho de mocotó e cachaça com cambuci.

Mino quis conhecer pessoalmente aquele pernambucano atarracado que, desde o ano anterior, sintetizava como ninguém as agruras e aspirações do povo brasileiro. Pediu ao repórter Bernardo Lerer que os apresentasse. Voltou de São Bernardo impressionado com a inteligência e o poder de sedução do sindicalista, uma jovem liderança que, na intuição de Mino, em pouco tempo ganharia projeção nacional.

"Lula e os trabalhadores do Brasil", dizia a chamada de capa. "O Antipelego", estampava o título da reportagem, escrita pelo próprio diretor de redação, com direito a perfil biográfico do dirigente sindical e entrevista feita em parceria com Lerer. Numa das fotografias que ilustram a reportagem, Marisa e Lula, com Fábio no colo, estão em pé atrás de uma mesa de jantar. Diante da mesa, em primeiro plano, Marcos veste apenas shorts e chinelos e observa a avó Regineta, aos setenta e um anos, a única sentada. "Pergunto se ele não tem medo de ser perseguido, de sofrer alguma agressão", diz o texto de Mino Carta. "A mulher dele um dia perguntou: 'E se eles raptarem um filho da gente?' 'Pois é', diz Lula, 'temos de estar preparados para qualquer coisa.'"

Num editorial publicado em dezembro de 1977, quando Mino ainda não conhecia Lula nem a esposa, o diretor da *IstoÉ* descrevera Marisa como "uma mulher preocupada". A mesma característica foi apontada pelo próprio Lula em entrevista ao *Pasquim*, publicada no final de março de 1978. "Minha mulher tem muito medo, sabe", disse Lula. "Tenho muito sadismo com ela porque quero deixá-la preparada. Saio de casa e falo que vou preso."

A preocupação de Marisa tinha a ver com insegurança, natural em tempos de ditadura, mas também com a ausência cada vez mais frequente de Lula. De repente, seu marido era consultado por jornalistas e políticos, convidado a discutir com quem jamais imaginara. Uma tarde, no Sindicato, recebeu a visita de Claudio Lembo, presidente do diretório paulista da Arena, o partido da direita, apoiador do regime militar. Em outra ocasião, pegou um avião até Brasília para discutir a reforma trabalhista com o senador Petrônio Portella. Logo os encontros começaram a ser feitos em sua própria casa, para desespero da mulher, que lamentava a falta de intimidade e também a falta de estrutura para receber visitas ilustres.

Numa ocasião, seu marido recebeu o dono da Villares para discutir as reivindicações da categoria. Assim que Paulo Villares se acomodou no sofá, Marisa já ficou nervosa. Havia um rasgo enorme no estofado, motivo pelo qual a família estendera um cobertor sobre o móvel. Papo vai, papo vem, o cobertor começou a escorregar. Lula, discretamente, tentava esticá-lo para que o rasgo continuasse oculto. A ansiedade durou quase uma hora, mas o acordo firmado com o patrão recompensou o nervosismo.

Já em 1979, o casal viveria outra experiência traumática, que entraria para o anedotário dos Silva: Jarbas Vasconcelos, então deputado federal pelo MDB de Pernambuco, veio a São Bernardo do Campo para visitá-los. No meio da conversa, uma barata cruzou a sala. Discretamente, o deputado esmagou a barata com o pé e passou o resto da reunião sem tirar o pé do lugar, para impedir que Lula e Marisa notassem o inseto. O casal percebeu, mas fez de conta que nada tinha visto para não criar constrangimento para o hóspede. Todos lordes.

A posse de Lula para o segundo mandato à frente do Sindicato foi celebrada em 21 de abril de 1978, numa festa para 10 mil pessoas nos antigos estúdios da Vera Cruz. Marisa, grávida de seis meses, escolheu um vestido longo e branco e levou os dois filhos. Lá, ouviu o marido fazer um discurso duro, que poderia suscitar a ira da repressão. "Cheguei, lamentavelmente, à conclusão de que a classe empresarial não quer negociar com seus trabalhadores, mas tirar toda a sua força física, até a última gota de suor", discursou. "Por isso, está na hora de deixarmos o diálogo de lado e partir para a exigência". Marisa transpirava, lembrando-se da prisão do cunhado e preocupada com o que poderia acontecer com o marido.

Três semanas depois da posse, os metalúrgicos da Scania deflagraram uma greve que repercutiu nacionalmente. Ao receber os salários, em 10 de maio, os trabalhadores da fábrica de caminhões não se contentaram com o reajuste de 39% aprovado pelo Ministério do Trabalho. No dia 12, uma sexta-feira, foram todos à fábrica, bateram o ponto, assumiram seus postos de trabalho e cruzaram os braços diante das máquinas. A estratégia surpreendeu os patrões. Ninguém poderia ser demitido por justa causa, uma vez que ninguém deixara de comparecer ao trabalho. Em poucos dias, 150 mil metalúrgicos, espalhados por mais de 300 empresas em diversos municípios paulistas, cruzaram os braços. A promessa de endurecimento feita pelos sindicalistas havia se confirmado. O ano todo seria marcado por paralisações de trabalhadores pelo Brasil.

LULA NÃO ESTAVA POR PERTO quando Sandro Luís nasceu, em 15 de julho de 1978. O filho adiantou a chegada em um mês e surpreendeu o pai, que estava em Salvador para participar de um congresso de petroleiros. Hospedado no mesmo Hotel da Bahia que sediava o evento, Lula soube por telefone que acabara de ser pai outra vez. Ficou duplamente aflito. Primeiro, por não poder correr para a maternidade. Segundo, porque eram nove horas da manhã e ele não podia tomar uma cachaça para comemorar.

Pensando bem, uma dose não faria mal a ninguém. Convidou um rapaz de vinte e sete anos chamado Jaques Wagner, operário no pólo petroquímico de Camaçari e presidente do sindicato dos trabalhadores da indústria petroquímica da Bahia, e foram até o bar do hotel, um casarão modernista dos anos 1940 que seria tombado pelo patrimônio arquitetônico do Estado em 2010. Jaques e Lula haviam se conhecido na véspera. Lula pediu um conhaque para ele e outro pro Galego, como passou a chamar o novo amigo, em razão da pele clara e dos olhos azuis, repetindo o apelido pelo qual costumava se dirigir a Marisa. Pronto, a chegada de Sandro não ficaria sem brinde.

Naquele mesmo dia, Lula falou pela primeira vez em criar um novo partido político, um partido dos trabalhadores. Perguntaram sua opinião sobre a Frente Ampla, proposta de unir os partidos de oposição num único bloco, e o sindicalista respondeu que achava a frente ampla demais e pouco comprometida em melhorar a vida do trabalhador. Em suas palavras, os trabalhadores não deveriam continuar se enganando com as camas que eram preparadas para eles, mas preparar suas próprias camas. Seu argumento, expresso aos jornalistas que o entrevistavam à saída do congresso, era que muitos partidos no Brasil diziam defender a classe trabalhadora, mas nenhum era formado realmente por trabalhadores e dirigido por eles. Faltava um partido dos trabalhadores, construído "de baixo para cima", como ele dizia.

A ideia permaneceria em banho-maria até o final do ano e despontaria com força em 1979, quando começaram a circular, em Brasília, as primeiras propostas de reforma política prevendo a extinção do bipartidarismo.

Sandro foi batizado na igrejinha de Santo Antônio do Bairro dos Casa, reconstruída nos anos 1930 nas terras que pertenceram ao avô de Marisa. Ela e Lula convidaram Janjão e Emília para serem os padrinhos. João Justino de Oliveira, o Janjão, era metalúrgico na Ford, dirigente do Sindicato e um dos companheiros mais próximos de Lula, a despeito de ter treze anos a mais do que ele. Na véspera do batizado, o padre ficou sabendo que Lula e Marisa não haviam se casado na igreja. Os dois eram viúvos, o que lhes deixava livres para contrair novo matrimônio, mas não tiveram a iniciativa de repetir os votos perante um sacerdote. Marisa ficou preocupada. Desconfiou que o padre pudesse implicar, negar-se a batizar o caçula ou oferecer alguma resistência.

— Não seja por isso – disse o padre. — Vou dar o casamento de vocês de presente.

E foi assim que Marisa casou-se novamente com Lula, agora no religioso, quatro anos depois do casamento no cartório.

A casa de Marisa começou a ficar tão cheia de gente quanto a casa onde ela havia crescido. Agora, não era mais a casa da velha benzedeira, mas do líder sindical que todos queriam ouvir e consultar. Toda semana, chegavam convites, pedidos, passagens aéreas, principalmente durante a campanha salarial de 1979, quando declarações e fotos de Lula começaram a povoar jornais e revistas em razão da greve. Paralisações pipocavam por todo o país, e Lula era sempre lembrado como o líder capaz de animar multidões. O presidente do Sindicato dos Metalúrgicos viajava, discursava, orientava os movimentos grevistas em tudo quanto era cidade.

— Fábio, vem ver teu pai na televisão! – Marisa chamava na hora do jornal.

Aos quatro anos, o filho começava a descobrir que era mais fácil ver o pai pela TV do que encontrá-lo pessoalmente. E Marisa aprendia, na marra, que seu destino era cuidar sozinha das crianças.

Em maio daquele ano, estreou na TV uma série ousada, dirigida por Daniel Filho, que levava ao ar a rotina de uma personagem fictícia que era socióloga, divorciada e mãe de uma adolescente. Interpretada por Regina Duarte, a protagonista de *Malu Mulher* trabalhava, namorava, tinha orgasmos, usava pílula anticoncepcional e desfilava ideias emancipatórias que, no século XXI, seriam consideradas "empoderadoras". Enquanto os episódios daquela série questionavam o papel da mulher na sociedade e apresentavam o feminismo para o grande público, a casa dos Lula da Silva reproduzia o modelo tradicional de divisões domésticas: o marido ausente e provedor; a mulher cuidando da casa e de todos.

Quando tinha reunião na escola, era ela quem ia. Dia dos pais, lá ia a mãe comemorar com os meninos. Comprar roupa, organizar o material escolar, cobrar dever de casa, providenciar a comida, mandar pro banho, era tudo tarefa dela. Marisa não disfarçava o cansaço e a insatisfação por fazer tanta coisa sozinha. E Lula, embora permeável às queixas, pouco se esforçava para mudar os próprios hábitos. Nem para impor autoridade diante dos filhos ele servia. Ao contrário, subvertia os castigos impostos pela esposa, burlava as regras com alguma frequência e acabava "mimando" as crianças. Se chegasse em casa antes da oito da noite, corria para colocar um calção e bater uma bola com os filhos.

Imersa numa rotina exaustiva de cuidado com a prole, Marisa se orgulhava por jamais lavar as cuecas e as meias do marido e por ensinar os filhos a fazer o mesmo. Era pouco, quase nada, mas para Marisa era uma simbologia importante: ela impunha limites ao marido, limites que sua mãe e as irmãs mais velhas jamais conseguiram fazer valer. Marisa chegou a falar publicamente sobre as cuecas que ela não lavava num programa estadual do PT, produzido pelo jornalista Chico Malfitani e editado pelo publicitário João Carlos Serres. Na ocasião, Malfitani juntou uma dezena de pessoas ligadas ao PT ou à sociedade civil na sala de jantar do deputado Eduardo Suplicy e de sua esposa Marta, sexóloga que apresentava o programa *TV Mulher*, na mesma TV Globo que produzira o *Malu Mulher*. Botou todo mundo para conversar e ligou três câmeras. Captou quatro horas ininterruptas de conversa franca, sobre os mais diversos temas da vida prática, e fez um compilado com os melhores momentos para ser exibido em cadeia estadual de rádio e televisão em meados de 1985.

Divisão de papéis, responsabilidade pelo trabalho doméstico e cuidado com os filhos foram alguns dos temas debatidos por Lula e Marisa (com Luís Cláudio, recém-nascido, no colo), Suplicy e Marta (com o jovem roqueiro Supla ao lado), o educador Paulo Freire, o publicitário Carlito Maia, o ator Antônio Fagundes e a atriz Lucélia Santos. O trecho em que Marisa contou que não lavava as cuecas do marido resistiu à edição e foi ao ar.

Numa entrevista publicada pela *Revista Playboy* em julho de 1979, observa-se também um pouco da intimidade do casal. Entre risos e provocações, Lula mostrava que não era seu papel estender a roupa de cama ou arrumar o quarto. E que bastava dar um grito do sofá para que Marisa lhe escutasse. Quando o repórter Josué Machado começou a entrevista, o presidente do Sindicato resolveu pregar uma peça na esposa, a mesma que havia pregado dias antes no amigo Djalma Bom. Na ocasião anterior, contara para o colega de diretoria que havia sido procurado pela *Playboy*, revista mais conhecida pelas fotos de mulheres nuas do que pelas reportagens, e, fanfarrão, avisara que apareceria pelado na edição seguinte.

— Nem fodendo! – Djalma protestou.

— Pô, Djalma, que é isso? Não é o sindicato que vai posar pelado. Sou eu, o Lula. Eu quero, vou ganhar um dinheiro.

O amigo ficou irritado e prometeu convocar uma reunião da diretoria para discutir o caso. Agora, no dia da entrevista, Lula propôs repetir a brincadeira.

— Quer ver a Marisa ficar uma vara também? – disse ao jornalista.

O gravador de Josué registrou o seguinte diálogo:

— Marisa, vem cá! O quarto está arrumado?

— (Marisa, chegando) Está.

— Eu vou tirar umas fotos pelado.

— (Marisa, rindo) Imagina!

— São poucas fotos...

— (Marisa, rindo, ainda meio incrédula) Ah, não inventa, vai, Lula. É tão ridículo!

— Vai, mulher, está com ciúme de mim! Vai, não precisa ficar vermelha. Arruma lá a cama que eu preciso posar pelado, vai.

— Você não tem vergonha, Lula?

— Eu não.

— Você teria coragem? Eu não teria...

— Vamos lá, prepara aquela colcha de pele que eu vou me esparramar lá.

— (Marisa, protestando) Não, não. Um homem pai de família... Depois vão falar mal de você, vão dizer que você virou um bunda mole...

— Mas, meu bem, eu prometi. A revista está querendo. Vai, põe a colcha de pele. Eu dou uma colherzinha de chá para você sair do meu lado.

— De jeito nenhum. E agora também não vou arrumar nada.

— É brincadeira, bem. O Djalma também acreditou. Você acreditou?

— (Marisa, rindo aliviada) Eu não!

Ao longo dessa entrevista, feita na casa de Lula e Marisa, a esposa escuta a conversa da cozinha e volta à sala em dois momentos para expor sua versão dos fatos. Primeiro, na hora em que Lula começa a contar como os dois se conheceram. Em seguida, quando o assunto é feminismo, sinal de que o tema despertava interesse nela.

— O que você acha do movimento feminista? – pergunta o repórter.

— Eu respeito as mulheres que pretendem lutar por sua independência – diz o sindicalista. — Mas não sei que tipo de independência elas querem... Se é sexual, se é no trabalho... Eu gosto quando alguém se dispõe a fazer alguma coisa. Errado ou certo, a gente só vai saber quando a pessoa concluir aquilo que se dispôs a fazer.

— Marisa é feminista?

— Não. Não há condições para uma dona-de-casa, mãe de três filhos, ser feminista.

— (Marisa, vindo da cozinha) Marido pode, mas a mulher...

— O Lula é machão? — o entrevistador se dirige a Marisa.

— (Marisa) Êpa! Como assim? (Lula e Marisa riem).

É possível que a questão, da forma como foi formulada, tenha deixado Marisa constrangida. É possível, também, que o temor de falar o que não devia e acabar atrapalhando o desempenho do entrevistado tenha contribuído para que Marisa apenas sorrisse e encerrasse o tópico. Quem cala consente, diz um axioma. O que se nota é que havia, ali, um território em disputa. E Marisa não teria trocado a cozinha pela sala e se somado à entrevista se não tivesse escutado a pergunta sobre feminismo. Talvez quisesse apenas conferir o que Lula responderia, como uma inspetora de alunos incumbida de supervisionar o desempenho da turma.

Lula voltou a falar sobre Marisa e sobre feminismo numa entrevista publicada pela *Revista Escrita/Ensaio* ainda em 1979.

— Eu sinto muita pena do trabalho de minha mulher –, afirmou à repórter Maria Tereza Ribeiro. — Primeiro, porque a gente não pode ter empregada; segundo, porque eu chego em casa e sinto, na fisionomia da minha mulher, que ela está mais cansada do que qualquer operário que trabalhou o dia inteiro na fábrica. Porque não é brincadeira, não, cuidar da casa, lavar roupa, dar mamadeira, trocar a molecada.

Em seguida, o entrevistado faz um *mea culpa*.

— A minha mulher, se fosse pra ser remunerada, deveria ganhar até mais do que eu – disse. — Eu saio de casa às oito da manhã e chego em casa à meia-noite, todo dia. Quer dizer, chego em casa para tomar banho, trocar de roupa, deixar roupa suja para ela, sabe, e saio no outro dia de manhã. Não tenho tempo de brincar com as crianças, não tenho tempo de pegar a molecada no colo, quer dizer, praticamente eu só vou lá pra comer e trocar de roupa.

Declarações como esta, no entanto, eram raras na retórica de Lula. Peão de fábrica, sertanejo, cercado de homens na diretoria do Sindicato, Lula era fruto de seu tempo e do ambiente em que vivia no final dos anos 1970. Enquanto Marisa se interessava por temas contemporâneos como o feminismo e sua condição de dona de casa, o marido resistia a arejar seu pensamento sobre muitos dos assuntos em voga na época, principalmente sobre os que envolviam sexualidade. Falar sobre feminismo era algo que lhe causava desconforto. Por vezes, descambava para a chacota. Na mesma entrevista de 1979 em que Lula admite o excesso de responsabilidade de Marisa, algumas respostas revelam um machismo latente, naturalizado entre Lula e seus pares. Mesmo quando descreve atitudes de garra e força, sua concepção de mulher é quase sempre a de uma pessoa indissociável do homem, sobretudo ao falar sobre as mulheres metalúrgicas: na visão do dirigente, quando não vivem para seus maridos, elas têm a função de estimulá-los, servir de alicerce a eles ou complementar sua renda. Lula soma pontos quando diz, por exemplo, que "a mulher tem tanto ou mais valor que o homem na hora de ir pra briga". Na frase seguinte, no entanto, a mulher volta a ser vista como adereço ou ferramenta:

— A gente tem que aceitar como verdade que a mulher do trabalhador, a esposa do trabalhador é, na verdade, um estímulo para o marido continuar na briga (...). Então eu acho que a mulher tem um papel preponderante nas decisões do homem.

Lula falava de cátedra. Nas greves, percebia que eram raros os trabalhadores que mantinham a paralisação sem o apoio das esposas. Ao contrário, a maioria voltava a trabalhar quando duas coisas acabavam: o salário e a cumplicidade da mulher. Seu crime, na ocasião, era conceber a mulher essencialmente como isso: um estímulo. A seguir, na contramão do que pontificava o movimento feminista, Lula tomava como verdade que o cuidado com a casa e com os filhos era tarefa das mulheres. E passou a descrever o trabalho doméstico como "enjoativo demais". Para ele, a mulher deveria ter um emprego "enquanto tiver disponibilidade".

— Por exemplo, minha mulher trabalhou até nascer a criança – explicou. — O que eu acho é que os filhos não devem ser sacrificados, a educação do filho não deve ser sacrificada pelo problema do trabalho da mulher.

Instado a comentar sobre machismo, Lula não titubeou:

— Eu acho que sou machista, e me orgulho disso – tascou. — Penso que um homem não é um ser superior à mulher. Mas ele tem que preservar certas coisas, né? Por exemplo, eu não aceito, por Deus do céu, esse negócio de muita liberdade com mulher minha. Quando eu era noivo, eu nunca fui chegado a ir num lugar e vir outro e abraçar minha mulher, beijar minha mulher, sabe? Eu procuro defender aquilo que é meu.

Meu, minha... Esse trecho da entrevista expõe um Lula ciumento, um dirigente sindical que preferia não imaginar Marisa sendo cortejada. A entrevistadora percebe a mudança de humor do entrevistado e insiste no tema. Agora ela quer saber se Lula sente ciúmes.

— Nada daquilo que eu considero meu, principalmente em se tratando de mulher, eu gosto de dividir – disse, possessivo. — Portanto, eu sou machista, sou ciumento, não gosto que minha mulher fique zanzando.

Quando a jornalista Maria Tereza Ribeiro perguntou a Lula o que ele achava do movimento feminista, aí o caldo entornou de vez.

— Penso que a mulher pode ser advogada, pode ser médica, um montão de coisas – respondeu. — Agora, você querer que uma mulher trabalhe numa picareta no meio da rua é querer acabar com a meiguice feminina. Deve existir alguma coisa na mulher pra cativar o homem. Assim, se você pega uma mulher de macacão no meio da rua, qual é o homem que vai sentir alguma atração por ela?

Em abril de 1980, Lula voltou a responder perguntas sobre machismo e feminismo numa entrevista feita pela apresentadora de rádio e TV Xênia Bier. Na entrevista, publicada na *Revista Especial*, a relação com Marisa virou o tema central da conversa em diversos momentos.

— Outro dia eu perguntava ao (*ex-presidente*) Jânio Quadros por que a primeira dama é sempre objeto de adorno que o político tira da prateleira no momento em que precisa fazer a imagem da família – disse Xênia. — Me parece que você está entrando muito nessa, também. Você faz muita citação da sua mulher para compor uma imagem de família, que é a imagem que a sociedade aceita.

— Eu só falo quando me perguntam - Lula respondeu. — Se você me pergunta sobre a minha mulher, eu respondo. Não acho que a mulher do político precisa ser esse negócio que você falou aí. A vida que a Marisa leva não permite que ela tenha uma participação... embora ela faça essas reivindicações, essas queixas de que eu a deixo dentro de casa, de que eu saio muito. Eu acho que é claro também que nem sempre dá pra ela me acompanhar. (...) Se o desgraçado do pai já não pode dar carinho, porque as atividades políticas dele não permitem, eu acho que os filhos não podem prescindir do carinho e do afeto da mãe. Eu sou talvez um pouco machista, mas não como as pessoas acham que sou... E a Marisa também tem consciência destes problemas, de que ela não pode andar atrás de mim, porque é incabível a gente arrumar uma pessoa, primeiro porque eu não posso pagar empregada.

— Lula...

— Não posso pagar.

— Lula!

— Também não está na minha cabeça explorar ninguém. E aí é que eu fico puto com as posições de algumas mulheres que fazem isso aí: independente e esse negócio todo, sai pra trabalhar fora, ganha 30 milhões por mês (R$ 10 milhões em 2020) e paga a uma coitadinha 1.500 (R$ 500 em 2020) para fazer em casa tudo aquilo que ela não gosta de fazer. Porque o mínimo que ela poderia fazer é o seguinte: ela vai trabalhar pra ganhar 30 contos? Vai. Então, divida o salário com aquela que está fazendo em casa o trabalho dela.

— E por que não divide também o serviço de casa com o marido?

— Seria até bonito e simpático, seria...

A alternativa sugerida pela entrevistadora, considerada feminista em 1980, nem passava pela cabeça do líder sindical. Marisa e Lula jamais teriam uma empregada doméstica. Para além dos motivos apresentados na entrevista, foi decisiva a cautela diante da hipótese de perder a privacidade. Lula não queria que uma pessoa estranha ouvisse as conversas que ele costumava ter na sala, sobre estratégias para a luta sindical e, mais tarde, política. Confiança de verdade, ele só tinha na Marisa. Lula e os filhos, no entanto, em mais de uma ocasião atribuiriam a Marisa a decisão de não ter uma empregada doméstica. Segundo eles, o ciúme de Marisa a impedia de ter outra mulher dentro de casa.

Somente após o nascimento do quarto filho, em 1985, a família passaria a contar com o auxílio diário de Joana, a irmã de criação de Marisa. Foi a única opção que vingou: Lula confiava na cunhada e Marisa não tinha ciúme dela. De segunda a sexta-feira, Joana passou a ir todos os dias à casa deles. Chegava cedo, preparava o almoço, fazia companhia para Marisa, botava ordem nas roupas e arrumava a cozinha antes de ir embora. O que começou como uma ajuda à irmã nos primeiros meses após o parto de Luís Cláudio em pouco tempo se transformou numa relação de trabalho. Joana passou a receber um salário para trabalhar ali.

Voltando à entrevista, Lula também respondeu a Xênia sobre o aparente desnível que começava a surgir, aos olhos da opinião pública, entre o líder operário, agora conhecido em todo o Brasil, e a dona de casa Marisa Letícia, discreta, simples, avessa a badalação.

— Vem cá, menino. Você hoje tem uma posição de destaque. Não é perigoso o homem seguir como você seguiu e a mulher ficar doméstica lá em casa, não compreendendo as passadas do marido? Não pode acontecer uma ruptura?

— Eu tenho consciência disso. A Marisa tem consciência disso. Agora eu acho que não chega a romper a vida de um casal se houver pé no chão.

— Mas você reconhece que é perigoso?

— Reconheço. Reconheço que a pessoa passa a viver num meio diferente do mundo dele. Mas eu tenho consciência de que, embora eu tenha chegado à posição em que cheguei, no meio político, a única coisa que aprendi na vida foi ser torneiro mecânico. No dia em que eu sair do sindicato eu vou ser torneiro mecânico.

O tema do feminismo foi abordado em seguida pela entrevistadora. Lula respondeu mais uma vez com desconforto. Sua visão de mundo não comportava a imagem de opressão masculina sugerida pela repórter. Por outro lado, Marisa é sempre apresentada pelo marido como uma mulher independente que, se exerce algum grau de submissão, não o faz por obrigação, mas por escolha individual.

— E o movimento de libertação feminina? Você não acha a mulher oprimida? O homem é opressor da mulher, é ele que tem o poder aquisitivo?

— Não, eu não acho que o homem é opressor.

— Machão, porco-chauvinista!

— Não, não acho. Nós temos que olhar todo um conceito que está formado e não depende do homem de hoje! (...) O que você precisa entender é que não passa no homem esse conceito de que ele é o responsável da casa. Também está muito da mulher nisso. Muitas mulheres, a maioria, casam pra deixar de trabalhar, ter filho...

— Como sua esposa.

— Agora, é diferente deixar o cabelo do sovaco crescer e ficar pedindo liberdade pra mulher aí. Ora, meu Deus do céu, será que cada madame que anda defendendo a liberdade aí não é melhor ela pegar duas prostitutas e pagar um salário digno pra elas trabalharem em sua casa fazendo limpeza? Você vê madame de sovação cabeludo aí pagando Cr$ 2.500,00 (R$ 870 em valores de 2020) pra empregada doméstica trabalhar das oito da manhã às oito da noite e ainda vir no sábado e domingo. Está querendo liberdade pro "eu" e não tem liberdade pra todo mundo. É fácil, sabe.

A receita para lidar com o dinheiro dentro de casa também apareceu nessa entrevista.

— Minha mulher lá em casa não pede dinheiro pra mim. Ela tem liberdade de chegar na minha carteira e pegar dinheiro. Só não entrego o envelope de pagamentos pra ela, ela nem sabe quanto eu ganho.

Aqui o sindicalista respondeu com orgulho, como se o fato de deixar a carteira à disposição da mulher fizesse dele uma pessoa menos machista. Não lhe ocorria, naquele início dos anos 1980, que argumentos como aquele reforçavam o machismo estrutural e contribuíam para reproduzir a dominação ao tratar a mulher como uma pessoa financeiramente dependente, a quem não cabe conhecer o valor do salário do marido. Pouco tempo depois, por influência de Frei Betto, então na Pastoral Operária, e após a experiência de depender do fundo de greve durante a campanha salarial de 1980, o casal inauguraria uma outra forma de lidar com a renda. Marisa passou a administrar a receita da casa e as despesas da família, incorporando um modelo recomendado por organismos internacionais e adotado inclusive pelo Bolsa Família a partir de 2003, baseado na tese de que atribuir a gestão financeira às mulheres seria uma maneira de empoderá-las e de priorizar o bem-estar dos filhos e da família – enquanto os homens tenderiam a ser mais perdulários com bens para consumo próprio. A partir de então, Marisa sabia qual era o salário de Lula, a conta bancária era conjunta, e os envelopes vinham quase sempre para suas mãos.

— Eu acho que liberdade não é a mulher fazer o marido lavar a louça, porque Marisa não permite que eu lave louça – seguia a entrevista. — Ela ainda corta as unhas do meu pé. E não é porque eu obrigo, não, é porque o conceito de liberdade dela é muito diferente: é fazer aquilo que eu quero, é fazer aquilo que ela quer sem que eu abra mão da minha liberdade. E o que muitas mulheres querem é liberdade colocando o homem como escravo. Eu acho que a mulher...

— É uma bosta! — Xênia, a entrevistadora, replicava.

— ... pra ter liberdade, ela conquista dentro de casa essa liberdade, sem fazer com que o marido abra mão.

— Eu não entendo muito bem porque eu não tenho saco pra aguentar homem. Eu não estou aqui pra cortar unha de dedo de pé de homem nenhum. Ele não é aleijado, ele que corte, porra!

— Mas você gostaria que um homem cortasse sua unha.

— Não, de jeito nenhum. Não sou aleijada!

— Esse radicalismo está da língua pra fora.

— Não está, não. Pode parar! Pode parar! Pode parar! (...)

— Eu não sou contra esse negócio de lavar louça, não. Quem gosta, lava. Quem quer trocar as crianças, troca. Eu não faço isso porque não tenho o costume de fazer, não vou fazer. Se isto é machismo, eu sou machista.

— Você é! É, está encerrado o papo. Você é um puto dum machista!

Sobrou munição de Lula até contra o aumento do percentual de mulheres na população economicamente ativa:

— Eu reconheço que o trabalho da mulher é muito mais...

— Maçante... É muito desgraçado, alienante.

— ...muito mais sofrido que o do homem. E reconheço que algumas trabalham só por anseio de independência, mas a maioria trabalha para não morrer de fome. Agora, nós precisamos ver o seguinte: universalmente sempre houve briga entre o trabalho do homem e o da mulher. Em alguns países, e isso está acontecendo no Brasil, quando se abre um campo de trabalho muito grande para a mulher, é para baratear a mão-de-obra. Nós não podemos permitir que se use a mulher para isso. A gente não pode pensar em jogar a mulher no mercado de trabalho enquanto houver excesso de mão-de-obra. Meu medo é esse.

Finalmente, o debate chegou ao controvertido tema do aborto. Diante da posição de Lula, a apresentadora sugeriu a ele que pensasse melhor. Lula prometeu escutar a Marisa.

— Como homem casado que sou – disse Lula —, eu sou favorável à legalização do aborto. Eu acho que tudo o que é proibido é pernicioso. Proíbem a maconha e ela anda dentro da delegacia, como eu vi um delegado dizer. (...) Proíbe-se o aborto e as menininhas que conseguem iludir alguns homens...

— Coitadinhos dos homens... Me vê um lenço que eu vou chorar de pena dos homens...

— São poucos os homens que têm cara-de-pau de cantar uma mulher sem que ela dê motivo. (...)

— Você deixaria tua mulher fazer um aborto?

— Não. Se ficar grávida, tem que ter. Agora, eu tenho que respeitar também a vontade dela. Se ela achar que não dá...

— Um pedido que eu te faço: antes de você fazer qualquer pronunciamento a esse respeito, sendo hoje um líder nacional, pense muito bem.

— Eu nunca conversei com a Marisa sobre isso. Depois desta entrevista, eu vou conversar com ela. E o posicionamento que a Marisa achar que deva ser, depois de discutir muito com ela, será o posicionamento meu, oficial.

EM TODAS ESSAS ENTREVISTAS, Lula não conseguiu disfarçar o jeito bronco com que se referia ao feminismo no final dos anos 1970. Já em 1979, Lula era criticado por suas posições conservadoras no âmbito do comportamento. E Marisa era criticada por permitir que o marido falasse em seu nome e por não desautorizar certas declarações.

Após a greve de 1979, Marisa foi convidada a participar dos encontros da Associação de Mulheres de São Bernardo, grupo fundado por remanescentes da Ala Vermelha, organização com origem no PCdoB e que, em sua maioria, somaria forças no processo de fundação do PT no ano seguinte. Um mês depois de organizada, a Associação reunia cerca de quarenta mulheres, entre ativistas, lideranças do bairro Ferrazópolis, operárias e esposas de metalúrgicos.

Oficialmente, a missão da entidade era contribuir para o engajamento das mulheres nas pautas trabalhistas e na defesa de reivindicações tidas como femininas (estabilidade após a maternidade, local adequado para amamentação durante o expediente, creche no local de trabalho). Na realidade, seu principal objetivo era zelar por aquilo que Lula havia mostrado em entrevista: sem o apoio da esposa, como estimuladora e aliada, a maioria dos homens não aguentaria um mês de greve, sem levar o salário pra casa, com ameaças de demissão e processo na Justiça. Era preciso, no jargão da época, oferecer formação política a essas esposas. "Nossa ideia não é só mexer com a mulher engajada, a que entra já sabendo das coisas; é mexer com as mulheres da massa e levá-las a participar dos movimentos da região", afirmou a jornalista Leila Reis, secretária-geral da associação, em entrevista feita em 1981. "A gente pretende que seja uma associação que dê subsídios para a mulher de base discutir sua condição e se integrar à luta geral da classe trabalhadora".

Marisa foi duas ou três vezes. Demonstrava interesse, discutia todos os assuntos, mas acabou sendo boicotada justamente pelo marido. Para Lula, era complicado demais ficar em casa com as crianças enquanto a esposa saía para discutir política.

— Não deu para sair – Marisa explicava às amigas no dia seguinte. — Chegou gente pra conversar com o Lula e eu precisei fazer sala e olhar as crianças.

Em contrapartida, Marisa não faltava às assembleias do Sindicato. Combinava com outras esposas de sindicalistas e iam todas ao Sindicato para se inteirar do que estava acontecendo. Era, também, uma forma de se aproximar da atividade dos maridos, demonstrar solidariedade. Os dirigentes estimulavam a participação das mulheres nas assembleias, porque sabiam que, em caso de greve, o apoio delas seria indispensável para manter a categoria unida e confiante. Era também uma forma de prepará-las para os dias de luta e fazer com que todos, homens e mulheres, saíssem de lá afinados no mesmo diapasão.

Eventualmente, Marisa engajava-se em alguma reivindicação. Defendeu, por exemplo, o cumprimento do direito a creche nas fábricas e a presença de mulheres nas chapas que concorriam à diretoria, tema que esteve presente no 1º Congresso da Mulher Metalúrgica, em 1978, e que seguiria na pauta de reivindicações por longos anos. Se as mulheres representavam 15% das metalúrgicas nas fábricas do ABC, nada mais justo do que garantir a presença de pelo menos 15% de mulheres na diretoria. Apenas em 2011, trinta anos depois, a diretoria chegou a um desenho próximo disso, com vinte e seis mulheres entre os 272 diretores. Em 1980, não havia nenhuma.

Marisa também começou a frequentar o Sindicato no dia a dia. Pelo menos uma vez por semana, chegava no começo da noite, às vezes com os filhos, e ia para a sala da presidência. Fuzilava Ivonete, a secretária, com os olhos, e dizia em tom de chacota que estava lá para resgatá-lo.

— Vocês prenderam meu marido aqui, é? Ele tem casa, sabiam?

Nessas ocasiões, Marisa acabava sempre ficando um pouco. Ouvia as conversas, tomava pé das discussões, às vezes até jogava um carteado. Punha o Sandro para dormir no sofá ou no próprio colo enquanto Marcos e Fábio corriam pelo auditório e brincavam nas escadas. Era hábito entre os dirigentes puxar um garrafão de pinga e um maço de baralho depois do expediente, ali mesmo, na sala do Lula. As ideias mais geniais, as estratégias mais ousadas, surgiam nos momentos de descontração. Uma delas foi a orientação para que os metalúrgicos deixassem de fazer hora extra nos meses que antecediam a campanha salarial. Dessa maneira, as fábricas teriam dificuldade para produzir estoque e ficariam mais sensíveis aos efeitos da greve.

Também surgiu nessas conversas informais o plano de criar um fundo de greve, espécie de poupança para arrecadar contribuições com o objetivo de sustentar os trabalhadores no período em que eles ficassem sem receber salário. Um dos grandes adversários dos operários grevistas em 1979 foi a falta de dinheiro para que eles pudessem manter a paralisação e permanecer mais tempo sem salário. Para a campanha de 1980, havia o compromisso de não incorrer no mesmo erro. Até lá, haveria tempo de organizar o fundo de greve e juntar grana suficiente para que a categoria pudesse parar por mais tempo, até dois meses se fosse preciso. Foi o que aconteceu. A maioria das famílias dos grevistas retirou seu sustento do fundo de greve durante os quarenta e um dias de paralisação.

Em 1979, a greve durou duas semanas. Em assembleia, os metalúrgicos de São Bernardo e Diadema decidiram cruzar os braços a partir de zero hora do dia 13 de março, dois dias antes da posse de João Baptista Figueiredo na Presidência da República. Para avaliar o saldo do primeiro dia de paralisação, foi marcada uma nova assembleia para a tarde do dia 13. A adesão foi tão grande que os dirigentes tiveram de transferir a assembleia às pressas para o estádio municipal de futebol da Vila Euclides, cedido pelo prefeito Tito Costa, do MDB. Cerca de 80 mil metalúrgicos foram para lá.

Acostumados a organizar assembleias para até 500 pessoas no auditório do Sindicato, os dirigentes nem se lembraram de providenciar a estrutura necessária para uma mobilização daquele tamanho. Na tarde do dia 13, não havia palanque nem sistema de som no estádio da Vila Euclides. Nem megafone. Lula subiu numa mesinha de ferro, dessas de boteco, e soltou o gogó. O jeito foi falar pausadamente para que os metalúrgicos presentes repetissem suas falas, frase por frase, para a turma que estivesse mais distante. O discurso de Lula ecoou em camadas, como se espalham os círculos concêntricos produzidos por uma pedra que atinge o meio de um lago.

Anos antes, ainda no primeiro mandato na presidência, Lula tinha ido assistir a um jogo do Corinthians junto com outros diretores do Sindicato. Impressionado com o mundaréu de gente apinhada na arquibancada do estádio do Pacaembu, em São Paulo, suspirou e comentou baixinho com Devanir Ribeiro:

— É gente pra caralho.

— Já pensou esse mundo de gente numa assembleia? – Devanir provocou.

— Ah, a gente faria a revolução.

Agora, diante do estádio da Vila Euclides lotado, sem palanque nem microfone, Devanir fez questão de sussurrar no ouvido de Lula:

— Lembra daquele jogo do Corinthians em que te perguntei como seria se tivesse aquele tanto de gente numa assembleia? Você disse que daria para fazer a revolução.

— Foi mesmo – Lula assentiu. — Agora a responsabilidade é nossa.

Em poucos dias, metalúrgicos de Santo André e São Caetano do Sul somaram-se aos de São Bernardo e Diadema. Na assembleia seguinte, já havia sistema de som.

NAS ASSEMBLEIAS A CÉU ABERTO, os dirigentes transmitiam as últimas notícias sobre as negociações com o governo, as empresas e o Tribunal Regional do Trabalho. No dia 22 de março de 1979, Lula apresentou em voz alta a proposta que os patrões haviam mandado. Em poucas palavras, o documento cobrava a volta imediata ao trabalho e adiantava que as horas paradas seriam descontadas. Exigia-se o fim da greve para, só então, começar o debate sobre reajuste salarial. Os metalúrgicos acharam aquilo desrespeitoso. "Os patrões não querem negociar com as máquinas paradas?", pensavam. "Então nós não aceitaremos negociar com as máquinas funcionando". O documento foi rejeitado em assembleia.

Na mesma noite, dois parlamentares do MDB quiseram jantar com Lula. Marisa ficaria mais uma vez sem ver o marido. O sociólogo Fernando Henrique Cardoso, professor da USP e suplente de André Franco Montoro no Senado, e o jornalista Fernando Morais, então deputado estadual, combinaram de encontrar o presidente do sindicato dos metalúrgicos por volta da meia-noite no restaurante São Judas Tadeu, famoso pelo frango com polenta.

Lula e FHC haviam se aproximado em 1978, quando o sindicalista virou cabo eleitoral do sociólogo na disputa pelo Senado. FHC tinha sido lançado como segundo nome do MDB, que investia mais fortemente na candidatura de Montoro, o favorito. A insatisfação com a Arena, partido dos militares, era tão grande naquele ano que Montoro foi eleito e FHC ficou em segundo lugar, posição que lhe garantia a suplência conforme a legislação eleitoral vigente. Pelo mesmo MDB, foram eleitos naquele ano o deputado federal Airton Soares, o primeiro a migrar para o PT em 1980, e três deputados estaduais por São Paulo que seguiriam o mesmo caminho: Eduardo Suplicy, Irma Passoni e Geraldo Siqueira.

Uma das curiosidades que provocavam boas risadas de Lula e FHC é que, em 1977, Marisa e Lula haviam se hospedado na casa que FHC e Ruth Cardoso mantinham na praia de Picinguaba, em Ubatuba. Os anfitriões, no entanto, não estavam presentes. O casal tinha ido passar uma temporada em Paris, onde FHC foi lecionar, e o amigo Eduardo Suplicy ficou com as chaves. Suplicy convidou Marisa e Lula para passar um feriado com ele e Marta. Voltaram reclamando dos mosquitos, principalmente Marisa, que nunca gostou muito de praia.

No ano seguinte, ainda em janeiro, Lula chamou FHC para uma conversa no Sindicato e ofereceu apoio para a eleição ao Senado. Agora, em 1979, FHC manifestava-se publicamente a favor da greve no ABC. Solidários com Lula, FHC e Fernando Morais foram levar apoio e apresentar ao sindicalista um panorama do ambiente político: o primeiro, no Congresso Nacional, e o segundo, na Assembleia Legislativa.

— A população está a favor dos metalúrgicos – FHC garantiu. — Não tem a menor possibilidade de o governo decretar intervenção no Sindicato desta vez.

Passavam das duas da madrugada quando o jantar terminou e cada um tomou seu rumo. Lula voltou ao Sindicato e se esticou no sofá para um cochilo. De manhã, a rua João Basso foi ocupada por viaturas da polícia.

93

A notícia da intervenção repercutia nas rádios e nos plantões de TV. Lula teve de ceder sua sala para que um interventor se instalasse nela. Fernando Henrique Cardoso errara no diagnóstico.

Aquela intervenção complicaria ainda mais a vida de Marisa. Se Lula estava impedido de ir ao Sindicato, o Sindicato teria de vir até ele.

A DIRETORIA CASSADA, comprometida com os trabalhadores e ciente da necessidade de manter a greve, tratou de improvisar um sindicato paralelo no salão paroquial da Igreja Matriz. Mas nem toda reunião podia ser feita na igreja. Com isso, os dirigentes cassados começaram a se reunir na casa de Marisa. Virou um inferno. As reuniões juntavam às vezes duas dezenas de homens, quase todos ansiosos, que ficavam debatendo ali, numa sala de 10 metros quadrados, até meia-noite.

— Dona Marisa, posso tomar um copo d'água? – pedia um.

— Dona Marisa, tem café? – pedia outro.

— Galega, traz a cachaça com cambuci pra nós? – clamava o marido.

Chegava a hora de servir o jantar para as crianças e o povo não ia embora. Marisa fazia os pratos das crianças na cozinha. Volta e meia algum sindicalista passava por ali e, sem cerimônia, fuçava as panelas, cheirava a comida, dava uma garfada no prato do Marcos ou do Fábio. Marisa ficava uma arara.

No dia da primeira intervenção no sindicato, Lula tinha telefonado para avisar. Contou que o Sindicato estava cercado pela polícia e que ele não sabia a que horas conseguiria sair. Marisa ficou aflita. Passava da meia-noite quando Lula chegou, num comboio com meia dúzia de carros. "Pronto", ela pensou, "vão levar meu marido preso e só o trouxeram aqui para ele buscar uma roupa". Marisa correu até o portão e deu graças a Deus quando viu que não era nada daquilo. Nenhuma veraneio, nenhuma viatura. Eram apenas os companheiros do Sindicato, que fizeram questão de acompanhar o líder até sua casa para demonstrar solidariedade e também como medida de segurança. Ainda não era dessa vez que Lula iria preso.

Lula obedeceu a ordem de afastamento e passou três dias em casa, para desespero de Marisa, que não aguentava a inquietação do marido. No dia 27, pela manhã, ele atendeu ao chamado dos companheiros e voltou a comandar uma assembleia na Vila Euclides, apesar da intervenção. Metalúrgico nenhum reconhecia como legítima a diretoria biônica, comandada por Guaracy Horta, interventor nomeado pelo Ministério do Trabalho. Era Lula que todos queriam ouvir. Ele pegou o microfone e pediu uma trégua aos trabalhadores. Muitos já haviam voltado às fábricas, os piquetes tinham se dispersado, faltava organização para insistir nas reivindicações. Lula pediu um voto de confiança para que pudesse negociar com os patrões. A audiência aprovou a trégua de 45 dias. Todos voltaram a trabalhar. Vencido o prazo, Lula voltou a liderar uma assembleia no campo de Vila Euclides, em 13 de maio, e submeteu a votação (por aclamação) a proposta dos patrões, de conceder 63% de aumento. Embora muitos trabalhadores considerassem o acordo ruim, aquém das expectativas geradas no início da campanha, o que fez eclodir sentimentos de desconfiança sobre a idoneidade de Lula à frente das negociações, a proposta foi aprovada. A diretoria legitimamente eleita reassumiu o Sindicato no dia 18, satisfeita em razão das conquistas na esfera política: autonomia de negociação, disposição para cruzar os braços, adesão, ousadia.

Um ano depois, durante a campanha salarial de 1980, tanto Marisa quanto os sindicalistas estavam mais tarimbados. Dessa vez, iriam até o fim. Se fosse decretada greve, Lula não tomaria a iniciativa de pedir o fim da paralisação. Seguiria os anseios dos trabalhadores até a corda estourar. Marisa, por sua vez, sabia os riscos que seu marido corria. Intervenção no sindicato era aperitivo para o que estava por vir. No segundo semestre de 1979, a greve dos bancários no Rio Grande do Sul terminara não apenas com a cassação da diretoria, mas também com a prisão de Olívio Dutra, o presidente do sindicato.

As Veraneios começaram a rondar a casa de Marisa em janeiro de 1980, quando a campanha salarial ainda estava em fase de elaboração.

Uma das estratégias adotadas pelo movimento grevista foi dar ampla visibilidade na imprensa a todas as atividades promovidas pelos metalúrgicos, da pauta às negociações. A presença de jornalistas permitiria à opinião pública assistir ao desenrolar da greve como se fosse uma novela: à espera do próximo capítulo. A transparência e a vigilância feita por jornalistas e espectadores, imaginava-se, impediria que os militares tomassem atitudes drásticas para acabar com a greve. O fantasma da morte de Santo Dias da Silva, operário de São Paulo assassinado em 30 de outubro de 1979 por

95

um policial enquanto fazia um piquete em frente a uma fábrica em Santo Amaro, assombrava a Secretaria de Segurança Pública, o Palácio dos Bandeirantes, sede do governo paulista, o comando do II Exército e o Palácio do Planalto. Outra estratégia foi atrair o apoio de políticos progressistas e intelectuais respeitados.

— Tá chegando a hora de a onça beber água – Lula discursava, referindo-se à "hora do vamos ver", à hora da verdade, ao momento decisivo.

Nas semanas que antecederam a greve, a frase dita por Lula virou uma espécie de mantra entre os metalúrgicos. Foi impressa na *Tribuna Metalúrgica*, o órgão oficial do Sindicato, e também no *ABCD Jornal*, um semanário de esquerda com sede em São Bernardo editado por Julinho de Grammont e que priorizou como nenhum outro o tema das grandes greves de 1979 e 1980.

A greve de 1980 foi decidida por aclamação na manhã de 30 de março, um domingo. Os 140 mil metalúrgicos de São Bernardo e Diadema cruzariam os braços a partir de zero hora de terça-feira, dia 1º de abril, aniversário de dezesseis anos do golpe militar. Outros 80 mil metalúrgicos de Santo André e São Caetano engrossariam o movimento.

Como de costume, os empresários mantiveram-se insensíveis às reivindicações, que agora priorizavam temas sindicais, como a introdução de um delegado sindical em cada fábrica, o livre acesso dos dirigentes aos locais de trabalho e a permissão para fixar um quadro de avisos do sindicato dentro das unidades industriais. Tudo negado. Cobravam-se também reposição salarial e mais 15% de reajuste; os empresários aceitavam dar 5%. Cobrava-se redução da jornada de trabalho de 48 para 40 horas semanais; os empresários rejeitavam.

Uma veraneio passou a fazer marcação cerrada em frente à casa de Marisa. Quase ostensiva. Vivia estacionada três casas adiante, na mesma rua, com quatro oficiais dentro. Eles se revezavam para almoçar, mas permaneciam o dia todo ali. Já conheciam a rotina da casa. Quem entrava, quem saía, em que horários. Quando Marisa saía para levar Marcos e Fábio à escola, no outro lado da rua, os oficiais ficavam à espreita. E passaram a seguir o casal com relativa frequência. Uma vez, Marisa teve dor de dente e saiu para ir ao dentista. A veraneio foi atrás.

Agora, as assembleias dos metalúrgicos no estádio da Vila Euclides reuniam mais de 100 mil pessoas. Helicópteros do Exército sobrevoavam a multidão, com soldados pendurados nas janelas e metralhadoras apontadas para a massa. A cada três minutos, um dos helicópteros dava um rasante, assustando o povo e atrapalhando o discurso do orador. O barulho da hélice tornava inaudíveis partes dos discursos. O desconforto era permanente, assim como o medo de haver disparos. Um alfinete que despencasse lá de cima poderia causar um estrago. A multidão reagiu distribuindo bandeiras do Brasil e cantando o Hino Nacional. Seriam capazes de abrir fogo contra uma multidão de patriotas?

Marisa levava as crianças e temia o pior. Numa das assembleias, Marcos Cláudio voltou para casa e, impressionado, desenhou um helicóptero sobrevoando o estádio. Aos nove anos, escreveu a palavra "exército", em letras maiúsculas, na funilaria da nave. Na imagem, os metalúrgicos parecem palitos de fósforo: cada pessoa é representada por um risco vertical acrescido de uma bolinha simbolizando a cabeça. Inconscientemente, a analogia vinha bem a calhar. Aos milhares, sob a sombra dos helicópteros, os operários pareciam prestes a pegar fogo. O desenho foi publicado pela revista *IstoÉ* na edição de 9 de abril. Jornalistas entravam e saíam de sua casa, o que permitiu a um deles descobrir o desenho de Marcos. Havia repórter de rádio e TV que não hesitava em se instalar na sala e se apropriar do telefone para transmitir seus informes. Marisa, mais uma vez, parecia prestes a ter um ataque.

A primeira iniciativa dos patrões após o início da greve foi apelar para a Justiça e exigir que a paralisação fosse considerada ilegal. Para espanto de muitos, o Tribunal Regional do Trabalho declarou-se incompetente para julgar a legalidade da greve. O placar indicava 13 votos a 11. Houve pressão do Governo Federal, um juiz mudou de ideia, outro voltou de viagem e destituiu seu substituto, até que, no dia 14 de abril, o mesmo tribunal reformou a decisão anterior e declarou a ilegalidade da paralisação por 15 a 11.

— Não foi surpresa – declarou Lula ao saber do resultado. — Houve uma ordem do Executivo. Agora nós vamos tocar essa greve por trinta, quarenta dias, sem ligar para o que o Tribunal disse ou deixou de dizer.

A intervenção no Sindicato poderia acontecer a qualquer momento. As atenções se voltaram para Murilo Macedo, ministro do Trabalho, de quem se esperava uma reação enérgica. Mesmo assim, a continuidade da greve foi decidida em nova assembleia, por aclamação.

— Se chegarmos ao Sindicato e tiver acontecido alguma coisa – Lula discursou –, vamos todos para a Igreja Matriz aqui em São Bernardo do Campo.

Prudentes, os sindicalistas optaram por transferir o fundo de greve, com as toneladas de alimentos arrecadadas, para a Igreja Matriz, emprestada pelo bispo de Santo André, Dom Cláudio Hummes. Naquela mesma semana, Lula foi cassado, juntamente com outros membros da diretoria. Sua prisão seria questão de tempo.

5

Prenderam o Lula!

Fui deitar, mas não consegui dormir. A veraneio ali em frente, a casa cercada. Eu sabia que alguma coisa ia acontecer.

Marisa para o livro *Lula, o metalúrgico*,
de Mário Morel (1981)

FALTAVAM ALGUNS MINUTOS PARA AS SEIS HORAS DA MANHÃ do dia 19 de abril de 1980, um sábado, quando bateram palma.

— Senhor Luiz Inácio da Silva! Senhor Luiz Inácio da Silva!

A voz vinha da calçada, colada à janela do quarto. Marisa despertou assustada após uma noite em que mal pregara o olho.

— Senhor Luiz Inácio da Silva, Lei de Segurança Nacional!

Chacoalhou o marido.

— Lula, Lula, estão atrás de você!

O marido resmungou qualquer coisa e virou para o outro lado. Marisa alcançou algo que pudesse vestir e foi até a sala, onde o deputado estadual Geraldo Siqueira dormia no sofá.

— Tem alguém aí – ela o acordou. — Chamaram o nome do Lula.

Frei Betto abriu a porta do segundo quarto, foi até a entrada e se apresentou.

— Um instante, vou chamar o Lula.

Fechou a porta e foi ajudar Marisa a acordá-lo. Orientou Geraldinho:

— Vai lá fora e pede pra ver o mandado de prisão.

Frei Betto e Geraldinho haviam se mudado para a casa de Marisa e Lula no dia 15, logo após o tribunal decretar a ilegalidade da greve. A hipótese de prisão era cada vez mais real, e a presença de um parlamentar e um religioso poderia trazer alguma segurança a Lula e sua família num momento em que arbitrariedade e truculência eram marcas da repressão. Como os dois não eram casados nem tinham filhos, abraçaram a missão proposta pelo frade sem que a mudança lhes causasse desconforto. Frei Betto ficou no quarto onde dormiam as três crianças, enviadas às pressas para uma temporada nas casas das tias. Geraldinho se instalou no sofá da sala.

Ficou acertado que, quando a prisão acontecesse, os dois correriam para o telefone e acionariam suas redes a fim de denunciar imediatamente a detenção de Lula: Igreja, Legislativo, organizações de Direitos Humanos, advogados, jornalistas. A divulgação em todos os jornais era a única arma capaz de garantir a integridade física do preso e obrigar a Secretaria de Segurança Pública a oficializar seu paradeiro. Se Lula desaparecesse ao entrar na veraneio do Dops, o pior poderia lhe acontecer.

Frei Betto entrou no quarto do casal e sacudiu os ombros do Lula:

— Lula, levanta. Vieram te buscar. Você tem que ir.

Enquanto isso, Geraldinho conversava no portão: ele do lado de dentro, os agentes do Dops do lado de fora. O terno amarrotado de quem havia dormido de roupa e a cabeleira emaranhada à moda de Bob Dylan não eram os melhores cartões de visita para o jovem deputado de vinte e nove anos, veterano do movimento estudantil. Geraldinho se apresentou, mostrou a carteirinha de identificação da Assembleia Legislativa e tomou coragem para cumprir a ordem recebida:

— Escuta, vocês têm mandado?

— Temos, é claro – respondeu o líder do grupo, abrindo e fechando o paletó como se mostrasse um papel no bolso, ilegível àquela distância e em tão pouco tempo. Imediatamente, outro agente se aproximou com uma metralhadora nos braços, como quem diz: "o mandado é este aqui".

Ao todo, eram oito agentes, dois deles com metralhadoras. Ocupavam duas veraneios C14, da GM, sem caracterização.

— Lula está se vestindo e já vai sair.

— Fala para ele vir rápido!

Os policiais olhavam ao redor. Temiam que os vizinhos percebessem a movimentação e criassem qualquer empecilho. Conheciam a popularidade de Lula e temiam que os trabalhadores ousassem enfrentá-los para defender seu líder. Lula vestiu uma calça, não gostou, vestiu outra.

Marisa apressava o marido:

— Você não vai?

— Vou tomar um café. – Olhava para a mulher como se buscasse mostrar que tinha o controle da situação. — Vou tomar um café.

Eles tinham dormido tarde naquela noite, por volta das duas da madrugada. Às nove da noite, Lula e Geraldinho tinham se somado ao deputado federal Airton Soares – também do MDB e com transferência já anunciada para o PT – numa visita ao Hospital Assunção, onde foram internados às pressas dois metalúrgicos feridos numa explosão de bombas de gás lacrimogêneo lançadas pela repressão contra os grevistas. Um deles perdera a mão. Mais tarde, ficaram jogando buraco até tarde. Frei Betto formou dupla com Geraldinho para desafiar o já imbatível time de Lula e Marisa. Levaram uma surra.

O carteado ajudava a aliviar a tensão. Horas antes, o motorista do deputado havia saído com a orientação de ir a São Paulo buscar uns panfletos a favor da greve para serem distribuídos na assembleia do dia seguinte. Não voltou mais. Ninguém telefonava para dar notícias, e a incerteza só crescia. Geraldinho aguardava algum contato, preocupado. Soube-se apenas depois que o carro, um Opala oficial da Assembleia Legislativa de São Paulo, tinha sido interceptado pela polícia – e que o motorista, flagrado com material subversivo, fora sequestrado pelos policiais.

Entre uma canastra e outra, os quatro jogavam conversa fora e buscavam motivos para festejar o sucesso da paralisação. Mas bastava ficar em silêncio por alguns instantes para que o ambiente voltasse a pesar.

Marisa lembrou que o casal havia ganhado três garrafas de vinho e que elas estavam na prateleira, à espera de sabe-se lá o quê. Eram três garrafas azuis, com um vinho branco e suave, produzido na Alemanha e importado a preços competitivos pela recém-fundada Expand, sob o pomposo nome de Liebfraumilch. Partira de Otávio Piva de Albuquerque, o dono da importadora, a ideia de engarrafar aquele riesling adocicado em garrafas azuis para que se destacassem nas prateleiras. A estratégia deu certo e, no final da década de 1980, o "vinho da garrafa azul" representava 60% dos vinhos importados pelo Brasil.

— Bora abrir esses vinhos – ela ordenou.

Beberam as três garrafas. A jogatina continuou até Geraldinho desabar no sofá e Frei Betto sugerir que todos se recolhessem. Quatro horas depois, estavam todos de pé.

Marisa colocou algumas roupas de Lula numa bolsa. Por um momento, pensou em convencê-lo a fugir. O marido sairia pelos fundos, pularia o muro... Depois recuperou a consciência. Não adiantaria nada. Semanas antes, um deputado a havia procurado com a sugestão de que ela e o marido fugissem do Brasil. Ele arrumaria os passaportes. Marisa declinou.

— Olha, se o senhor arranjar uma viagem numa época de férias, para que as crianças possam ir também, aí eu topo – brincou, reforçando a ligação com os filhos.

Enquanto o marido entrava na Veraneio, Marisa tentou ligar o Fiat 147 branco que Lula havia comprado em meados do ano anterior, logo depois da intervenção no sindicato. Junto com o cargo de presidente, Lula perdera também o direito a usar o carro da entidade, o que o obrigou a financiar um carro particular. Marisa estava decidida a seguir as duas veraneios para ver aonde estavam levando seu marido. Foi em vão. Era cedo demais, fazia frio, e seu carro era a álcool. Até o motor esquentar, as veraneios já haviam desaparecido.

— Vai tranquilo que eu cuido da tua casa – Frei Betto prometeu ao amigo.

Ele e Geraldinho arregaçaram as mangas e soltaram o alerta geral, como combinado. Geraldinho ligou para Beá Tibiriçá, sua assessora na Alesp. A ordem, a partir de então, era que cada pessoa comunicada avisaria outras cinco, começando pelas bancadas federal e estadual do PT e do MDB. Betto, por sua vez, ligou para Dom Cláudio Hummes, bispo de Santo André, e para o arcebispo de São Paulo, Dom Paulo Evaristo Arns.

Ninguém no Brasil de 1980 dedicava-se tanto quanto Dom Paulo a denunciar as violações de direitos humanos e as arbitrariedades do regime. Isso desde o início dos anos 1970, quando o franciscano virou arcebispo, criou a Comissão Justiça e Paz de São Paulo para oferecer proteção aos presos políticos e denunciar a tortura, comandou uma missa na Sé em memória de Alexandre Vannucchi Leme (estudante da USP morto sob tortura) e vendeu o palácio episcopal por 5 milhões de dólares para comprar uma centena de casas e terrenos em bairros periféricos e montar a Operação Periferia: uma rede voltada à ação social capilarizada em comunidades eclesiais de base, pastorais sociais, centros de juventude e clubes de mães.

Lula estava a caminho do Dops, debaixo de uma baita cerração e sem muita certeza sobre qual seria seu destino, quando ouviu a prisão noticiada no rádio. O cardeal Dom Paulo Evaristo Arns, arcebispo de São Paulo,

104

comentava ao vivo a prisão de Lula. Equivocada, ele dizia. Ilegal e criminosa. Além de Lula, outros dirigentes sindicais foram detidos no mesmo dia, quase todos ao mesmo tempo, em diversos pontos do ABC. Djalma, Rubão, Manoel Anísio, Devanir, Wagner, Expedito e Severino em São Bernardo. José Cicote, Zé Maria e Timóteo em Santo André. Em quase todas as casas, os telefones foram cortados. As esposas, assustadas, tentavam se comunicar umas com as outras e não conseguiam. Marisa tentou ter notícias da Zeneide, da Carmela, mas os telefones das amigas estavam mudos.

Quando Lula chegou ao Dops, deu de cara com os advogados Dalmo Dallari e José Carlos Dias, membros da Comissão Justiça e Paz da Arquidiocese de São Paulo. Ficou feliz ao vê-los.

— Porra, vocês chegaram antes de mim! – Lula se exaltou. — Será uma honra ser defendido por vocês.

— Não, Lula. Nós também fomos detidos para prestar depoimento – Dallari explicou.

As denúncias feitas pela Comissão Justiça e Paz e o apoio dos setores progressistas da Igreja católica aos metalúrgicos incomodavam os militares. Polícia e governo preocupavam-se com a proximidade da visita do Papa João Paulo II, agendada para junho. Era a primeira vez que um Papa viria ao Brasil e a turma de Dom Paulo articulava um encontro entre o sumo pontífice e um metalúrgico. Em sua juventude na Polônia, Karol Wojtyla havia sido operário. No Brasil, caberia a Waldemar Rossi, metalúrgico de São Paulo e membro da Pastoral Operária, fazer uma saudação em nome dos trabalhadores. Diante de 200 mil pessoas, Rossi leria uma breve mensagem e entregaria ao Papa uma carta com denúncias sobre as más condições de trabalho e também sobre a prática sistemática de tortura e extermínio pela ditadura.

Nos dias que se seguiram, as prisões continuaram. Gilson Menezes e Juraci Batista Magalhães estavam no carro do deputado federal Freitas Nobre quando o veículo foi perseguido e interceptado. Enilson Simões de Moura, o Alemão, conseguiu driblar a polícia por uma semana, mas foi cercado no Paço Municipal de São Bernardo em 26 de abril. O senador Teotônio Vilela impediu que ele fosse preso ali e o levou até o gabinete do prefeito Tito Costa, mas não teve jeito: o dirigente saiu de lá algemado.

105

Osmar Mendonça, o Osmarzinho, foi preso duas semanas depois, na sacristia da Igreja Matriz, após discursar na assembleia de 11 de maio que poria fim à greve. A maioria dos quatorze indiciados, no entanto, ficou presa por 31 dias, de 19 de abril a 20 de maio de 1980, na mesma cela.

A PRISÃO DE LULA E DOS OUTROS SINDICALISTAS era favas contadas. Já no dia 14 de abril, enquanto o Tribunal Regional do Trabalho votava a ilegalidade da greve, uma dezena de diretores do Sindicato foi intimada ao Dops para prestar depoimento. A polícia resolvera implicar com a Associação Beneficente dos Metalúrgicos de São Bernardo, entidade fundada no ano anterior para administrar o fundo de greve. O advogado Luiz Eduardo Greenhalgh correu para o prédio no Largo General Osório, no centro de São Paulo.

Membro da Comissão de Anistia e conhecido defensor de presos políticos nos anos 1970, Greenhalgh fora apresentado a Lula por Frei Betto em janeiro.

— O Lula quer que você vá falar com ele lá em São Bernardo.

— Mas por quê?

— Ele diz que desta vez os metalúrgicos vão radicalizar. Acha que vai ser preso, processado pela Lei de Segurança Nacional, por isso quer deixar tudo arrumado.

Greenhalgh buscou o amigo no convento na Rua Atibaia, em São Paulo, e foi com ele até o Sindicato. Conversou com Lula sobre a Lei de Segurança Nacional, em especial sobre o artigo 36, que previa até doze anos de reclusão para quem fosse condenado por incitar a desobediência civil, modalidade em que se enquadravam as greves. No dia seguinte, o advogado voltou à Rua João Basso com dois blocos de procurações e outros tantos cartões para reconhecimento de firma. Um a um, mais de 100 metalúrgicos constituíram Greenhalgh como seu advogado, incluindo Lula, os membros da diretoria, os suplentes e os integrantes das comissões de fábrica.

Agora havia chegado a hora de agir. Greenhalgh passou a tarde no Dops, entre uma audiência e outra. Geraldo Siqueira foi para lá assim que pôde. Ficaram no local até o último sindicalista depor. A certa altura, um jornalista perguntou a Geraldinho:

— Acabaram de me ligar da redação para avisar que foi decretada a ilegalidade da greve. O que o nobre deputado tem a dizer sobre isso?

Geraldinho deu entrevista e avisou Greenhalgh. A decisão do TRT mudava tudo. Era preciso avisar os sindicalistas. Junto com a ilegalidade da greve viriam a cassação dos mandatos e os pedidos de prisão preventiva. Quando todos foram embora, devidamente avisados, um investigador se aproximou do advogado e do deputado, que fumavam na calçada.

— Façam o favor de entrar novamente. O delegado quer falar com vocês.

O delegado era Romeu Tuma, chefe do Dops desde 1977. O agente conduziu a dupla por um corredor lateral até o elevador. Subiram até o terceiro andar e foram levados até um quartinho minúsculo, embaixo da escada, onde havia pilhas de Diário Oficial. O agente pediu que aguardassem e trancou a porta.

— Será que deram outro golpe e estão prendendo em massa de novo? – Geraldinho comentou – Estamos presos, é isso?

Cada um sentou numa pilha de jornal. Minutos depois, Romeu Tuma entrou no cubículo, fechou a porta e acomodou-se também numa pilha.

— Olha, vou direto ao assunto – disse. — A comunidade de segurança se reuniu e ficou decidido que Lula vai ser preso. Fui voto vencido. Argumentei que, se for preso, Lula vai sair da prisão nos braços do povo, como herói, e isso é contraproducente.

A dupla tentava entender a razão daquela audiência.

– Sei que vocês são amigos dele – Tuma continuou. — Estou avisando porque ele tem criança pequena e pode ser salutar evitar o trauma de uma prisão na frente delas.

Geraldo Siqueira saiu intrigado. Greenhalgh também. Uma das hipóteses era a de que, em tempos de abertura lenta e gradual, Tuma reivindicasse para si o avatar da legalidade, numa tentativa de se mostrar democrático e expor a diferença de atitude em relação a Sérgio Paranhos Fleury, delegado morto no ano anterior e que fora diretor do Dops na fase mais violenta da repressão, até 1977.

Outra hipótese era a de que Tuma, que viria muitos anos depois a ser eleito senador por São Paulo, tivesse consciência da liderança exercida por

Lula e do papel que ele desempenharia no período que se iniciava, preferindo lidar com aquela prisão de forma republicana. Uma terceira possibilidade, talvez a mais provável, era que Tuma fizera aquilo para que Lula desse um jeito de fugir. Uma fuga desmoralizaria o movimento sindical e o próprio Lula. Colocaria a pá de cal na greve e esvaziaria a possibilidade de novas paralisações no ano seguinte.

Geraldinho e Greenhalgh correram para a casa de Lula e Marisa. Era preciso contar o que tinha acontecido e decidir o que fazer.

MARISA NÃO CONTOU PARA OS MENINOS IMEDIATAMENTE. Leoa, preferiu preservar as crianças e preparar o terreno para explicar com calma. Uma bobagem, porque a notícia da prisão estava em todos os jornais. Quando contou, Marcos já tinha visto pela TV na casa da tia Inês.

Aos nove anos, foi Marcos quem mais sofreu com a prisão. Na escola, alguns amigos perguntavam a ele por que seu pai tinha sido preso. E concluíam que, se estava na cadeia, era porque tinha cometido algum crime.

— Seu pai é bandido – diziam.

Marcos começou a evitar a escola. Pedia para não ir. Chegava a chorar. A mãe, sem saber o que se passava no pátio e na sala de aula, mantinha-se intransigente. Dizia que não podia faltar, que ir para a escola era obrigação.

Um dia, sem saber que havia um filho do Lula na sala, uma professora fez comentários negativos sobre o movimento grevista e a prisão dos diretores. Acusou os sindicalistas de arruaceiros e vagabundos, e disse que Lula era ladrão, por isso tinha sido preso. Outra professora passava pelo corredor e escutou. Deu meia volta e chamou a atenção da colega. Em seguida, pediu à diretora que chamasse os dois, Marcos e a tal professora, para uma conversa. Na reunião, contou que Marcos era filho do Lula e fez um discurso. Explicou que não havia nenhuma acusação de roubo contra os sindicalistas, que eles tinham sido presos por defender os direitos dos trabalhadores e que não fazia sentido dizer aquilo para os alunos.

Quando Marisa tomou pé da situação, tirou o menino da escola. Não havia clima para enfrentar o desrespeito e as versões distorcidas de colegas e professores. E a mãe, àquela altura, não tinha condições de se preocupar com isso. A cada dia, um compromisso diferente: assembleia, reunião, entrevista, missa, caminhada, visita ao Dops. Marcos ficou maio e junho sem ir às aulas. Voltou no segundo semestre, mas acabou repetindo a terceira série.

Marisa visitou o Dops pela primeira vez seis dias depois da prisão. Foi com outras esposas de sindicalistas, mas sem os filhos. Não sabia se as crianças seriam autorizadas a entrar. Na visita seguinte, levou os meninos, não sem antes explicar aonde iam e o que iriam fazer.

— Seu pai está preso, tem policiais junto com ele, mas ele está bem, vocês não precisam ter medo.

Quando chegaram, Tuma achou prudente conduzi-los até a sala de reunião anexa a seu gabinete, no quarto andar.

— Dona Marisa, é melhor a senhora entrar na minha sala e esperar aqui – orientou. — Vou buscar o Lula.

Fábio olhou em volta, desconfiado. Viu a mesa de trabalho, o sofá de couro cor de vinho, uma mesa de centro, quadros na parede. Quando Lula apareceu, não teve dúvidas:

— Papai, você não está na cadeia, você está num hotel!

O Hotel do Tuma parecia um lugar divertido para as crianças. Marcos, mais introspectivo, olhava ao redor, curioso. Fábio corria pela sala, pulava no sofá, brincava de esconder. Em seguida, virou um super-herói de gibi, com sua capa e seus super-poderes emitindo *pows*, *zas* e *bangs*. De repente, sem que ninguém pudesse contê-lo, desferiu um soco nos países baixos do delegado. Os pais, constrangidos, pediram desculpas a Tuma e deram uma bronca no garoto ali mesmo. Na hora de ir embora, Sandro expressou a tensão que vivia: fez birra, chorou, vomitou. Não queria deixar o pai ali. Nos dias que se seguiram, Marisa preferiu deixar as crianças em casa.

Desde o primeiro dia, ficou evidente o tratamento respeitoso dispensado a Lula e sua família. Tuma permitia que o preso mais famoso do Brasil passasse quase o dia todo em sua sala. Podia ler os jornais, conversava com Tuma, contava a ele episódios prosaicos da vida sindical e chegava a abrir, sem muita preocupação, detalhes dos bastidores da greve, como as datas das próximas reuniões e traços de personalidade de outros dirigentes. Nenhum segredo, nenhuma informação inédita ou confidencial, mas o bastante para Tuma estabelecer com Lula uma espécie de relação de troca. Era o suficiente para despertar a desconfiança dos colegas de cela, em especial da turma de Santo André, que não viam com bons olhos a aparente intimidade entre ele e o chefe do Dops.

No quarto andar, Lula também recebia visitas importantes, como as do senador alagoano Teotônio Vilela e de Almir Pazzianotto, advogado do Sindicato, para longas conversas. Numa madrugada, já depois de meia-noite, entraram dois emissários do General Golbery, ministro da Casa Civil, com a missão de negociar o fim da greve. Greenhalgh foi convocado por telefone por volta da uma hora da manhã para ir até o Dops intermediar a conversa. Quando chegou, os dois forasteiros já haviam partido.

Tuma também permitiu que Lula saísse escondido para visitar a mãe na casa de sua irmã Maria. Dona Lindu estava com câncer no útero, em estágio avançado, com chances remotas de recuperação, e nem desconfiava que o filho tinha sido preso. Lula saiu numa Veraneio do Dops depois das onze horas da noite, deitado no banco traseiro para que ninguém o visse. Os dois agentes que o escoltavam, um policial e um escrivão, vestiram-se como operários para não levantar suspeitas. Uma semana depois, no dia 12 de maio, Tuma permitiria nova saída a Lula, dessa vez para que pudesse acompanhar o enterro de Dona Lindu. Na ocasião, o carro em que ele chegou ao cemitério da Vila Pauliceia, ao lado de Marisa e de dois policiais à paisana, foi cercado por manifestantes, que exigiam sua libertação. Jogavam pedras, tentavam levantar o automóvel no muque, mas Lula, tranquilo e sem algemas, os demoveu da imprudência de tentar alguma besteira.

Na maior parte do tempo, ficaram treze metalúrgicos na chamada "cela zero", a primeira no corredor da carceragem. Dormiam em "treliches" de alvenaria e dividiam um único vaso sanitário e um único chuveiro de água fria. A igreja mandava comida, livrando os detentos da árdua tarefa de encarar o picadão servido na carceragem. Diferentemente dos presos políticos levados para o Dops dos anos 1970, Lula e seus companheiros não foram torturados. Mas, no dia 7 de maio, iriam repetir uma estratégia testada pelos presos nos anos de chumbo: anunciariam uma greve de fome. Neste momento, os metalúrgicos de São Caetano já tinham voltado ao trabalho no dia 3 sem ter nenhuma reivindicação atendida. Os trabalhadores de Santo André fariam o mesmo no dia 6. Sobraram os operários de São Bernardo. Somente um fato político de grande envergadura seria capaz de colocar mais lenha na fogueira e chacoalhar o ânimo dos trabalhadores.

— Porra, Betto, greve de fome? – reclamaria Lula.

— Sim, greve de fome – insistiu Frei Betto, pai da ideia. — Eu e o Greenhalgh vamos escrever um manifesto em nome dos presos justificando a opção pela privação alimentar. Ele será disparado para a imprensa logo cedo.

— Não dá, porra. Peão gosta de comer. Não tem vocação pra Gandhi.

— Greve de fome, Lula. Água e sal. Você vai ver como o jogo vira.

FORA DAS GRADES, A GREVE CONTINUAVA, agora na ilegalidade. Um show em solidariedade aos metalúrgicos estava marcado para o domingo 20 de abril, às três da tarde, no estádio da Vila Euclides. Chico Buarque, Gonzaguinha, MPB-4, João Nogueira e outros grandes nomes da MPB haviam confirmado presença e se prontificado a doar integralmente o valor dos ingressos para o fundo de greve. O objetivo era repetir a experiência do ano anterior, quando artistas como Elis Regina e João Bosco, entre outros, fizeram a mesma coisa: encheram o estádio da Vila Euclides e doaram seus cachês para o fundo de greve. Na véspera do show de 1980, no entanto, chegaram ordens para que a apresentação fosse cancelada. Cerca de 100 mil ingressos tinham sido vendidos. Chico Buarque havia feito uma música especialmente para a ocasião, em homenagem aos metalúrgicos, mas não pôde apresentá-la. Encontrou outra maneira de ajudar: incluiu a canção "Linha de montagem" num compacto e colocou à venda o mais depressa que pôde. O fundo de greve ficaria com a renda referente aos direitos autorais de autor e intérprete:

As cabeças levantadas
Máquinas paradas
Dia de pescar
Pois quem toca o trem pra frente
Também de repente
Pode o trem parar

No dia 21, uma segunda-feira, 5 mil pessoas aglomeraram-se na Sé, em São Paulo, para participar de um ato litúrgico celebrado por Dom Paulo Evaristo Arns, também em solidariedade aos metalúrgicos em greve e aos sindicalistas presos. Marisa subiu ao altar representando o marido.

Em casa, Marisa era a cada dia mais assediada. De um lado, jornalistas queriam ouvi-la o tempo todo. De outro, políticos e militantes cobravam engajamento. Apenas as mulheres dos detidos tinham autorização para visitá-los, de modo que Marisa desempenhou papel fundamental na comunicação entre os de dentro e os de fora. A cada visita, voltava com bilhetes e recados rabiscados pelo Lula, sempre no sentido de tranquilizar os trabalhadores e estimular a greve.

Frei Betto e Geraldo Siqueira permaneciam em vigília e ajudavam a orientar Marisa. Matérias de jornais diziam que Frei Betto era "o intelectual por trás de Lula" ou que ele "fazia a cabeça" do presidente do Sindicato, coisa que o religioso sempre negou. Além de preconceituosa, por inferir que um operário não seria capaz de pensar por conta própria, a frase era irreal. O frade não exercia essa ascendência sobre o sindicalista. Talvez o influenciasse nos temas do Evangelho ou na condução do fogão. Filho de uma renomada cozinheira de Belo Horizonte, Frei Betto sempre gostou de cozinhar e, já em 1980, ensinou as primeiras receitas a Lula, que até então não ousava tocar nas panelas. Mas, nos temas relacionados ao sindicalismo e à política, Betto era somente um interlocutor.

Sobre a formação política de Marisa e outras esposas de metalúrgicos, no entanto, o dominicano exerceu influência significativa, principalmente naquele período. A aproximação começara dois meses antes da prisão. Assessor da pastoral operária de São Bernardo desde o ano anterior, Frei Betto foi incumbido por Dom Cláudio Hummes, bispo do ABC, a estar sempre disponível para os metalúrgicos. A greve seria intensa, o governo tendia a radicalizar, e a atividade pastoral exigiria muita solidariedade para os grevistas.

Frei Betto conhecera Lula em janeiro de 1980, na cidade mineira de João Monlevade, por ocasião da posse de João Paulo Pires de Vasconcelos na presidência do sindicato dos metalúrgicos da Belgo-Mineira. Lula quis saber por que Frei Betto nunca tinha ido visitá-lo no Sindicato de São Bernardo. Encontraram-se semanas depois e Lula o convidou para ir almoçar em sua casa. Marisa levou um susto quando atendeu à porta e deu de cara com um sujeito jovem, de trinta e poucos anos, vestindo calça jeans. Ela esperava um frade com pelo menos o dobro da idade, bata e sandálias de couro. Riu para si mesma.

— Trouxe uma massa para o almoço – o frade se adiantou.

— Você pensa que nesta casa não tem comida? – Marisa respondeu, num misto de brincadeira e leve indignação.

— Imagina – o visitante tentou consertar. — É um hábito. Sempre levo alguma coisa nas visitas que faço em nome da pastoral.

Papo vai, papo vem, o dominicano de calça jeans passou a frequentar a casa. Logo sugeriu organizar um grupo de estudos voltado para as mulheres. A ideia, num primeiro momento, era apresentar um panorama da conjuntura econômica e discutir os fundamentos da greve. Funcionava como um curso livre de introdução à política brasileira, adaptado à realidade daquelas mulheres e ao ambiente operário com o qual as famílias estavam habituadas. Com Paulo Freire servindo de farol, Frei Betto explicava a guerra fria, a ditadura militar, o milagre econômico, a dívida externa ou a inflação e apresentava temas como reforma agrária, oligopólio, direitos humanos e direitos das mulheres. O movimento sindical surgia como um tema transversal, permeando quase todas as aulas e palestras.

As reuniões eram realizadas uma vez por semana, à noite, no salão paroquial da Igreja Matriz. Janjão levava a mulher, Emília, e dava carona para Zeneide, mulher do Devanir. Eram vizinhas na região da Vila Alpina, na Zona Leste de São Paulo. Eliete, mulher do Expedito, também ia. Outra Eliete, mulher do Gilson, completava o grupo junto com Marisa. Idalina, mulher do Djalma, foi poucas vezes. Um dia, Frei Betto levou um advogado para o curso. Era o Greenhalgh, que falou sobre a Lei de Segurança Nacional, explicou a ilegalidade da greve e contou o que poderia acontecer com os maridos. Umas voltaram pra casa ainda mais preocupadas. Outras não levaram a sério. "Ser preso por fazer uma greve?", pensavam. "Imagina, esse tempo já passou".

Agora, com todos os diretores presos, Frei Betto seguia orientando o grupo de mulheres, o que continuou fazendo por todo o semestre. Trazia notícias, buscava tranquilizá-las e, principalmente, desempenhava o papel de fustigar a militância, sobretudo de Marisa. Também ajudava a mobilizar a igreja progressista. Seu primeiro gesto após a prisão, no sábado, foi articular a missa celebrada por Dom Paulo na segunda-feira, dia 21, na Sé. Em seguida, haveria a grande manifestação de 1º de Maio, Dia do Trabalho, na Vila Euclides, e Marisa tinha de comparecer.

Greenhalgh, responsável pela defesa dos sindicalistas de São Bernardo, acabou se aproximando de Marisa tanto quanto Frei Betto naqueles dias. Assim que assumiu o caso, passou a frequentar assembleias e a acompanhar os dirigentes em panfletagens nas portas das fábricas durante a troca do primeiro turno, por volta das seis da manhã. Após a atividade, ia com Lula para casa e só então tomava o café, preparado por Marisa. Depois da prisão, Greenhalgh criou o hábito de visitar Marisa e, todas as vezes, levar uma lata de leite em pó. A lata chamou atenção das crianças. Sandro apontava para a vaquinha desenhada na embalagem. Fábio queria saber o que estava escrito.

— Mococa – Greenhalgh explicou. — É o nome do leite e também o nome da cidade em que esse leite é produzido.

Antes não tivesse contado.

— Chegou o Mococa! – Sandro passou a gritar, toda vez que o advogado batia palmas junto ao portão.

As visitas ao Dops também se tornaram frequentes. Numa das visitas, Lula se queixou da falta do que fazer.

— Eu ainda tô numa situação privilegiada – disse. — Tuma me deixa subir, ler os jornais... Mas e os outros? Eles não aguentam mais jogar baralho!

Greenhalgh voltou com uma bola de futebol e treze pares de kichute, um tênis preto com cravos grandes de borracha, bastante popular naqueles anos. Agora os grevistas podiam bater uma bola no pátio quando fosse hora de banho de sol.

NO DIA 1º DE MAIO, São Bernardo do Campo amanheceu cercada. Havia barreiras nas principais vias de acesso, incluindo a Rodovia Anchieta e a Rodovia dos Imigrantes. Em algumas ruas, ficou estabelecido que apenas moradores entrariam, desde que exibissem comprovante de residência. Na véspera, o governo do Estado havia proibido qualquer comemoração do Dia do Trabalho no ABC. Desde seis da manhã, a tropa de choque ocupava o Paço Municipal, a Praça da Matriz e o entorno do estádio da Vila Euclides com um contingente estimado em 5 mil policiais. Mesmo assim, a orientação vinda da cela zero prevaleceu e a multidão se dirigiu a São Bernardo. Primeiro, se reuniu na Matriz, onde a polícia autorizou a realização de uma missa em homenagem aos trabalhadores, celebrada pelo bispo Dom Cláudio Hummes. De lá, mais de 100 mil pessoas se prontificaram a seguir em passeata até o campo de futebol. Por volta das onze horas, o governador Paulo Maluf não teve alternativa a não ser recuar e ordenar que a polícia liberasse a entrada no estádio. A multidão estendia faixas e bandeiras. Numa delas lia-se: "Se não soltarem o Lula, ninguém volta ao trabalho". Marisa representava o marido.

A terceira e última parada dos metalúrgicos, muitos deles acompanhados das esposas e dos filhos, foi o Paço Municipal, também ocupado pela massa. No total, as celebrações se estenderam das nove às duas da tarde. Por algumas horas, os operários sentiram-se vitoriosos e gritaram a plenos pulmões. Mas as negociações não avançavam nem um milímetro.

No dia seguinte, Lula teve um habeas corpus negado, o que significava que ele continuaria preso. No dia 3, os metalúrgicos de São Caetano encerraram a greve. Os de Santo André fizeram o mesmo no dia 6. A greve completara um mês e nenhuma reivindicação parecia caminhar. As ameaças de demissão e o corte nos pagamentos tinham mais força do que a capacidade de lutar. Como manter o emprego? Como alimentar os filhos?

No dia 7, quando apenas os trabalhadores do Sindicato de São Bernardo continuavam em greve, os sindicalistas presos deram início à greve de fome, proposta por Frei Betto, e as esposas resolveram organizavar mais um ato de rua, a ser deflagrado no dia seguinte. Em 8 de maio, as mulheres caminhariam pelo centro de São Bernardo. A greve de fome iniciada na véspera fazia aumentar a preocupação. Algumas choravam. Queriam seus maridos de volta, não queriam mártires.

Marisa puxou a marcha das mulheres. As regras da caminhada foram definidas em reunião. Apenas as mulheres marchariam no meio da rua, e era obrigação de todas convidar as vizinhas, as primas, as colegas de trabalho. As crianças poderiam ir com as mães. Os maridos que quisessem acompanhar teriam de andar nas calçadas. Cada mulher levaria uma rosa e uma bandeirinha do Brasil. Qualquer problema que acontecesse, sobretudo em caso de repressão, sentariam no chão e cantariam o Hino da Independência. Para os líderes do movimento sindical, o Hino Nacional era muito identificado com os militares e com a repressão. Já o Hino da Independência falava em liberdade, o que tinha tudo a ver com os sindicalistas presos.

Em vinte dias, a esposa do Lula havia completado uma metamorfose. De mulher de metalúrgico, transformara-se em liderança. Combinaram de se encontrar na Igreja Matriz, onde aconteceria uma assembleia de trabalhadores. A marcha sairia no início da tarde. Quando tudo parecia pronto, chegou a notícia de que a passeata fora proibida. A deputada estadual pelo MDB Irma Passoni, que aguardava a formalização do PT para ingressar no partido, foi negociar com as autoridades. Quase uma hora de discussão e a marcha foi, enfim, autorizada. Marisa, ansiosa, passou mal e chegou a desmaiar na sacristia. As outras mulheres esperaram ela melhorar para saírem todas juntas.

Por volta das três da tarde, mais de mil mulheres tomaram a Praça da Matriz, desceram a Rua Marechal Deodoro, passaram pela Praça Lauro Gomes e seguiram até a Rua Américo Brasiliense. Havia polícia feminina por todo canto. Bombas de gás, cavalaria. Nas fotos, Marisa aparece na primeira fila, de mãos dadas com as companheiras, junto a uma faixa na qual se lia: "Caminhada das mulheres pela reabertura das negociações". "Libertem nossos presos", dizia outra faixa. Os filhos de Marisa seguiram o cortejo um pouco mais atrás, junto com as tias. Em determinado momento, entoaram em coro uma paródia da música "Peixe vivo": *Como pode / um operário / viver com esse salário...*

Por volta das cinco, estavam novamente na Matriz. Havia chegado o momento de dizer algumas palavras ao microfone. O vigário, Padre Adelino de Carli, solidário desde o primeiro momento à causa dos trabalhadores, passou a palavra para Nelson Campanholo, único membro da diretoria eleita que não tinha sido preso, que logo assumiu o papel de mestre de cerimônia e convidou cinco mulheres a falar em nome de todas as outras. A primeira foi Zeneide, mulher do Devanir. Em sua fala e também nas demais, as mulheres se manifestaram contra a prisão e contra a intervenção no Sindicato. Uma delas sugeriu que todas procurassem emprego, a fim de contribuir com o orçamento doméstico naqueles dias de incertezas. Quem também falou ao microfone foi Ana Maria do Carmo, viúva do metalúrgico Santo Dias da Silva, morto pela polícia durante uma greve no ano anterior, em São Paulo. Marisa foi a última a falar. Momentos antes, um jornalista a interpelou com um comentário a queima-roupa:

— Seu marido foi enquadrado na Lei de Segurança Nacional.

Marisa estremeceu. Pensou que tinha sido uma resposta das autoridades à marcha de mulheres. Querendo ajudar, acabara atrapalhando a luta do marido. Quando pegou o microfone, as pernas tremiam.

— Estou aqui como mulher de metalúrgico e quero pedir o apoio de todas vocês para ajudar os maridos nessa greve – foi tudo o que ela conseguiu dizer.

O ato foi encerrado pontualmente às seis da tarde com os presentes agitando a bandeira do Brasil e cantando:

Brava gente brasileira
Longe vá, temor servil
Ou ficar a Pátria livre
Ou morrer pelo Brasil

Os presos já estavam subindo pelas paredes no terceiro dia de greve de fome. Era sábado, 10 de maio. No domingo haveria Dia das Mães e eles ali, presos, de boca fechada, sem poder desfrutar da macarronada em família. Nada de frango com polenta, nem churrasco, nem rabada ou dobradinha. Xingavam-se uns aos outros e procuravam um culpado. Quem teria sido o imbecil que teve a brilhante ideia de fazer greve de fome? Àquela altura, já tinha metalúrgico escondendo balinhas no travesseiro, camuflando alguma bolacha trazida às escondidas no último dia de visita.

Romeu Tuma também se irritou. Uma greve de fome àquela altura poderia colocar em risco sua reputação. A Justiça Militar tentaria interferir, entidades de direitos humanos fariam protestos...

— Ô, Mococa - bastou Greenhalgh contar o episódio da lata de leite para que Lula prontamente adotasse o apelido inventado pelo filho –, greve de fome é coisa pra estudante, pra comunista revolucionário. Peão de fábrica quer comer, não quer fazer revolução. Dá um jeito de acabar com essa merda!

O recado foi transmitido a Frei Betto. Juntos, frade e advogado quebraram a cabeça em busca de uma saída honrosa. Até que chegaram a uma solução.

— Precisa caracterizar como um apelo externo.

— Como assim?

— O bispo. A gente combina com o bispo para ele pedir publicamente o fim da greve de fome. Aí fica como se os metalúrgicos, embora dispostos a continuar, tivessem acatado o apelo de uma autoridade religiosa, um representante de Deus.

Consultaram Dom Cláudio Hummes e explicaram a ideia. O bispo do ABC aceitou. Redigiu uma carta clamando para que cessassem a greve de fome e a entregou aos amigos. No dia seguinte, o advogado levou a carta e a leu para os presos. A greve de fome terminou imediatamente. Tuma mandou buscar porções generosas de lula à dorê no Acrópoles, um restaurante no Bom Retiro, e serviu para o grupo na carceragem afirmando que o menu especial era uma homenagem ao dirigente. Tudo o que o chefe do Dops menos queria em seu currículo era a morte de um sindicalista por privação alimentar logo ali, em seu "hotel".

LULA VOLTOU PARA CASA NO DIA 20 DE MAIO, uma terça-feira, nove dias após o término da greve e 31 dias após sua prisão. Com a situação normalizada nas fábricas, a Justiça deferiu liminar concedendo aos presos o direito de responder em liberdade. Pesou a favor dos réus a volta dos operários ao trabalho. Sem greve para comandar, e afastados legalmente da atividade sindical, a liberdade dos sindicalistas já não representava risco.

O medo de voltar para o xadrez ainda assustaria os metalúrgicos por mais um ano e meio. Nesse período, dezesseis sindicalistas responderam processo por insuflar a população, numa época em que toda manifestação civil era considerada um atentado contra a segurança nacional. O Sindicato permaneceria sob a tutela de um interventor e a diretoria cassada jamais voltaria a comandá-lo, uma vez que a absolvição dos líderes só ocorreria em 1981, depois da posse da nova diretoria eleita.

No dia 20 de maio, rumores de que o alvará de soltura seria emitido naquela terça-feira começaram a circular por volta da hora do almoço. Greenhalgh convocou uma reunião de emergência com as esposas dos réus, em seu escritório, às cinco da tarde. Foram todas. O advogado não chegava nunca. Ele passou a tarde na 2ª Auditoria Militar, na Avenida Brigadeiro Luiz Antônio, em São Paulo, e só conseguiu que lhe entregassem o documento depois das seis. Ligou de lá mesmo e deu o recado por telefone. Foram todas para o Dops. Tuma recebeu Marisa, chamou Lula para que os dois pudessem conversar, depois chamou as demais mulheres. Finalmente, pediu a elas que fossem até a calçada, onde já se formara uma pequena aglomeração, e comunicasse que Lula sairia um pouco mais tarde, mas que era proibido ter ato público na porta do Dops. Ou seja: era preciso dispersar a galera.

Enquanto isso, Greenhalgh correu da 2ª Auditoria Militar para o Largo General Osório. Ele não aceitaria nada que não fosse a imediata liberdade de seus clientes.

— Só amanhã – um sentinela informou.

— Como assim, amanhã?

— Acabou o expediente no Dops. Os presos só podem sair até as seis.

— Não, senhor. Os presos podem e devem ser soltos imediatamente após a expedição do alvará de soltura. Prendê-los por um minuto a mais é uma ilegalidade.

— Sinto muito, doutor.

— Sinto muito, uma ova! Os juízes atrasaram de propósito para obrigar os sindicalistas a passar mais uma noite na cela. Isso é uma truculência.

Os repórteres que, naquele momento, faziam plantão em frente ao Dops registraram o momento em que o advogado, impassível diante da impertinência do agente, foi até o portão de ferro e o ergueu com as próprias mãos.

— Vim para soltar os presos e vou tirá-los daqui na marra.

Romeu Tuma escutou a algazarra e veio correndo ao pátio tomar satisfação. Explicação dada, assentiu em liberá-los àquela hora e ordenou que os carros fossem providenciados. Cada preso foi entregue em sua casa numa Veraneio C14.

Conforme a notícia era divulgada nas rádios, dezenas de pessoas dirigiam-se para a casa de Lula e Marisa. Às nove da noite, o motorista do Dops estacionou a 200 metros do número 273 da Rua Maria Azevedo Florence.

— Daqui em diante vocês vão a pé – disse. — Questão de segurança. Não posso prever o que essa multidão exaltada pode fazer.

Lula desceu do carro, acendeu um cigarro e pôs-se a caminhar com uma bolsa de roupas numa das mãos e o cigarro na outra. Greenhalgh caminhava a seu lado. Seguiram assim por dois quarteirões. No final do percurso, Lula segredou ao advogado:

— Mococa, o negócio é o seguinte. É uma honra ser recebido desse jeito na minha casa, mas você precisa dar um jeito de acabar com essa festa logo. Quero dar um trato na Marisa, tomar um banho e descansar.

Muita gente tinha ido abraçar o líder. Gente do Sindicato, vizinhos, amigos, as atrizes Lélia Abramo e Bete Mendes. Mino Carta conversava com Marisa à mesa. "Viva a volta do Lula", dizia um cartaz. Abraços, vivas, copos de cerveja, rojões. Alunos do curso noturno do ginásio João Firmino, do outro lado da rua, notaram a presença ilustre e pularam o muro da escola para se somar à festa, deixando os bedéis desesperados. "Lula é o maior", berravam.

Por volta da meia-noite, Lula foi cobrar o que havia combinado com Greenhalgh. Marisa ajudou a botar todo mundo pra fora.

— Vambora que amanhã é dia de acordar cedo.

Na casa, havia alguns passarinhos em gaiolas. Canário, pássaro preto... Antes de deitar, Lula abriu as gaiolas e soltou os passarinhos.

Enquadrado na Lei de Segurança Nacional por promover greve e incitar publicamente à subversão da ordem político-social — conforme os artigos 32 e 33 do decreto-lei 314 de 1967 —, Lula respondeu ao processo em liberdade, bem como os demais dirigentes detidos no Dops naquele período. Seu julgamento na 2ª Auditoria Militar foi agendado para fevereiro do ano seguinte, numa segunda-feira.

Na sexta-feira anterior, último dia útil antes do julgamento, Luiz Eduardo Greenhalgh aproveitou o horário de almoço para ir à 2ª Auditoria Militar pegar as senhas de entrada. Na época, eram distribuídas senhas para que os familiares dos réus pudessem assistir ao julgamento na sala de audiência. O advogado dos metalúrgicos ficara de buscar as senhas para todos. Lá, Greenhalgh não encontrou ninguém na sala do escrivão, nem na sala do juiz auditor. Continuou andando. De longe, ouviu o som de uma máquina de datilografar e tratou de segui-lo. O barulho vinha justamente da sala de audiência. Quando se aproximou do sargento que datilografava, o advogado percebeu que ele virava um documento de cabeça para baixo. Desconfiou.

— Boa tarde, doutor – o sargento tentou agir com naturalidade. — O Dr. Ney teve de sair mais cedo. Aguarde um instante, por gentileza. Vou buscar as senhas para o senhor.

— Obrigado. Mas o que você está datilografando aí?

— Nada demais – o agente se fez de desentendido, levantando-se para buscar os números.

O advogado insistiu:

— Você está datilografando a sentença, não é?

— Não, doutor, pelo amor de Deus...

— É a sentença.

O sargento não respondeu. Suava frio e olhava para a porta, impaciente. O advogado, sereno, disse para que o agente não se preocupasse, que nada aconteceria com ele.

— Diz pra mim, sargento. Quanto tempo o Djalma vai pegar? – Greenhalgh referia-se a Djalma Bom, sindicalista acusado no mesmo processo.

— Três anos e meio.

— E o Lula?

— Três anos e meio.

— E o Cicote?

— Chega, doutor. Não posso responder mais. Você vai me complicar.

Greenhalgh saiu da auditoria soltando fogo pelas ventas. Chegando a seu escritório, ligou para o Geraldo Siqueira e contou sobre a farsa que acabara de testemunhar. Em seguida, convocou uma reunião para as cinco horas, para dar tempo de Lula e os demais dirigentes chegarem de São Bernardo do Campo. A pauta, que os réus só conheceram ao chegar ao escritório, era simples: o que fazer?

Alguns falaram, outros preferiram ficar quietos. Lula ouvia todas as opiniões sem dizer nada. Até que alguém devolveu a pergunta a Greenhalgh.

121

— O que você propõe?

— Eu proponho que ninguém vá à auditoria na segunda-feira. Acho que nenhum de nós deveria ser cúmplice nessa farsa.

Lula concordou:

— Também acho. Eu não vou.

Em pouco mais de uma hora de reunião, estava tudo encaminhado. O grupo combinou de se reunir na casa de Lula e Marisa às oito da manhã. Assim, um faria companhia ao outro e ninguém iria ao julgamento. Por volta das onze e meia, o rádio começou a anunciar que ninguém tinha aparecido. A justiça militar nomeou um advogado dativo, substituto, e o julgamento foi feito, à revelia da defesa. A essa altura, os jornalistas já haviam descoberto o paradeiro de Lula e corrido para São Bernardo do Campo. O primeiro a chegar, Ricardo Kotscho, da *Folha de S.Paulo*, foi autorizado a entrar. Somou-se aos réus e advogados presentes, bem como a Marisa e aos filhos. Logo o grupo engrossaria com a chegada do senador italiano Armelino Milanido, do Partido Comunista Italiano, de um correspondente do jornal *Washington Post* e de uma equipe de TV da Alemanha. De quando em quando, Kotscho ia até o portão e transmitia aos colegas um boletim sobre o que estava acontecendo.

Às duas da tarde, fizeram uma vaquinha e mandaram buscar feijoada num bar. Marisa e Lula não tiveram tempo de preparar o almoço. Assim que as cinco marmitas foram esvaziadas – o que não demorou mais do que vinte minutos –, Lula encostou num canto e pegou no sono. Marisa não podia acreditar. A casa pegando fogo, seu destino sendo decidido pelos militares, e o marido roncando no chão da sala.

No final, as condenações foram as mesmas sussurradas pelo datilógrafo: três anos e meio para Djalma, três anos e meio para Cicote, três anos e meio para Lula. Greenhalgh denunciou o pré-julgamento e apresentou como prova a primeira página da sentença, datilografada na segunda-feira numa máquina de escrever diferente da usada para redigir o resto da sentença, na sexta, conforme demonstrado pela perícia. A ausência dos réus e seus advogados obrigara o juiz a atualizar a primeira folha de modo a incluir a informação de que ninguém havia comparecido, bem como o nome do defensor público constituído para representar a defesa. Pela primeira vez desde 1964, os militares tiveram de recapitular. A sentença foi anulada.

Um segundo julgamento aconteceria somente no final do ano. Na ocasião, como que para demonstrar a supremacia dos militares, foram determinadas a mesma condenação e as mesmas penas atribuídas no julgamento viciado. O processo ainda se arrastaria por mais um ano e meio nas instâncias superiores. Além de Greenhalgh, atuaram no caso os advogados Sepúlveda Pertence, Idibal Pivetta, Iberê Bandeira de Mello, Heleno Fragoso, Paulo Gerab e Airton Soares. Em 16 de abril de 1982, o Superior Tribunal Militar anulou todo o processo por 9 votos a 3, ordenando sua remissão à Justiça Federal, onde seria prescrito.

6

Optei

Politicamente, eu não participava antes. Então eu saía para a rua filiando as pessoas, batia de porta em porta, explicava para as mulheres, e mesmo para os homens, que nós tínhamos que formar um partido, que seria o Partido dos Trabalhadores. E foi aí que começou.

Marisa em entrevista para a TVT, então
uma produtora de vídeo ligada ao Sindicato,
em 15 de novembro de 1998, dia de eleição

MARISA COMANDAVA A ESTAMPARIA. Esticava a camiseta sobre a tábua, prendia as bordas, fixava a tela e passava a espátula. O filho Marcos, de onze anos, ajudava. Colocava uma folha de jornal por baixo da camiseta para a tinta não vazar do outro lado e, terminada a impressão, estendia a peça no varal. Uma, duas, vinte camisetas, produzidas ali mesmo, na cozinha de casa. Fábio, aos seis anos, queria estampar também. Pedia, insistia, reclamava. Tudo em vão. A mãe dizia que ele era novo demais e que ela não podia correr o risco de uma camiseta sair borrada ou manchada. Já pensou, ter que jogar uma camiseta fora?

À noite, com os filhos na cama, Marisa retomava os trabalhos com a ajuda de alguma irmã ou vizinha. Quem também gostava de ajudar sempre que ia a São Bernardo eram os irmãos Kalil e Fernando Bittar, filhos de Jacó Bittar, presidente do Sindicato dos Petroleiros de Paulínia e vice-presidente do PT. Quase toda semana eles estavam por ali, brincando com Marcos e Fábio. No máximo, conseguiam esticar um pano ou passar a tinta no silk. Mas, na hora de aplicar o silk na camiseta, Marisa não deixava ninguém pôr a mão.

A oficina de serigrafia de Marisa foi improvisada pela primeira vez em sua casa em 1981, por ocasião da eleição para a diretoria do Sindicato dos Metalúrgicos de São Bernardo do Campo e Diadema. Naquele início de ano, todos os membros da diretoria anterior estavam cassados e proibidos de disputar, incluindo o Lula, o que deixou toda a turma apreensiva. Era preciso retomar o controle do sindicato e garantir uma vitória acachapante. Somente assim ficaria evidente o repúdio da categoria à gestão do interventor e o apoio à diretoria cassada. Com um agravante: ao contrário dos anos anteriores, desta vez haveria concorrência: a Chapa 2, liderada por Osmarzinho e Alemãozinho, dois companheiros que tinham sido presos com Lula em 1980 e que tentavam se projetar como dissidência.

Para o pessoal da Chapa 1, formada pelos companheiros do Lula engajados na fundação de um novo partido, dirigido por trabalhadores, retomar a diretoria do sindicato era questão de honra. Antes de pensar em eleger deputados, prefeitos ou governadores, era preciso retomar o sindicato nas urnas. Com esse objetivo, o grupo lançou Jair Meneguelli, da Ford, para a presidência, e indicou Vicentinho, da Mercedes-Benz, como vice. Os dois formavam uma dupla aguerrida, mas ainda iniciante. Nenhum deles jamais havia composto uma chapa, nem dado entrevista para os jornais de circulação nacional. No quesito popularidade, perderiam para Osmar e Alemão. Havia uma única possibilidade: colar sua imagem nos nomes do Lula e dos demais companheiros cassados. Camisetas poderiam ajudar.

Marisa arregaçou as mangas e começou a imprimir no tecido a mesma imagem que havia se disseminado nas manifestações do ano anterior: um cartum com o personagem João Ferrador, de macacão e boné, com as mãos enterradas no bolso e um balão: "Hoje eu não tou bom!" João Ferrador tinha sido criado anos antes pelo ilustrador Hélio Vargas para a seção "Bilhetes do João Ferrador", editada desde 1972 pelo jornalista Antonio Carlos Felix Nunes na *Tribuna Metalúrgica*, jornal do Sindicato. Em 1978, foi redesenhado por Laerte Coutinho e se tornou uma espécie de mascote, presente não apenas no jornal, mas também em panfletos e comunicados internos. Em murais e informes, era João Ferrador quem dava os recados importantes, convidava para as festas, dialogava com os leitores e puxava a orelha dos operários menos politizados. Adotar a mesma camiseta era uma forma de traçar um paralelo entre os combativos dirigentes de 1979 e 1980 e a Chapa 1 de 1981. Deu certo. Meneguelli e Vicentinho venceram a eleição com 86,5% dos votos.

As camisetas do PT vieram em seguida. Marisa usava uma única tela de silkscreen e imprimia invariavelmente uma estrela vermelha sobre fundo branco. As iniciais do partido, vazadas no molde, surgiam na camiseta na cor do tecido. Marisa também cuidava de levar camisetas para vender nos encontros do PT, nas assembleias dos sindicatos, nas reuniões dos movimentos sociais, em plenárias e comícios. Era, sobretudo, uma forma de pingar algum recurso no caixa do partido, o que permitia aos dirigentes abastecer o carro e marcar presença nas atividades. Além, é claro, de comprar mais tinta e mais camisetas.

Lula foi o primeiro a assumir a função de manequim e garoto propaganda. Em 1980, subiu em palanque com a camiseta do João Ferrador e foi com ela dar entrevista aos jornalistas do *Pasquim*. Em 1981, voltou a usá-la durante a campanha sindical. Em seguida, passou a perambular com a camiseta do PT. Só sentia falta de uma coisa: um bolso para colocar o maço de cigarros. Também reclamava do frio que fazia nas portas de fábrica às cinco da manhã nos meses de inverno. As duas reivindicações inspiraram Marisa a conceber um novo modelo, especial para o marido: uma camiseta de manga comprida com um único bolso do lado esquerdo. Nesse modelo, a estrela vermelha decorava o bolso.

Meses antes, Marisa havia confeccionado uma das primeiras bandeiras com o símbolo do partido. Buscou no armário um recorte de tecido italiano que guardava havia anos, todo vermelho, e costurou nele uma estrela branca, sem as iniciais. O nome aparecia por extenso, no alto, em caixa alta: Partido dos Trabalhadores. Ao longo dos anos seguintes, era essa bandeira que Lula e Marisa agitavam em frente de casa em dia de eleição. Aos jornalistas, Marisa exibia a bandeira com orgulho, dizendo ser a primeira bandeira do PT. Sobre esse tema, no entanto, há controvérsia. Numa das versões, a primeira bandeira do PT teria sido produzida para ser exibida num ato contra a Lei de Segurança Nacional realizada meses antes, em maio de 1980, no estádio de Vila Euclides. A iniciativa teria partido de militantes da Ala Vermelha, o mesmo grupo que produzia o *ABCD Jornal* e que reivindica a autoria do símbolo, inventado na mesma ocasião.

Até a fundação do partido, em fevereiro daquele ano, não havia bandeira alguma. Nem a estrela nem a cor vermelha simbolizavam o PT. Ninguém havia parado para pensar em símbolos ou brasões. No próprio encontro de fundação, no Colégio Nossa Senhora do Sion, viam-se diversas faixas fixadas nas paredes, todas elas compostas apenas com letras, sem nenhum desenho. Até que, dois meses depois, o jornalista Júlio de Grammont, diretor do *ABCD Jornal*, sentou-se num bar para tomar Domecq com os amigos Mário Serapicos e Augusto Portugal.

O assunto era o tal evento contra a Lei de Segurança Nacional. Julinho cismou que faltava alguma coisa.

— Uma bandeira, é isso!

Surgiu ali a ideia de criar uma bandeira enorme, com 5 metros de largura.

— Mas o que vai aparecer na bandeira? – um dos amigos perguntou.

— Precisamos de um símbolo!

Mário queria a foice e o martelo no centro da bandeira. Inviável, os outros sabiam, até porque Lula não se identificava com o socialismo. Julinho pediu mais uma dose, sacou uma caneta bic e começou a riscar um guardanapo. Desenhou uma estrela de cinco pontas.

— Por que você fez a estrela em azul? – perguntou um dos caras.

— Esquece a cor – Julinho respondeu. — É a única caneta que tenho.

— Tem que ser vermelha – respondeu o colega.

— Tem que ser vermelha, preta e branca – Julinho, torcedor do São Paulo Futebol Clube, corrigiu. — Uma estrela branca com contorno preto no centro de uma bandeira vermelha.

— Coisa de viado – protestaram os amigos. — Aliás, por que você tem essa mania de estrela?

Julinho usava uma estrela de latão pendurada no pescoço. Puxou-a para fora da camisa.

— Essa estrela é o símbolo da juventude socialista da Albânia – explicou. — Uso desde a época do Tiradentes.

Julinho tinha passado uma temporada na ala dos presos políticos do Presídio Tiradentes e guardava aquela estrela desde 1971. No dia seguinte, levou o rabisco ao presidente do PT de São Bernardo. Expedito Soares deu aval para o esboço feito por Julinho. Frei Betto, consultado em seguida, insistiu para que fosse eliminada a cor preta. Na sua opinião, era melhor deixar apenas o vermelho e o branco.

— Esse contorno preto dá um ar pesado à estrela – alertou o frade. — Fica meio sandinista.

Caberia a Hélio Vargas, ilustrador do Sindicato do Metalúrgicos, fazer a arte final. Julinho foi conversar com ele.

— Por que você fez uma estrela com cinco pontas? – Hélio perguntou.

— Se a estrela tivesse três pontas, lembraria a Mercedes-Benz – Julinho respondeu. — Se tivesse quatro, remeteria aos brinquedos Estrela. Se tivesse seis, seria o símbolo judaico. Com cinco pontas, remete à bandeira da China, à boina do Che...

Hélio Vargas e a turma do *ABCD Jornal* providenciaram a tal bandeira de 5 metros. Aos poucos, bem aos poucos, o símbolo começou a vingar. Camisetas com a estrela do PT só seriam produzidas no ano seguinte, na casa de Marisa.

PRODUZIR CAMISETAS NÃO FOI A PRIMEIRA nem a única forma que Marisa encontrou para participar da formação e da divulgação do PT. Quando o partido foi criado, em fevereiro de 1980, sua unidade eram os chamados núcleos de base, formados por pelo menos vinte e um membros. Era preciso ganhar capilaridade e conseguir a adesão de uma militância minimamente organizada para cumprir as exigências da legislação e viabilizar a nova legenda. Conforme a Lei 6.767/1979, um partido político só poderia ser fundado se realizasse convenções nacional, regionais e municipais, em pelo menos nove Estados, e no mínimo um quinto dos municípios do Estado. Cabia a cada uma dessas convenções registrar diretórios municipais e eleger seus integrantes. Era coisa pra caramba. O primeiro núcleo foi o do Bairro Assunção, coordenado por Marisa, que logo daria origem ao diretório municipal de São Bernardo do Campo.

Esposa do principal nome do PT, Marisa sentiu-se impelida a pegar um calhamaço de fichas de filiação e sair pelas ruas de São Bernardo com uma prancheta debaixo do braço, batendo palma diante das casas e puxando assunto com moradores e moradoras. Marisa falava sobre o custo de vida, os preços dos alimentos e do gás, as condições de trabalho nas fábricas – que só tinham começado a melhorar após a união dos operários em torno das reivindicações da categoria – e repetia uma reclamação muito comum entre os dirigentes dos sindicatos:

— Lá em Brasília, ninguém quer saber da gente.

A empatia era imediata.

— Em ano de eleição, aparece um monte de político prometendo que vai defender nossos direitos, não é? – Marisa pregava. — Na hora de votar a favor dos trabalhadores, dar um aumento decente, garantir o direito a greve ou a estabilidade da mulher que acaba de ter neném, não tem meia dúzia de deputados disposta a levar adiante nossas reivindicações.

Nos cálculos de Lula, a classe operária era representada por apenas dois deputados – Benedito Marcílio, dirigente sindical de Santo André, e Aurélio Peres, da oposição sindical em São Paulo –, quase nada num universo de 420.

A fala de Marisa ecoava o conteúdo da tese apresentada pelo Sindicato dos Metalúrgicos de Santo André e aprovada no IX Congresso dos Trabalhadores Metalúrgicos, Mecânicos e de Material Elétrico do Estado de São Paulo, na cidade de Lins, em 24 de janeiro de 1979: "A história nos mostra que o melhor instrumento com o qual o trabalhador pode travar esta luta é o seu partido político. Por isso, os trabalhadores têm que organizar os seus partidos, que, englobando todo o proletariado, lutem por efetiva libertação da exploração."

Conhecida como Tese de Santo André-Lins, a proposta ratificava a sugestão feita por Lula no encontro dos petroleiros da Bahia, no ano anterior, e também um encaminhamento no mesmo sentido registrado cinco dias antes, em 19 de janeiro de 1979, na Reunião Intersindical de Porto Alegre (RS). Ficaria eternizada como uma espécie de pedra fundamental do PT.

Em sua parte final, o texto elencava cinco metas a serem buscadas pelos metalúrgicos. Três diziam respeito à formação do partido. "Que se lance um manifesto, por este congresso, chamando todos os trabalhadores brasileiros a se unificarem na construção de seu partido, o Partido dos Trabalhadores", dizia uma delas. "Que este partido seja de todos os trabalhadores da cidade e do campo, sem patrões, um partido que seja regido por uma democracia interna, respeite a democracia operária, pois só com um amplo debate sobre todas as questões, com todos os militantes, é que se chegará à conclusão do que fazer e como fazer", dizia outra. "Que seja eleita neste congresso uma comissão que junto com todos os outros setores que, embora ausentes, também estão interessados na construção desse partido, amplie os contatos e comece a encaminhar essa luta nacionalmente em discussões com as bases, iniciadas desde já", recomendava a terceira.

Foram doze meses e meio de preparativos para o PT vingar, desde o congresso dos metalúrgicos em Lins até a fundação oficial do PT, em fevereiro de 1980. Nesse intervalo, houve a publicação da Carta de Princípios do PT, em 1º de maio de 1979, e a formação do Movimento pelo Partido dos

Trabalhadores, também chamado de Movimento Pró-PT, em 13 de outubro, com a publicação de uma "declaração política". Após uma breve análise de conjuntura das lutas sindicais e seis parágrafos dedicados a criticar a forma de atuação do MDB, a Carta de Princípios expunha as intenções gerais do novo partido. Definia-se como um partido sem patrões, comprometido com a democracia direta – "pois não há socialismo sem democracia, e nem democracia sem socialismo" – e cujo objetivo seria "acabar com a relação de exploração do homem pelo homem".

O Movimento Pró-PT, por sua vez, foi oficializado em São Bernardo, em 13 de outubro de 1979, entre pedaços de frango com polenta, no restaurante São Judas Tadeu. Dali saíram os nomes que integravam a Comissão Nacional Provisória, espécie de comitê central responsável pela organização do futuro PT. Além do coordenador, Jacó Bittar, então presidente do Sindicato dos Petroleiros de Campinas (SP), o grupo era formado por Arnóbio Silva, Carlos Borges, Édson Khair, Firmo Trindade, Francisco Auto, Godofredo Pinto, Henos Amorina, Ignácio Hernandez, José Ibrahim, Luiz Inácio da Silva, Luiz Dulci, Manoel da Conceição, Olívio Dutra, Sidney Lianza e Wagner Benevides. Começava ali o trabalho mais sistemático de formiguinha, com viagens, campanhas de arrecadação e muitas reuniões para arregimentar filiados e moldar o estatuto. "Com este objetivo, o Movimento pelo PT pretende agora iniciar a criação de sedes, a confecção de fichas de seus militantes e promover campanhas de finanças", dizia o cronograma apresentado na ocasião. "O PT deverá iniciar oportunamente uma campanha de assinaturas através de uma ampla mobilização de massas visando divulgar sua proposta."

No dia 1º de dezembro de 1979, um sábado, teve festa na Praça Lauro Gomes. "Não vai ter champanha pra todo mundo", Lula foi logo avisando, enquanto abria um garrafão de cinco litros de sidra Pullman, fabricada em Jundiaí. A garrafa foi comprada num supermercado vizinho com dinheiro arrecadado ali mesmo, numa vaquinha feita na hora. A ocasião era especial: inauguração da sede do PT de São Bernardo do Campo, um salão de 20 metros quadrados com uma mesa e alguns bancos de madeira que ficaria aberto três vezes por semana – nas noites de terça e quinta e nas tardes de sábado – para discutir política, debater os próximos passos e orientar os filiados e os interessados em se filiar.

A despeito da presença de três deputados federais – Airton Soares, Aurélio Peres e João Cunha – e de três estaduais – Marco Aurélio Ribeiro, Eduardo Suplicy e Geraldo Siqueira –, a maioria dos 400 presentes era formada por trabalhadores.

Lula estava certo. O espumante não foi suficiente, de modo que uma nova vaquinha foi providenciada às pressas para buscar três garrafas de pinga 51, a autêntica aguardente de Pirassununga.

Aquele imóvel não resistiria por muito tempo ao espírito de improviso que dava a tônica no PT. De vaquinha em vaquinha, a direção começou a dever o aluguel. Em pouco tempo, foi preciso deixar o imóvel. Já em 1980, a sede mudaria para um local maior. O terreno foi oferecido pelo advogado Roberto Teixeira, presidente da OAB de São Bernardo do Campo e apoiador de primeira hora do PT. Providenciou-se um projeto arquitetônico para a construção da sede e, em cima do orçamento previsto, dividiu-se o preço da obra em cotas conforme a metragem, de modo que cada filiado do PT foi chamado a adquirir, simbolicamente, um metro quadrado da nova sede. Os mais remediados poderiam comprar 2 metros, 5 metros. Quem tivesse menos e, mesmo assim, fizesse questão de colaborar, juntava as economias com as do irmão, do primo, do sócio e comprava uma cota em dupla ou em trio. Levantados os recursos, a construção foi feita em sistema de mutirão. Junto com Elvira, esposa de Roberto Teixeira, Marisa preparava sanduíches e ia levar para os operários. As duas mulheres, juntas, também passaram a organizar bingos e a vender rifas, bottons e camisetas nas atividades políticas.

EM PARALELO À FORMAÇÃO DOS NÚCLEOS, líderes do PT monitoravam a movimentação em Brasília. Naquele momento, a lei que permitiria a criação de novos partidos, extinguindo o bipartidarismo implementado em 1965 com a promulgação do Ato Institucional n.º 2, ainda tramitava no Congresso Nacional, de modo que o Movimento Pró-PT também buscava incidir nesse debate e acompanhar a nova configuração partidária.

Para a situação, então comandada pelo General Ernesto Geisel, a volta do pluripartidarismo era uma estratégia desesperada de lhe garantir sobrevida. Nos estertores da década de 1970, o partido governista, Arena, perdia espaço para o partido da oposição consentida, o MDB, em proporções geométricas. Se insistisse na manutenção de apenas dois partidos, a derrocada da Arena em favor do MDB era líquida e certa. Aos militares, restavam duas alternativas opostas. Ou recrudesciam novamente o autoritarismo, como fizeram em 1968, decretando um sistema de partido único, ou arriscavam usar a abertura a seu favor.

O cálculo era simples: se a oposição se dispersasse em três ou quatro partidos progressistas ao mesmo tempo em que os apoiadores do regime permanecessem unidos em uma única legenda, então seria possível voltar a vencer. O gesto catalisador desse processo seria a extinção compulsória dos dois partidos existentes e a autorização para a criação de novos partidos. Foi o que o governo federal propôs e sancionou por meio da Lei 6.767 de 20 de dezembro de 1979, divulgada como Reforma Partidária.

Os primeiros partidos fundados foram exatamente os herdeiros diretos do velho bipartidarismo. O núcleo duro do antigo MDB se reorganizou no PMDB, incorporando apenas o P de partido no início do nome: Partido do Movimento Democrático Brasileiro. A antiga Aliança Renovadora Nacional, por sua vez, reuniu-se em torno do PDS: o Partido Democrático Social. Uma improvável coalizão entre políticos do MDB, liderados por Tancredo Neves, e da Arena, liderados por Magalhães Pinto, fez surgir o breve Partido Popular (PP), que reivindicava a alcunha de "partido de centro" e que acabou durando apenas dois anos, implodido por uma nova legislação eleitoral determinada para o pleito de 1982. No campo da oposição, os partidos comunistas e socialistas continuavam ilegais. Duas promessas alinhadas de certa maneira com o trabalhismo passaram a monopolizar a sociedade e os debates na imprensa: o PT, lançado como braço político dos metalúrgicos do ABC, e o novo PTB, anunciado com entusiasmo por Leonel Brizola.

Recém-chegado ao Brasil após quinze anos no exílio, no simbólico 7 de setembro de 1979, o político gaúcho prometia refundar o PTB de Getúlio Vargas e João Goulart e transformá-lo num gigantesco partido trabalhista. Pelo PTB, Brizola tinha sido o deputado federal mais votado do Brasil em 1962. Pelo mesmo partido, pretendia se candidatar à Presidência da República e suceder a João Goulart na eleição de 1965, projeto interrompido pelo golpe de 1964. Agora, Brizola voltava ao Brasil convicto de que encontraria condições favoráveis para retomar seu projeto e, à frente do PTB, roubar do MDB a primazia dos votos do campo democrático. Seu desejo esbarrou nas pretensões de Ivete Vargas. Sobrinha-neta de Getúlio e deputada federal cassada em 1962, Ivete solicitou o registro do PTB antes de Brizola e foi autorizada a fundar a legenda à sua maneira. Sem alternativa, Brizola buscou outro nome e acabou criando o Partido Democrático Trabalhista (PDT), um grande partido, mas que não obteve em âmbito nacional o alcance esperado.

A maior novidade acabou sendo o Partido dos Trabalhadores. Em janeiro de 1980, a coordenação do PT contabilizava núcleos regionais em cerca de 200 municípios espalhados por 22 Estados: 40 em São Paulo, 37 em Minas Gerais, 30 em Goiás, 18 no Rio Grande do Sul... Era mais do que o dobro da capilaridade mínima de nove Estados exigida pela lei da reforma partidária.

O PT FOI FUNDADO EM 10 DE FEVEREIRO DE 1980, num cenário que pouco tinha a ver com sua origem operária. O local escolhido foi o Colégio Nossa Senhora de Sion, um dos mais tradicionais de São Paulo, inaugurado em 1901 por irmãs católicas de origem francesa e instalado desde 1940 num amplo edifício projetado pelo arquiteto Ramos de Azevedo na arborizada Avenida Higienópolis, um dos endereços mais caros do país. Localizado a 100 metros da Cúria Metropolitana, o Sion seria tombado em 1986.

A escolha do Sion foi uma estratégia acertada entre os metalúrgicos e os intelectuais que participaram da formação do PT, sobretudo os ligados aos setores progressistas da Igreja Católica, como o advogado Plínio de Arruda Sampaio, deputado federal cassado por ocasião do golpe de 1964, e Madre Cristina, religiosa das Cônegas de Santo Agostinho, doutora em psicologia e professora da PUC. Três anos antes, Madre Cristina havia fundado o Instituto Sedes Sapientiae, um centro multidisciplinar a dois quarteirões da PUC que combinava filosofia, sociologia e psicanálise com projetos de educação popular – e que foi definido pela fundadora como "um espaço aberto aos que quiserem estudar e praticar um projeto para a transformação da sociedade, visando atingir um mundo onde a justiça social seja a grande lei". Foi ela quem conversou com as freiras do Sion e negociou o uso do espaço.

Fazer um ato de fundação do partido naquele colégio tinha algo de simbólico e também de pragmático. Uma primeira vantagem era a localização, com fácil acesso a partir da Praça da República, da Rua da Consolação e da Avenida Pacaembu. Também interessava trazer o partido para um bairro de elite, num momento em que o PT buscava ampliar sua base e demonstrar que não se tratava de um partido comunista e sectário, mas de um partido de massa com foco no trabalhador. Um terceiro elemento a contemplar era a deferência feita aos convidados especiais para aquele ato, entre eles políticos e intelectuais septuagenários, para os quais a centralidade e o conforto colocavam-se como quesitos minimamente relevantes. Afinal, os pensadores e ativistas famosos seriam as estrelas da festa.

Aquela reunião seria diferente das outras. Agora, o objetivo central não era mais debater o estatuto ou eleger os membros da diretoria, mas reunir uma centena de pessoas de renome para formar o time de signatários da fundação. A lei exigia um mínimo de 101 assinaturas no manifesto do partido para dar entrada no pedido de registro junto ao Tribunal Superior Eleitoral (TSE). A prioridade, portanto, era garantir a presença de apoiadores de peso, como o crítico de arte Mário Pedrosa, o historiador Sérgio Buarque de Holanda, o crítico literário Antonio Candido, o economista Paul Singer e o físico Mário Schenberg, para os quais um estabelecimento de ensino tradicional como o Colégio Sion parecia bastante adequado.

A atriz Lélia Abramo, recém-empossada na presidência do sindicato dos atores de São Paulo, era uma das raras mulheres no grupo de pioneiros. Madre Cristina também estava lá e faria sua filiação em seguida. Irma Passoni, deputada estadual por São Paulo, acompanhava toda a movimentação, pronta para trocar o MDB pelo PT.

No dia da fundação, um domingo, cerca de mil pessoas lotaram o auditório do Sion. Entre elas, os 400 delegados designados nos diversos diretórios regionais. "O Partido dos Trabalhadores nasce da necessidade sentida por milhões de brasileiros de intervir na vida social e política do país para transformá-la", dizia o manifesto do partido divulgado na ocasião. "O

Partido dos Trabalhadores nasce da vontade de independência política dos trabalhadores, já cansados de servir de massa de manobra para os políticos e os partidos comprometidos com a manutenção da atual ordem econômica, social e política". E ainda: "O PT pretende ser uma real expressão política de todos os explorados pelo sistema capitalista. Somos um Partido dos Trabalhadores, não um partido para iludir os trabalhadores."

"P.T. — Partido Sem Patrão", dizia uma faixa exposta atrás da mesa das autoridades. As autoridades, no caso, eram em sua maioria sindicalistas, como Jacó Bittar, Paulo Skromov, do sindicato dos coureiros da região de Avaré (SP), Olívio Dutra, dos bancários do Rio Grande do Sul, Wagner Benevides, dos petroleiros de Minas Gerais, José Cicote, dos metalúrgicos de Santo André, Henos Amorina, dos metalúrgicos de Osasco, e Manoel da Conceição, do sindicato dos trabalhadores rurais do Maranhão. Nenhuma mulher. Em determinado momento, parte do grupo de sindicalistas cedeu lugar na mesa para os intelectuais.

Naquela noite, mais de 500 pessoas assinaram o formulário de criação do PT, cinco vezes mais do que o total exigido em lei. O primeiro a assinar foi o militante comunista Apolônio de Carvalho, veterano da Guerra Civil Espanhola e da resistência francesa contra os nazistas, que completara sessenta e oito anos na véspera. Em seguida, o documento foi assinado por Antonio Candido, Paul Singer, Jacob Gorender e Paulo Freire, ali representado por Moacir Gadotti. O manifesto foi aprovado por aclamação no Colégio Sion e referendado em 1º de junho no Instituto Sedes Sapientiae, de Madre Cristina, ocasião em que se aprovou o programa e o estatuto do partido, redigido por Plínio de Arruda Sampaio.

Toda a papelada foi entregue no Tribunal Superior Eleitoral, em Brasília, juntamente com o formulário de requisição do registro. Dois anos se passaram até que veio o deferimento, em 11 de fevereiro de 1982. Pronto. O Partido dos Trabalhadores poderia, enfim, debutar nas eleições gerais daquele ano. Aos eleitores caberia votar em representantes para todos os cargos, menos o de presidente da República: vereador, prefeito, deputado estadual, deputado federal, senador e, pela primeira vez desde 1962, governador do Estado.

À MEDIDA QUE A CAMPANHA ELEITORAL DE 1982 se aproximava, o cheiro de tinta parecia impregnar as paredes e os móveis na Rua Maria Azevedo Florence. Toda semana, caixas e mais caixas de camisetas brancas eram descarregadas na casa de Marisa. As peças precisavam ficar penduradas até dois dias inteiros para secar. O clima em São Bernardo, predominantemente nublado, pouco ajudava. No auge da campanha, Marisa convocava as irmãs, as cunhadas, os sobrinhos, companheiras de partido e vizinhas do bairro para reforçar a estamparia e dar vazão às encomendas. Chegaram a estampar 200 camisetas por dia, agora em meia dúzia de modelos.

Um dos modelos reproduzia um cartum do Henfil. Na imagem, uma fileira de graúnas, a lendária formiga criada pelo cartunista, sublinhava a mensagem: "Queremos o poder!" Confirmada a indicação de Lula para disputar o governo de São Paulo, a mesma imagem foi acrescida do lema "Lula governador". Pouco depois, revisaram a estampa e trocaram a frase "queremos o poder" por "viemos dividir o poder", por certo mais palatável ao projeto eleitoral.

Nenhuma camiseta, no entanto, faria tanto sucesso naquele ano e nos anos seguintes quanto o primeiro modelo em duas cores desenvolvido por Marisa, concebido a partir de um cartaz criado pelo publicitário Carlito Maia em maio daquele ano.

Mineiro radicado em São Paulo, Carlito Maia foi um dos mais criativos publicitários da segunda metade do século XX. Nos anos 1960, à frente da agência responsável pelo marketing da TV Record, ajudara a bolar um programa dominical no qual três jovens cabeludos jogavam conversa fora e tocavam iê-iê-iê: Roberto Carlos, Erasmo Carlos e Wanderléia. Na ocasião, coube a ele escolher o nome do programa. Simpático ao socialismo, Carlito buscou inspiração num discurso de Lênin, principal líder da revolução russa e primeiro presidente da União Soviética (1917-1924), em que dizia: "O futuro pertence à jovem guarda, porque a velha guarda está ultrapassada". Agora, em 1982, Carlito não escondia seu entusiasmo com a fundação do Partido dos Trabalhadores, que, na sua opinião, representava a "jovem guarda" do campo progressista no Brasil.

Um domingo, durante um almoço festivo na casa do amigo Ricardo Kotscho, então repórter da *Folha de S.Paulo*, Carlito Maia viu-se no meio de um animado debate sobre política. Kotscho e Mara, sua esposa, comemoravam o aniversário de oito anos da filha mais velha, Mariana. Papo vai, papo vem, deram de comentar a sucessão estadual. O grupo rachou. De um lado, apoiado por Zélio Alves Pinto, o filósofo marxista Quartim de Moraes defendia o nome de André Franco Montoro, candidato do PMDB que já despontava como favorito. Argumentava que a capilaridade e a força do PMDB, aliadas à posição moderada de Montoro, seriam ferramentas fundamentais para vencer Reynaldo de Barros, candidato do PDS de Paulo Maluf e José Maria Marin. Contrapunham-se a eles os jornalistas Kotscho, Paulo Patarra e Marcelo Auler, defensores do petista Luiz Inácio da Silva. Era o momento de eleger um metalúrgico, um trabalhador, o líder operário que havia chacoalhado o país e que tinha disposição incomparável para enfrentar os militares e intensificar o processo democrático. Carlito Maia não falava nada, apenas ouvia. A certa altura, conseguiu um papel e uma caixa de lápis de cor, provavelmente com a aniversariante, e pôs-se a desenhar calmamente num canto da mesa. Ninguém se preocupou em pedir a opinião do publicitário, que, àquela altura, já era conhecida por todos. Mas o momento de introspecção despertou a curiosidade dos que discursavam.

— Ô, Carlito – um deles resolveu provocar — Que você tanto rabisca aí?

Calmamente, Carlito fez os últimos retoques e exibiu aos amigos uma folha A4 no qual se lia uma única palavra: OPTEI, grafada em letras maiúsculas. Na feliz proposta de Carlito Maia, as iniciais P e T eram pintadas em vermelho; as outras letras, em preto: surgia assim a arte da primeira camiseta impressa em duas cores, preto e vermelho, do PT, exatamente como Carlito havia pensado.

7

Tão longe, tão perto

*O Lula não para. Meio difícil. Ainda mais em campanha.
Aí que ele não para mesmo.*

Marisa em programa eleitoral dirigido por
Chico Malfitani para a campanha de Lula em 1986

— **C**OMO ASSIM, MUDAR DE NOME?

— Mudar de nome, galega. Teu marido vai virar Lula no papel.

Marisa olhou com desconfiança.

— Que novidade é essa? Nunca vi botar apelido no nome. Precisa disso?

Precisava. O advogado Roberto Teixeira havia sido claro. Se o candidato do PT ao governo de São Paulo não incorporasse a palavra Lula ao nome de registro, correria o risco de ter mais da metade dos votos anulados.

Até o advento da urna eletrônica, em meados dos anos 1990, votava-se por meio de cédulas de papel. Nelas, em 1982, o eleitor precisaria escrever os nomes de seus candidatos, um por um, o que, muitas vezes, contribuía para formar filas enormes nos locais de votação e exigia altas doses de paciência dos mesários e de quem ia votar. Havia a opção de escrever apenas o número do candidato, o que também não era simples para parte dos eleitores. Embora os analfabetos não pudessem votar, parte grande dos alfabetizados tinha dificuldades de registrar por escrito o voto. Tudo isso melhoraria um pouco a partir de 1986, quando as cédulas passaram a trazer impressos os nomes dos candidatos nas disputas majoritárias (prefeito, governador e presidente), bastando ao eleitor assinalar com um xis o escolhido. Mas, naquele ano de 1982, os eleitores teriam de escrever até seis nomes: vereador, prefeito, deputado estadual, deputado federal, um senador e, pela primeira vez em vinte anos, o governador do Estado.

— Mas você vai ter de alterar todos os documentos? – Marisa queria saber. — Nossa certidão de casamento e as certidões das crianças também?

Lula não sabia responder aquelas perguntas. Mas sabia que a maioria de seus eleitores colocaria apenas Lula no papel. Era inevitável. Todos o conheciam como Lula. Era assim que os jornais se referiam a ele. E a lei era clara: só seriam computados os votos de quem escrevesse o nome completo ou parte do nome do candidato. Por isso a necessidade de alterar o nome de registro.

Até a eleição anterior, nada daquilo seria necessário. A obrigatoriedade de incorporar o apelido ao nome era uma contingência da nova lei eleitoral. A poucos meses da eleição, deputados da Arena aprovaram e o governo sancionou mudanças na legislação que provavelmente teriam o efeito de atrapalhar o desempenho do PT. Duas novidades eram as mais perniciosas. Numa delas, ficava estabelecida a regra de votar de cima a baixo em candidatos do mesmo partido. Era o chamado voto vinculado. Se o eleitor, na hora H, votasse em Lula para o governo e num candidato do PMDB ao Senado, por exemplo, a cédula toda seria anulada. Um dos efeitos colaterais dessa manobra era dissuadir o eleitor de apoiar partidos menores ou mais novos, que não tinham candidatos competitivos para todos os cargos em muitos municípios.

A outra novidade era justamente a anulação dos votos atribuídos a apelidos. Antes, ao fazer o registro da candidatura, o candidato poderia inscrever os apelidos pelos quais era conhecido. Um político chamado José Antônio Fonseca, por exemplo, receberia os votos atribuídos a Zé Antônio, Toninho Fonseca ou Toninho da Lotérica, desde que registrasse essas diferentes formas de tratamento junto ao cartório. Agora, as opções ficariam restritas às partes do nome oficial. Caso Lula não incorporasse o apelido ao nome, estimava-se uma perda significativa de votos. Muitos eleitores desconheciam seu nome completo. E mesmo os que o sabiam dificilmente resistiriam à tentação de escrever apenas Lula na cédula, mais rápido e fácil.

Em 19 de maio de 1982, Roberto Teixeira protocolou em cartório o requerimento para o acréscimo do apelido ao prenome, como consta no processo: "Pretende, pois, o requerente, acrescer ao seu prenome o cognome 'Lula', pelo que passaria a chamar-se: Luiz Inácio Lula da Silva". Roberto sabia que qualquer mudança no sobrenome demandaria muito mais tempo. Aditar um cognome ao prenome era muito mais simples. Dois dias depois, o requerimento foi deferido pelo juiz Ruy Coppola, titular da 2ª Vara Cível da Comarca de São Bernardo do Campo. Luiz Inácio expediu novas certidões de nascimento e de casamento em 26 de maio daquele ano, antes do prazo de registro da candidatura, e tornou-se finalmente Luiz Inácio Lula da Silva.

Em sua primeira campanha eleitoral, Lula assumiu um discurso ideológico, focado na luta de classes. Entre as propostas divulgadas destacavam-

-se bandeiras como a moratória da dívida externa, a reforma agrária, a estatização de setores da economia considerados essenciais e a radicalização da experiência democrática com a criação de conselhos populares e a adoção do orçamento participativo. Um dos slogans utilizados pelas candidaturas petistas em todo o país apelava para um sentimento de pertencimento raramente verificado na prática: "Trabalhador vota em trabalhador". Em outro slogan, concebido pela coordenação da campanha com o objetivo de fixar o número do candidato, esse discurso era potencializado: "Vote no 3; o resto é burguês". Em 1982, o número do PT nas urnas era o 3, provisório, anterior ao registro do número 13.

Aquela campanha também inaugurou a fábrica de mentiras empregada pelos adversários do candidato ao longo de toda sua trajetória política. Faltando apenas três dias para a eleição, a direção do Partido dos Trabalhadores precisou emitir uma nota de esclarecimento para rebater um panfleto apócrifo que atribuía a Lula a propriedade de uma casa de veraneio no Guarujá, balneário localizado a pouco mais de uma hora da capital paulista. Trechos da nota foram publicados no jornal *O Estado de S. Paulo* na edição de 13 de novembro. Faziam referência a outros boatos igualmente atribuídos a Lula, como a versão de que ele morava numa mansão no bairro do Morumbi, em São Paulo, e não na casinha de esquina no Jardim Lavínia, em São Bernardo: "A onda da mansão do Morumbi não pegou, porque o Lula mora em Jardim Lavínia, à Rua Maria Azevedo, 273", dizia o texto. "Agora inventaram a casa de férias no Guarujá. Nos últimos dez anos, as únicas férias que o Lula teve foram os 31 dias que passou na cadeia do Dops. Desafiamos os acusadores do Lula a mostrarem a cara e darem o endereço da tal casa do Guarujá e sua escritura". No panfleto, Lula aparecia em frente a uma casa do advogado Airton Soares, deputado federal do PT, na praia de Pernambuco. Airton havia emprestado a casa para Lula, Olívio Dutra (então presidente do PT gaúcho e candidato ao governo do Rio Grande do Sul) e o advogado Luiz Eduardo Greenhalgh passarem um fim de semana de imersão.

Em outro boato que circulou na ocasião, dizia-se que Lula abandonara a própria mãe na miséria. No panfleto, uma foto da segunda mulher de seu pai, e não de sua mãe, num bairro pobre de Santos.

De todas as mentiras, a preferida dos detratores era a da mansão no Morumbi. Segundo o boato, a casinha no Jardim Lavínia era apenas um endereço de fachada. Havia até quem afirmasse que havia um caminho subterrâneo que ligava a casa do Jardim Lavínia à mansão no Morumbi: um túnel particular que, se existisse, teria mais de 20 quilômetros de extensão, algo tão imponderável que não tinha como não virar piada na crônica política nacional. Mas incomodava. Tanto é que, em 1984, o primeiro programa político do PT exibido em cadeia nacional de televisão começava com os filhos de Lula e Marisa batendo bola no meio da rua, enquanto o pai, com o pé engessado, fazia as vezes de árbitro. A cena, dirigida pelo jornalista Chico Malfitani, começava com um detalhe da placa da rua, captado para que o nome ficasse retido na memória dos espectadores, e terminava dentro da cozinha da casa, com Marisa tomando café com o marido e com o repórter-apresentador, responsável por conduzir uma longa entrevista sobre a conjuntura do país, levada ao ar naquele programa.

No dia 15 de novembro, 1.144.648 pessoas votaram em Luiz Inácio Lula da Silva. O candidato petista ficou em quarto lugar na corrida ao Palácio dos Bandeirantes, com 10,8% dos votos, atrás do governador eleito, o senador André Franco Montoro (PMDB), com 49,0%, do ex-governador Reynaldo de Barros (PDS), com 25,7%, e do ex-presidente Jânio Quadros (PTB), com 13,6%. O PT não elegeu nenhum governador. Nem senador. Foram eleitos oito deputados federais.

O apelido Lula, incorporado ao prenome do candidato em 1982, acabou se transformando em sobrenome menos de três anos depois. Já em 7 de dezembro de 1984, Marcos Claudio dos Santos Júnior, o filho mais velho de Marisa, foi oficialmente adotado pelo padrasto, passando a se chamar Marcos Claudio Lula da Silva, conforme escritura pública de adoção lavrada no 4º Tabelião de Notas de São Bernardo do Campo. A ideia da adoção partiu do próprio Marcos. Embora Marisa tivesse ensinado o filho a chamar Lula de tio, todas as vezes que seu padrasto ia buscá-lo na escola, por exemplo, era como pai que os colegas e as professoras se referiam a ele.

Em 9 de janeiro de 1985, foi expedido pela 2ª Vara Cível de São Bernardo um mandado de averbação, em resposta a requerimento apresentado no ano anterior por Roberto Teixeira, orientando o cartório de registro civil a retificar os nomes de Fábio e Sandro, que passaram a assinar Fábio Luis Lula da Silva e Sandro Luis Lula da Silva. Anos mais tarde, em 8 de maio de 1991, a filha de Lula, Lurian Cordeiro da Silva, teve alterado seu registro, tornando-se Lurian Cordeiro Lula da Silva. Em ambos os processos, o advogado usara uma estratégia diferente da adotada em 1982. Embora, tecnicamente, Lula fosse um adendo ao prenome Luiz Inácio, e não um sobrenome, Roberto alegou que, sendo filhos de um Lula da Silva, se Luiz Inácio já fosse Lula da Silva por ocasião do nascimento deles, os pais poderiam ter optado por batizá-los Lula da Silva, o que ansiavam fazer agora. Luis Claudio foi o único filho que não precisou de todo esse périplo para alterar o registro. Quando ele nasceu, em 1985, Lula e os três filhos homens já eram todos Lula, de modo que Luis Claudio já nasceu Lula da Silva.

A última a mudar de nome foi Marisa. E por iniciativa própria.

— Roberto, agora que o Lula e os meninos viraram Lula, como eu faço para também adotar o nome? – ela quis saber, na virada de 1991 para 1992.

O advogado achou curioso.

— Você gostaria de se chamar Lula?

— Ora, se ele é Lula da Silva, acho que seria bom. – afirmou. — Silva tem aos montes. Na condição de esposa, eu poderia ter adotado o Lula da Silva quando a gente casou, assim como os filhos poderiam ter sido batizados de Lula da Silva ao nascer.

Fazia sentido. Marisa, que nascera Marisa Letícia Casa, tornara-se Marisa Letícia Casa dos Santos por ocasião do primeiro casamento e alterara mais uma vez o sobrenome para Marisa Letícia da Silva em 1974, virou Marisa Letícia Lula da Silva em 8 de junho de 1992.

APESAR DA DERROTA NAS URNAS, a campanha de 1982 inaugurou uma nova etapa na vida de Marisa. Ela, que até 1980 ainda acreditava que seu marido abandonaria a vida pública e retomaria a profissão de metalúrgico em alguma montadora de São Bernardo, deparou-se com a certeza de que não haveria futuro para sua família longe da política.

Já no ano seguinte, Marisa e Lula, reeleito presidente do PT, envolveram-se intensamente na fundação da Central Única dos Trabalhadores, a

147

CUT. A ideia de formar uma central sindical surgira em dezembro de 1977, quando representantes de sindicatos patronais haviam se reunido no Rio de Janeiro para a IV Conferência Nacional das Classes Produtoras (IV Conclap). A reação imediata dos trabalhadores foi promover encontros periódicos, os Encontros da Classe Trabalhadora (Enclat), com vistas à organização da I Conferência Nacional da Classe Trabalhadora (Conclat), realizado em agosto de 1981 na Praia Grande (SP). Ali cerca de 5 mil trabalhadores aprovaram a proposta de criação da CUT, efetivada dois anos depois, em agosto de 1983, tendo Lula como principal fiador, e Jair Meneguelli, presidente do Sindicato dos Metalúrgicos de São Bernardo, como primeiro presidente.

Ainda no segundo semestre de 1983, o ateliê de camisetas de Marisa voltou a funcionar. Agora, dedicado a produzir material para a maior mobilização de rua desde 1964: a campanha por eleições diretas. "Presidente quem escolhe é a gente" e "Não dá mais pra segurar: Diretas Já" eram algumas das frases que ilustravam camisetas com a estrela do PT naquele período.

O crescente desejo popular pela restauração das eleições diretas para presidente da República foi representado na Proposta de Emenda Constitucional 5/1983, protocolada em março pelo deputado federal Dante Martins de Oliveira (PMDB-MT). Entre março e novembro, foram realizados comícios em algumas capitais em apoio à aprovação da emenda Dante de Oliveira, como o instrumento parlamentar ficou conhecido. O movimento ganharia fôlego em 27 de novembro, por ocasião de um grande ato com 15 mil pessoas realizado na Praça Charles Miller, em frente ao estádio do Pacaembu, em São Paulo. A data marcou uma guinada na campanha pelas diretas, a ponto de muita gente considerar aquela atividade, convocada pela CUT e pelo PT, o verdadeiro marco zero das Diretas, Já!

Dois meses depois, em 25 de janeiro de 1984, uma multidão vinte vezes maior tomou a Praça da Sé, em São Paulo. Na TV Globo, o noticiário tentou abafar o amplo apoio popular à manifestação informando que aquelas 300 mil pessoas haviam tomado as ruas no centro de São Paulo para festejar o aniversário de 430 anos da cidade, celebrado no mesmo dia.

A campanha era um fenômeno de público e de crítica, capaz de mobilizar artistas, intelectuais e as principais lideranças da oposição. No palanque, a organização do agito ficava por conta de Osmar Santos, locutor esportivo muito querido nos anos 1980. A atriz Christiane Torloni, aos vinte e sete anos, esperou terminar o último capítulo da novela *Louco Amor*, da Globo, para assumir o papel de musa das Diretas, marcando presença nos corredores do Congresso Nacional e em mais de uma dezena de comícios naqueles primeiros meses de 1984.

Agora, a casa de Marisa era frequentada por celebridades como a atriz Lucélia Santos, protagonista da novela *Escrava Isaura*, e a cantora Fafá de Belém, que rodava o país cantando "Menestrel das Alagoas", canção-símbolo das Diretas, composta pelos mineiros Milton Nascimento e Fernando Brant em homenagem ao senador alagoano Teotônio Vilela, falecido em novembro.

Até abril de 1984, Lula percorreu mais de 20 mil quilômetros de avião por todo o país. Presidente do PT, ele formava com o presidente do PMDB, deputado Ulysses Guimarães, e com o presidente do PDT, Doutel de Andrade, o que a imprensa apelidou de "os três mosqueteiros das Diretas". De Teresina para São Luís, de São Luís para Rio Branco, de Rio Branco para Macapá, de Macapá para Belém e de Belém para Manaus, os três cumpriam sempre o mesmo roteiro e repetiam os mesmos discursos, como um trio de forró afinado e afiado.

No dia 16 de abril, uma segunda-feira, um milhão e meio de pessoas tomaram o Vale do Anhangabaú, novamente em São Paulo, para o último ato antes da votação da Emenda Dante de Oliveira na Câmara dos Deputados. Veio a Páscoa e, na quarta-feira seguinte, a emenda entrou na pauta do plenário. Por ser uma Proposta de Emenda Constitucional (PEC), a matéria precisaria ser aprovada por dois terços da Casa, ou 320 dos 479 deputados. Não deu. Apesar do inegável clamor popular, as eleições diretas foram rejeitadas no Parlamento. Houve 298 votos a favor, 22 a menos do que o necessário, e 65 contra.

O primeiro presidente civil desde João Goulart, golpeado em 1964, seria escolhido de forma indireta, pelo colégio eleitoral, em 15 de janeiro de 1985. Sua eleição motivaria a primeira grande crise institucional do PT.

Às vésperas da consulta, a direção do partido orientou seus deputados a não participar da eleição indireta, considerada ilegítima. Três deputados petistas – Airton Soares (SP), líder da bancada, Bete Mendes (SP) e José Eudes (RJ) – optaram por contrariar a decisão e anunciaram que votariam no colégio eleitoral, ajudando a eleger Tancredo Neves (PMDB) para evitar a vitória de Paulo Maluf (PDS), nome preferido dos militares. Diante das declarações, a direção do partido deliberou pela expulsão dos três. Lula tentou dissuadir a direção, propondo que se aguardasse a votação para, só então, decidir sobre a expulsão, mas foi voto vencido. Na iminência da expulsão, os três parlamentares pediram desfiliação.

FORAM 45 DIAS NO HOSPITAL. No auge da campanha das Diretas, às vésperas da votação da Emenda Dante, em abril de 1984, Sandro fora internado para tratar uma endocardite bacteriana, nome dado à infecção no endocárdio, membrana que reveste internamente o coração.

O périplo para descobrir o que ele tinha se estendeu por todo o segundo trimestre. Sandro perdia peso e queixava-se de dor no peito. Não demorou para Marisa acender o sinal de alerta. Um sopro no coração o acompanhava desde o nascimento. Agora, aos cinco anos, a situação havia se complicado. Sandro ingeriu uma bactéria que foi se instalar no endocárdio. Mas ninguém descobria o que ele tinha. Nenhum exame revelava a doença. Quando finalmente identificaram a infecção, ela já havia se alastrado pelo pulmão, pelos rins e pelo fígado, o que obrigou a criança a ficar internada por um mês e meio.

Depois da alta, a preocupação da família se manteve. O sopro continuava; as dores no peito não cessavam totalmente. Febre e cansaço eram sintomas frequentes. Um dos médicos consultados cogitou leucemia. Marisa empreendeu um longo périplo por hospitais de São Paulo em busca de um diagnóstico. Pegava Sandro no colo e deixava São Bernardo do Campo, muitas vezes de ônibus, em direção ao Instituto da Criança ou outro serviço de saúde na capital.

Em julho de 1984, entrou na agenda de Lula uma viagem a Cuba. O objetivo era apresentar o PT ao governo cubano. A viagem foi articulada pelo advogado Luiz Eduardo Greenhalgh, que havia defendido os metalúrgicos por ocasião da prisão de 1980, e por duas pessoas próximas que haviam vivido em Cuba nos anos 1970: o ex-líder estudantil José Dirceu,

150

agora dirigente do PT, e a ex-guerrilheira Cida Horta, que fizera treinamento na Ilha e vivera muitos anos no exílio após a morte de seu namorado, o militante político Antonio Benetazzo, executado pela repressão e enterrado como indigente em 1972. Agora, Cida era companheira de Greenhalgh, que ocupava o cargo de secretário de relações internacionais do PT, no qual havia substituído Francisco Weffort, com a missão de estreitar os laços com os governos de esquerda da América Latina.

— Por que você não leva o Sandro e a Marisa? – alguém sugeriu.

A medicina cubana era elogiada e servia de referência para protocolos de saúde em diversos países. Apesar do bloqueio econômico, Cuba havia vencido a mortalidade infantil e a subnutrição. Também avançava a passos largos no combate a doenças tropicais.

Lula e Marisa conversaram e decidiram ir. Foi a melhor decisão que poderiam ter tomado. Após consultar mais de uma dezena de médicos no Brasil, somente em Cuba Sandro foi diagnosticado. Enquanto aguardavam os resultados dos exames, Lula e Marisa visitavam Havana e participavam de reuniões. Muitas. Marisa participava de tudo, curiosa, e fazia dezenas de perguntas. Queria debater a situação agrícola na ilha com membros do governo, e ficou especialmente encantada quando lhe mostraram os índices de produtividade da Ubre Blanca, uma vaca cubana que entrara para o Livro dos Recordes como campeã mundial de produção de leite, mais de 110 litros por dia.

A TV local exibia a novela *Escrava Isaura*, da Rede Globo, com oito anos de atraso. Era um fenômeno de audiência. Até o presidente Fidel Castro assistia. Não havia reunião do comitê central do PC cubano na hora da novela. Uma tarde, Marisa começou a bater papo com a ascensorista do elevador do hotel e acabou contando o fim da novela.

Uma frustração: Marisa teve de voltar a São Bernardo sem conhecer Fidel Castro. Ao longo da semana, em duas ocasiões houve orientação expressa para que os brasileiros ficassem de sobreaviso durante a noite porque Fidel poderia convocá-los a qualquer momento. Em ambas as vezes, passou das duas da manhã e nada.

— Fidel não sabe a importância do PT – Marisa queixou-se.

Marisa só viria a conhecer Fidel pessoalmente no final da década de 1980. Lula, por sua vez, conhecia o presidente de Cuba desde 1980, quando esteve com ele em Manágua, por ocasião do primeiro aniversário da Revolução Sandinista, ambos convidados pelo governo revolucionário da Nicarágua. Mas somente em agosto de 1985 teria a oportunidade de se encontrar com Fidel em Cuba e conversar com ele, de volta a Havana para participar de um encontro sobre a dívida externa na América Latina.

Dessa vez, viajou com Greenhalgh e Frei Betto e discursou de improviso para uma audiência formada pelo "comandante" e pelos principais líderes de esquerda da América Latina. Foi aplaudido de pé. Fidel Castro levantou-se de sua cadeira e caminhou até o púlpito para abraçar o brasileiro. À noite, Fidel apareceu sem avisar na casa onde os brasileiros estavam hospedados. Combinou com Lula que, naquela noite, somente ele falaria. Na noite seguinte, seria a vez de Lula falar. Dito isso, palestrou por quatro horas, entre baforadas de charuto e goles de mojito. Fidel conhecia a realidade brasileira, declinou alguns números da nossa economia e concluiu afirmando que o PT nunca chegaria ao poder por ser um partido muito indisciplinado. "A revolução exige disciplina", afirmou. Lula permaneceu calado.

Na manhã seguinte, Frei Betto e Greenhalgh se ofereceram para discutir com Lula o que ele falaria ao presidente. Lula pediu apenas um mapa do Brasil. À noite, quando o presidente chegou, abriu o mapa sobre a mesa e começou sua exposição. Contou que, no Brasil, conviviam diferentes estágios de desenvolvimento. Explicou que a agricultura era mecanizada no Sul, feita com boi no meio do país, e que, na região dele, quem puxava o arado era o homem. "Nasci nesse Estado aqui, Pernambuco, que tem quase o tamanho de Cuba", Lula explicou. "O que eu queria mostrar para o senhor é que fazer revolução em Cuba é fácil. Fazer num país desse tamanho, e tão diverso quanto o nosso, é mais complicado". Foi uma aula e tanto.

Na viagem anterior, com Marisa, a boa notícia ficou por conta do diagnóstico. Sandro tinha uma coarctação da aorta, um estreitamento na maior artéria do corpo humano, que não aparecia nos exames de imagem realizados no Brasil. Em razão desse estreitamento, a irrigação sanguínea ficava comprometida, sobretudo nos membros inferiores.

— Podemos providenciar a cirurgia para daqui a dois dias – um médico cubano ofereceu.

O governo de Fidel Castro adiantou-se em colocar uma casa à disposição do casal para o período de internação, mas Marisa preferiu voltar.

— Não vou operar o Sandro aqui, longe da família – ela dizia. — E se acontece alguma coisa e a gente tem que ficar quarenta e cinco dias no hospital outra vez?

Em conversa com Lula, a mãe chegou a cogitar o pior.

— Vai que ele morre aqui, longe de tudo e de todos.

Para que Marisa pudesse ir a Cuba com Lula e Sandro, os filhos mais velhos, Marcos e Fábio, haviam ficado sob os cuidados de Elvira e Roberto Teixeira. Era mês de férias, e os dois foram passar a semana no sítio que o casal de amigos mantinha em Monte Alegre do Sul, circuito paulista das águas, quase na divisa com Minas Gerais. As idades deles não eram muito diferentes das de Valeska e Larissa, filhas de Elvira e Roberto, e eles já tinham ido ao sítio outras vezes. Foi lá, por exemplo, no Natal de 1983, que Lula deixou Marisa desesperada ao pular num riacho e quebrar a perna numa pedra. Até os anos 2000 ainda tinha gente na região que dizia se lembrar do dia em que Lula foi atendido no hospital Ana Cintra, em Amparo (SP). "Em coma alcoólica", conforme o boato infundado que algum engraçadinho ou adversário político fez circular na ocasião.

Meses depois, enquanto Sandro era examinado por médicos cubanos em Havana, Marcos também precisou de atendimento médico em Amparo. Teve uma baita apendicite e precisou ser operado no mesmo hospital em que Lula engessara a perna no ano anterior. Elvira e Roberto não conseguiram sequer localizar Lula e Marisa em Cuba a tempo de explicar por telefone o que estava acontecendo.

De volta a São Paulo, agora com um diagnóstico nas mãos, Marisa e Lula voltaram a levar o filho Sandro em consultas. Sabiam que era preciso operar, o quanto antes, e que tudo teria de ser feito na rede pública. Recorreram ao Hospital das Clínicas. Quem assumiu o caso foi o médico Adib Jatene. Além de pioneiro em cirurgias de ponte de safena no Brasil, Jatene era professor de cirurgia cardíaca na USP e tinha sido secretário estadual de Saúde no governo de Paulo Maluf (1979-1982). Fúlvio Pileggi, professor titular e chefe da cardiologia do Instituto do Coração, designou uma de suas residentes na área de cardiologia pediátrica, Nana Miura Ikari, para acompanhar "o filho do Lula".

O procedimento foi realizado semanas depois. Jatene abriu o peito de Sandro e substituiu um pedaço da aorta do menino por uma peça artificial.

Quando Sandro recebeu alta, após seis anos de dores e exames inconclusivos, o alívio foi imenso. Para ele e para a mãe. Agora, era preciso ganhar peso, adotar uma rotina de exercícios e passar por sessões de fisioterapia. E, claro, tomar cuidado para não ter nenhuma nova infecção.

Marisa, pela primeira vez em muitos meses, podia finalmente baixar a guarda, sem a ansiedade do último ano.

Um dia, a sós com Elvira, perguntou a ela num sussurro:

— Você já viu velha ter nenê?

— Mas quem está grávida?

— Eu estou grávida.

Elvira não acreditou. Marisa contou que havia relaxado no uso do diafragma durante a viagem a Cuba e pumba: voltou embuchada.

Aquela gravidez não tinha sido planejada, como também não tinha sido planejada a gravidez do Fábio, em plena lua de mel. Entre o nascimento do Fábio, em 1975, e a gravidez do Sandro, no final de 1977, foram dois anos e meio tomando pílula, até que o casal resolveu encomendar mais uma criança.

Agora, sete anos depois, aquela gestação era totalmente inesperada. Marisa imaginava que nunca mais teria outro filho. E, aos trinta e cinco anos, achava uma loucura ficar grávida. Naquela época, muita gente acreditava que gravidez depois dos trinta era sinônimo de criança com deficiência. E risco de vida para a mãe. Marisa temia não apenas pela saúde da criança, mas também pela falta de tempo. Lula viajava demais. Ela criava os filhos praticamente sozinha e sabia da importância de dar atenção a cada um. "Não assumo nada", diria, em 1994, numa entrevista à historiadora Denise Paraná. "Quero ficar perto dos meus filhos, conversar um pouco, orientar os meninos. Para no dia de amanhã eles não serem desorientados, uns meninos contra a luta do pai. Ou achar que nós os abandonamos e gostamos mais de estar na rua do que estar junto com eles."

Marisa soube que estava grávida apenas no quarto mês de gestação. Sua rotina tinha ficado tão atrapalhada por causa da doença do Sandro que ela nem se dera conta. Elvira foi uma das primeiras pessoas a saber.

— Então a viagem foi animada – a amiga brincou. Marisa riu.

— Fomos ao Tropicana – respondeu, referindo-se a um famoso cabaré de Havana. — Chegando lá, não nos deixaram entrar com o Sandro. Voltamos pro quarto mais cedo naquele noite. Deu no que deu.

Por muito pouco, Marisa não conseguiu realizar, no início de 1985, o sonho de se mudar para uma casa maior. A quarta gravidez havia sido a gota d'água. A casinha do Bairro Assunção, com apenas dois dormitórios minúsculos, obrigava Marcos, Fábio e Sandro a dividir o mesmo quartinho. Em fevereiro, Marcos faria quatorze anos. Se já era desconfortável para ele dormir com uma criança de nove e outra de seis, como seria acomodar, agora, um recém-nascido? O bebê poderia dormir junto com os pais nos primeiros meses, mas logo também precisaria ter seu espaço.

Roberto Teixeira, especialista em direito imobiliário, volta e meia sugeria que eles procurassem outra casa.

— Não é só a falta de espaço, Marisa – Roberto dizia, solidário. — Tem também o problema da falta de privacidade. A janela fica a 3 metros da calçada. E o Lula não tem um escritório, um lugar em que ele possa fazer reunião.

Marisa concordava. Mas esbarravam sempre na questão financeira.

Naquele início de ano, como se o universo conspirasse a seu favor, a falta de dinheiro parecia não ser problema pela primeira vez na vida do casal. Parecia.

Meses antes, Lula havia recebido um prêmio na Áustria, o Bruno Kreisky Menschenrechtspreis, condecoração conferida pela Fundação Bruno Kreisky, de Viena. Batizada em homenagem ao ex-chefe de Estado austríaco, que liderou o país por treze anos, entre 1970 e 1983, a honraria com periodicidade anual ficaria conhecida como o mais antigo prêmio voltado à promoção dos Direitos Humanos no mundo. Roberto Teixeira trouxe a novidade:

— Marisa, encontrei uma casa muito boa que vocês podem comprar com o dinheiro do prêmio.

O imóvel pertencia a um cliente de Roberto que, por motivo de urgência, pedia um preço abaixo do valor de mercado. O advogado sentou com o casal e descreveu a planta, explicou onde ficava, contou o que precisaria ser feito.

— A hora é essa – ele insistia. — A casa é espaçosa, tem duas construções residenciais, com privacidade e independência, e uma área embaixo que pode virar uma ampla sala de reunião com escritório e biblioteca.

Dias depois, Lula estava no jipe de Roberto quando o advogado retomou o assunto para combinar a visita e dar início à documentação. O presidente do PT coçava a cabeça, tergiversava, ficava em silêncio. Uma hora, pediu para Roberto parar o carro.

— Eu não posso, Roberto.

— Não pode o quê?

— Não posso comprar essa casa.

— Como não? O dinheiro que você ganhou em Viena cobre a maior parte do custo da casa; e o resto você vai financiar em prestações muito tranquilas.

— Não posso, Roberto. Esse dinheiro não é meu.

— Como assim?

— Esse dinheiro não é meu. Esse dinheiro é da classe trabalhadora.

Lula explicou que o prêmio havia sido destinado a ele por aquilo que ele representava, e não por algo que ele tivesse feito sozinho. Era um prêmio decorrente das greves, da luta por direitos trabalhistas, da organização sindical.

— Eu não posso ficar com esse dinheiro – arrematou.

Marisa fazia planos para a casa nova, entusiasmada com a ideia e cansada de tanta bagunça quando soube a opinião do marido. Elvira, sua amiga, buscava se solidarizar, repetia que aquilo era um exagero, que seria ótimo se eles pudessem se mudar para um lugar melhor.

— Ele tem razão, Elvira – ela replicava. — O dinheiro não é nosso, é de todos os metalúrgicos.

Dito e feito. Lula pegou uma pequena parte do valor recebido e doou o resto para a Conclat, a Conferência Nacional da Classe Trabalhadora, precursora da CUT. Foi o suficiente para construir um segundo pavimento na velha casa. Se não dava para comprar uma casa melhor, pelo menos agora eles teriam o dobro do espaço, uma suíte com varanda no andar de cima e pelo menos três quartos. Um arquiteto do Rio Grande do Sul, dirigente do PT, fez o projeto de presente. Com ele em mãos, já aprovado na prefeitura de São Bernardo, o casal arregaçou as mangas e acelerou o passo para que o segundo andar ficasse pronto antes de Luís Cláudio nascer.

Seguindo a tradição, a reforma atrasou. E Luís Cláudio nasceu prematuro, um mês antes da hora, em março de 1985. Lula fez o que pôde para convencer Marisa a não voltar com um recém-nascido para casa, então transformada num canteiro de obras. Não teve jeito. Os primeiros dias de vida de Luís Cláudio transcorreram em meio à poeira e ao barulho de furadeiras e serras elétricas.

Pela primeira vez, Marisa fez uma cesariana. E pela primeira vez teve um filho num hospital particular de São Paulo, e não num hospital público de São Bernardo. Uma obstetra que havia sido militante do PCB e presa política dez anos antes tomou a iniciativa de oferecer seus serviços a Marisa. Albertina Duarte Takiuti fez a cesariana de graça no Hospital São Luiz. Roberto e Elvira, os amigos que seguraram o rojão enquanto Lula e Marisa encomendavam Luís Cláudio em Havana, foram os padrinhos.

AGORA MARISA TINHA QUATRO FILHOS e um marido que praticamente não parava em casa. Quando não corria o Brasil para formar diretórios do PT e apoiar candidaturas locais, Lula fazia campanha eleitoral ou viajava ao exterior a convite de partidos e sindicatos. Já no começo de 1981, entre janeiro e fevereiro, Lula havia percorrido nove países europeus ao lado de Jacó Bittar, vice-presidente do partido. Marisa passava dias seguidos servindo café, almoço e jantar para as crianças, sem que Lula desse o ar da graça. Agora, depois que o Luís Cláudio nasceu, Marisa pensou bem, pesou os prós e os contras, e convidou Joana, sua irmã de criação, para ir até sua casa "dar uma mão". A partir daquele momento, Joana passou a ir todas as manhãs para a casa de Marisa e lá ficava até o meio da tarde. Botava ordem na casa e passou a assumir também o fogão.

157

Em mais de uma década de casamento, era a primeira vez que Marisa concordava em ter uma ajudante trabalhando dentro de sua casa. O fato de ser sua irmã adotiva contava muitos pontos a favor. Até 1985, Marisa driblava qualquer menção a esse assunto.

— Marisa, você precisa de alguém para te ajudar.

— Não dá - ela respondia. — Acabaria com a privacidade do Lula. Depois surgem boatos, fofocas...

Os mais próximos desconfiavam que a razão não era exatamente aquela:

— Imagina, jamais Marisa aceitaria que outra mulher frequentasse sua casa - diziam alguns observadores mais perspicazes.

A constatação era baseada em duas premissas. De um lado, o ciúme de Marisa, comentado por sindicalistas e suas esposas desde os tempos dos bailes de carnaval no Sindicato. De outro lado, a percepção, hipotética ou empírica, de que o marido "dava motivo" para tamanho ciúme de Marisa.

Uma vez, quando o casamento ainda estava no início, Lula chegou em casa com um disco. Era um compacto duplo do Raul Seixas, com duas faixas de cada lado, que ele pegara emprestado do também metalúrgico Devanir Ribeiro, seu parceiro no sindicato. O carro chefe do álbum era a música "Ouro de tolo".

Marisa fez um escândalo.

— Que disco é esse, Lula?

— Peguei emprestado.

— Você não tem vergonha? Você ganhou de alguma sirigaita!

— Não, bem. O Deva me emprestou.

— Como você é cara de pau! - ela acusava. — Vocês combinaram a resposta? Devanir vai se prestar a esse papel de acobertar amigo sem vergonha?

Num acesso de fúria, Marisa pegou e quebrou o disco. Ao longo de semanas, Lula ficou quieto, envergonhado. Não tinha coragem de contar a verdade pro Devanir.

— Cadê meu disco? - o amigo perguntava. Lula desconversava.

No início dos anos 1980, à medida que Lula foi se tornando uma pessoa pública, a coisa começou a complicar. Uma vez, preocupada com a demora do marido, Marisa colocou os filhos para dormir e se sentou ao lado do telefone. Ligou para o diretório do PT, ligou para o Sindicato dos Metalúrgicos, até que alguém deu uma pista. Lula tinha uma reunião com tal pessoa em tal lugar. Marisa telefonou para lá.

— Sim, ele acabou de sair daqui – o interlocutor confirmou.

Eram pouco mais de dez da noite e Marisa resolveu esperar acordada. Passava das duas da madrugada quando Lula chegou, de carona com uma jovem.

Dias depois, Marisa entrou sozinha no escritório de um advogado de sua confiança.

— Quero me separar do Lula – Marisa jogou a bomba, sem preliminares.

O advogado, que era amigo do casal, engoliu a seco.

— Marisa, deixa eu te falar uma coisa – o amigo respirou fundo. — Eu sou advogado criminalista, não mexo com separação. Principalmente, não faço separação de amigos. Sugiro que você volte para São Bernardo e pense com mais calma. Eu não vou dizer que você esteve aqui. Você tem filhos, a vida dele é agitada, tem muita gente que faz fofoca. Ele vai ficar cada vez mais conhecido e cada vez mais vulnerável a essas fofocas.

— Mas você não tem alguém para indicar?

— Eu não vou indicar ninguém.

Marisa saiu emburrada, com ódio do amigo que, na sua avaliação, havia tomado as dores do Lula e provavelmente estava encobertando algo.

Em outra ocasião, foi montada uma pequena operação abafa dentro de casa para que Marisa não visse uma foto do Lula no jornal. Kalil Bittar estava hospedado na casa deles enquanto seu pai, Jacó Bittar, acompanhava Lula em viagem ao Nordeste. De manhã, Kalil saiu para comprar pão e voltou trazendo um exemplar da *Folha de S.Paulo*. Na coluna de notas de política, deu de cara com a foto de uma mulher beijando o Lula na boca. Durante um evento na Bahia, uma militante mais atirada havia agarrado o Lula e tascado um beijo nele. Por mais insólita que a situação parecesse, Kalil achou por bem rasgar a página. "Vai dar merda", ele pensou. Foi em vão. Marisa percebeu o rasgo.

— E esse jornal rasgado?

— Puxa, caiu no chão – Kalil se fez de desentendido. — Nem percebi que tinha rasgado.

Terminado o café, Kalil saiu para jogar bola com o Fábio. Quando voltaram, tinha meia dúzia de exemplares da *Folha* em cima da mesa, trazidas por vizinhas, amigas, gente do Sindicato...

— Bonito, hein? Escondendo de mim? Vocês não prestam.

O ciúme não deixou ilesa sequer a vida sexual dos filhos. Os quatro meninos, sobretudo os mais velhos, cresceriam sem autorização para "colocar mulher dentro de casa", como ela costumava dizer. Mesmo quando engatavam um namoro duradouro, eles só conseguiam namorar da porta pra fora. Marisa morria de ciúme de seus garotos. Única mulher entre cinco homens, Marisa foi aumentando a desconfiança em relação a outras mulheres, quaisquer mulheres.

Era com esse espírito arredio que Marisa descartava as sugestões de contratar uma empregada ou faxineira, com medo de que o dono da casa desse em cima da funcionária. Agora, após o nascimento do Luís Cláudio, a presença de uma ajudante era providencial. Quatro crianças, entre elas um recém-nascido, era mais do que Marisa se sentia capaz de administrar. Ainda mais quando lembrava que no ano seguinte haveria eleições novamente.

LULA FOI ELEITO DEPUTADO FEDERAL EM 1986. Naquele ano, os eleitores foram chamados a escolher representantes para a tarefa de elaborar uma nova Constituição Federal. Representado nas urnas pelo número 1371, Lula entrou para a Assembleia Nacional Constituinte como o deputado mais votado do Brasil, com 652 mil votos. Dos 572 municípios do Estado de São Paulo, Lula foi votado em 568. Em todo o país, o PT elegeu dezesseis deputados constituintes, o dobro da bancada eleita quatro anos antes: oito por São Paulo, três por Minas Gerais, dois pelo Rio de Janeiro, dois pelo Rio Grande do Sul e um pelo Espírito Santo. Novamente, nenhum senador nem governador.

Em casa, foram meses de muito trabalho. De julho a novembro, não teve uma noite em que Marisa dormiu mais de cinco horas. Nem manhã em que pudesse ficar na cama até tarde, sem preocupação com o relógio. A oficina de camisetas avançava pela madrugada. Nos quatro meses de campanha, 15 mil camisetas foram impressas nas pranchas de Marisa. Com uma criança de um ano e meio e outros três moleques de oito a quinze anos, a esposa do candidato rodopiava para dar conta de tudo. Atendia ao telefone a cada dez minutos, muitas vezes depois da meia-noite, organizava e entregava material de campanha, ajudava a fazer a agenda do marido e segurava a peteca da casa. Lula ficava ainda mais tempo fora na reta final, rodando o interior e os bairros da capital.

No aspecto político, o tom da campanha petista não foi tão radical quanto tinha sido em 1982. Já no ano anterior, o candidato petista à prefeitura de São Paulo, Eduardo Suplicy, havia conquistado 20% dos votos com um discurso de esquerda, favorável às políticas distributivas, mas num tom mais conciliador. "Nem carranca, nem chapa branca", dizia um dos slogans. A despeito do franco favoritismo do candidato do PMDB, Fernando Henrique Cardoso, quem venceu a disputa pela prefeitura de São Paulo foi o ex-presidente Jânio Quadros. Suplicy reassumiu o cargo na Câmara dos Deputados e, no ano seguinte, assumiu a disputa pelo governo enquanto Lula tentava uma vaga na Câmara.

À medida que os meses se passavam, foi aumentando o cerco aos candidatos do PT, atropelados pelo Plano Cruzado. Aparentemente, o programa de combate à inflação adotado pelo presidente José Sarney no último dia de fevereiro começava a surtir efeito. O prazo de validade das medidas adotadas era conhecido nos bastidores: o dia da eleição.

Baseado no congelamento dos preços, o plano fora concebido pelo então ministro da Fazenda, Dilson Funaro, sob medida para evitar a remarcação dos preços e reverter os baixos índices de popularidade do governo. Deu certo. A inflação caiu de 12,5% ao mês em fevereiro para 1,4% em outubro e garantiu ao PMDB, partido de Sarney, uma goleada nas urnas: elegeu 22 dos 23 governadores e mais da metade dos deputados constituintes (260 de um total de 487). Insustentável no longo prazo, o plano ruiu imediatamente após o pleito. A inflação disparou e as reservas cambiais desaparecerem, o que obrigou o governo a decretar o Plano Cruzado 2 apenas uma semana após a eleição. O remendo não funcionou. Funaro foi substituído por Bresser-Pereira em 1987 e por Maílson da Nóbrega em 1988. Até o final do mandato, a inflação jamais ficaria tão baixa quanto naqueles meses que antecederam a eleição de 1986. Ao contrário, subiria de forma exponencial, alcançando 70% ao mês em janeiro de 1989 e 84% ao mês em março de 1990, por ocasião da passagem da faixa presidencial para Fernando Collor de Mello.

Os malabarismos contábeis patrocinados pela tropa de Sarney não impediram que Lula fosse o deputado constituinte mais votado. Pela primeira vez, Lula ocuparia um cargo eletivo, fruto de um mandato conquistado nas urnas. E, pela primeira vez, Marisa viveria a mil quilômetros de distância do marido de segunda a sexta-feira.

MARISA NEM COGITOU SE MUDAR PARA BRASÍLIA. Se o marido já não parava em casa quando não era deputado, não haveria diferença agora. Com o agravante de que, na capital federal, nenhuma irmã ou cunhada estaria por perto para ajudar com as crianças, sobretudo Luís Cláudio, de apenas dois anos.

Também não lhe parecia justo alterar a rotina dos meninos, trocá-los de escola, obrigá-los a se distanciar dos amigos. A vida deles era aquele bairro. Para chegar ao colégio, bastava atravessar a rua. A Escola Estadual Dr. João Firmino Correia de Araújo ficava no número 233 da Rua Maria Azevedo Florence; a casa dos Lula da Silva, no número 273. Aos domingos, não era raro que a molecada pulasse o muro para jogar futebol na quadra da escola. Quando se abstinham da aventura, marcavam a pelada ali mesmo, no meio da rua. Ou brincavam de taco. Fábio, com onze anos, e Sandro, com oito, passavam o dia sem camiseta.

Para piorar, Marisa não gostava de Brasília. Quando ia para lá, odiava a cidade, os eventos, as conversas. Preferia ficar em casa, no bairro Assunção. O marido sugeriu que ela procurasse uma empregada doméstica. Chegou a insistir. Marisa dizia que não, que a ajuda da Joana já bastava. Lula achava que, àquela altura, era melhor ter alguém que pudesse dormir na casa, chegar na segunda-feira e só ir embora no sábado. Não convenceu.

Para Lula, a temporada em Brasília não foi nenhum espetáculo, mas teve seus pontos fortes. Assumiu o cargo na Câmara dos Deputados aos quarenta e dois anos, em março de 1987, com um discurso afiado, disposto a deixar sua marca na nova Constituição Federal, sobretudo no que se referia aos direitos sociais. Em diálogo permanente com os trabalhadores, Lula comparava a Carta Magna ao regulamento que define o dia a dia dos funcionários de uma empresa. Em geral, ele dizia, o regulamento determina o horário de chegada, diz quanto tempo o trabalhador pode atrasar, quantas vezes pode ir ao banheiro, qual é o intervalo do almoço. Dezenas de regras e obrigações impostas ao trabalhador e, quase sempre, nenhuma regra em relação ao patrão. "A Constituição funciona do mesmo jeito", Lula afirmava. "Se a lei for escrita pelo patrão, vai listar um monte de deveres pro cidadão, e não seus direitos. Nosso desafio é equilibrar esse texto, para que o trabalhador também tenha direitos, e o patrão, deveres".

Lula terminaria o mandato com uma atuação parlamentar discreta: foram apenas seis projetos de lei apresentados, que versavam sobre temas caros à atividade sindical, como a política de correção de salários e a previdência social. Na elaboração da Constituição, por sua vez, Lula foi imprescindível. Integrou a Subcomissão de Negros, População Indígena, Pessoas Portadoras de Deficiência e Minorias e também foi membro da Comissão de Sistematização. Junto com os demais parlamentares do PT, dos quais era líder, conseguiu garantir a aprovação, por exemplo, do direito de greve e da licença maternidade de cento e vinte dias, além da redução da jornada de trabalho de 48 para 44 horas semanais e a instituição do salário mínimo unificado (para todo o país e todas as profissões).

Quando o texto da nova Constituição foi submetido ao escrutínio dos constituintes, em 22 de setembro de 1988, a bancada do PT encaminhou voto contrário. O gesto causou surpresa. Em discurso proferido na ocasião, o então líder do PT buscava explicar a decisão do partido. Lula admitia que o texto final trazia avanços, mas apontava limitações que, na sua opinião, resultavam num conjunto de artigos predominantemente conservador. "Ainda não foi desta vez que a classe trabalhadora pôde ter uma Constituição efetivamente voltada para os seus interesses", disse na tribuna. Enquanto o PT defendia jornada de trabalho de 40 horas semanais, por exemplo, a Assembleia preferiu reduzir para 44. Enquanto o PT defendia que as horas extras fossem pagas em dobro – ou extintas, como forma de acelerar a criação de novos empregos –, a Constituinte manteve o acréscimo de apenas 50% no valor pago pela hora de trabalho. Enquanto o PT dizia que a reforma agrária deveria ser acompanhada da oferta dos meios de pro-

163

dução ao trabalhador assentado, a Carta Magna não contemplou mais do que a simples desapropriação dos latifúndios improdutivos.

O argumento soou populista aos olhos de muitos, mas acabou convencendo os membros da bancada. Os dezesseis deputados do PT votaram contra o texto final, o que não os impediu de assinar a Constituição aprovada.

Já em dezembro de 1987, no 5º Encontro Nacional do PT, Lula foi escolhido por aclamação o candidato da legenda à Presidência da República na primeira eleição direta desde 1960, marcada para 15 de novembro de 1989. Pela primeira vez, deixou a presidência do partido, agora sob responsabilidade do também sindicalista Olívio Dutra, do Rio Grande do Sul.

Em São Bernardo do Campo, terminado o primeiro ano de mandato parlamentar, Marisa percebia os efeitos da distância e da rotina extenuante. Sentia-se sozinha. Não bastasse ficar de segunda a quinta em Brasília, Lula voltava a São Bernardo às sextas-feiras e mergulhava em outra maratona de atividades, que tomava o fim de semana todo. Era preciso fazer política, participar de debates, visitar bairros e lideranças, viajar. Marisa irritava-se em ver sua casa novamente invadida por homens que nem sequer conhecia, à noite e nos fins-de-semana. E Lula não tinha sequer um escritório em casa para poder fechar a porta e conversar à vontade.

Na segunda-feira, Lula pegava o avião de volta ao Congresso Nacional, mas o humor de Marisa não melhorava. Nesses dias, era preciso conviver com o fantasma que volta e meia vinha lhe assombrar, sobretudo a partir de 1978: o ciúme. Deputado mais votado do país e, agora, pré-candidato a presidente da República, Lula sentia-se no auge. Marisa não conseguia evitar a sensação de que o marido levava uma vida de solteiro em Brasília. E essa imagem parecia se confirmar nos boatos e nas fofocas que chegavam até ela.

— Seu marido foi visto aos beijos com uma jornalista – dizia um.

— Saiu de uma festa depois das três da manhã – dizia outro.

— Parece que ele está de caso com uma assessora – alertava um terceiro.

— Tem dias que nem volta para dormir no apartamento...

Tanto em relação à vida pública quanto no que se referia à vida pessoal, Lula e sua família eram alvos permanentes de difamação. Quando não se conseguia contrapor suas ideias e propostas pela via do debate político, apelava-se sem qualquer hesitação para ilações e acusações relacionadas à vida íntima do deputado. Em 1989, fariam escarcéu, nos bastidores de Brasília, em torno da informação, jamais comprovada, de que Lula havia presenteado uma namorada de Brasília com um aparelho de som. Dizia-se que havia uma nota fiscal capaz de comprovar a compra do tal aparelho, que nunca chegou a ser instalado na residência dos Lula da Silva em São Paulo, tampouco no apartamento funcional. Tal nota teria sido encaminhada à coordenação da campanha de Fernando Collor de Mello, que a usou para ameaçar o oponente, de forma cifrada, no último debate eleitoral no segundo turno: se viesse para cima de Collor com qualquer denúncia, Lula seria imediatamente alvejado com a história do aparelho, ao vivo na TV, com Marisa sentada na primeira fila.

Publicamente, Marisa jamais se pronunciou ou fez qualquer barraco sobre esses assuntos. Mas, nos meses que precederam a campanha eleitoral de 1989, foi percebendo que era hora de se preparar psicologicamente para a guerra.

8

Quase lá

Quando eu ouço algum ataque, quando eu leio alguma mentira sobre o Lula, eu me comporto mais como militante do que como esposa. Fico muito danada com a mentira. Fico com raiva. Mas não é porque é meu marido que eu fico com raiva. Se eu estou vendo o Lula ser atacado, sei que é porque ele é de um partido político.

Marisa em entrevista para o livro
Lula: o filho do Brasil, de Denise Paraná, edição de 2009

— **Não tem condições.** Eles precisam sair daquela casa.

Luiz Gushiken, então presidente nacional do PT e coordenador-geral da campanha de Lula à Presidência da República, expunha a situação para o advogado Roberto Teixeira.

— Ih, mas eu já cansei de dizer isso para ele e para a Marisa – Roberto respondeu. Contou sobre o prêmio que Lula havia recebido na Áustria, sobre a casa que havia encontrado e sobre o fracasso daquela tentativa, quatro anos antes. Nada tinha sido capaz de convencer o casal a trocar de casa.

— Mas não dá, Roberto – Gushiken insistia.

Deputado federal por São Paulo e filho de japoneses de Okinawa, Gushiken tinha presidido o Sindicato dos Bancários entre 1984 e 1986. Anos antes, ainda na década de 1970, fora membro da Liberdade e Luta, a Libelu, organização universitária trotskista à qual se filiara quando era aluno do curso de administração de empresas da Fundação Getúlio Vargas (FGV). Aprendera no movimento estudantil e também no sindicato que algumas decisões não são apenas políticas, mas estratégicas para o bom funcionamento de qualquer célula ou operação.

— Aquela casa é perigosa – Gushiken justificava. — Não tem muro, as janelas ficam a 3 metros da calçada, é totalmente devassada. E ainda fica numa esquina.

— E eu não conheço a casa, Gushiken? – Roberto Teixeira comentou, lembrando ao deputado que era compadre de Lula e Marisa desde o batizado do Luís Cláudio, três anos antes.

— Não dá para um candidato a presidente morar naquela casa. E não tô falando de conforto, status, nada disso. Do jeito que tem bandido, qualquer dia jogam uma bomba naquela sala.

— Isso sem falar que não tem nem uma sala para o Lula fazer reunião.

— Pois é. Você fala com a Marisa e vê se arruma outro imóvel?

Roberto Teixeira prometeu procurar uma casa maior e mais segura. O PT pagaria o aluguel, pelo menos durante o período eleitoral. A experiência de Roberto no ramo imobiliário seria providencial para encontrar o imóvel. E sem levantar suspeitas. Se Gushiken ou outro membro da campanha fosse procurar uma casa em nome do PT, era provável que os proprietários dobrassem o preço. O advogado fuçou daqui, procurou de lá, e logo voltou a falar com Gushiken.

— Olha, não consegui encontrar nada apropriado – contou. — Mas minha casa está vazia há quase dois anos. Ela tem um tamanho razoável, fica a 700 metros do Sindicato, no Jardim São Luís, e tem lugar para fazer reunião.

Elvira havia se mudado com as filhas para Miami no início de 1987. A família havia optado por matricular Valeska e Larissa no Ensino Médio nos Estados Unidos. A cada quatro meses, Roberto dava um jeito de ir visitá-las e passar alguns dias com elas. Não demorou para que ele, sozinho naquele casarão de 300 metros quadrados, decidisse alugar um apartamento menor no centro de São Bernardo. A casa na Rua São João ficou vazia. Apenas uma funcionária morava nos fundos para tomar conta e cuidar da limpeza.

— A casa é boa? – Gushiken quis saber.

— É boa e segura. Eles já a conhecem.

— Então você fala com a Marisa? – Gushiken perguntou.

Marisa entendeu a preocupação e, a bem da verdade, gostava daquela casa. Lembrou do espaço, do quintal, dos ambientes. O problema seria convencer o Lula.

— Só saio daqui para ir pro Palácio da Alvorada – ele brincava, candidatíssimo.

Lula não queria saber de se mudar. Resistia. Não conseguiria bancar o aluguel e não queria aceitar a casa como empréstimo nem morar de favor. Depois, argumentou que não carecia, que sua casa era grande o bastante, que era maior do que as casas da maioria da população, e que ele já tinha morado em lugar muito pior com mais irmãos do que o número de filhos que eles tinham agora. Em resumo: que deixassem essa história de lado, pois ele ficaria muito bem onde estava.

170

Um dia, às vésperas de uma viagem de Lula, Marisa tomou a iniciativa:

— Olha, Lula, quando você voltar, se você quiser vir para esta casa, você pode. Agora, se você quiser encontrar sua família, você chega ao aeroporto e vai direto para a Rua São João, porque é lá que a gente vai estar.

— Porra, Marisa, eu já falei que não quero sair daqui.

— Então você fica sozinho aqui. É para lá que nós vamos.

Marisa falou, estava falado. A mudança foi feita na ausência do Lula, num fim de semana. A família permaneceria dez anos lá, morando de favor na casa do compadre, empréstimo que suscitaria toda forma de suspeita e de acusações tanto na imprensa quanto na oposição.

Era uma casa ampla, com um quintal onde, ao longo dos anos 1990, Marisa cultivaria plantas e criaria animais. Uma porção deles. Cachorro era praticamente uma obrigação. A família teve o pequinês Teddy, a dálmata Andy, a weimaraner Princesa, a fox terrier Michele... Andy, a dálmata que as crianças tinham ganhado de presente do ator Renato Consorte em 1979, ainda era viva e fazia a festa naquela casa. Chegou a ter onze filhotes, e Marisa cuidava de todos. Dava leite na mamadeira para metade da ninhada, que não conseguia sugar nas tetas da mãe. Em seguida, veio a weimaraner, presente do Djalma Bom.

Hamster, tartaruga, papagaio... No ranking de popularidade, o único animal que chegou a disputar a preferência das crianças com os cachorros foi o periquito. O pássaro vivia solto pela casa, andando pelo chão, e chegava perto das pessoas para lhes bicar o pé. Quem também vivia solto pela casa e pelo quintal era o coelho Quinca. Fazia xixi e cocô no banheiro, como se fosse um cão adestrado. Até que, um dia, o irmão mais velho de Marisa trouxe outro coelho para a casa. Mário não sabia, mas o bicho era uma coelha, e não um coelho. Algumas semanas depois, a coelha desapareceu e nada de voltar. Mário a encontrou entocada num buraco perto do muro da garagem, dando de mamar para dez filhotes. Só então descobriram que a colega do Quinca era fêmea. Mário precisou construir um viveiro, com compartimentos separados para as fêmeas.

Meses depois, o vigia da casa, Valdeni Timóteo – que todos chamavam de Baianinho –, foi limpar o viveiro e, por poucas horas, colocou Quinca junto com as fêmeas. Não deu outra: todas as coelhas foram inseminadas. O resultado foram quarenta filhotes. Marisa ficou louca. O viveiro teve de ser transferido para a chácara à beira da represa Billings, no distrito de Riacho Grande, que Lula e Marisa compraram em sociedade com os amigos Sadao e Inês Higuchi, em 1992. Acabaram indo todos para o fogão a lenha. Mário era quem matava, limpava e colocava os coelhos no congelador.

Enquanto Marisa dedicava-se com alegria ao quintal, Lula tirava uma enorme vantagem de um cômodo pequeno e discreto que funcionava como uma espécie de antessala da casa. Era uma salinha de 5 metros quadrados, localizada entre a porta de entrada da casa e a sala propriamente dita, separada desse primeiro ambiente por uma porta de correr. Ali, Marisa colocou um sofá e uma cadeira. E decretou:

— Nesta sala, você recebe quem quiser. A partir desta porta, quem manda sou eu.

Foi o jeito que a dona da casa encontrou para garantir a privacidade da família, sobretudo do Lula, e permitir que ele continuasse com suas agendas políticas. Logo, as pessoas que frequentavam aquela casa começaram a se dividir, intuitivamente, em dois grandes grupos: o grupo dos que podem cruzar a porta principal e o grupo dos que só avançam até a antessala. Grosso modo, a primeira turma era formada pelas pessoas que conquistavam a confiança de Marisa. Aqueles que não lhe pareciam confiáveis, ou que iam até sua casa com interesses exclusivamente políticos, cheios de rapapés e estratégias para cima de Lula, normalmente esbarravam na porta de correr. Faziam a reunião que precisavam fazer, falavam sobre o que tivessem de falar, e iam embora como haviam chegado. Agora, Marisa se sentia orgulhosa, nenhum sindicalista voltaria a abocanhar pedaços de comida dos pratos de seus filhos.

Com a mudança de casa, veio também a troca de escola. A partir do ano seguinte, os filhos deixaram de frequentar o João Firmino e foram matriculados pela primeira vez num colégio particular. O Singular de Santo André estava entre os melhores do ABC. Roberto Teixeira havia intercedido em favor do compadre e conseguido bolsas de estudos para eles. O desnível era enorme. Fábio, por exemplo, entrou no Singular em 1990 para cursar o primeiro ano do Ensino Médio. Chegou a tirar 0,25 numa prova de matemática que valia seis pontos. Acabaria repetindo uma vez o primeiro ano e uma vez o segundo.

QUANDO A CAMPANHA ELEITORAL COMEÇOU PARA VALER, Marisa e Lula se deram conta de uma injustiça histórica: tanto ela quanto ele jamais haviam votado para presidente. Em 3 de outubro de 1960, data da última eleição direta para presidente da República antes do golpe militar, Marisa tinha dez anos de idade e Lula tinha quatorze. Seu primeiro voto, portanto, seria depositado naquele 15 de novembro: um xis assinalado diante do nome de Luiz Inácio Lula da Silva.

O Tribunal Superior Eleitoral registrou naquele ano o número recorde de vinte e duas candidaturas. Nenhum programa de governo era tão ousado quanto o da coligação Frente Brasil Popular, formada por PT, PSB e PCdoB. Em certos aspectos, podia ser comparado tão-somente ao de Leonel Brizola. Ex-governador do Rio Grande do Sul e do Rio de Janeiro, candidato pelo Partido Democrático Trabalhista (PDT), liderava as pesquisas de intenção de voto a oito meses da eleição. Em março, segundo o Ibope, Brizola tinha 19%, Lula tinha 14% e Collor, apenas 5% da preferência do eleitorado. Brizola era um político conhecido, que desempenhara papel de destaque na defesa da democracia no início dos anos 1960, garantindo a posse de João Goulart em 1961 e a vitória do presidencialismo no plebiscito de 1963. Em 1964, denunciara intensamente o golpe que tirou Jango do poder. Já naquela época, muitos apontavam Brizola como sucessor natural do presidente e provável vencedor no pleito de 1965 – que nunca aconteceu.

Embora a orientação da executiva do PT fosse evitar o discurso panfletário – que, em 1982, mandava votar no 3 porque o resto era burguês –, Lula e equipe construíram uma plataforma recheada de propostas que, na ocasião, deixaram parte da opinião pública de cabelo em pé. O programa era descrito pela cúpula petista como popular-democrático, nunca como socialista. Entre as diretrizes estavam suspender o pagamento da dívida externa, fazer a reforma agrária, distribuir renda, taxar as grandes fortunas, elevar os salários e corrigir o valor do salário mínimo conforme os índices

173

estabelecidos pelo Dieese. "O que diferenciará nosso governo será sua opção de classe, de administrar prioritariamente para os trabalhadores e os pequenos proprietários do campo e da cidade", afirmou Luiz Gushiken em entrevista publicada em junho num órgão do PT. "Do ponto de vista revolucionário, o que interessa é que o governo de esquerda seja o instrumento alavancador da ação dos trabalhadores contra a burguesia."

Também contribuiria para a candidatura petista o entusiasmo da militância com o desempenho da legenda na eleição municipal do ano anterior. Em todo o país, o número de vereadores do PT havia saltado de 179 para 992. O partido governava trinta e seis municípios, incluindo São Paulo, Porto Alegre e Vitória, três capitais que podiam servir de vitrines. Em todas elas, os prefeitos eram representantes da classe trabalhadora, lideranças de movimentos sociais ou sindicais. O gaúcho Olívio Dutra havia presidido o Sindicato dos Bancários de Porto Alegre e, na condição de deputado constituinte eleito em 1986, dividira com Lula um apartamento funcional em Brasília. Em Vitória, o prefeito Vítor Buaiz tinha em seu currículo a fundação e a primeira presidência do Sindicato dos Médicos do Espírito Santo, criado em 1979. Já em São Paulo, o maior cartão de visitas do PT na ocasião, a prefeita era a assistente social Luiza Erundina. Liderança popular que havia participado das Ligas Camponesas na Paraíba antes de se mudar para São Paulo, em 1971, Erundina militava em movimentos de moradia na periferia e tinha sido candidata a vice-prefeita na chapa de Eduardo Suplicy na eleição anterior. Para 1988, decidiu disputar as prévias do PT e superou o pré-candidato preferido de Lula, o então deputado federal Plínio de Arruda Sampaio. Foi eleita prefeita numa campanha desacreditada, em que até poucos dias da eleição era apontada como terceira colocada nas pesquisas de intenção de voto. Seu vice era o advogado Luiz Eduardo Greenhalgh, o mesmo que defendera Lula e companhia quando foram condenados por violar a Lei de Segurança Nacional, em 1980.

Fato é que, em janeiro de 1989, a campanha eleitoral já estava a plenos pulmões, com coordenadores nomeados e conta bancária aberta para receber doações, quando Lula e Marisa partiram em viagem pela América Latina. Nada de férias ou lua de mel fora de época. O casal viajaria com meia dúzia de assessores e, se tudo desse certo, mergulharia numa intensa agenda de reuniões e encontros políticos. Montado pela coordenação da campanha, o roteiro previa visitas a cinco países em quinze dias. Cuba era o primeiro da lista. De Havana, o grupo seguiu para Nicarágua, Peru, Chile e Argentina. Em todos esses países, Marisa e Lula foram recebidos por chefes de estado – Daniel Ortega em Manágua, Alan García em Lima – ou pelos principais líderes da oposição, caso do Chile e da Argentina.

No final de fevereiro, partiram para outra viagem, somando vinte e seis dias entre seis países europeus: Itália, França, Alemanha, Suécia, Espanha e Portugal. Ao lado de Lula e Marisa, embarcaram Francisco Weffort, Marco Aurélio Garcia e Aloizio Mercadante, trio que foi apelidado de "os professores" pela comitiva por serem intelectuais ligados à universidade, além de Osvaldo Bargas, secretário de relações internacionais da CUT, o jornalista Ricardo Kotscho, recém-contratado como assessor de imprensa da campanha, e o fotógrafo Delfim Martins, da agência F-4. Do presidente de honra do Partido Social-Democrata Alemão, Willy Brandt, ao primeiro-ministro espanhol Felipe Gonzáles, passando pelo primeiro-ministro português Mário Soares e pelos ministros Giulio Andreotti, na Itália, e Jacques Pelletier, na França, repetiam-se as recepções, as audiências e os jantares. Com todos eles, Lula falava como futuro presidente. Até uma audiência pública com o Papa João Paulo II foi realizada no dia 1º de março, em Roma.

Marisa, sempre atenta, irritava-se quando o cerimonial a colocava numa mesa separada do marido e distante dos amigos brasileiros. Nessas horas, cabia a um dos membros da caravana recorrer ao "jeitinho brasileiro" a fim de resgatá-la e trazê-la de volta ao grupo. Marisa retribuía cuidando de todos, em especial quando disponibilizava sua pequena farmácia particular: um kit de remédios no qual não faltavam antiácidos e comprimidos para dor de cabeça, providenciais em meio a tantos banquetes e tantas reuniões maçantes.

Numa das escalas desta viagem à Europa, Marisa e Lula conheceram um administrador de empresas brasileiro que, em 2002, seria convidado pelo próprio Lula para presidir o Instituto Cidadania, organização não-governamental que ele fundaria nos anos 1990 e que, a partir de 2011, daria origem ao Instituto Lula. José Alberto de Camargo presidia a Companhia

Brasileira de Metalurgia e Mineração (CBMM), empresa do Grupo Moreira Salles responsável por extrair, processar e comercializar cerca de 90% da produção mundial de nióbio, um metal encontrado em Araxá (MG) e utilizado em diferentes setores da indústria, sobretudo na construção civil. Na ocasião, a delegação brasileira precisava seguir de Bönn a Düsseldorf, na Alemanha, onde Lula falaria num encontro do sindicato dos metalúrgicos local na tarde de 8 de março. Uma subsidiária da CBMM havia sido fundada ali quase quinze anos antes, de modo que Camargo tomou a iniciativa de procurar o PT e convidar o grupo a visitar a empresa.

Ainda era cedo em Bonn quando um motorista parou um BMW em frente ao hotel para buscar parte da delegação brasileira. Lula passou todo o trajeto de quase uma hora até Düsseldorf conversando com Weffort. Marisa não abriu a boca. Ninguém dava atenção ao motorista. Lula e Marisa só foram perceber que o motorista era o próprio Camargo, presidente mundial da empresa, quando chegaram à subsidiária e notaram a forma como os funcionários se dirigiam a ele. Concluída a excursão pela CBMM alemã, Camargo se ofereceu para almoçar com Marisa e levá-la para passear pela cidade enquanto Lula e os assessores seguiam para o seminário. Marisa conheceu o Rio Reno, reclamou do idioma, elogiou a conservação da cidade. Como de costume, nenhuma compra, nenhum deslumbre. Na volta a Bonn, no fim do mesmo dia, Camargo novamente foi o motorista do casal. A chuva fina embalou o sono dos dois – Lula no banco da frente, Marisa no banco de trás – e mais uma vez Camargo viajou em silêncio. A história deles se cruzaria outras vezes, sobretudo a partir de 1999.

De volta a São Paulo, Lula e os assessores puderam finalmente se instalar naquele que seria o comitê nacional da coligação Frente Brasil Popular: um sobrado na Rua Domingos de Morais, na Vila Mariana, na Zona Sul de São Paulo. A sala da coordenação não tinha mais do que 3 metros por 3. A mobília se restringia a três mesas, uma diferente da outra, e quatro cadeiras com rodinhas.

A primeira aquisição para a campanha foi uma caminhonete usada. A Ford F1000, cabine dupla, ano 1984, ganhou de Marisa o apelido de "Poderosa". Em sua carroceria, dava para levar caixa de som, pilhas de panfletos e jornais, sacos de camisetas e, principalmente, a criançada. Numa época em que ninguém levava multa de trânsito por transportar passageiros na carroceria, mesmo quando os passageiros tinham onze ou quatorze anos de idade, Sandro e Fábio tornaram-se cabos eleitorais do pai, cruzando a cidade com bandeiras ao vento. Em dias de carreata, o próprio candidato trocava a boleia pela carroceria. Ao longo do ano, a Poderosa percorreu diversas cidades. E voltaria a participar das campanhas eleitorais de 1994 e 1998, sem o mesmo protagonismo do ano da estreia, até ser furtada, em 2002.

O **PRIMEIRO CRUZADO DE DIREITA** foi desferido contra a campanha petista em abril: uma manchete estampada na primeira página do *Jornal do Brasil* tirou o candidato do sério. "Lula tem filha cuja existência nunca revelava", dizia a chamada, ao lado da fotografia de uma adolescente impressa em três colunas no alto da página. Na imagem, a jovem Lurian Cordeiro da Silva, de quinze anos, exibia um álbum no qual colecionava capas de revista, recortes de jornal e fotografias do pai famoso. "Lurian é fruto de um namoro de Lula com a enfermeira Miriam Cordeiro, num tempo em que ainda não havia se casado com sua atual mulher", dizia o texto, assinado por Luís Maklouf Carvalho. "O candidato do PT registrou Lurian como filha sua, jamais deixou de vê-la e ultimamente até a aproximou de seus outros quatro filhos – mas, ainda assim, sempre preferiu omitir sua existência."

Marisa não se conformava. Não bastasse dar uma filha ao Lula antes dela, não bastasse infernizar sua vida por tanto tempo, agora aquela enfermeira aprontava mais essa? Por que diabos foi abrir a porta para aquele jornalista? E Lurian, precisava se prestar a esse papel?

Lula pediu para Kotscho ligar na mesma hora para o diretor da sucursal paulistana do *JB*, Ricardo Setti. Ao telefone, Lula reclamou da exposição de uma menina de quinze anos, apontou as mentiras e os exageros da matéria, questionou os métodos utilizados por Maklouf para entrar na casa de Lurian e convencê-la a dar entrevista, e ainda arriscou dar lição de moral sobre privacidade e sobre a diferença entre vida pessoal e vida política.

— Minha família e a família de nenhum candidato exercem cargo público ou estão disputando cargo público, porra – Lula estendeu o pito à própria equipe. — O candidato sou eu, como são o Brizola, o Ulysses, o

Covas e o Collor. Não quero saber desse negócio de misturar as coisas e invadir a esfera privada.

Dali até o fim da campanha, Lula seguiu à risca a premissa de que a vida pessoal deve ser sempre preservada. Em nenhuma hipótese, sua campanha deveria expor filhas, filhos ou esposas para atacar os adversários. E ponto final.

Quase toda semana, chegava ao comitê um novo dossiê repleto de denúncias contra seus oponentes, sobretudo sobre Fernando Collor de Mello. Governador por Alagoas, Collor deixou o cargo e trocou o PMDB por um pequeno partido, o PJ, Partido da Juventude, tomou as rédeas da agremiação e o renomeou para Partido da Renovação Nacional (PRN) com a finalidade de disputar aquela eleição. Vinha embalado pelo entusiasmo de setores conservadores e abastados, descontentes com o fraco desempenho nas pesquisas de opinião dos demais candidatos alinhados com seus interesses e sua ideologia: Paulo Maluf, Aureliano Chaves, Ronaldo Caiado e Guilherme Afif Domingos não chegavam a 5% dos votos cada. Collor, ao contrário, crescia vertiginosamente nas pesquisas graças ao marketing de resultados, à pecha de "caçador de marajás" que conseguira colar à própria imagem e, sobretudo, à aparência jovial e ao discurso do novo, do antipolítico.

Enquanto Lula e sua trupe mantinham à risca a opção de evitar todo tipo de calúnia ou especulações sobre a vida privada dos adversários, o oponente, ao contrário, não economizava combustível. E aumentava a temperatura do fogo à medida que o dia 15 de novembro se aproximava. Na imprensa, era comum ouvir em programas vespertinos, mesas redondas ou entrevistas o velho boato de que Lula morava numa mansão no Morumbi, e não numa casa em São Bernardo. Ao reproduzir essa versão no rádio e na TV, coronéis da mídia buscavam caracterizá-lo como rico, corrupto e mentiroso. Outra lorota que gozava de ampla credibilidade era a de que o metalúrgico havia decepado o dedo mínimo de propósito para ganhar uma gorda indenização e aposentar-se por invalidez antes dos trinta. Por mais que se divulgasse o magro valor da indenização e provas de que Lula não havia se aposentado, o boato convencia mais gente.

Em paralelo, repetia-se a ladainha do despreparo. No discurso de muitos colunistas e analistas políticos, Lula nunca tinha exercido um cargo no poder Executivo, apenas um único mandato como deputado federal, o que servia para diminuí-lo perante Collor e Brizola, com os quais aparecia em empate técnico em diferentes momentos da campanha. Era como se dissessem, de forma explícita ou velada: "Ponha-se no seu lugar", "cresça e apareça". Enquanto os mais polidos cobravam experiência administrativa, os mais desbocados apelavam: "Não tem nem o primeiro grau! É analfabeto! Não sabe nem falar! Nunca trabalhou na vida!"

Outra prática bastante comum foi a distribuição de panfletos apócrifos concebidos por adversários para disseminar o terror na população. Diziam que havia um comando clandestino dentro do PT que estava naquele momento visitando os diversos bairros das capitais para verificar quantos automóveis, telefones ou televisores havia em cada residência. E também o número de quartos. Para quê? Por que a revolução estava sendo elaborada e a coordenação da campanha de Lula precisava saber os carros e eletrodomésticos que poderiam ser expropriados, bem como quais as famílias que poderiam receber novos moradores em suas casas. Também havia denúncias de grupos que passaram a visitar bairros periféricos e a ameaçar moradores usando camisetas do PT, sendo remunerados por este "serviço". Padres e pastores afirmavam em suas homilias que Lula fecharia igrejas. Empresários faziam circular em suas fábricas, lojas e escritórios comunicados internos difamando a Frente Brasil Popular e sugerindo que os empregos de todos estavam em risco na hipótese de vitória do PT.

A despeito de toda artilharia, a campanha de Lula crescia, disputando ponto a ponto a vice-liderança com Brizola.

Num sábado de setembro, a equipe de TV de Lula foi à sua casa para entrevistar Marisa. Sandro e Luís Cláudio corriam de um lado para outro na sala enquanto o repórter tentava arrancar alguma mensagem interessante na voz da candidata a primeira-dama. Sentada no sofá, ela encontra dificuldade para engatar um raciocínio. Responde às perguntas com frases curtas, quase sempre apenas concordando com o entrevistador, e desvia os olhos o tempo todo para ver o que as crianças estão fazendo. Em determinado momento, gagueja e interrompe a resposta no meio, olhando para o jornalista com desconforto, envergonhada por precisar refazer.

— É duro falar assim – diz.

— Você é burra? – reage o filho de quatro anos, enquanto a câmera continua registrando tudo.

— Eu sou burra, filho – Marisa responde, intimidada, num momento de insegurança, ao menino em seu colo. — Mamãe não sabe falar. Você podia me ajudar.

E para o entrevistador:

— Eu vou ter que me preparar um pouquinho mais, né? Daqui pra frente...

Marisa não chegou a fazer media training, como é chamado o treinamento para quem precisa lidar melhor com a imprensa. Preferiu declinar aos pedidos de entrevista, com medo de atrapalhar a campanha em vez de ajudar. Se até em entrevista à própria equipe de campanha, que estava "do mesmo lado", ela havia se atrapalhado daquele jeito, era melhor não correr o risco de falar para a grande imprensa, quase sempre em busca de um tropeço, uma gafe ou uma contradição quando o assunto era Lula. Somente na eleição de 2002, dali a treze anos, Marisa viria a participar da campanha com um pouco mais de protagonismo, dando entrevistas e participando de vídeos promocionais.

Em 1989, Lula e o PT faziam uma campanha que ficou marcada pela ousadia e pela irreverência. Na televisão, o marqueteiro Paulo de Tarso Santos havia emplacado a Rede Povo, com vinheta e identidade visual elaboradas sob medida para tornar evidente a paródia da Rede Globo. "Aqui você vê o que não vê na outra TV", dizia o locutor. Alguns blocos da campanha faziam referência explícita a programas da emissora de Roberto Marinho, como o jornalístico "Povo Repórter" e o musical "Povo de Ouro". Atores da "TV Pirata", humorístico dirigido por Guel Arraes que gozava de bastante prestígio em 1989, chegaram a gravar esquetes para a Rede Povo reproduzindo o espírito do programa original. Da mesma maneira, artistas populares nas novelas da Globo apareciam com frequência no vídeo, como o ator Antônio Fagundes e a atriz Lucélia Santos.

Num dos programas mais emocionantes, exibido na reta final da campanha, dezenas de artistas, convidados pelo ator Paulo Betti, gravaram em coro o jingle da campanha, um movimento que obrigou a direção da Globo, ainda naquele ano, a emitir um comunicado interno orientando seus contratados a não mais se envolver em campanhas eleitorais. Marieta Severo, José Mayer, Malu Mader, Cláudia Abreu, Betty Faria, Joana Fomm, Cláudio Marzo, Arlete Salles, Hugo Carvana, Tássia Camargo, Reginaldo Faria, Aracy Balabanian, Jonas Bloch, Adriana Esteves e Chico Díaz foram algumas das estrelas da telinha que se juntaram a Gal Costa, Elba Ramalho, Joyce e outras estrelas da MPB.

Hilton Acioly havia escrito a música a partir de uma sugestão que recebeu, por telefone, de Paulo de Tarso Santos:

— Tem uma frase aqui, "Lula lá", o que você acha?

Acioly, que no ano anterior havia composto os jingles de Luiza Erundina e Celso Daniel, eleitos respectivamente para as prefeituras de São Paulo e Santo André, no ABC, anotou a sugestão por educação, sem sentir muita firmeza. Dias depois, reuniu-se com a coordenação da campanha e mostrou um samba-exaltação, à maneira de Ari Barroso. Ninguém vibrou. Voltou para casa convencido de que o jingle ainda não era aquele. No mesmo dia, a música definitiva foi brotando de seu violão. Os versos eram anotados no caderno de rascunhos:

> *Lula lá, brilha uma estrela*
> *Lula lá, cresce a esperança*

Acioly adotou a estrela como referência simbólica ao PT. Havia decidido que não mencionaria o partido em nenhum momento da canção, uma escolha intuitiva que ajudaria a arregimentar simpatizantes de outras legendas em torno daquela candidatura, cada vez mais ampla.

> *Lula lá, é a gente junto*
> *Lula lá, valeu a espera*
> *Lula lá, meu primeiro voto*
> *Pra fazer brilhar nossa estrela*

A mensagem mexia com todos aqueles que, como Lula e pelo menos dois terços do eleitorado, jamais haviam votado para presidente. Os versos

181

traziam embutida a dor e a espera de vinte e um anos de ditadura militar e quase trinta anos sem eleição direta para presidente, uma vez que a última ocorrera em 1960. No auge da música, surgia o refrão:

> *Sem medo de ser*
> *Sem medo de ser*
> *Sem medo de ser feliz*

"Lula lá" invadiu a casa dos brasileiros nas vozes de Chico Buarque, Gilberto Gil e Djavan, com Wagner Tiso ao piano e também no arranjo. Aos olhos de parte significativa do eleitorado, Lula deixara de ser o sindicalista raivoso que pedia o calote da dívida externa para se tornar o constituinte que havia liderado a campanha pelas Diretas ao lado de Ulysses e aparecia sorridente no cartaz, apoiado por aquele monte de artista e que instigava a coragem em quem não tinha medo de ser feliz.

ABERTAS AS URNAS DO PRIMEIRO TURNO, agora a disputa seria apenas entre Collor e Lula. Os dois obtiveram, em 15 de novembro, 30,5% e 17,2% dos votos, respectivamente. A partir de 16 de novembro, o campeonato recomeçava para nova disputa nas urnas, uma espécie de batalha final entre os dois times com a melhor campanha na primeira fase.

Instituída pela Constituição Federal de 1988, a eleição em dois turnos teria o condão de conferir maior legitimidade ao candidato eleito. Qualquer que fosse o nome ou a legenda, o vencedor teria necessariamente de obter 50% dos votos válidos mais um, ou seja, seu nome teria de ser referendado pela maioria dos eleitores. Era um contingente inédito de votantes, tanto em números absolutos, quanto relativos: a Constituição de 1988 estendeu o direito de voto aos analfabetos e aos maiores de dezesseis anos, em caráter facultativo.

Até então, nas eleições para prefeito ou governador, era comum que a intensa pulverização dos votos provocasse uma distribuição muito equilibrada em alguns lugares, o que resultava em prefeitos e governadores eleitos, às vezes, com a preferência de menos de 30% do eleitorado. Fora assim com a então prefeita de São Paulo, Luiza Erundina, do PT, eleita com 29,8% dos votos no ano anterior. Brizola, que iniciara a corrida na liderança isolada, perdeu a vaga no segundo turno para Lula por cerca de 450 mil votos, menos de 0,7% do eleitorado. E ambos foram atropelados pelo fenômeno Collor de Mello, que nem pontuava nas pesquisas de opinião divulgadas um ano antes.

A segunda etapa da campanha seria muito curta. Apenas trinta e dois dias separavam primeiro e segundo turno. O telefone tocava sem parar. Repórteres e apoiadores não desgrudavam da frente da casa de Marisa. Sábados e domingos eram dias úteis, como qualquer outro. Apenas a oficina de camisetas deixara de funcionar: a demanda exigira a profissionalização da produção.

No dia 11 de dezembro, a segunda-feira que antecedia o confronto final, os telejornais noticiaram o sequestro do empresário Abílio Diniz, diretor-presidente e principal acionista do grupo Pão de Açúcar, então a maior rede de supermercados do Brasil. No sábado 16, véspera da eleição, o secretário de Segurança Pública de São Paulo, Luiz Antônio Fleury Filho, declarou à TV Globo que o PT não tinha nada a ver com o sequestro. Curiosamente, fez a associação sem ter sido perguntado sobre isso, numa entrevista prontamente rechaçada por setores progressistas como uma tática imoral de acusar negando. Imediatamente, o boato rodou o país, sobretudo nas rádios: Lula e o PT estariam envolvidos com o sequestro de Abílio?

Após trinta e seis horas de cerco policial, os criminosos se renderam no dia da eleição. Quando foram apresentados à imprensa, um dos sequestradores usava uma camiseta do PT. "PT sequestra Abílio Diniz", resumiu a manchete do jornal *O Rio Branco*, no Acre, no dia seguinte. Meses depois, o sequestrador preso com a camiseta petista afirmaria em entrevista que policiais o haviam torturado e o obrigado a vestir aquela roupa. A polícia negou, alegando que tanto a camiseta quanto folhetos de campanha de Lula tinham sido de fato localizados junto com os sequestradores, que se identificavam como um grupo armado baseado no México que intentava formar um novo partido no Brasil. Essa versão foi desmentida pelo próprio governador do Estado à época: "Houve pressões no sentido de que se conduzissem as investigações para envolver o PT", admitiria Orestes Quércia, em entrevista publicada pelo jornal *O Estado de S. Paulo* quase um ano depois, em outubro de 1990.

Um dia após a suspeitíssima ação que envolveu o empresário Abílio Diniz, foi deflagrado um último golpe capaz de atingir em cheio aquilo que Lula mais

183

prezava: a intimidade de sua família e sua própria vida pessoal. Era uma terça-feira, 12 de dezembro, a apenas cinco dias da eleição. Marisa jamais esqueceria.

PESQUISA DO IBOPE COLOCAVA COLLOR E LULA em empate técnico: o alagoano com 47% dos votos; o pernambucano radicado em São Bernardo com 43%. A diferença, de apenas quatro pontos percentuais, nunca tinha sido tão pequena. Dez dias antes, o mesmo instituto havia divulgado uma diferença três vezes maior: Collor com 52%, Lula com 37%. A dança dos números transmitia a muitos a sensação de que a virada estava prestes a acontecer.

A agenda de comícios transbordava na última semana de campanha, priorizando grandes colégios eleitorais. Belo Horizonte na terça, Rio de Janeiro na quarta. Na quinta, haveria debate entre os candidatos, transmitido ao vivo pela TV.

Lula e Marisa viajaram para Campinas e, de lá, direto para a capital mineira. No caminho entre o aeroporto e o local do comício, minutos antes de discursar debaixo de chuva no palanque montado na Praça da Estação, o candidato foi informado por um assessor sobre o que acabara de acontecer. O programa de Fernando Collor de Mello exibira algo tão demolidor quanto inacreditável: uma entrevista com a enfermeira Miriam Cordeiro, apresentada como "ex-mulher" do Lula, em que a mãe de Lurian acusava o petista de oferecer dinheiro para que ela fizesse um aborto. Afirmou ter sido traída por ele e sofrido em suas mãos. "Durante anos", dizia o locutor na abertura da reportagem, "Lula não reconheceu a filha e manteve a identidade da mulher escondida".

— Apoiar o Lula seria trair a mim mesma – afirmou a entrevistada olhando diretamente para a câmera. — Fui uma pessoa que sofreu muito na mão do Lula, uma pessoa que foi traída por ele. Eu não posso, em momento algum, apoiar um homem que acabou com a minha vida. Como eu posso apoiar um homem que me ofereceu dinheiro quando soube que eu estava grávida de um filho dele? Ele me ofereceu dinheiro para eu abortar! Que confiança eu posso ter nesse homem? O que ele pode fazer por esse Brasil?

Miriam expunha detalhes sobre a primeira visita do pai à maternidade, horas após o nascimento.

— Eu pedi para que todos saíssem do quarto e quis ficar com ele, sozinha, um minuto – contou. — Peguei a Lurian, entreguei no colo dele e falei: agora você mata, porque quando estava na minha barriga, eu não permiti.

Em seguida, Miriam deixava explícita a propaganda eleitoral:

— Agora eu acho que esses padres que o estão apoiando, o catolicismo que é tão contra o aborto, será que estão apoiando o homem certo?

No final, ainda dava um jeito de encaixar uma acusação de racismo:

— O Lula sempre foi um homem racista. Ele nunca suportou negro.

Os disparos buscavam atingir diversos nichos de eleitores. Capturar votos dos católicos, das mulheres, dos negros... Após três minutos de depoimento, Miriam arrematava adiantando a estratégia de defesa para a acusação que certamente lhe fariam:

— Estou aqui espontaneamente. Não fui convidada; eu me convidei para estar aqui e declarar isso.

Em São Paulo, o comitê na Vila Mariana ardia em chamas. Minutos após conferirem o programa na TV, convocou-se uma reunião de emergência. Os deputados José Dirceu, Plínio de Arruda Sampaio e Luiz Gushiken, então presidente do PT, entre outros dirigentes do partido e integrantes da campanha, encontraram-se novamente na Vila Mariana antes das dez da noite. Ninguém acreditava que a equipe de Collor havia chegado àquele nível. Miriam não era "ex-mulher" de Lula. Lurian sempre tivera o nome do pai no registro. A menina, então com quinze anos, morava com a avó desde os seis e, desde o início do ano, encontrava o pai com frequência. Engajara-se na campanha, ia duas vezes por semana ao comitê. No dia 27 de outubro, estava ao lado do pai quando Lula apagou as velinhas numa festa de aniversário organizada no Sindicato dos Metalúrgicos.

Amigos e assessores foram escalados para ajudar a apagar o incêndio. Todos, inclusive o candidato, estavam prontos para debater qualquer assunto relacionado ao futuro do Brasil, mas ninguém havia se preparado para discutir a vida pessoal de Lula e de sua família. Ricardo Kotscho, o assessor de imprensa, começou a rabiscar uma possível resposta a ser divulgada pela campanha.

Também em São Paulo, a jornalista Maria Helena Amaral fumava um cigarro atrás do outro. Assessora pessoal de Leopoldo Collor, irmão do candidato e ex-diretor da Globo, Maria Helena migrara para a campanha de Collor assim que seu chefe assumiu a função de coordenador. Ela era quem atendia a imprensa e fazia o meio de campo com a equipe responsável pelos programas de rádio e TV. Semanas antes, quando soube dos planos de entrevistar Miriam Cordeiro, personagem que já era de conhecimento público desde a matéria publicada em abril no *Jornal do Brasil,* Maria Helena tentou demover a coordenação da campanha dessa ideia. Melhor não misturar vida privada com vida pública, ela sugeriu. Dias depois, ao descobrir que Miriam seria remunerada em troca do depoimento, reprovou a transação e avisou o chefe que não se envolveria. Ficou ainda mais incomodada quando soube, no domingo, que havia um cachê de 200 mil cruzados novos reservado para a entrevistada, o equivalente na época a 24 mil dólares em dinheiro vivo (ou 50 mil dólares em valores atualizados em janeiro de 2020, cerca de R$ 210 mil). No momento em que chegou a ela um pedido para que elaborasse um texto que Miriam pudesse ler para a câmera, a jornalista explodiu ao telefone com Leopoldo. Passava das onze da noite de domingo. Disse que pagar por um depoimento era corrupção e ameaçou revelar tudo à imprensa caso ele insistisse em gravar. Depois de muito insistir, escutou Leopoldo dizer que concordava com ela e prometer que o plano seria cancelado.

Quando viu o programa no ar, Maria Helena perdeu o chão. Leopoldo Collor havia mentido para ela. Maria Helena não tinha sido a única a alertar para o equívoco daquela entrevista. Marcos Coimbra, diretor do Vox Populi, foi consultado sobre o depoimento e disse a Leopoldo que era muito arriscado, que seria impossível prever a repercussão. Até Ferreira Netto, um reconhecido jornalista reacionário, apresentador da TV Record, sugeriu a Leopoldo que não levasse a pauta adiante. O público poderia não gostar dessa coisa de misturar vida pessoal com política, alertou o jornalista, aliado de Collor, que no ano seguinte seria candidato ao Senado por São Paulo pelo mesmo PRN do então presidente.

Terminado o programa, Maria Helena telefonou para dois jornalistas, um na *Folha de S.Paulo* e outro no *Jornal do Brasil,* e contou o que havia presenciado. Miriam, segundo ela, teria recebido 24 mil dólares por sua "colaboração".

Em instantes, amigos de Lula chegaram ao comitê eleitoral levando Lurian, a avó Beatriz, de oitenta e dois anos, e a tia Cacilda, irmã de Miriam. Nos últimos nove anos, Miriam havia se casado com um homem que a agredia, tivera dois filhos com ele e ficara viúva. Em 1989, era servidora pública, funcionária da Secretaria Municipal de Saúde de São Bernardo, e morava num cômodo com as duas crianças. O dinheiro pago pela campanha de Collor seria providencial.

Cacilda foi logo falar com José Américo Dias, coordenador do programa de TV do Lula, e se ofereceu para gravar um depoimento desmontando a versão da irmã. Lurian também disse que queria gravar. O jornalista começou a rabiscar uma proposta de roteiro para o programa do dia seguinte, que teria de ser gravado ainda naquela noite: Lurian falaria primeiro, Cacilda entraria em seguida. Já Paulo de Tarso Santos chegara ao comitê convencido de que a eleição estava liquidada a favor do petista. A equipe de Collor devia ter em mãos alguma pesquisa que dava Lula na frente. Só podia ser isso. Aquele programa só podia ter sido fruto de alguma cabeça desesperada.

Passava das onze da noite quando Lula e Marisa desembarcaram em São Paulo. Um silêncio ensurdecedor entre eles. Dividiram-se no aeroporto. Marisa iria para casa, em São Bernardo, e Lula passaria a noite no comitê.

Elvira e Roberto Teixeira foram acionados pela campanha para irem à casa de Marisa. Como ela teria reagido ao programa? Tudo o que Lula menos precisava, agora, era uma adversária dentro da própria casa.

Marisa fumava sem intervalo. Não se conformava com tamanho abuso. Ela sabia que Miriam era capaz de mentir, inventar histórias e se fazer de vítima, por vingança pessoal ou para obter algum dinheiro. O que ela não imaginava é que Miriam chegaria a tanto. E justamente agora. Ter sido dispensada quinze anos antes por um homem que, agora, vivia numa situação financeira mais confortável que a dela, e com chances reais de virar presidente da República, tudo isso parecia servir de estímulo para a perversidade daquele depoimento.

Roberto e Elvira tentavam convencer a comadre a se pronunciar, a fazer uma declaração. Marisa resistiu.

— É importante, Marisa – diziam. — Sua ausência pode reforçar a tese de que Lula vestiu a carapuça, de que a versão dela é verdadeira.

Marisa maldizia o marido por ter se envolvido com aquela mulher. Xingava Miriam de tudo que é nome. Roberto lembrava que Lula havia aceitado com muito carinho seu filho Marcos, enquanto Marisa, irredutível, não se dispunha a acolher ou realizar um gesto de afeto para com a filha do Lula.

— Mas o que você quer que eu faça? – ela dizia, irritada.

Roberto sugeriu algumas possibilidades: dar entrevista, gravar um depoimento para o programa de TV do dia seguinte, ir ao comitê e aparecer ao lado de Lurian. Não houve nada que fizesse Marisa capitular. Ela se sentia duplamente traída. Não bastasse Lula ter engravidado Miriam quando os dois começavam a namorar, agora essa mulher vinha a público falar esse monte de mentira?

Lula chegou quase meia-noite ao comitê na Vila Mariana. Vinha direto do aeroporto. Não quis assistir à entrevista de Miriam. Ouviu algumas opiniões e decidiu:

— Minha filha não vai falar porra nenhuma. Não vou permitir que uma filha fale mal da própria mãe num programa de televisão.

Parte da equipe insistia que ele deveria aceitar.

— Não dá para jogar a toalha assim – dizia um.

— Vai deixar esse filho da puta ganhar a eleição sem nenhuma resposta à altura? – outro reclamava.

Foi preciso o departamento jurídico da campanha explicar que era vetada a participação com fala de menores de idade no programa eleitoral para que o plano Lurian fosse definitivamente descartado. Os assessores ainda insistiram para que o programa exibisse ao menos um depoimento da irmã de Miriam, que pedia para falar.

— Não, porra. O candidato sou eu. Não vou expor ninguém. Deixa que eu cuido disso.

A gravação foi feita naquela madrugada. Lula estava abatido e cansado, depois de um dia interminável. Aceitou que Lurian aparecesse a seu lado no vídeo, mas sem abrir a boca. Ditou o texto que pretendia dizer para que Ricardo Kotscho apenas o arrumasse.

— Esta é a minha filha – discursou olhando nos olhos do espectador.

— Ontem fui surpreendido, no programa do adversário, com a mãe da minha filha tentando criar uma imagem negativa a meu respeito.

Lula gaguejava, suava, errava. Precisou refazer algumas vezes.

— No começo da campanha, pensei que o debate ficaria no campo das ideias, e não no campo pessoal – criticava, com uma das mãos pousada sobre o ombro da filha. Logo, arrematou:

— Lurian não é resultado de um gesto de ódio, mas de um gesto de amor.

Passava das três da madrugada quando a gravação terminou. Agora a preocupação geral era com a segurança da família, incluindo Miriam Cordeiro. Militantes enfurecidos poderiam atentar contra sua vida. Ou, o que seria ainda mais grave: alguém da campanha do Collor poderia fazê-lo para incriminar o PT. Maurício Soares, prefeito petista de São Bernardo, providenciou escolta para que Miriam fosse transferida em segurança para outro endereço. Também havia receio de que fossem atrás de Lurian. A melhor alternativa, em todos os aspectos, seria a menina dormir na casa do pai nos próximos dias. Marisa não permitiu.

— Ela vai comigo – ofereceu Ricardo Kotscho. — Lurian tem a idade da Mariana e da Carolina, minhas filhas. Ela fica os próximos dias lá em casa.

Os dois candidatos chegariam tecnicamente empatados à eleição. Segundo pesquisa do Ibope divulgada na sexta-feira, Collor tinha 47% e Lula, 46%. Lula vinha numa curva ascendente havia duas semanas, apenas contida após fala de Miriam. Na quarta-feira, último dia de programa eleitoral, Collor repetiu a entrevista com Miriam. Lula apresentou seu editorial, gravado na madrugada, condenando a artimanha do rival.

Apenas uma coisa poderia decidir o resultado das urnas àquela altura: o último debate entre os candidatos seria exibido ao vivo na noite de quinta-feira.

Marisa e Lula já estavam no carro, prontos para ir para a TV Bandeirantes, no Morumbi, quando Marcos veio correndo de dentro de casa:

— Ligaram de Brasília. Parece que o Collor está levando umas pastas ao debate. Dizem que estão repletas de denúncias que têm a ver com a vida pessoal. Também estão dizendo que a Miriam vai estar na plateia.

Aí já era demais. Marisa avisou o marido que não iria suportar tamanho descaramento. Conforme fosse, era capaz que Marisa saísse no tapa com ela.

— Calma, Marisa. A gente tem coisa mais importante com que se preocupar.

Lula estava cansado. Frei Betto havia insistido para que o candidato fosse a um hotel e descansasse por algumas horas para estar revigorado na hora do debate. A sugestão não foi aceita. Lula ficou em casa e não parou um minuto. Numa reunião de cúpula, ali mesmo, assessores se reuniram com ele para as últimas sugestões antes do confronto final. Mercadante, Greenhalgh e Vladimir Pomar foram alguns dos que explicitaram sugestões sobre o que Lula deveria falar e como deveria agir.

Como acontecera no debate anterior, realizado em 3 de dezembro nos estúdios da TV Manchete, no Rio de Janeiro, o último debate também seria exibido ao vivo por um pool formado por quatro emissoras: Globo, SBT, Bandeirantes e Manchete. Conforme o acordo feito entre elas, cada bloco seria mediado por um jornalista ou apresentador de um dos canais.

Lula chegou irritado e disperso. Negou-se a cumprimentar o rival, o que obrigou a produção a mudar o script em cima da hora. Vestia um terno escuro e mal cortado, centímetros maior do que deveria ser. Deparou-se com as pastas que Collor havia levado e imaginou que o boato era pra valer. Marisa se sentou na primeira fileira. Miriam não apareceu.

Pelas três horas seguintes, Lula mais apanhou do que bateu. Marisa sentia que o marido não estava bem. Acuado, Lula ficou na defensiva a maior parte do tempo, e respondeu de forma confusa a algumas questões. Não houve nenhuma denúncia de última hora. Collor sequer abriu as pastas coloridas que havia preparado. Concluído o último bloco, Lula cochichou ao ouvido de Kotscho, seu assessor de imprensa:

— Nos fodemos, perdemos a eleição.

No dia seguinte, pesquisa feita pelo instituto Gallup apontou que Collor havia vencido o debate na opinião de 42% dos espectadores, enquanto 39% disseram que Lula havia se saído melhor. À noite, o *Jornal Nacional* exibiu um videotape com uma seleção de trechos que favorecia o candidato alagoano. Na edição, Collor falava oito vezes e Lula, sete. Collor aparecia sempre assertivo e claro, enquanto Lula se atrapalhava algumas vezes e chegava a trocar palavras. Até no tempo dedicado aos candidatos o telejornal da Globo privilegiou o irmão de Leopoldo: foram dois minutos e 22 segundos para Lula e três minutos e 34 segundos para Collor. Se a partida travada na TV Bandeirantes havia terminado em 2 x 1 para o candidato do PRN, os "melhores momentos" exibidos no *Jornal Nacional* pareciam se referir a uma goleada de 7 x 1. O efeito foi imediato. No sábado, nova pesquisa feita pelo Gallup mostrou que a opinião dos espectadores sobre o debate havia mudado: agora, 48% achavam que Collor tinha se saído melhor, enquanto 32% preferiam Lula.

No domingo 17, o dia começou com uma oração na casa de Marisa e Lula. Frei Betto improvisou uma homilia, pediu que os amigos ali reunidos se dessem as mãos e puxou um pai-nosso. O clima era de esperança. As pesquisas de intenção de voto publicadas nos jornais mostravam os dois candidatos em empate técnico. Tudo poderia acontecer. Marisa, ansiosa, não via a hora daquilo acabar. Desde o início, tinha sido muita porrada, muita covardia, muita sacanagem contra seu marido e sua família. Mas, naquela última semana, a violência atingira níveis alarmantes.

Sentia-se vitoriosa por terem chegado até ali, apesar das mentiras, das fofocas, das ameaças, do jogo sujo. Quando alguém, em sã consciência, poderia imaginar que um metalúrgico seria capaz de ganhar – ou chegar tão perto de ganhar – uma eleição para presidente no Brasil? Quando lhe perguntavam se estava pronta para ser primeira-dama, e isso acontecia algumas vezes por dia, Marisa corava e quase sempre demonstrava irritação:

— E eu lá tenho cara de primeira-dama?

Jurava que nada iria mudar. Queria continuar sendo apenas dona-de--casa, cuidar do marido e dos filhos. Jamais assumiria um cargo.

O casal foi votar na escola João Firmino, vizinha à casa onde haviam morado até o meio do ano, no Jardim Lavínia. Marisa vestia uma camiseta cor-de-rosa estampada com a frase "Sem medo de ser feliz" em amarelo e o nome Lula, em branco. Do colégio, seguiram direto para a fazenda de José Gomes da Silva, em Pirassununga, no interior de São Paulo. Coordenador da área de agricultura e reforma agrária do plano de governo de Lula, José Gomes da Silva era produtor rural e presidente do Instituto Nacional de Colonização e Reforma Agrária no governo José Sarney. Marisa e Lula passaram a tarde numa pescaria. Na volta, foram informados que a pesquisa de boca de urna dava vitória para Collor. Concluída a apuração, veio o resultado oficial: Collor foi eleito com 35,1 milhões de votos, o equivalente a 50%

do eleitorado. Havia amealhado 4 milhões de votos a mais do que Lula, que terminou a disputa com 31,1 milhões, ou 44% do total.

UMA SEMANA DEPOIS DA ELEIÇÃO, a família partiria para passar o Natal no sítio de Elvira e Roberto Teixeira, em Monte Alegre do Sul. Marisa pegou o telefone e ligou para Dona Beatriz, avó de Lurian:

— A senhora deixa sua neta viajar conosco?

Autorização concedida, Lurian embarcou para o primeiro Natal da sua vida ao lado do pai e dos irmãos. Foram no sábado, dia 23 de dezembro. A experiência se mostrou bem mais difícil do que a menina imaginava. Marisa a evitava a maior parte do tempo. Na manhã seguinte, cumprimentou todos que encontrou à mesa do café, declinando os nomes um a um, menos o nome de Lurian. Marisa nem sequer a olhava na cara, talvez porque não conseguisse, talvez porque não quisesse. Lurian chorou e foi se queixar com o pai.

— Eu vou embora, não sei o que estou fazendo aqui.

A adolescente, filha de seu marido, parecia personificar o ódio que Marisa nutria por sua mãe. Como se transferisse para Lurian a raiva que tinha de Miriam, Marisa não disfarçava. Tinha sido assim desde o começo do ano, quando os irmãos finalmente se conheceram, meses antes da matéria do *Jornal do Brasil*. Na ocasião, ao saber que Fábio e Lurian haviam se visto, e diante da insistência de Fábio em saber quem era aquela menina, o pai acabara abrindo o jogo e apresentara todo mundo. Marcos e Fábio encontravam Lurian com frequência, o que incomodava Marisa.

Fábio conversava com a irmã quase todo dia, por telefone, tomando todos os cuidados para que Marisa não ficasse sabendo. Quando Marcos se casou, no ano seguinte, Marisa vetou a presença da menina. Fato é que, naquele Natal, Lurian embarcara com a expectativa de que Marisa baixaria a guarda, o que não aconteceu.

Na tarde de domingo, dia 24, Lula viu Marisa dando os últimos retoques nos presentes que seriam dados aos filhos e perguntou à esposa o que ela havia comprado para Lurian.

— Não comprei - ela respondeu.

— Como, não comprou? - Lula arregalou os olhos.

— Esqueci.

Lula ficou furioso como jamais havia ficado. Teve ganas de pular no pescoço dela. De onde Marisa tirava tanto desprezo por sua filha?

— Como você faz uma coisa dessas, Marisa? Ela tem quinze anos. A gente não conversou? Eu pedi para você comprar um presente para ela. O que faço agora, no meio do mato? Vai todo mundo ganhar presente, menos a Lurian?

Marisa acusou o golpe e deu um jeito. Lurian, deslocada, havia se trancado no carro junto com Carla e Tatiana, filhas de Jair Meneghelli, que também estavam no sítio, e ficaram ali sozinhas, as três, ouvindo música. Lurian não queria ver ninguém. Pouco antes da meia-noite, Sandro e Luís Cláudio chegaram carregando um monte de presentes que, segundo eles, a mãe havia dado para ela. "Que mulher doida", a menina pensou. "Não olha na minha cara e compra esse monte de presente?"

Os presentes de Natal na família Lula da Silva impressionavam pelo volume. Vinham num sacão enorme, que Marisa gostava de montar. O conteúdo não variava: um tênis "de marca", uma camisa "para sair" e uma bola para cada um. Era praticamente uma tradição. Aos quatorze anos, Fábio já desconfiava que a camisa Fiorucci azul clara não era original. Nem o tênis era Le Coq Sportif como indicava a logomarca. Marisa costumava ir às compras nas barracas da Praça Lauro Gomes, então tomada por produtos de origem suspeita: "do Paraguai", como se dizia à época. Era o único jeito de agradar os quatro filhos sem estourar o orçamento.

Naquela noite, incomodado com o que tinha acontecido, Lula foi para o quarto mais cedo, sozinho. Quando Marisa se recolheu, os dois discutiram feio. Na manhã seguinte, o primeiro nome para o qual Marisa desejou bom dia foi Lurian. Em seguida, quando viu Lurian jogando baralho, Marisa se aproximou e ofereceu ajuda na estratégia – sob protestos de Sandro, que não entendeu o significado daquele momento e tratou de esbravejar que aquela ajudinha externa ia contra as regras do jogo. No fim da tarde daquela segunda-feira, 25 de dezembro, Marisa procurou Lurian e lhe fez uma proposta:

— Seu pai vai voltar para São Paulo para trabalhar amanhã – ela disse. — Você quer ficar mais uma semana aqui com a gente ou prefere voltar com ele?

Elvira e as filhas, Valeska e Larissa, insistiram para que ela ficasse. Ela aceitou. O pai voltaria para buscá-la no fim de semana seguinte.

Agora, Marisa parecia empenhada em superar as diferenças com Lurian. Fizeram uma espécie de acordo íntimo, uma promessa de ano-novo: tentariam se encontrar mais vezes. Logo em fevereiro, juntaram-se para descer a Serra do Mar a pé, pela Estrada Velha de Santos, junto com os irmãos, o pai, a então prefeita de Santos, Thelma de Sousa, e outros políticos do PT. Depois disso, nunca mais. Marisa voltou a erguer um muro em volta de si que não permitia a entrada de Lurian. E a jovem chegaria aos quarenta anos sem dormir uma noite sequer na casa do pai.

9

A esperança venceu o medo

O PT cresceu muito e, na verdade, já começou a mudar o país. Tem prefeituras, tem governos de Estado. A mudança começou. Mas ainda vão resistir muito. Vão lutar muito para deixar a gente chegar ao poder. Mas hoje temos chance.

Marisa em entrevista ao site
"Lula Presidente", 2002

O ANO DE 1990 COMEÇOU COM UMA GRANDE RESSACA. O gosto amargo da derrota contrastava com o retrogosto adocicado do sucesso nas urnas. No fundo, raros eram os assessores ou dirigentes que, um ano antes, confiavam de verdade numa vitória de Lula, o que exigia superar Brizola no primeiro turno e disputar voto a voto com o candidato da elite no segundo.

Havia frustração, é claro, e ela transparecia nas conversas de quase todos os membros da coordenação da campanha. Marisa incomodava-se sobretudo com o silêncio de Lula, quieto a maior parte do tempo.

Na semana que antecedera o segundo turno, em 17 de dezembro, jornalistas já especulavam os nomes que estariam no ministério petista. Em mais de uma ocasião, chamaram o economista Aloizio Mercadante de ministro da Fazenda. Nos bastidores, Brizola, fiador do apoio do PDT no segundo turno, reivindicava o mesmo cargo. No lugar de Mercadante ou Brizola, tivemos Zélia Cardoso de Mello. Em vez de Lula, líder operário e porta-voz dos trabalhadores, veio Fernando Collor, herdeiro da Arena, partido da ditadura, e candidato da FIESP, preferido dos que se opuseram à emenda Dante de Oliveira e à volta das eleições diretas.

Tinha sido para isso que tantos brasileiros esperaram por três décadas? Tinha sido para isso que milhões saíram as ruas na campanha por Diretas Já?

Ao mesmo tempo, era impossível não olhar para trás e sentir orgulho. Trinta e um milhões de votos amealhados e a consciência tranquila por ter jogado limpo, de forma honesta e transparente. Na avaliação da equipe de coordenação da campanha, Lula teria sido o próximo presidente do Brasil se Collor e seus correligionários não tivessem desferido tantos golpes baixos: o depoimento de Miriam Cordeiro, a edição do último debate no *Jornal Nacional*, a introdução criminosa de material do PT no cativeiro de Abílio Diniz.

Aos dez anos de idade, o PT entrava em 1990 como o principal partido de oposição do Brasil, mais relevante do que o PMDB de Ulysses e o PSDB de Mario Covas e Fernando Henrique Cardoso. O próprio PDT de Brizola havia encolhido à condição de partido regional, incapaz de reproduzir em nível nacional a relevância que seu presidenciável mantinha no Rio de Janeiro e no Rio Grande do Sul. Essa percepção foi um divisor de águas na trajetória do PT e também na vida privada da família Lula. A utopia de um governo popular, o sonho de chegar à Presidência, não parecia mais tão distante.

No dia 2 de março daquele ano, duas semanas antes da posse de Collor, foi Lula quem recebeu a visita de um chefe de Estado. Fidel Castro veio de Cuba e seguiu para São Bernardo do Campo, onde era aguardado na casa do Lula. Passava das duas da tarde quando bateu a fome no pessoal e, distraída, Marisa percebeu que não havia preparado nada. O jeito foi pegar o telefone e pedir frango com polenta no restaurante São Judas. Fidel apreciou o quitute a ponto de pedir um pacote de polenta congelada para levar para Havana.

Um dia após a posse, Collor fechou as agências bancárias e anunciou o confisco da poupança, exatamente o que a direita acusava Lula de querer fazer. Automaticamente, a partir daquele 16 de março, a popularidade de Collor despencou vertiginosamente e Lula voltou a figurar como favorito para sucedê-lo. No comitê de campanha, então convertido em escritório político, as conversas giravam invariavelmente em torno das medidas anunciadas pelo presidente.

— E se fôssemos nós, o que faríamos?

Era quase um bordão. Assessores e candidato passaram a discutir com frequência cada decisão tomada por Collor, seus erros, suas escolhas. Sabiam que poderiam ter sucesso nas urnas em 1994, e deram a si mesmo o prazo de quatro anos para aprender o que fosse possível sobre o país, elaborar um programa de governo imbatível e montar uma equipe poderosa. Do ponto de vista eleitoral, eram dois os desafios principais: desmontar a acusação de que Lula não tinha preparo para ser presidente e colocar à prova o que tinham de acúmulo teórico.

Em julho de 1990, Lula lançou o Governo Paralelo, uma iniciativa inédita no Brasil, inspirada na experiência inglesa do *shadow cabinet* (*gabinete sombra* em tradução literal). No Reino Unido, trata-se de uma estrutura oficial. Cabe à oposição montar um gabinete paralelo, designando um responsável para cada um dos ministérios: economia, planejamento, saúde, educação. É atribuição dos membros monitorar as decisões do governo em sua área, tecer críticas construtivas e propor medidas alternativas quando oportuno. Na versão criada pelo PT, e instalada num sobrado na Vila Mariana, somava-se ao monitoramento do governo um esforço para a elaboração de estratégias e políticas públicas capazes de solucionar problemas históricos do Brasil, como a concentração de terra, a seca, a fome e a desnutrição.

Foi de dentro do Governo Paralelo que surgiram os pilares da Ação da Cidadania contra a Fome e a Miséria e pela Vida, uma campanha lançada em 1993 pelo sociólogo Herbert de Souza, o Betinho, também conhecido como "o irmão do Henfil" da música "O bêbado e a equilibrista", de João Bosco e Aldir Blanc, cantada por Elis Regina no final dos anos 1970. Já em 1990, o *gabinete sombra* da Vila Mariana havia se debruçado sobre o tema da fome. Como vencê-la? Por mais de um ano, dezenas de estudiosos e técnicos, coordenados pelo agrônomo José Gomes da Silva, formularam um programa complexo, que envolvia diversas medidas, como aumento real dos salários, reforma agrária, apoio à agricultura familiar e subsídios para a aquisição de alimentos, tudo embalado sob o título de "Política Nacional de Segurança Alimentar". Em fevereiro de 1993, Lula resolveu levar o plano para o presidente Itamar Franco, que havia tomado posse dois meses antes, em 29 de dezembro de 1992, após a renúncia de Collor, oficializada por meio de uma carta na tentativa de escapar do processo de impeachment em que seria sumariamente condenado, como aconteceu, horas após a entrega do documento pelo presidente. O Senado decidiu levar o julgamento até o fim. Por 76 votos a 3, com dois senadores ausentes, Collor perdeu o mandato em caráter definitivo e ficou inelegível por oito anos.

— Bem-feito! – Marisa deixara escapar no momento em que o Congresso Nacional determinou a cassação dos direitos políticos de Collor, em 30 de dezembro.

Muitos, como Marisa, lembravam-se das mentiras contadas na campanha eleitoral, do golpe baixo que envolveu Miriam Cordeiro, da indignação que se seguira ao confisco das poupanças, dos escândalos, das denúncias de corrupção e, principalmente, da empáfia com que Collor aparecia na TV para praticar esportes radicais, demonstrar virilidade ou conclamar a nação a vestir verde e amarelo em seu apoio. "Não me deixem só", discursou, quando milhões saíram às ruas de preto.

Ao longo de 1992, as cidades haviam sido tomadas por uma multidão de manifestantes que fazia lembrar a campanha pelas Diretas. Na TV Globo, a mesma emissora que havia atuado ostensivamente pela eleição de Collor três anos antes, a minissérie *Anos Rebeldes*, focada na resistência à ditadura nos anos 1970, instigava os jovens a tomar partido e a liderar o movimento pelo impeachment. Gabriel, O Pensador, um jovem rapper carioca, coincidentemente filho da jornalista Belisa Ribeiro, uma das responsáveis pela propaganda de Collor na campanha de 1989, dominava as rádios com a música "Hoje eu tô feliz (matei o presidente)".

O PT comandava a oposição no Congresso Nacional, denunciando maracutaias e liderando a investigação contra Collor. A Comissão Parlamentar de Inquérito que levaria à queda do presidente fora instalada graças a um requerimento protocolado a quatro mãos por Eduardo Suplicy, no Senado, e José Dirceu, na Câmara, dois parlamentares do PT.

Consumado o impeachment, o PT já não precisava mostrar que sabia fazer oposição. Seu desafio, agora, era provar que também era bom de projeto. Lula entendeu que não valeria a pena esperar. A proposta de combate à fome elaborada no Governo Paralelo tinha de sair do papel o quanto antes, mesmo que fosse pelas mãos de Itamar Franco, eleito na mesma chapa que o vencera nas urnas apoiada em falsidade e jogo sujo.

— Quem tem fome tem pressa – Lula dizia, explicando por que não aguardaria até a campanha eleitoral seguinte.

Semanas depois, foi a vez de Betinho entregar ao presidente da República um estudo segundo o qual 32 milhões de brasileiros passavam fome. Itamar juntou as peças, chamou Lula e Betinho para conversar, instituiu o Conselho Nacional de Segurança Alimentar (Consea) – para o qual nomeou o bispo de Caxias (RJ), Dom Mauro Morelli – e propôs a Ação da Cidadania contra a Fome.

A repercussão da campanha foi gigantesca. Comitês foram formados em todo o Brasil para recolher alimentos. Atores e atrizes se ofereciam para gravar peças de divulgação sem cobrar cachê. Betinho, que viria a falecer quatro anos depois, peregrinava por debates e programas de auditório.

A "campanha do Betinho", como ficou conhecida, colocou o tema da fome no centro do debate e popularizou a palavra cidadania. Não por acaso, o Governo Paralelo virou Instituto Cidadania em seguida. E Lula daria início, em abril de 1993, a outra iniciativa inovadora: as Caravanas da Cidadania.

— É LÓGICO QUE EU VOU – Marisa comunicou o marido.

— Mas, galega, é longe, mais de vinte dias de viagem, vai ser cansativo.

— Não pedi sua opinião.

Assunto encerrado.

A primeira Caravana da Cidadania começou no município de Caetés, antigo distrito de Garanhuns, em Pernambuco, no dia 25 de abril de 1993, um domingo. A ideia tinha sido dada pelo jornalista Ricardo Kotscho, assessor de imprensa da campanha de 1989. Já nos últimos dias de 1988, Kotscho havia feito a sugestão:

— Por que você não refaz a viagem que fez na infância, de pau-de-arara, de Garanhuns até o Guarujá? Pega um ônibus, junta um grupo, e vem descendo com calma para visitar os lugares, conversar com as pessoas.

Se não tinha dado certo em 1989, daria certo agora. Um dos primeiros integrantes confirmados na comitiva foi o próprio Kotscho, recém-contratado para reassumir a comunicação do Lula após uma temporada no *Jornal do Brasil*. José Carlos Espinosa e Aurélio Pimentel iriam como assessores pessoais do candidato, ajudando a cuidar da agenda, do transporte e da alimentação. Também se somaram ao grupo o jornalista Zuenir Ventura, o geógrafo Aziz Ab'Saber, presidente da Sociedade Brasileira para o Progresso da Ciência (SBPC), o senador Eduardo Suplicy e os deputados federais José Genoino e Aloizio Mercadante.

O percurso foi o mesmo proposto pelo jornalista anos antes, inspirado no trajeto que Lula fizera como retirante em dezembro de 1952, saindo de Caetés, então distrito de Garanhuns, e chegando treze dias depois a Vicente de Carvalho, distrito de Guarujá, no litoral paulista. Meia dúzia de reuniões foram feitas para fechar o roteiro. Era preciso pegar o mapa de municípios governados pelo PT ao longo do caminho, conversar com os prefeitos, discutir prioridades com os diretórios estaduais do partido. Alguns princípios norteavam toda a empreitada.

O foco da jornada, por exemplo, teria de ser o combate à fome. Era preciso conhecer os problemas e também as iniciativas que implicavam alguma hipótese de esperança: visitar a seca e também a lavoura irrigada; desvendar a miséria sertaneja e também a criatividade de quem aprendia na marra a tirar leite de pedra para driblar a subnutrição.

Outro compromisso de Lula na caravana era ouvir as pessoas, muito mais do que falar. Discurso, qualquer candidato faz. Desce de helicóptero, fala por meia hora do alto do palanque e volta correndo para o ar-condicionado. Isso nas cidades maiores, porque nos povoados menores nenhum presidenciável jamais havia colocado o pé. No máximo, sobrevoado de jatinho rumo a outro destino, com mais eleitores e pelo menos uma emissora de rádio. Para mostrar que toda regra tem exceção, tanto o prefeito de Recife, Jarbas Vasconcellos, do PMDB, quanto o ex-governador Miguel Arraes, do PSB, adversários na política de Pernambuco, foram a Caetés e subiram no palanque com Lula na cerimônia de lançamento da caravana.

Para cumprir a meta, a primeira Caravana da Cidadania se estendeu por três semanas, de 25 de abril a 16 de maio, e percorreu mais de 4 mil quilômetros, com paradas em cinquenta e quatro cidades de sete Estados: Pernambuco, Alagoas, Sergipe, Bahia, Minas Gerais, Rio de Janeiro e São Paulo.

Para Marisa, era tudo novidade. Era a primeira vez que ela, nascida em São Bernardo do Campo, visitava a terra natal do marido. Lula, que tinha sete anos quando deixou Caetés, nunca mais havia voltado. Localizada a 20 quilômetros de Garanhuns, Caetés havia se emancipado em 1963. Seu desenvolvimento era evidente. A casa onde Lula nascera, uma meia água de 15 metros quadrados com chão de terra batida e um único quarto, sem banheiro, nem no quintal, não existia mais. Haviam se passado quarenta e dois anos desde o dia em que Dona Lindu vendeu a casa para pagar as passagens no pau-de-arara. Mas o pequeno sítio Vargem Comprida foi visitado pela caravana. Houve até um convite para almoçar, numa casa não muito maior do que a de Dona Lindu. Lula hesitou antes de entrar, emocionado. Marisa puxou papo com a dona. Entraram. Parentes distantes cercavam o grupo, ansiosos para conhecer o primo famoso. Dentro da casa, as paredes desalinhadas acusavam a falta de reboco e pintura. Mas tinha mesa e cadeiras, luxo que jamais existiu na infância de Lula. Arroz, feijão e frango. E café.

Garanhuns é chamada de Suíça brasileira. Está a 800 metros de altitude e tem clima serrano. Fica no agreste, onde ainda há vegetação, embora prevaleça a caatinga. Foi só descer a serra de Garanhuns para que a Caravana se deparasse com a seca em seu estado bruto: em menos de uma hora, foram surpreendidos por uma fila de sertanejos acampados à beira da estrada, cada um com uma lata vazia na mão, à espera de um carro-pipa. Talvez atravessassem a madrugada ali. A água não tinha hora para chegar.

— Como pode? – Marisa anotou. — A gente acabou de sair de Garanhuns, onde tem açude e até água mineral envasada na cidade. Não dava para puxar um pouco dessa água para cá?

Dava. Não precisaria de muito. Como a maioria das violências registradas naquela caravana e nas seguintes, faltava vontade política.

O geógrafo Aziz Ab'Saber reparava em tudo. O nome do município onde o ônibus havia cruzado a fila de pessoas à espera do carro-pipa era Águas Belas. Num trevo próximo à cidade, Lula e Marisa desceram para conversar com outro grupo de sertanejos. Em suas mãos, traziam pedaços de palma, uma espécie de cacto com menos espinhos. Enquanto conversavam, levavam a palma à boca, com a qual disfarçavam a fome. Usada normalmente para alimentar o gado, a palma havia se transformado em garantia de sobrevivência para a gente simples do semi-árido. Carne, só de calango, um lagarto de pequeno porte, quando se conseguia apanhar. Um dos moradores do local explicou que calango era raro, que agora eles estavam se alimentando de chupa-pedra, um peixinho minúsculo que se agarra ao fundo dos rios intermitentes e dos antigos açudes até a última gota.

— É a descoberta de sobreviver por meio do que sobrevive na lama – resumiu Ab'Saber. — Daqui a pouco esses miseráveis vão ser obrigados a comer cadáveres.

Foram sete caravanas da cidadania. Mais de 40 mil quilômetros percorridos no Brasil profundo, passando por quase todos os Estados, com exceção de Roraima, Amapá e Espírito Santo. Sempre que possível, a bordo de um ônibus Scania da Viação São Geraldo, prefixo 6041, alugado para a empreitada e conduzido por Reginaldo, o motorista, pernambucano como Lula. Onde o ônibus não pôde chegar, a viagem seguiu de barco, como no trecho percorrido entre Manaus e Belém naquela que ficaria conhecida como a Caravana das Águas.

Leonardo Boff, Fernando Gabeira, Frei Betto, Aziz Ab'Saber e José Graziano da Silva foram alguns dos convidados ilustres que se somaram ao núcleo duro das caravanas conforme a edição.

A segunda caravana, em setembro, percorreu quarenta e duas cidades em quinze dias, de Rio Branco, no Acre, até Dourados, no Mato Grosso do Sul, passando por Rondônia e Mato Grosso. A terceira foi a das águas: vinte e sete cidades visitadas de barco entre janeiro e fevereiro de 1994. Dez dias de intervalo e a turma já caiu novamente na estrada para mais treze dias de viagem pelos três Estados da Região Sul, do Chuí a Londrina, entre 18 de fevereiro e 2 de março. No dia 19 de março, estavam no Piauí. De lá até Natal, no Rio Grande do Norte, foram duas semanas em outro périplo de tirar o fôlego: Timon, Água Branca, Amarante, Mimbó, Floriano, Oeiras, Picos, Santo Antônio de Lisboa, Tauá, Novo Oriente, Crateús, Boa Viagem, Madalena, Quixeramobim, Quixadá, Canindé, Fortaleza, Maracanaú, Pacajus, Cascavel, Aracati, Icapuí, Limoeiro do Norte, Cajazeiras, Uiraúna, Sousa, Patos, Soledade, Campina Grande, Guarabira, Sapé, Itabaiana, João Pessoa, Mamanguape, Canguaretama, Pedro Velho, Montanhas, Nova Cruz, Santo Antônio, Santa Cruz, Currais Novos, Mossoró, Açu, Macau, João Câmara.

A quinta caravana terminou numa Quinta-Feira Santa. Mais dez dias de descanso e teve início a sexta caravana: trinta e cinco cidades entre Maranhão, Tocantins e Goiás, percorrendo a área mais desigual do país. Segundo estatísticas do IBGE, 84% dos domicílios do Maranhão careciam de tratamento de esgoto e 78% não tinham água encanada. Duas em cada cinco pessoas eram analfabetas, o dobro da média nacional, e metade da população era considerada indigente segundo os critérios do Instituto de Pesquisa Econômica Aplicada (Ipea). Não bastasse tudo isso, Maranhão liderava o ranking dos Estados com maior concentração de terra, maior número de posseiros e maior incidência de conflitos em área rural, índice puxado pela violenta região do Bico do Papagaio, na divisa com Pará e Tocantins. Em todos esses lugares, Marisa não esmorecia. Acompanhava Lula nos encontros privados, das audiências oficiais às conversas entabuladas de improviso com a gente simples dos vilarejos visitados, e mantinha organizadas as fichas elaboradas pela equipe de assessores com informações sobre cada cidade e região, certificando-se de que o marido estivesse sempre por dentro do que havia de mais relevante antes de desembarcar em cada local. Ela também ajudava a zelar pela segurança do candidato. Aos poucos, Lula e a mulher aprendiam a recusar alimentos sem parecer antipáticos, estritamente por motivo de segurança, e a se prevenir do cólera, da dengue, da malária.

A sétima e última Caravana da Cidadania foi agendada para julho. Marisa aproveitou o período de férias escolares e arrastou os filhos Sandro, de dezesseis anos, e Luís Cláudio, de nove. Fábio, pelejando para fechar o terceiro ano do Ensino Médio e tentar um vestibular, preferiu não ir.

O pontapé inicial, em 4 de julho, coincidiu com a partida de futebol entre Brasil e Estados Unidos válida pelas oitavas-de-final da Copa do Mundo, disputada nos Estados Unidos. Em Los Angeles, a seleção brasileira eliminou os donos da casa por 1 x 0, com gol de Bebeto, e, após um segundo tempo dramático com um jogador a menos, firmou o passo rumo ao tetracampeonato. O troféu seria conquistado no dia 17, nos pênaltis, após empate em 0 x 0 contra a Itália no tempo regulamentar. Obviamente, a comitiva interrompeu a jornada para assistir ao jogo num centro de formação católica na MG-050, entre os municípios de Piumhi e Formiga, no Oeste de Minas Gerais.

Concebida como um fechamento simbólico das caravanas, em meio à Copa e às vésperas do início oficial do período eleitoral, a sétima caravana percorreu a bacia do Rio São Francisco, desde a nascente, em Piumhi (MG), até Petrolina (PE), passando por São Roque de Minas, Formiga, Arcos, Lagoa da Prata, Pirapora, Montes Claros, Itacambira, Januária, Paratinga, Pilão Arcado e outras dez cidades em nove dias. Marisa se impressionou com a figura mítica de Manuel Nardi, o sertanejo barbudo que inspirou o Manuelzão da obra de Guimarães Rosa. No mesmo dia 6 de julho, em que a caravana se encontrou com ele no município mineiro de Três Marias, Manoelzão completou noventa anos de idade. Dias depois, Marisa se solidarizou com pessoas que tiveram de abandonar suas casas para que a represa de Sobradinho fosse inundada. E esteve pela primeira vez numa comunidade quilombola.

Também pela primeira vez, Lula pôde falar sobre a transposição do Velho Chico, esperança de vida para milhões de brasileiros vitimados pela seca. Dizia que uma obra como aquela tinha de ser feita com responsabilidade, preservando as nascentes e os afluente do rio, com plano de manejo e dotação orçamentária específica, e não a toque de caixa como Itamar acabara de anunciar, mais preocupado com o impacto eleitoral da promessa do que com sua viabilidade técnica. Treze anos depois, em 2007, Lula daria início às obras de transposição.

ENQUANTO LULA E MARISA PERCORRIAM O CORAÇÃO DO BRASIL, algo mudou radicalmente no país. Três dias antes do início da última caravana, entrou em circulação o real, moeda que vinha substituir o cruzeiro real e tinha seu valor atrelado ao dólar norte-americano. Agora, 1 real valia 1 dólar. Lula e Marisa foram apresentados à nova cédula durante a viagem. Num primeiro momento, não deram muita bola.

Lançado por Itamar a partir de um ousado projeto de desindexação elaborado por meia dúzia de economistas sob a liderança do então ministro da Fazenda, Fernando Henrique Cardoso, o Plano Real logrou êxito em reduzir drasticamente a inflação – de 46% ao mês em junho para 6% em julho – sem confiscar poupanças, congelar salários ou tabelar preços, medidas testadas em anos anteriores, todas inócuas.

Mesmo sem nenhuma garantia do sucesso do plano, FHC embarcou na onda otimista que chacoalhou o Brasil a partir de 1º de julho e oficializou sua candidatura à Presidência da República pelo PSDB. Ele havia deixado o ministério três meses antes, em 30 de março, para se dedicar à campanha, embora oficialmente ainda não tivesse decidido entre o Senado ou o Planalto. Confirmado o registro de candidatura a presidente, enfrentou a implicância imediata dos petistas em relação ao real. Nas tribunas do Congresso e nas páginas dos jornais, parlamentares do PT acusavam o Plano Real de ser mais um pacote eleitoreiro, fadado ao fracasso como todos os planos anteriores, cercado de efeitos colaterais perversos para a nossa economia, como as medidas de austeridade fiscal e as inúmeras privatizações. As críticas não surtiram efeito. O ex-ministro tucano ultrapassou Lula nas pesquisas em poucas semanas e pavimentou seu caminho rumo à vitória.

Às vésperas da campanha, Lula sofreria outro revés: o Congresso decidiu proibir o uso de imagens externas no horário eleitoral gratuito na TV. Mais uma vez, a nova legislação eleitoral parecia ter sido elaborada sob medida para atrapalhar o candidato do PT. De forma análoga à lei que, em 1982, buscou anular os votos preenchidos com os apelidos dos candidatos, agora a legislação vetava o emprego de qualquer imagem ao ar livre. Em outras palavras: Lula havia percorrido 40 mil quilômetros, visitado os grotões do país, festejado e abraçado todo tipo de gente, e nada daquilo poderia ser apresentado para os eleitores. Tampouco as carreatas, as caminhadas e os showmícios nos quais o PT demonstrava a inigualável força da sua militância.

Fernando Henrique Cardoso teve o dobro dos votos atribuídos a Lula e liquidou a disputa no primeiro turno, com 54% a 27%. Quatro anos depois, ainda tributário dos efeitos positivos do controle da inflação e da estabilidade do câmbio – quase um milagre num país que jamais vivera um período tão longo de estabilidade econômica – FHC voltaria a vencer a eleição no primeiro turno, superando Lula mais uma vez, por 53% a 32%.

O pleito de 1998 ficaria para a História como o menos disputado e o mais maçante do período pós-redemocratização. Fernando Henrique entrou na disputa sem adversário competitivo. A possibilidade de reeleição havia sido incorporada à Constituição em junho do ano anterior, aprovada no Senado após tramitar na Câmara em meio à denúncia de que o governo tinha comprado os votos de parte dos deputados. Dois deles, os deputados Ronivon Santiago e João Maia, do PFL do Acre, chegaram a admitir publicamente que receberam R$ 200 mil cada (R$ 1 milhão em valores atualizados para 2020), em dinheiro vivo, em troca do voto favorável ao presidente. O esquema teria envolvido dezenas de parlamentares. Apesar das evidências, nenhuma das tentativas de instalar uma CPI feitas pelo PT obteve os votos necessários. Michel Temer, presidente da Câmara, e Antônio Carlos Magalhães, presidente do Senado, seguiram incólumes. Por fim, o então procurador geral da República, Geraldo Brindeiro, engavetou todas as representações feitas a ele com pedidos para que enviasse ao STF uma denúncia sobre o episódio. Anos depois, em 2007, Fernando Henrique chegou a admitir a possibilidade de ter havido compra de votos, conforme acusação feita na época pela oposição, mas garantiu que, se houve, não foi feita pelo governo, nem pelo PSDB e muito menos por ele.

Naquele ano, a campanha de Lula não entusiasmou. Alguns assessores que o haviam acompanhado nas duas disputas anteriores preferiram ficar de fora dessa vez. O próprio candidato hesitara até o último momento sobre sua candidatura. Dizia que era preciso preparar um sucessor, abrir espaço para a nova geração. No diretório nacional, a maioria dava a vitória de FHC como favas contadas. No PSDB, a avaliação era a mesma. Tanto é que FHC repetiu a estratégia de 1994 e não participou de nenhum debate entre candidatos. Nem a escolha de Brizola para a vaga de vice parecia ajudar a candidatura petista. Lula entrou no jogo mais por fidelidade ao partido do que por qualquer outra coisa.

Se Lula ficasse fora da disputa, faltaria palanque para a maioria dos candidatos nos Estados, tanto os majoritários quanto os proporcionais. Se a conjuntura já estava difícil para a oposição, os resultados das urnas poderiam ser terríveis sem um cabo eleitoral do quilate do Lula. As bancadas legislativas certamente seriam reduzidas. Se não era forte o suficiente para a vitória, sua candidatura cumpriria o papel de impedir esse encolhimento. De fato, com Lula na segunda posição nas pesquisas do início ao fim da campanha, o PT acabou fazendo bonito. O número de governadores do partido passou de dois para três, a bancada no Senado cresceu de cinco para sete e o total de deputados federais passou de 50 eleitos em 1994 para 59 eleitos em 1998. Com isso, o PT manteve a quinta posição entre as maiores bancadas de ambas as casas.

Enquanto os votos eram apurados e os telejornais divulgavam as pesquisas de boca-de-urna, Lula e Marisa escaparam para Pirassununga, no interior de São Paulo. Foram se refugiar mais uma vez na fazenda de José

Gomes da Silva. Voltaram dias depois. Ainda em outubro, foram a um jantar na casa de Julinho de Grammont, jornalista do PT e do Sindicato dos Metalúrgicos, o mesmo que havia sugerido a estrela como símbolo do PT, dezoito anos antes, e que havia trabalhado na comunicação da campanha. Lula estava visivelmente abatido. Em volta dele, apenas amigos próximos, como o dono da casa e a esposa, a também jornalista Denise Gorczeski, e o casal Nilza e Luiz Marinho, então presidente do Sindicato. Lula fez um balanço da terceira derrota, reclamou mais uma vez da imprensa e do fato de FHC não ter aceitado fazer nenhum debate na TV e pôs-se a lembrar de um comício que fez em Brasília Teimosa, um bairro muito pobre de Recife (PE). No final do discurso, uma senhora tinha ido falar com ele.

— Eu gosto muito de ouvir o senhor – ela disse, segundo o candidato.
— Mas votar no senhor, eu não voto, não.

Lula demonstrou surpresa:

— E eu posso saber por quê?

— Porque eu tenho medo que o senhor ganhe a eleição.

— Medo de quê?

— Que o senhor tome o meu barraco e o pouco que eu tenho.

O candidato narrava o episódio com evidente desconforto.

— É isso o que muita gente ainda pensa do PT – dizia. — Uma mulher como aquela, morando num barraco, precisando ser ajudada, não vota no Lula porque o Lula vai tomar o que é dela.

O choro eclodiu. A sensação era de desalento e também de revolta. Revolta contra os poderosos, que haviam conseguido construir aquela imagem do PT. Revolta contra a própria incapacidade de fazer chegar a mensagem correta aos mais pobres, àqueles que mais seriam beneficiados com o programa que se pretendia implementar.

— Tem alguma coisa muito errada quando alguém que a gente quer ajudar tem medo da gente – Lula chegava a soluçar, escondendo o rosto e secando os olhos com as pontas dos dedos.

A fala daquela mulher tinha sido um soco no estômago. Lula não se conformava. Na sala, outras pessoas também começaram a chorar, solidárias na dor do candidato derrotado.

— Vou tomar o quê? O que ela não tem? Vou desistir.

— Que é isso, Lula, desistir do quê? – Marisa interveio.

— Essa vez foi a última, Marisa. Chega dessa ideia de ser candidato.

— Levanta a cabeça, Lula – a mulher não queria saber de chororô. — Você vai ser presidente da República. Bola pra frente! Lembra do que tua mãe dizia: tem que teimar, meu filho, tem que teimar. Você vai ser presidente e fazer por essa mulher o que precisa ser feito. Vai dar o que ela não tem.

MARISA GOSTAVA DE LEVANTAR CEDO. Para quem sempre acordou antes das seis, era natural ficar impaciente se o relógio indicasse oito horas e a turma ainda estivesse na cama.

— Porra, mãe, é sábado! – os adolescentes protestavam.

— Por isso mesmo. Levanta daí que a gente vai pro Riacho.

Riacho Grande é um distrito de São Bernardo do Campo localizado à beira da Represa Billings, na descida da Rodovia Anchieta rumo a Santos. Em outubro de 1992, Lula e Marisa compraram um lote no local, a 13 quilômetros de sua casa, em sociedade com Sadao Higuchi, administrador do Sindicato dos Metalúrgicos, e sua esposa, Maria Inês. O casal de amigos tinha três filhos, também adolescentes. Deram ao sítio o nome de Los Fubangos. A expressão, em portunhol, significa pé-rapado, pessoa pobre, desarrumada, mal ajambrada. Fazia sentido. Quem visse Marisa mexendo com plantas, alimentando os bichos ou metida na represa até os joelhos com uma vara de pescar, logo perceberia que sofisticação não era prioridade naquele refúgio. A mesma coisa com Lula, sempre muito à vontade num infalível calção de futebol.

Em meados dos anos 1990, o sítio era destino obrigatório da família Lula da Silva em quase todos os fins de semana. Iam no sábado de manhã, voltavam à noite para dormir em casa e iam novamente ao sítio no domingo. Nunca quiseram construir uma casa que comportasse todo o grupo. Fizeram apenas uma grande varanda, com fogão a lenha e forno de pizza, e um único quartinho, franciscano, que nunca foi utilizado como dormitório – apenas eventualmente, no fim da tarde, para um cochilo reparador antes de tomar o caminho de volta. Marisa e Lula chamavam a construção de barraco, tamanha a sofisticação.

Enquanto Sadao era o churrasqueiro oficial do Los Fubangos, encarregado do rango aos domingos, Lula era quem costumava pilotar o fogão aos sábados. Chegava cedo, por volta das nove, acendia o fogão a lenha e já botava um feijão para cozinhar. Em seguida, puxava uma cadeira, acendia um cigarro de palha e degustava uma cachacinha. Quando o feijão estivesse quase pronto, metia torresmo e carne seca no caldeirão. Lula também preparava coelho à caçadora – o carro-chefe do sítio, logo rebatizado de coelho a Los Fubangos –, rabada, polenta e, seu preferido, espaguete à carbonara.

A seleção musical ficava por conta de Marisa. Embora seus artistas prediletos fossem Agnaldo Rayol, Jessé e Julio Iglesias, no sítio a trilha sonora quase sempre alternava música sertaneja e música caipira. Era como se o ambiente pedisse aquele tipo de som. Depois de escolher uma das fitas K7, mais tarde substituídas por CDs, Marisa ia cuidar das plantas, da grama, do paisagismo. Embora o sítio ficasse num terreno íngreme, estreito e comprido, um dia Marisa resolveu construir um campo de futebol.

— Não dá para fazer campo de futebol aqui – o marido avisou.

— Claro que dá – Marisa decretou, tratando de pôr todo mundo para trabalhar.

Escavou. Buscou grama. Plantou. Regou. Capinou. Até que o campo vingou. Transportou mudas e cuidou das árvores até ter um pomar. Cultivou mandioca, abóbora, milho, criou porco, coelho, chegou a ter mais de 40 passarinhos no viveiro. Bateu cimento e assentou tijolo até que o barraco ficasse pronto. Vavá, irmão do Lula, e Baianinho, segurança que foi trabalhar na casa dos Lula da Silva na campanha de 1989 e nunca mais os deixou, abriram a ruazinha de cascalho que ligava o portão de entrada ao barraco. Em seguida, construíram eles mesmos um poço artesiano, sempre seguindo orientações de Marisa. Uma vez, quase se machucaram seriamente com uma manilha de concreto mal colocada. Por pouco Baianinho não ficou preso no buraco.

Quando o cansaço batia, Marisa se sentava para fumar um cigarro e jogar baralho. Às vezes, buraco, mas principalmente mexe-mexe. Nenhum outro jogo seria capaz de sintetizar tão bem o cotidiano de Marisa. O mexe-mexe tem esse nome porque, durante a partida, os jogadores devem se desfazer das suas cartas adicionando cartas e manipulando os mesmos jogos, sempre abertos sobre a mesa. Se um jogador coloca na mesa uma sequência de 3 a 6, por exemplo, o próximo a jogar pode adicionar as cartas 7 e 8 neste mesmo jogo. O seguinte, se quiser, pode desmembrar essa mesma sequência de seis cartas em duas sequências com três cartas cada para se desfazer da carta 6 que está em sua mão (e que ele não poderia colocar se não desmembrasse o jogo em dois). Em resumo, todo mundo mexe no jogo de todo mundo, de modo que, ao retornar ao primeiro jogador, a configuração da mesa praticamente já não guarda qualquer semelhança com os primeiros lances. Se havia uma estratégia em colocar aquelas quatro primeiras cartas na mesa, dificilmente a estratégia terá resistido à ação dos adversários. O improviso é permanente. Quase como a vida de Marisa, que raramente tinha alguma certeza sobre os horários do marido, sobre a agenda do próximo feriado ou mesmo se alguma visita viria almoçar.

No sítio, volta e meia aparecia uma penca de amigos e parentes. Irmãos dele e dela, companheiros do sindicato, gente da CUT ou do PT. As mesas de sinuca e pebolim ficavam apinhadas. A profusão de amigos era potencializada pela presença de outro núcleo festivo a poucos metros dali. O segundo lote à direita do Los Fubangos fora adquirido por outros dois ex-diretores do sindicato, Vicentinho e Expedito, que estavam sempre por ali com suas esposas e filhos. Todo mundo cozinhava, todo mundo lavava louça. Para lavar as panelas de ferro depois de um almoço caipira preparado no fogão a lenha, Lula pegava areia em volta da casa. Arear as panelas, nas tardes do Los Fubangos, era verbo sem sentido figurado.

Depois do almoço, Marisa ia pescar na represa. As melhores pescarias eram as que ela fazia junto com Inês, sua irmã, que tinha o mesmo nome da esposa de Sadao. Uns tocos de árvore faziam as vezes de banquinhos à beira da lagoa, mas Marisa e Inês gostavam mesmo era de entrar na represa até a água ultrapassar o joelho. Lula, que nunca teve o mesmo prazer que Marisa tinha em pescar, ia para fazer companhia. Pescava um pouco, arriscava dar umas braçadas. Sadao o seguia. Metiam uma garrafa de uísque dentro de um isopor com gelo e ficavam horas ali, homens e mulheres, jogando conversa fora dentro da água. Marisa preparava uma caipirinha de vodka com lima-da-pérsia e acendia outro cigarro. Quando o sol se punha, tratavam de fritar ali mesmo o soldo da pescaria.

Os fins de semana no Riacho Grande perderam a graça em junho de 1998, quando Sadao morreu afogado na represa Jaguari, em Bragança Paulista. Seu corpo levou seis dias para ser encontrado pelos bombeiros, período em que Lula permaneceu na cidade, acompanhando as buscas e ajudando a confortar a família do amigo. Desde então, Lula parou de entrar na Billings. E, embora ele e Marisa voltassem a frequentar o Los Fubangos um tempo depois, os dias ali já não eram a mesma coisa.

Por ironia do destino, logo no ano seguinte a família Lula da Silva trocou a casa na Rua São João, do compadre Roberto Teixeira, por uma cobertura duplex com 186 metros quadrados no número 1.501 da Avenida Francisco Prestes Maia. O apartamento havia sido adquirido na planta, em 1996, e a mudança só pôde ser realizada após a conclusão da obra, em 1999. Dava-se início à fase mais urbana da família, pela primeira vez recolhida a um apartamento, e com idas menos frequentes ao sítio.

O interesse pelo sítio voltaria com ânimo renovado quase dez anos depois. Agora, já na reta final do segundo mandato presidencial, Lula e Marisa começaram a procurar uma casa para comprar em São Bernardo. Faltavam dois anos para o governo terminar e o casal não demonstrava muita vontade de ir morar no mesmo apartamento. Ainda mais depois de oito anos entre o Palácio da Alvorada e a Granja do Torto. Era preciso arrumar uma casa espaçosa, que lhes permitisse ter animais, árvores, jardins. Lula pediu ao amigo Luiz Marinho, então prefeito de São Bernardo, que o ajudasse a encontrar um imóvel. Marinho apresentou o que lhe pareceu a melhor opção: um condomínio de casas próximo ao colégio Piaget, vizinho à Anchieta.

— Porra, Marinho, tem escada – o presidente reclamou. — A gente tá ficando veinho...

O prefeito argumentou que seria difícil encontrar uma casa térrea com a metragem pretendida, uma vez que os empreendimentos preferem construir sobrados para melhor aproveitar o potencial construtivo do terreno. Fazer uma casa térrea e ampla sairia muito mais caro.

— Uma casa como a que vocês estão pensando, só se você construir – Marinho respondeu. — Por que vocês não constroem na chácara?

Lula comentou com Marisa sobre a ideia do Marinho, que acabara de comprar o antigo terreno de Vicentinho e Dito e construíra uma casa para morar à beira da represa. Marisa ironizou:

— E há quanto tempo eu te falo a mesma coisa, Lula?

Era Marisa, muito mais do que o marido, quem gostava de mato, de sítio, de represa. Havia nascido na roça e, a essa altura da vida, começava a levar a sério a ideia de retornar para a zona rural. Sobretudo agora, que Lula já não seria presidente, os filhos já eram todos adultos e os netos poderiam aproveitar como ninguém o ambiente idílico do Riacho Grande. Lula demorou algum tempo até conseguir comprar o terreno que havia entre o Los Fubangos e o lote de Nilza e Marinho. Quando abordou o proprietário pela primeira vez, ouviu uma proposta tão astronômica que não deu nem para continuar a conversa.

Tempos depois, ainda em Brasília, pediu a um amigo que ligasse para o proprietário e fizesse uma proposta. Queria testar o valor que ele pediria para um interessado que não fosse presidente da República. Não funcionou. O amigo pediu à telefonista do Palácio do Planalto que fizesse a ligação e não deu nenhuma orientação para que a origem do telefonema fosse mantida em sigilo. Assim que a telefonista se apresentou e passou a ligação para o amigo de Lula, o proprietário sacou que era novamente o presidente tentando baixar o preço. Só mais tarde, algum tempo após a morte do proprietário, uma das filhas tomou a iniciativa de colocar o terreno à venda e a compra pôde ser consumada. Dois ou três anos depois, já com um projeto arquitetônico em mãos, Marisa e Lula dariam entrada na documentação para aprovar a obra de sua futura residência junto à Prefeitura de São Bernardo. A autorização para construir acabou emperrando em algum escaninho na burocracia municipal e a obra foi adiada.

— **Marisa, você vai colar no seu marido.**

— Isso eu já faço. Não precisa pediu.

— Você vai dar entrevistas. Vamos destacar seu perfil militante, sua trajetória ao lado do sindicalista que liderou as greves, foi preso, fundou um partido e viajou todo o Brasil e mais de vinte países para se tornar um candidato preparado como nenhum outro.

A orientação vinha de Duda Mendonça, o mais famoso e bem sucedido marqueteiro político do Brasil.

— Vamos mexer no seu cabelo e dar uma retocada no seu rosto – ele continuou. — Mas, o principal: você vai participar da coordenação da campanha e vai ter uma agenda de candidata.

Marisa por pouco não se arrependeu de ter insistido na quarta tentativa de Lula de chegar à Presidência. Um ano antes, em meados de 2001, Lula havia desaparecido do noticiário e estava convencido de que não deveria se candidatar novamente. Já havia tentado três vezes e perdido em todas elas. Nas duas últimas, a derrota viera no primeiro turno. Lula tinha fama de radical. Sua viabilidade eleitoral abalava o mercado, o câmbio, a confiança na economia. E, dessa vez, o eterno candidato não estava disposto a entrar mais uma vez numa maratona insalubre de viagens e palanques, ouvir desaforos e ataques à sua intimidade, para mais uma vez amargar uma derrota.

Lula havia afirmado tantas vezes que estaria fora da disputa de 2002 que, em novembro de 2001, o senador paulista Eduardo Suplicy anunciou, durante o Encontro Nacional do PT, que apresentaria seu nome para disputar as prévias do partido, em março do ano seguinte. Outros políticos do partido reforçavam o coro de que Lula não deveria se tornar uma espécie de candidato natural. Marta Suplicy, prefeita de São Paulo e potencial candidata à presidência, chegou a declarar à imprensa que "ele mesmo abriu espaço para outros nomes". Tarso Genro, prefeito de Porto Alegre, disse em outubro de 2000 que a definição do candidato à eleição de 2002 era "um processo que começa agora".

Outra pessoa a hesitar sobre uma quarta candidatura de Lula foi o então prefeito de Ribeirão Preto (SP), Antônio Palocci, que no início de 2001 chegou a encomendar uma pesquisa à agência de Duda Mendonça, responsável por sua campanha a prefeito no ano anterior, para verificar qual o nome mais competitivo do PT. Tal pesquisa ficou a cargo de um funcionário de Duda, João Santana, e indicou Lula com larga vantagem sobre as demais opções – e mais uma vez à frente de todos os candidatos de todos os partidos – surpreendendo Palocci e metade da Executiva Nacional do PT.

Uma das explicações para esse favoritismo, aparentemente anacrônico, era a ampla disseminação do voto petista pelo país. Em 2000, o partido saíra das urnas numa posição invejável. Cerca de 200 municípios eram agora governados pelo PT, incluindo seis capitais, entre elas São Paulo, Porto Alegre e Recife. Apenas nas capitais, havia capturado o voto de 20% do eleitorado e governava 30 milhões de brasileiros. Ainda assim, Lula mantinha-se reticente.

— Que é isso, Lula? Tem que teimar! – Marisa buscava inspiração em Dona Lindu.

Em março de 2002, foram realizadas as prévias. Embora caciques do PT tivessem indicado diversos nomes como possíveis candidatos nas semanas que antecederam a convenção – como os de Marta, José Dirceu, José Genoino e Cristovam Buarque, então prefeita de São Paulo, deputados federais por São Paulo e senador pelo Distrito Federal, respectivamente – Lula foi designado mais uma vez, com 136 mil votos (85%) contra 25 mil votos (15%) de Suplicy.

Marisa achava que tinha de ser assim, com teimosia e esperança. Lula estava mais impaciente do que de costume. Antes de permitir que inscrevessem seu nome, impôs três condições: 1. ter o comando da campanha; 2. ter o controle da publicidade; 3. ter autonomia para fazer as alianças necessárias. Também decidiu que não moveria uma palha para vencer as prévias. Não participaria sequer dos debates internos.

— Não estou disposto a perder uma quarta eleição – repetia.

A aclamação de seu nome bastou para que a direção do PT aceitasse as três reivindicações, feitas ainda em meados do ano anterior. Elas significavam, grosso modo, que Lula montaria a coordenação da campanha como bem entendesse – e isso implicava ter o deputado José Dirceu na coordenação e o então prefeito de Santo André, Celso Daniel, à frente do plano de governo –, contrataria Duda Mendonça para cuidar da propaganda e faria o possível e o impossível para formar uma frente ampla, com partidos de centro, não identificados obrigatoriamente com o campo progressista.

Em poucos meses, tudo seria feito conforme os desejos do candidato, mas não sem sobressaltos. O primeiro deles, em janeiro de 2002, foi o assassinato de Celso Daniel, um crime que, como o sequestro de Abílio Diniz, jogou suspeitas sobre dirigentes do partido e obrigou Lula a substituí-lo por Antonio Palocci na elaboração do plano de governo. Em seguida, quase melou a chapa com o senador José Alencar. Os dois haviam se conhecido no final de 2000, em Belo Horizonte, numa festa em homenagem aos cinquenta anos de atividade empresarial de Alencar. Veterano do ramo têxtil e presidente do grupo Coteminas, Alencar havia presidido a Federação das Indústrias de Minas Gerais. José Dirceu insistira na presença de Lula ao evento, já intuindo que aquele industrial poderia ser a pessoa certa para viabilizar a aliança capital-trabalho que Lula buscava havia anos. Alencar era filiado ao PMDB. Como as tentativas do PT de se aliar à maior legenda do país não vingaram, Alencar trocou o PMDB pelo Partido Liberal, o PL, uma agremiação bem menor, de tradição conservadora, num movimento feito sob medida para aceitar o convite de Lula e Dirceu. Às vésperas do registro da candidatura da chapa, no entanto, o PL colocou um novo ingrediente na mesa: para efetivar a coligação, exigia que o PT assumisse parte significativa das despesas de campanha necessárias para eleger alguns de seus parlamentares.

Numa reunião a portas fechadas que se estendeu por horas num apartamento funcional em Brasília, os presidentes do PT, José Dirceu, e do PL, Valdemar Costa Neto, firmaram um acordo estimado em R$ 10 milhões (cerca de R$ 35 milhões em 2020), que o Partido dos Trabalhadores teria de lhes pagar nos meses seguintes. Isso posto, os deputados do PL ficariam autorizados a contrair dívidas de campanha, que viriam a sanar graças aos aportes prometidos pelo PT. Três anos depois, a denúncia de que o partido do governo transferia recursos para deputados da base aliada ficaria conhecida como "escândalo do mensalão" e custaria a condenação de diversos políticos, entre eles Valdemar Costa Neto e José Dirceu.

Duda Mendonça, por sua vez, começou a trabalhar com o PT um ano e meio antes daquela campanha. No início de 2001, recebera um telefonema de José Dirceu pedindo que retornasse a ligação. Era importante. Dirceu o convidou para um jantar com Lula. O candidato, segundo o presidente do PT, queria retomar conversas antigas. De fato, já em 1994, Lula convidara Duda Mendonça para fazer o marketing da sua campanha eleitoral. A direção do PT foi contra e vetou o nome de Duda, muito atrelado na ocasião à imagem de Paulo Maluf, político conservador e com fama de corrupto que havia ganhado a eleição de 1992 para a prefeitura de São Paulo graças, em grande parte, ao talento do publicitário baiano. Agora, Lula estava decidido a ter Duda Mendonça ao seu lado. E a estratégia escolhida era não esperar 2002 para dar início aos trabalhos.

Durante o jantar, em São Paulo, do qual participaram Palocci, João Santana e Dirceu, além de Lula e Duda Mendonça, ficou acordado que o publicitário criaria uma campanha contra a corrupção para ser lançada em maio pelo PT. Em seguida, faria o programa político anual do partido, previsto para ser exibido em junho. No dia 11 de maio daquele ano, Lula organizou uma coletiva de imprensa para apresentar a campanha "Xô corrupção": dois vídeos, um de trinta segundos e outro de um minuto, ambos de forte impacto. No vídeo mais longo – e polêmico –, as imagens mostram um grupo de ratos roendo uma bandeira do Brasil como quem se refestela num banquete. Caminhando para o final da peça, surge a voz do locutor: "Ou a gente acaba com eles, ou eles acabam com o Brasil. Xô corrupção. Uma campanha do PT e do povo brasileiro". No vídeo menor, um rato é capturado por uma ratoeira na qual se vê a estrela do PT.

Já no programa político anual, de vinte minutos, o tom escolhido foi outro. Quando todos esperavam um clima de denúncia, de angústia, com um país saqueado por ratos, Duda Mendonça emplacou um programa leve e simpático, gravado com muita luminosidade e apresentado pela atriz Giulia Gam, numa participação muito tranquila, sobre o aniversário de vinte e um anos do PT – idade que, na época, marcava a maioridade civil – e sua trajetória.

O programa mostrava, de forma inspiradora, a formação daquele que era, já em 2001, o maior partido do país. Mostrava a resistência democrática nos tempos da ditadura e as conquistas obtidas nos municípios em que era governo. Veiculava, ainda, duas mensagens centrais: mostrar aos brasileiros que eles têm direito de querer mais, e que isso pode ser conquistado por meio das urnas, e mostrar que, enquanto os outros partidos brigavam por poder, cargos e benesses, o PT brigava por todos – "por você", segundo a propaganda. O programa foi chamado de "light" na imprensa. Aqui e ali, diziam que o PT havia trocado o discurso agressivo e excessivamente politizado por um conteúdo leve, emotivo, que dialogava mais com os sentimentos do que com a razão.

Estavam estabelecidas as bases para a campanha eleitoral de 2002, a primeira campanha em que Marisa teria uma agenda própria de compromissos, gravaria para o programa eleitoral e teria uma assessora de imprensa.

— **Chama a Denise – Marisa decidiu.**

Viúva de Julinho de Grammont, jornalista que havia acompanhado Lula desde o início da trajetória política e que tinha falecido em novembro de 1998, logo depois de assessorar a campanha eleitoral anterior, Denise Gorczeski também era jornalista e trabalhava na equipe de comunicação da prefeitura de Diadema, administrada por José de Filippi, também do PT. Antes, havia desempenhado a mesma função na bem sucedida administração de Celso Daniel, em Santo André. Marisa escolheu Denise pela afinidade, pela confiança e também pelo profissionalismo que havia demonstrado nos dois governos municipais aos quais servira. Em maio, Denise e Marisa já caminhavam lado a lado.

Além de Denise, uma outra profissional passou a assessorar Marisa, sob ordens de Duda Mendonça. O marqueteiro designou uma consultora de imagem para ajudar a montar o guarda-roupa do futuro presidente e também da futura primeira-dama. Pela primeira vez, o candidato trocou o traje despojado das campanhas anteriores por um visual mais clássico. Terno e gravata tornaram-se itens obrigatórios. Em 90% das vezes, Lula aparecia de gravata bordô e terno azul marinho, da grife Bruno Minelli ou do estilista Ricardo Almeida. Marisa aceitou muito bem os terninhos, que lhe pareceram práticos, sobretudo por causar boa impressão em todo tipo de evento, de dia ou à noite. Mas não suavizou para a consultora.

— De onde você tirou que eu seria capaz de usar este sapato? – Marisa a interpelava, sempre que alguma peça ou acessório trazido pela profissional não tinha nada a ver com sua personalidade ou seu gosto pessoal.

Era preciso, acima de tudo, manter a discrição. Marisa dizia que a única pessoa ali que tinha que aparecer era o Lula. Brincos em forma de argola já lhe pareciam demasiadamente exagerados. Gostava de pedras, mas tinham de ser discretas.

— Denise, mostra pra ela o tipo de roupa que eu gosto – alfinetava.

Com base nas dicas e orientações de Tata Nicoletti, a consultora de imagem, Denise acabou assumindo ela mesma a função de produtora. Ia bater perna entre a Rua Augusta e a Rua Oscar Freire, região de São Paulo coalhada de lojas de roupa, e selecionava duas dezenas de peças para levar para Marisa, sempre com o compromisso de devolver os itens que não agradassem à sua chefe. E mantinha sempre algum terninho guardado no comitê, pronto para ser usado se houvesse alguma emergência ou se Marisa fosse escalada para um compromisso de última hora.

Wanderley Nunes, do salão Studio W, foi incumbido de "pensar" o cabelo de Marisa. Mais curto, menos curto, mais claro, menos claro... Após três ou quatro sessões, chegaram a um acordo. O loiro ficou mais iluminado do que antes, com as pontas ainda mais claras, e os cachos foram aparados na altura das orelhas, deixando a nuca à mostra. Marisa surgiu com um visual contemporâneo, elegante, sem perder a praticidade nem deixar espaço para que fosse chamada de dondoca, coisa que ela jamais aceitaria. Enquanto o marido continuou cliente da modesta barbearia de Fernando da Costa, perto do Instituto Cidadania, no Ipiranga, Marisa passou a frequentar um dos cabeleireiros mais badalados do país pelo menos a cada duas semanas. Nos demais dias, ela mesma cuidava do cabelo. Denise e Lula a ajudavam no penteado, hábito que se manteria no governo.

O primeiro procedimento estético com intervenção cirúrgica também foi feito em meados de 2002. Marisa foi orientada a "dar uma esticada" na pele do rosto para eliminar o "aspecto cansado" e parecer mais jovem. A então prefeita de São Paulo, Marta Suplicy, recomendou seu médico, o cirurgião plástico Pedro Albuquerque. Com ele, Marisa fez um lifting, esticando a pele a fim de eliminar as rugas da face.

A orientação de grudar no marido foi seguida à risca. Marisa foi incluída na equipe de coordenação da campanha, com presença obrigatória nas reuniões, e passou a frequentar o comitê. Nas reuniões de coordenação, dava poucos palpites ou sugestões, quase sempre chamando a atenção para a necessidade de priorizar os eventos mais relevantes e com mais gente – com maior potencial de atrair votos – e insistindo para que fossem preservados momentos de descanso com a família e alimentação adequada. Sensível, Marisa tinha um tino especial para perceber grupos que não tinham proximidade com Lula e o PT, mas que poderiam se aproximar com alguma iniciativa da campanha. Foi uma das primeiras pessoas a comentar que Lula e o partido tinham pouca adesão e não priorizavam o relacionamento com religiosos de outras igrejas que não a católica, de olho principalmente no voto evangélico.

Marisa esteve em praticamente todas as viagens de Lula, que entre julho e outubro totalizaram 147 horas de voo. Foram percorridos 61.127 quilômetros e realizados 103 comícios em 93 cidades, conforme nota à imprensa divulgada na época. Contribuiu para isso o fato inédito de não ter mais nenhuma criança em casa. Luís Cláudio, o caçula, estava com dezessete anos. Para Marisa, aquilo representava uma forma de libertação.

O mais difícil ainda era convencê-la a falar. Tímida, ouvia com atenção e emitia opiniões com facilidade e franqueza, desde que fosse *tête-à-tête*, jamais ao microfone. Esteve em dezenas de compromissos de campanha, representou a candidatura do marido em diversos eventos, principalmente em institutos e fundações de interesse público, como Dorina Nowill e outras, mas em nenhum momento ousou discursar. Chegava, dava um alô, ouvia as pessoas, conversava. Nos raros momentos em que era abordada pela imprensa, também costumava titubear. Pedia para que as perguntas fossem encaminhadas por e-mail. E Denise ajudava nas respostas. Reservadamente, atribuía o nervosismo ao cuidado com Lula: tinha medo de dizer algo fora do lugar que pudesse atrapalhar a campanha do marido ou que demonstrasse falta de sintonia com as diretrizes do plano de governo.

A primeira entrevista de fôlego foi feita para a equipe de campanha e publicada no site Lula Presidente. Na ocasião, passou o dia inteiro com Denise e outros jornalistas. Contou sua história e percorreu pontos significativos de São Bernardo do Campo. Foi à igrejinha de Santo Antônio dos

Casa, construída pelo seu avô. Posou para foto junto com a famosa bandeira do PT que havia costurado em 1980 e que fora localizada na casa de um militante do partido. No fim da tarde, os ombros ardiam, vermelhos como pimentão, após tantas horas sob o sol.

Em agosto, Marisa gravou para o programa eleitoral pela primeira vez na vida. A equipe fez entrevistas com ele e com ela, separadamente, cada um contando sua versão sobre o dia em que se conheceram, o casamento, as lutas pelo fim da ditadura e pelos direitos dos trabalhadores, a formação do PT, a relação com os filhos. Depois, na ilha de edição, o editor costurou os depoimentos de ambos, como se formassem uma única história, narrada em jogral. Marisa orgulhava-se de ter feito parte daquela história. Quando se referia aos fundadores do partido, usava o pronome "nós" com naturalidade, embora seu nome não conste nos documentos de formação — outra injustiça histórica que deve tranquilamente ser colocada na conta do machismo estrutural.

— Acho que foi uma dádiva de Deus ter encontrado a Marisa – diz o candidato num dos programas. — É uma companheira a quem eu devo muito, muito, muito.

Nunca os programas de TV do PT haviam sido tão bem produzidos, com imagens aéreas, fotografia de cinema, efeitos visuais só vistos na publicidade. Sobretudo, a campanha parecia ser conduzida com o coração. Duda Mendonça era craque nisso. Ele sabia que não poderia usar em nenhum momento a palavra coração, nem mesmo a forma de um coração, símbolo que remetia a outra campanha eleitoral feita por ele, dez anos antes, para eleger Paulo Maluf prefeito de São Paulo. Adversário histórico do PT até aquele momento, Maluf era *persona non grata* no comitê petista, e qualquer imagem que lembrasse a campanha de 1992 suscitaria protestos da coordenação e, certamente, notinhas perversas na imprensa.

Para a campanha de Lula, não foi difícil trocar o coração pela estrela vermelha. Outdoors e camisetas mostravam imagens de crianças abraçadas a estrelas de pelúcia. "Bote essa estrela no peito, não tenha medo ou pudor", dizia o jingle, composto pelo próprio Duda Mendonça com o músico e cantor Péri, baiano de Salvador como ele. No clipe, mais estrelas. Até biscoitos em forma de estrela eram arrumados numa assadeira por uma senhora. O refrão, de cunho convocatório como toda a letra, misturava esperança, fé e livre-arbítrio e conferia a cada cidadão a responsabilidade por um futuro melhor.

> *É só você querer*
> *Que amanhã assim será*
> *Bote fé e diga Lula*
> *Bote fé e diga Lula*
> *Eu quero Lula!*

A campanha de rua reproduzia a mesma pujança percebida na TV. Nos comícios, a qualidade técnica dos equipamentos de som e luz deixava no chinelo a parafernália das campanhas anteriores. Lula usava um trio elétrico que, meses antes, havia sido utilizado por um grupo de axé no Carnaval de Salvador. Tinha quarto, banheiro, comidinhas e bebidinhas. Em muitas cidades, depois de falar, Lula passava o microfone para Zezé di Camargo e Luciano, a dupla sertaneja mais popular do Brasil, que assumia o palco para meia hora de show. Ou seja: quem não ia por causa do Lula ia para ouvir a dupla, e acabava inevitavelmente convencida pela prosa carismática do candidato. Com 39% das intenções de voto a um mês da eleição, o dobro do segundo colocado, José Serra, com 19%, segundo o Ibope, Lula estava mais confiante do que nunca. E calmo, sorridente.

Curiosamente, a maior jogada de marketing daquele ano não foi obra do publicitário. Saindo de um comício no Nordeste, em setembro, Lula ouviu elogios de um militante. O homem estava radiante com o discurso que acabara de ouvir.

— Gostei de ver – ele dizia. — Esse é o Lulinha paz e amor.

O candidato não titubeou para adotar o apelido. Nos discursos seguintes, passou a referir a si mesmo como Lulinha paz e amor. Discorria sobre o assunto com maturidade e naturalidade. Dizia que havia evoluído, que algumas das coisas que o PT defendia na década anterior já não deveriam acontecer da mesma maneira, que ocupação de terra não podia ser feita gerando caos, que o país precisaria honrar os compromissos firmados com outros países, que a "classe empresarial" tinha um papel fundamental a cumprir para o crescimento, na geração de empregos e na injeção de investimentos para fazer a economia girar.

Se o mercado e a imprensa mostravam-se mais calmos diante da hipótese de vitória de Lula desde a divulgação, em junho, da Carta ao Povo Brasileiro, espécie de síntese elaborada pela coordenação da campanha para sacramentar a aliança capital e trabalho sintetizada na chapa Lula-Alencar, os eleitores confiavam no Lulinha paz e amor como jamais haviam confiado antes. E percebiam um amadurecimento nas propostas do candidato e seu partido. As alianças, por exemplo, foram percebidas como um pacto pelo Brasil. O amplo conhecimento adquirido nos anos anteriores em relação à miséria, ao desemprego ou ao déficit habitacional, em parte possibilitado pelo trabalho do Instituto Cidadania, permitiu à coordenação de campanha traduzir aquilo de modo a transformar o combate à desigualdade numa pauta consensual.

Com um quarto do número de páginas do plano de governo de seu adversário (70 contra 280), o plano de governo de Lula expunha projetos palpáveis, viáveis, revestidos de uma roupagem de sonho, dialogando com os anseios e as necessidades da população ao desenhar o cenário de um futuro promissor. Era um documento que convencia ao combinar repertório e vontade política. Enquanto o plano de governo de José Serra, mais técnico, listava cento e dezoito propostas e as prioridades em cada Estado, em geral obras de infraestrutura, o plano de Lula consolidava a ideia de que um outro Brasil era possível, sem descambar para a retórica nem se converter num corolário de ideias vazias. "O Social como Eixo do Desenvolvimento" e "O Fortalecimento da Economia Nacional" eram os títulos de alguns dos capítulos.

Lula discorria com tranquilidade sobre reforma tributária, taxa Selic, geração de emprego, saneamento básico e dívida com o Fundo Monetário Internacional (FMI) sem parecer iniciante nesses temas, como acontecera algumas vezes nas campanhas anteriores, e sem voltar sua artilharia para nenhum adversário em especial. Se em 1998 a firme oposição ao governo Fernando Henrique, então bem avaliado, havia colocado Lula em embate com o sentimento de muitos eleitores, agora ele buscava a sinergia e a conciliação. Punha-se muito mais como um pós-Fernando Henrique do que como um anti-PSDB, o que foi fundamental para sua vitória. E permitiu que ele vencesse inclusive em Estados como São Paulo e Minas Gerais, que elegeram os governadores tucanos Geraldo Alckmin e Aécio Neves, respectivamente.

AS DATAS DO PRIMEIRO E DO SEGUNDO TURNO coincidiam com os dois aniversários de Lula. Nascido em 27 de outubro de 1945, Lula foi registrado pelo pai muitos anos depois. Quando foi ao cartório, Seu Aristides não tinha certeza do dia em que o filho havia nascido. Errou por três semanas e o registrou com a data de 6 de outubro. Agora, em 2002, os brasileiros iriam às urnas no dia 6 e, caso houvesse segundo turno, votariam novamente no dia 27. Parecia um sinal.

— Por que adiar três semanas para me dar meu presente de aniversário se você pode me dar agora? – Lula brincava, às vésperas de completar 57 anos.

No dia 6, Marisa e Lula chegaram para votar no Colégio João Firmino por volta das dez da manhã. Estavam acompanhados da prefeita de São Paulo, Marta Suplicy, e seu namorado, Luís Favre, além do candidato ao governo do Estado pelo PT, José Genoino. Lula votou segurando uma bandeira do Brasil. À tarde, o casal reuniu os filhos, a nora Carla, mulher do Marcos, e poucos amigos em seu apartamento. Frei Betto era um deles. José Alberto de Camargo, presidente da CBMM, era outro.

Na rua, em frente ao prédio, meia centena de admiradores cantou "Parabéns a você". Lula e Marisa acenaram da sacada. Fotógrafos, cinegrafistas, repórteres e radialistas se aglomeravam em frente à portaria. Por volta das quatro da tarde, o celular de Camargo tocou.

— Marisa, o João diz que está aí embaixo. Ele pode subir?

— João? Que João?

— João Moreira Salles, o cineasta.

Marisa sabia que João, herdeiro do Grupo Moreira Salles, principal acionista da CBMM de Camargo, estava havia duas semanas capturando imagens para um documentário sobre os bastidores da campanha do Lula. Mas gravar dentro da sua casa já era demais.

— Esta é a minha casa, Camargo – Marisa respondeu. — Não é o comitê nem um espaço público. Fora que eu não posso autorizar a entrada de um cinegrafista e barrar a entrada dos outros.

— Perfeitamente – Camargo não insistiu.

Minutos depois, Marisa aproximou-se e falou ao ouvido dele:

— Manda ele subir. Diz que eu autorizei.

João ficou menos de uma hora no apartamento, mas o suficiente para registrar que havia sobre a mesa um bolo de aniversário em forma de estrela, presente do Sindicato dos Metalúrgicos do ABC. Em seguida, Frei Betto convocou os presentes para um momento de celebração. Acendeu uma vela e fez a leitura do salmo 72, numa versão atualizada e densamente política proposta pelo frade carmelita Carlos Mesters, holandês radicado no Brasil. "Aos pobres do seu povo ele (o bom governante) fará justiça, salvará os filhos dos necessitados e esmagará o opressor". A cena está no filme *Entreatos*, lançado por João Moreira Salles em 2004.

Lula obteve 46,4% dos votos contra 23,2% de Serra naquele domingo. O resultado foi um banho de água fria para quem havia alimentado a esperança de liquidar a partida no primeiro tempo. Mas em nenhum momento gerou ansiedade. Em três semanas, o candidato do PT ampliaria sua base de apoio e sua popularidade, firmando aliança com Ciro Gomes e Anthony Garotinho, terceiro e quarto colocados nas urnas, e superando os 60% das intenções de voto. As articulações feitas nesse período, necessárias para garantir a vitória, acabariam criando um efeito muito favorável ao futuro governo de coalizão.

Nos vinte e um dias que separavam primeiro e segundo turno, em nenhum momento a candidatura tucana ameaçou a hegemonia da chapa petista. Antes de admitir a derrota, o adversário ainda tentou uma última estratégia: recorreu ao mesmo sentimento de medo que marcara os primeiros anos do PT e que Lula havia reconhecido na fala daquela moradora de Brasília Teimosa, quatro anos antes. A duas semanas do segundo turno, o programa eleitoral do PSDB colocou no ar um depoimento da atriz Regina Duarte.

— Tô com medo – dizia a atriz. — O Brasil, nessa eleição, corre o risco de perder toda a estabilidade que já foi conquistada. (...) Nós temos dois candidatos à Presidência. Um eu conheço, que é o Serra, o homem dos genéricos, do combate à Aids. O outro eu achava que conhecia, mas hoje eu não reconheço mais. Tudo que ele dizia mudou muito. Isso dá medo na gente. Outra coisa que dá medo é a volta da inflação desenfreada. Lembra?

Marisa irritou-se, talvez pela primeira vez naquela campanha. Pronto, vão repetir 1989, ela pensou. Botaram outra vez uma mulher para convencer o eleitor de que o Lula é um monstro, de que ninguém deveria confiar nele...

A repercussão foi imediata. E majoritariamente negativa. Nos jornais, colunistas destacavam o engajamento da atriz. Articulistas especulavam sobre os possíveis efeitos daquele discurso e o tachavam de anacrônico. Dias depois, a primeira pesquisa de intenção de voto realizada após o programa demonstrou efeito nulo: Serra não havia subido um pontinho sequer. A resposta da campanha de Lula, ao contrário, tinha sido rápida e certeira. Outra atriz, a jovem Paloma Duarte, incomodou-se com o discurso da colega e procurou a equipe de Duda Mendonça, oferecendo-se para também gravar um depoimento.

— Um candidato que precisa aterrorizar a população brasileira não merece o meu respeito, a minha confiança, e não mereceria jamais ser presidente da República – rebateu.

"A esperança vai vencer o medo", Duda Mendonça anotou. Do dia para a noite, a campanha de Lula tinha um novo slogan, um novo bordão. O último programa de TV da coligação Lula Presidente foi encerrado com um texto em branco sobre tela preta: "27 de outubro de 2002. Se Deus quiser, esse dia entrará para a história do nosso país como o dia em que a esperança venceu o medo".

No dia D, Lula e Marisa votaram às dez e meia em São Bernardo do Campo e seguiram de helicóptero para o Hotel Meliá, em São Paulo. A equipe tinha a intenção de manter em sigilo o destino do candidato, para que ninguém o incomodasse nas horas seguintes. Ilusões perdidas. Quando Lula e Marisa chegaram, já havia jornalistas na porta, com link para transmissão ao vivo.

Os principais assessores e coordenadores da campanha foram chegando. Mercadante, Palocci, Zé Dirceu, Gushiken, Kotscho, Clara Ant, Gilberto Carvalho, Luiz Dulci, Mônica Zerbinato, os filhos e o neto Thiago – que, aos seis anos, corria de um lado para o outro.

Encerrada a votação, às cinco horas da tarde, a televisão divulgou a primeira pesquisa de boca-de-urna, confirmando a vitória tão esperada. Houve festa na sala. Todos se aproximavam para cumprimentar Lula e Marisa. Abraçavam, batiam nas costas, apertavam. Palocci enxugou uma lágrima.

— O vovô ganhou, agora ele vai ser presidente – Marisa contou a Thiago.

— Me belisca – respondeu o neto.

Sempre tão à vontade quando discursa ou conta histórias, o presidente eleito ficou mudo. Quinze anos após sua primeira disputa à presidência, Lula havia chegado lá.

Marisa aos oito anos, aluna da segunda série do curso primário na Escola Estadual Maria Iracema Munhoz, no centro de São Bernardo do Campo. A menina deixaria de estudar após completar a sétima série. Álbum de família.

Com missal e terço nas mãos, Marisa (à esquerda) faz sua primeira comunhão na Igreja Católica, aos seis anos, ao lado da irmã Tereza. Álbum de família.

Aos doze anos, estudante do curso ginasial no período noturno, Marisa trabalha como babá na casa de Vilma e Jaime, sobrinho do pintor Cândido Portinari. Ali, cuida de quatro crianças: Regina Helena, Maria Helena, Ana Helena e Rosi Helena. Álbum de família.

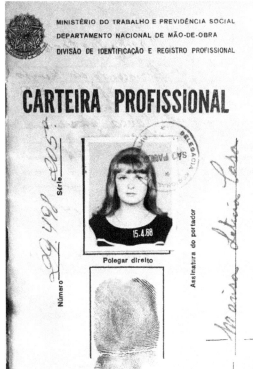

É de 1968 a carteira de trabalho de Marisa. Aos dezoito anos, a jovem trabalhava desde os treze embrulhando chocolates na Dulcora, fábrica de doces na Rodovia Anchieta.

Marisa aos vinte e três anos, viúva, na época em que conheceu Lula. Álbum de família.

Baile de carnaval no Sindicato dos Metalúrgicos de São Bernardo do Campo, em 1974. Marisa e Lula trocariam alianças dali a três meses. Álbum de família.

Marisa e Lula casaram-se no 1º Cartório de Registro Civil de São Bernardo, no dia 23 de maio de 1974. Carmela e Nelson Campanholo foram os padrinhos. Álbum de família.

O casal passou a lua de mel em Campos do Jordão, na Serra da Mantiqueira, a 173 quilômetros de São Paulo. Na foto, visita à Cachoeira Véu da Noiva. Álbum de família.

Hora do aperitivo na casa dos Silva, no Jardim Lavínia, em dezembro de 1977. Com Fábio, aos 2 anos, Marcos, aos sete anos, e Dona Regineta, mãe de Marisa. Foto: Hélio Campos Mello.

Com Dona Regineta, Marcos e Fábio, Marisa passa férias em Barbosa, no interior de São Paulo, junto à barragem recém-construída no Salto do Avanhandava. Álbum de família.

Primeiro aniversário de Sandro Luís, entre os irmãos Marcos e Fábio, em 1979. O menino manteria o posto de caçula por sete anos, até o nascimento de Luís Cláudio, em 1985. Álbum de família.

Marisa e outras mulheres de metalúrgicos, alguns deles presos junto com Lula, na caminhada pela reabertura das negociações, em maio de 1980. Elas marcham pelo centro de São Bernardo levando flores e bandeiras do Brasil.
Foto: Hélio Campos Mello.

Ao lado: toda a família na porta de casa, em 1979. Lula consolida-se como líder sindical e comanda grandes greves da indústria metalúrgicas no ABC Paulista. Na garagem, o Fiat 147 ainda sem placa. Foto: Bob Wolfenson.

Acima: Marisa visita o fundo de greve, na Igreja Matriz de São Bernardo, em 1980. Foto: Nair Benedicto.

À esquerda: com Lula e o deputado federal Benedito Marcílio, na saída da 2ª Auditoria Militar de São Paulo em fevereiro de 1981. Na ocasião, Lula foi condenado a três anos e meio de prisão com base na Lei de Segurança Nacional. Foto: Vera Jursys (Acervo do Centro Sérgio Buarque de Holanda/Fundação Perseu Abramo).

Ao lado: Marisa com o arcebispo Dom Paulo Evaristo Arns em missa de apoio ao movimento grevista realizada na Sé, em São Paulo, em abril de 1980. Foto: Nair Benedicto.

Em casa, descalços e à vontade, em 1981. Foto: Juca Martins.

Lula e Marisa em casa com Sandro, aos três anos, em 1982. Álbum de família.

Pausa na campanha das Diretas para curtir o Natal de 1983 no sítio de Elvira e Roberto Teixeira em Monte Alegre do Sul. Lula voltaria a São Paulo com a perna engessada após pular num riacho cheio de pedras. Álbum de família.

Marisa exibe sombrinha do PT e camiseta da candidatura de Lula para deputado federal constituinte, em novembro de 1986. O marido passaria os quatro anos seguintes entre Brasília e São Bernardo do Campo. Álbum de família.

Marisa acompanhou algumas das Caravanas da Cidadania, entre 1993 e 1994.
Acima, visita ao túmulo do seringueiro e ambientalista Chico Mendes, em Xapuri (AC).
Foto: Acervo do Centro Sérgio Buarque de Holanda/Fundação Perseu Abramo.
Abaixo, visita ao sítio onde Lula nasceu, em Garanhuns (PE). Álbum de família.

Em 2002, Marisa visita a igreja de Santo Antônio dos Casa, tombada pelo patrimônio histórico municipal e construída no mesmo local da igrejinha feita por seu avô no início do século XIX. Foto: Acervo do Centro Sérgio Buarque de Holanda/Fundação Perseu Abramo.

Momento de afeto e descontração na campanha eleitoral de 2002. Foto: Luludi Melo.

10
Primeira-companheira

Ser mulher do presidente da República não vai me fazer mudar. É uma coisa que está em mim, sabe? Eu já estou proibindo todo mundo de me chamar de primeira-dama. Não quero.

Marisa em entrevista para o livro *Lula: o filho do Brasil*, de Denise Paraná, edição de 2009

— G ALEGA, AGORA VOCÊ É PRIMEIRA-DAMA.

Em pé no Rolls-Royce conversível, Marisa acenava para a multidão de 200 mil pessoas que ocupava a Esplanada dos Ministérios. De vestido vermelho, assinado pelo estilista Walter Rodrigues, a galega desfilava no carro oficial com o marido. Assumira o lugar do vice-presidente José Alencar após a transmissão da faixa, no parlatório do Palácio do Planalto. Pela primeira vez em quarenta anos, um presidente eleito pelo povo passava a faixa presidencial para outro presidente eleito pelo povo. E, pela primeira vez na história, a faixa presidencial repousava sobre o ombro direito de um metalúrgico.

De lá, Lula e Marisa seguiram para o Palácio da Alvorada, agora na condição de inquilinos. Por quatro horas, cumprimentaram autoridades e recepcionaram delegações estrangeiras. Sempre em pé. Encerrada a fila, voltaram para a Granja do Torto, onde dormiriam mais três noites. Em retribuição à gentileza de Fernando Henrique e Ruth Cardoso, que cederam a Granja para que o presidente eleito se instalasse em Brasília com a família um mês antes da posse, Marisa e Lula deram mais dois dias para que a residência oficial fosse desocupada com calma. Em razão disso, nenhum presidente dormiu no Alvorada naquela noite, uma vez que FHC embarcou horas depois da posse para Guarulhos e, dali, para uma temporada de férias em Paris com Dona Ruth.

Quando se viram finalmente sozinhos em seus aposentos, ainda na Granja do Torto, Lula e Marisa estavam exaustos. Principalmente Lula, que sentia dores lancinantes no ombro direito. Desde a reta final da campanha, o presidente sofria de bursite, uma inflamação na articulação entre o braço e o ombro, agora agravada pela maratona interminável de abraços, puxões e apertos de mão.

— Também, você não fica quieto – a esposa alfinetava. — Precisa parar com esse braço.

— Falar é fácil – Lula rebatia. — O que eu podia fazer com aquele monte de autoridade querendo me cumprimentar?

Lula ria apesar da dor ao lembrar o presidente cubano Fidel Castro, presente à posse e à recepção no Alvorada.

— Você viu o Fidel? Quando ele bateu no meu ombro com aquela mãozona, achei que fosse desmontar.

Lula estava feliz. Nas fotografias e nos vídeos da posse, vê-se o olhar encantado de quem assistia à realização de um projeto inaugurado muito tempo antes. Marisa, ao lado, era cúmplice nesse mesmo sentimento de realização. De superação, talvez. Resiliência. "Brasília é um dos frutos da paciência que Deus me deu", discursou Juscelino Kubitschek por ocasião da inauguração do Palácio da Alvorada, em 30 de junho de 1958. A frase poderia ser reproduzida por Lula e Marisa. Se Juscelino levara três anos e meio para construir Brasília, Lula e Marisa levaram vinte e três anos para construir um partido e uma candidatura competitiva.

DESDE A FUNDAÇÃO DO PT, EM 1980, Lula e Marisa haviam imaginado – e desejado – muitas vezes o dia da posse. A festa que tomou conta de Brasília naquela tarde de 1º de janeiro superou todas as expectativas. Da Praça dos Três Poderes à Catedral de Brasília, tudo parecia tomado de vermelho quando os dois desembarcaram do carro blindado que os trouxera à Esplanada dos Ministérios. Em frente à Catedral, Lula e José Alencar tomaram seus lugares no Rolls-Royce conversível, trazido da Inglaterra por Getúlio Vargas cinquenta anos antes, e deram início ao cortejo, amparados pelos oficiais do 1º Regimento de Cavalaria de Guardas, os Dragões da Independência. Marisa seguiu no carro oficial. Minutos depois, um jovem de São Paulo furou o bloqueio, pulou no Rolls-Royce e abraçou Lula, para desespero do coronel Marco Edson Gonçalves Dias.

Conhecido como G. Dias, o chefe da segurança da Presidência da República estava alerta desde cedo na Granja do Torto. Encerrado o almoço, repassou uma última vez a programação da tarde e, com um olho no relógio e outro na equipe de segurança, avisou Lula e Marisa que havia chegado a hora da posse. A primeira solenidade estava marcada para as duas da tarde no plenário da Câmara.

— Gente, e a Michele? – Marisa estrilou. — Quem vai tomar conta dela? Ninguém havia pensado na fox-terrier. Solucionado o impasse, saíram finalmente ao encontro da multidão. Isso depois de desviar dos jornalistas que montavam guarda na entrada da Granja. A imprensa parecia onipresente naqueles dias. Na véspera, o casal tentara escapar discretamente para ir a uma festinha de réveillon organizada por José Alencar no Hotel Nacional, mas o carro foi identificado e perseguido por equipes de reportagem e paparazzi que não hesitaram em romper o ano de 2003 no encalço de Lula e Marisa.

Já no plenário da Câmara, eram 17h07 quando Lula e José Alencar prestaram juramento perante os 513 deputados e os 81 senadores. Lula prometeu "manter, defender e cumprir a Constituição, observar as leis, promover o bem geral do povo brasileiro, sustentar a união, a integridade e a independência do Brasil". Assinado o termo de posse, ouviram o Hino Nacional e postaram-se para o primeiro discurso de Lula como presidente.

— Mudança. Esta é a palavra chave, esta foi a grande mensagem da sociedade brasileira nas eleições de outubro – Lula leu o discurso elaborado pelo assessor Luiz Dulci, que em poucas horas seria nomeado ministro-chefe da Secretaria-Geral da Presidência. — A esperança finalmente venceu o medo. E a sociedade brasileira decidiu que estava na hora de trilhar novos caminhos.

Ao longo de quarenta e dois minutos, o novo presidente discorreu sobre soberania nacional, política econômica, compromissos firmados, retomada do crescimento e, sobretudo, sobre o combate à fome:

— Enquanto houver um irmão brasileiro ou uma irmã brasileira passando fome, teremos motivo de sobra para nos cobrirmos de vergonha – afirmou. — Como disse em meu primeiro pronunciamento após a eleição, se, ao final do meu mandato, todos os brasileiros tiverem a possibilidade de tomar café da manhã, almoçar e jantar, terei cumprido a missão da minha vida.

Jornais do dia seguinte destacariam o tom de transformação social que o presidente buscou imprimir à abertura de seu governo. As palavras "mudança" e "mudar" foram usadas quatorze vezes, segundo o *Globo*. Houve trinta interrupções para aplausos, afirmou a *Folha de S.Paulo*.

Na hora de fazer a foto oficial ao lado do vice e dos ministros já empossados, Lula quebrou pela primeira vez o protocolo e convidou Marisa para posar a seu lado. Mariza Gomes da Silva também foi chamada para fazer companhia a José Alencar. Além delas, outras quatro mulheres, nomeadas ministras, aparecem na imagem oficial: Marina Silva, do Meio Ambiente; Dilma Rousseff, de Minas e Energia; Benedita da Silva, da Assistência e Promoção Social, e Emília Fernandes, da Secretaria Especial de Políticas para Mulheres. Pouco num universo de trinta e três pastas. Mas o dobro das duas ministras nomeadas por Fernando Henrique ao longo de dois mandatos.

Do Congresso Nacional, Lula e José Alencar seguiram novamente no Rolls-Royce até o Palácio do Planalto, local da passagem da faixa presidencial. A segunda quebra de protocolo aconteceu ali mesmo, na saída do Congresso, por um problema mecânico. Seguranças tiveram de empurrar o automóvel conversível para que ele vencesse a pequena ladeira entre a garagem e a Esplanada. Nada importava. Lula iria ao encontro da multidão mesmo que empurrado. Ali, centenas de pessoas se atiravam no espelho d'água, muitas delas envoltas em bandeiras do PT. Tiravam a camisa, jogavam água uns nos outros. E cantavam: Olê, olê, olê, olá! Lu-lá, Lu-lá.

Passava das cinco da tarde quando Lula e Alencar desembarcaram novamente do Rolls-Royce e subiram a rampa do Palácio do Planalto ao encontro de Fernando Henrique Cardoso. FHC e Lula pareciam velhos amigos. O primeiro não escondia a satisfação por ter, segundo ele, mantido a ordem democrática por oito anos, sem sucumbir a um impeachment, como Collor, nem perder a guerra contra a inflação. Agora, conduzia uma transição republicana e pacífica para um democrata com a trajetória e o carisma de Lula.

Juntamente com as esposas, FHC, seu vice Marco Maciel, Lula e José Alencar caminharam até o parlatório, uma espécie de tribuna localizada à direita da rampa, de frente para a Praça dos Três Poderes. Era chegado o momento mais aguardado pela multidão. Na hora de tirar a faixa, FHC se atrapalhou e deixou cair os óculos. Lula se abaixou, pegou os óculos no chão e os devolveu ao antecessor. Mais uma vez, ouviu-se o Hino Nacional.

Após um intervalo de quase uma hora em que Lula e Marisa estiveram no lobby do Palácio do Planalto para cumprimentar ministros e funcionários que deixariam o governo naquele dia, o presidente retornou ao parlatório, onde fez seu segundo discurso como chefe de Estado, o primeiro a céu aberto, dirigido ao povo. Lula estranhou a distância. O parlatório é uma área localizada a 5 metros do chão, separado do público por um gradil. Lula preferia tocar em seus eleitores, chegar mais perto deles. Desconfortável, fez um discurso breve, menos inspirado do que o anterior:

— A nossa vitória não foi o resultado apenas de uma campanha que começou em junho e terminou dia 27 de outubro – disse. — Antes de mim, companheiros e companheiras lutaram. Antes do PT, companheiros e companheiras morreram neste país lutando para conquistar a democracia e as liberdades. (...) Eu não sou o resultado de uma eleição. Eu sou o resultado de uma história. Eu estou concretizando o sonho de gerações e gerações que, antes de mim, tentaram e não conseguiram.

Em seguida, homenageou a primeira-dama:

— Eu quero terminar agradecendo a essa companheira. Quero fazer uma homenagem porque, hoje, nós estamos aqui, Marisa, muito bonita, toda elegante, ao lado do marido dela com esta faixa com que nós sonhamos tanto tempo. Entretanto, para chegar aqui nós perdemos quatro eleições: uma para governador e três para presidente da República. E vocês sabem que a cultura política do Brasil é só homenagear os vencedores. Quando a gente perde, ninguém dá um telefonema para a gente para dizer: "Companheiro, a luta continua". Às vezes, ela e eu decidíamos que a luta ia continuar porque não tinha outra coisa a fazer a não ser continuar a luta para chegar aonde nós chegamos.

FORAM DOIS MESES DE PREPARAÇÃO ENTRE A ELEIÇÃO e a posse. O primeiro momento, ainda em outubro de 2002, foi de euforia e festa. Cerca de 50 mil pessoas, segundo a Polícia Militar, ou 150 mil, segundo os organizadores, foram comemorar na Avenida Paulista, em São Paulo, na noite da vitória. Nos dias que se seguiram, a repercussão da eleição do metalúrgico nascido em Pernambuco foi bastante positiva. "O ex-metalúrgico de esquerda Luiz Inácio Lula da Silva obteve uma vitória esmagadora nas eleições presidenciais, dando vazão a um amplo descontentamento para quebrar a sequência de dirigentes da elite conservadora que historicamente governa o maior país da América Latina", publicou o *New York Times*. "Sua vitória é um dos poucos eventos do começo do século XXI que nos dá esperança para o resto deste século", afirmou o historiador Eric Hobsbawm em entrevista à *Folha de S.Paulo*. "Não convém diminuir a extraordinária vitória do PT: Lula chega à Presidência carregando grandes esperanças, tendo chances de compor um ministério articulado e formar uma bancada no Congresso que lhe dê governabilidade e sucesso", apontou o filósofo José Arthur Giannotti, amigo de FHC e considerado um dos gurus do PSDB. "O povo aprendeu, a duríssimas penas, a confiar em alguém que veio também do povo, valorizando a ascensão de Lula com orgulho, o que não acontecia antes", destacou a socióloga Maria Victoria Benevides. "Ricos e pobres, radicais e moderados, cultos e incultos lhe abriram um crédito largo de confiança, esperando com certeza que possa contribuir para as transformações de que o país precisa", escreveu o crítico literário Antonio Candido.

Cinco dias após a vitória nas urnas, Marisa e Lula viajaram para passar o Dia de Finados em Araxá, cidade mineira conhecida pelas propriedades medicinais de suas águas sulfurosas e por ser a terra natal da lendária Dona Beija, a mais famosa cortesã da crônica histórica brasileira, eternizada na telenovela homônima exibida em 1986 na TV Manchete, com Maitê Proença no papel principal.

Era preciso driblar o assédio da imprensa e garantir pelo menos dois dias de descanso para que o presidente eleito recobrasse as energias antes de mergulhar na montagem do ministério e no governo de transição. Não houve feriado prolongado, porque o dia 2 de novembro foi um sábado, mas a viagem foi feita na sexta de manhã. Os filhos de Lula e Marisa acompanharam o casal.

Para despistar os jornalistas, a família chegou escondida ao aeroporto de Congonhas e decolou num avião particular rumo a Belo Horizonte. Apenas no meio do percurso, os pilotos receberam a orientação para desviar rumo a Araxá. Lá, a família ficou hospedada na Casa de Hóspedes da CBMM, empresa de mineração e metalurgia do Grupo Moreira Salles presidida por José Alberto de Camargo. Para não suscitar suspeitas, Camargo informara ao administrador da empresa que chegaria com um grupo de bispos, amigos de Frei Betto, que fariam uma espécie de concílio secreto durante o feriado. Pediu também para que os funcionários fossem todos dispensados, de modo a deixar os religiosos à vontade para cozinhar, debater e fazer suas orações sem serem incomodados. Quando chegou trazendo o presidente eleito e sua família, a surpresa foi geral.

À noite, naquela mesma sexta-feira, Lula e Marisa acomodaram-se no chão da sala, encostados num sofá onde aninharam-se os filhos, e assim, juntos e misturados, assistiram ao *Globo Repórter* especial sobre a trajetória do futuro presidente. Na TV, Marisa afirmava à repórter Graziela Azevedo que se esforçaria para que Lula reservasse os domingos para o descanso em família. Em entrevista a Marcelo Canellas, Lula comentava a importância da mãe, sua maior referência de vida, e chorava. Em Araxá, Lula viu o próprio choro exibido na tela e não se conteve: foi às lágrimas enquanto o programa exibia fotografias de Dona Lindu. Metade dos familiares amontoados a seu lado o acompanharam na choradeira.

Nas semanas que se seguiram, o presidente continuou ocupando a maior parte do tempo nos telejornais. O tema central era a formação do ministério. Especulavam-se nomes a perder de vista, às vezes uma dezena para cada pasta. Havia quem se convidasse, quem mandasse recados por terceiros, quem se esforçasse para plantar nos jornais o boato de que era cogitado. Lula se divertia.

— E aí, já montaram meu ministério? – perguntava aos jornalistas. — Quando tiverem montado, me avisem para que eu possa nomeá-los.

Também sobravam especulações sobre a posse e o futuro do casal em Brasília. Vazavam notícias de que Marisa havia encomendado ou provado vestidos de estilistas que ela jamais cogitara usar. Especialistas apressavam-se em tirar conclusões precipitadas sobre as preferências do casal, algumas eivadas de preconceitos.

— Lula e Marisa vão morar na Granja do Torto — era uma das barrigadas mais recorrentes. No jornalismo, chama-se barrigada a notícia equivocada, a "bola fora". Sem consultar Marisa ou Lula, muitos perpetravam a informação no noticiário e justificavam:

— Faz todo sentido. É a cara deles.

Para muitos, parecia difícil admitir que o metalúrgico pernambucano que chegara a São Paulo num pau-de-arara e a neta de lavradores italianos nascida numa casa de pau-a-pique na zona rural de São Bernardo do Campo passariam a dormir na suíte principal de um palácio. O preconceito, por vezes, era expresso na forma de jocosa brincadeira:

— Tadinha da Marisa. Como ela vai fazer com tanta janela para lavar?

Outras vezes, na seletiva comparação com a antecessora intelectual:

— Sai a antropóloga professora da USP; entra a dona de casa que não concluiu o Ensino Fundamental.

Muitos queriam saber se Marisa seria nomeada para algum cargo. Publicamente, ela respondia que não tinha pretensão de ocupar cargo nenhum, que não tinha sido eleita para nada, que sua função era garantir ao marido a serenidade e a tranquilidade para que ele pudesse governar o país, honrando a esperança nele depositada. Lula, por sua vez, relevava os comentários preconceituosos. Fora sempre assim, não seria diferente agora, só porque ele ganhou a eleição. Cedo ou tarde, muitos perceberiam que ele, sem diploma universitário, poderia fazer pela Educação muito mais do que muitos doutores.

— Se havia alguém no Brasil que duvidasse que um torneiro mecânico saído de uma fábrica pudesse chegar à Presidência da República, 2002 provou exatamente o contrário – discursou com a voz trêmula e olhos marejados durante a cerimônia de diplomação, em 14 de dezembro. — E eu, que durante tantas vezes fui acusado de não ter um diploma (*de nível*) superior, ganho como meu primeiro diploma o diploma de presidente da República.

MARISA NÃO FOI A PRIMEIRA VÍTIMA – nem seria a última – da tradição brasileira de implicar com as primeiras-damas. Antes de Dona Ruth, a ocupante do posto havia sido Rosane Collor, esposa de Fernando Collor de Mello. Em menos de dois anos no posto, Rosane suscitou intrigas, fofocas e escândalos. Herdeira da família Malta, uma das mais poderosas de Alagoas desde 1900, assumiu a presidência da Legião Brasileira de Assistência (LBA) e, meses depois, foi acusada de transformar a entidade num duto que desviava dinheiro público para seus parentes no sertão alagoano. A trama envolvia compra superfaturada de leite, contrato sem licitação para fornecimento de água em carros-pipa e até repasses a uma construtora dos Malta com o suposto objetivo de realizar obras de combate à seca.

Em seguida, os jornais se debruçaram sobre a vida íntima do casal. Numa das crises conjugais mais intensas e duradouras, fotógrafos registraram a mão esquerda de Collor sem a aliança. Um assessor de imprensa do Planalto, a pedido do próprio presidente, teria alertado os jornalistas para que reparassem em seus dedos. Em briga de marido e mulher, metem-se a câmera fotográfica e o bloquinho de jornalista.

Na esteira da crise conjugal, colunistas afirmavam que Collor tinha um caso com a atriz Cláudia Raia. Outros especulavam que sua preferida era Renata Scarpa, uma jovem e bela socialite, irmã de Chiquinho Scarpa e esposa de Alcides Diniz, que era irmão de Abílio e também fundador do Grupo Pão de Açúcar. Os boatos ficariam ainda mais apimentados quando surgiu a notícia de que Rosane engatara um romance com um rapaz do cerimonial da Presidência da República. Nas redações dos jornais, o jovem foi apelidado de "o vingador". A separação de Collor e Rosane, agora novamente Rosane Malta, aconteceria apenas em 2005.

Três décadas antes de Rosane, Maria Thereza Goulart tinha vinte e três anos quando João Goulart assumiu o governo, após a renúncia de Jânio Quadros, o que fez dela a primeira dama mais jovem da História do Brasil em 1961. O casal foi morar na Granja do Torto, mas ia semanalmente ao Alvorada, onde Jango organizava reuniões e almoços. Segundo as colunas sociais, ministros e parlamentares ouriçavam-se com a possibilidade nada remota de flagrar a senhora Goulart passeando em trajes de banho rumo à piscina. Thereza foi considerada uma das mulheres mais bonitas de sua época. Jornais e revistas costumavam compará-la à primeira-dama dos Estados Unidos, Jacqueline Kennedy, ícone de beleza e elegância.

Jango e Thereza foram banidos do Torto e do Alvorada por ocasião do golpe militar de 1964. Sinal dos tempos, os humores não demoraram a mudar, dentro e fora do Palácio. Castelo Branco, o primeiro general-presidente, era viúvo. Seu sucessor, Artur da Costa e Silva, era casado com Yolanda, uma mulher controversa que chegou a gravar conversas do próprio marido a fim de usar contra ele. Era boêmia, transgredia as convenções sociais – num ridículo episódio que desagradou os militares, circulou na imprensa uma nota dando conta de que ela não gostava de usar sutiã – e chegou a ser acusada pela imprensa "marrom" de integrar um esquema de contrabando que só não virou escândalo porque a censura já havia baixado nas redações dos jornais. Após a morte do marido, voltou a figurar nas colunas sociais – inclusive na de Ibrahim Sued, amigo de Costa e Silva, no jornal *O Globo* – por arrumar um namorado.

Depois de Yolanda, a esposa do general Emílio Garrastazu Médici praticamente não atraiu os holofotes por uma razão muito simples: "Dona Scila Médici era considerada a primeira dama ideal porque ela não emitiu ruído", contaria a jornalista Hildegard Angel numa entrevista à *Revista Fórum* de 2018, referindo-se à postura quase sempre calada da discreta primeira-dama, com quem Médici celebraria bodas de ouro em 1981. O mesmo comentário era feito a respeito de Lucy Geisel, que sucedeu a Dona Scila no Alvorada. Além de sua esposa, Lucy era prima de primeiro grau de Ernesto Geisel, filha de uma irmã de sua mãe. Na época em que Scila e Lucy viveram no Palácio da Alvorada, voltar-se exclusivamente à casa e à família não era motivo para críticas.

Dulce Figueiredo, por sua vez, já estava separada de João Figueiredo quando ele foi nomeado presidente. Isso não impediu que ela fosse chamada para reassumir a função de esposa de modo a zelar pelas aparências. Foi o que fizeram. Com a imprensa em seu encalço – os tempos já eram outros –, Dulce era alvo frequente de notinhas que buscavam colar nela o rótulo de perua e relatavam sua presença em badaladas boates do Rio ou de São Paulo. Dona Dulce também foi acusada de fazer mau gasto do dinheiro público, tanto no Brasil quanto na Europa. Numa ocasião, noticiaram que um avião havia decolado vazio de Brasília apenas para transportar roupas de cama para a primeira-dama, que passava uma temporada no interior paulista.

Com nenhuma das primeiras-damas anteriores, no entanto, as notícias vinham impregnadas de preconceito de classe e tamanho juízo de valor como aconteceu com Marisa. Mesmo quando a elogiavam, os elogios eram normalmente atribuídos à sua capacidade de "se comportar em público" ou motivados por mudanças na aparência, nas ocasiões em que Marisa fez alguma intervenção estética ou apareceu com um penteado novo. Quase sempre em tom de deboche, como se ela só se preocupasse com isso, ou em tom de aprovação, como se fosse papel dos jornais conferir um atestado de consentimento a cada iniciativa da primeira-dama: "parabéns, Dona Marisa, você está autorizada a seguir em frente".

— Vocês sequestraram meu marido, por acaso?

Mudaram a cidade, a cadeira e o cargo, mas a cobrança de Marisa mantinha-se igual à do tempo do Sindicato. Seu limite era nove da noite. Depois disso, os assessores do Palácio do Planalto já ficavam de prontidão para atender ao telefonema da primeira-dama.

— Diz para ele vir embora logo – ela ordenava.

Desde o primeiro dia de trabalho, Lula chegava a seu gabinete por volta das oito da manhã – isso após fazer caminhadas matinais diárias no Alvorada junto com Marisa e, algumas vezes, com o ministro da Fazenda Antonio Palocci – e saía depois das nove da noite. Com relativa frequência, estendia o expediente até as dez ou onze, conforme a urgência das decisões e a gravidade das reuniões noturnas.

No dia 2 de janeiro de 2003, Lula chegou ao Palácio às 8h10, preocupado com o primeiro compromisso do dia: audiência com o presidente da Venezuela, Hugo Chávez, com quem tomaria café da manhã.

— Porra, mas aqui não tem expresso? – irritou-se ao saber que o único café disponível no Palácio era coado e vinha da cozinha até sua mesa num bule de prata.

Naquele dia, Lula não saiu do gabinete, no terceiro andar, nem para almoçar. Voltou para o Alvorada às oito da noite para esperar o presidente de Cuba. À mesa, Marisa lembrou-se de quando recebeu Fidel Castro em sua casa, em 1990, e serviu a ele frango com polenta. Desta vez, o jantar seria bem diferente. A casa era um palácio, a mesa comportava vinte e oito pessoas, e o cardápio, baseado na culinária internacional, era servido à francesa, bem mais requintado do que o menu de 1990 – embora Lula, Marisa e Fidel possivelmente preferissem frango com polenta.

Uma das primeiras mudanças determinadas pelo novo casal presidencial afetou justamente os hábitos alimentares no Palácio. Fernando Henrique havia contratado uma renomada chef para elaborar o cardápio e comandar a cozinha do Alvorada. Roberta Sudbrack era gaúcha e conduzia um restaurante estrelado no Rio de Janeiro quando assumiu o cargo. Ao longo de sete anos, adotara a culinária brasileira como inspiração, mas imprimira um toque contemporâneo e minimalista aos pratos, que passou a servir à francesa (antes eram dispostos num bufê). Roberta incorporava ingredientes brasileiros a pratos clássicos da gastronomia internacional, ou fazia releituras da cozinha brasileira de modo a compor uma espécie de portfólio de quitutes locais, com o qual surpreendia os convidados estrangeiros.

Lula tivera a oportunidade de provar sua comida semanas antes da posse, a convite de FHC, numa ocasião em que o salão de banquete reuniu representantes dos países do Mercosul. À saída, compartilhou sua impressão com o cônsul do Brasil em Londres, Paulo de Oliveira Campos, o POC, que retornaria ao Brasil e assumiria a função de chefe do cerimonial da Presidência da República no ano seguinte:

— Isso vai ter que mudar – Lula comentou, em voz baixa, referindo-se às porções pouco generosas servidas no jantar. — Precisa ter comida. Eu gosto de comer.

Roberta Sudbrack foi dispensada logo no início do governo. Sem ela no comando dos cozinheiros, a orientação de Marisa era para que a cozinha do Alvorada servisse o trivial: arroz, feijão, bife, batata, carne de porco, salada. Além do trivial, a equipe deveria saber preparar pratos tradicionais da "baixa gastronomia" paulista: rabada, virado, dobradinha. Quanto menos sofisticação, melhor. Se surgisse uma ocasião especial, alguma recepção com chefes de Estado ou delegações estrangeiras, a cozinha do Itamaraty seria acionada. E, nesses casos, a recomendação era servir os clássicos da culinária brasileira: feijoada, moqueca, baião-de-dois, galinhada, tropeiro.

Numa noite, jantavam apenas Marisa e Lula quando a primeira-dama desatou a rir.

— Que foi? – o presidente ficou curioso.

Marisa não parava nem para tomar ar.

— Fala, mulher!

— Essa comida – Marisa respondeu, engasgada, lacrimejando.

— Que foi? Erraram a receita? Colocaram açúcar em vez de sal?

— Não! – Marisa enxugava os olhos e tentava se recompor. — É o pessoal da cozinha, quando eles poderiam imaginar que um dia uma primeira-dama iria pedir pé de frango para o jantar?

MARISA GOSTAVA DE ESPERAR O MARIDO para tomar uma taça de vinho com ele. Nesses momentos de intimidade, costumava se inteirar dos bastidores do governo. Com frequência, opinava, dava bronca, expunha alguma preocupação. Eventualmente, Lula deixava o Palácio do Planalto depois das dez da noite com uma decisão tomada e, às oito da manhã do dia seguinte, voltava com uma decisão diferente. Os ministros e assessores mais próximos sabiam que Marisa tinha responsabilidade na mudança.

Já no primeiro ano, conforme avançava o debate sobre a mini-reforma da Previdência, Marisa influenciava recuos e ponderações.

— Isso vai pegar mal com os metalúrgicos – comentava.

Ou ainda:

— Mas o que os trabalhadores estão achando disso? Você falou com alguém da CUT?

Não era raro que a conversa culminasse na mágoa diante de alguma declaração dada por algum ministro e que, aos ouvidos de Lula ou Marisa, assumia a forma de traição. Às vezes, era Lula quem reclamava. Reclamou quando Ricardo Berzoini, então ministro da Previdência, afirmou publicamente que a reforma deveria incluir os privilégios dos militares, deflagrando a primeira crise institucional com as Forças Armadas. Em março do primeiro ano, esbravejou quando Dom Mauro Morelli, bispo de Duque de Caxias (RJ) e membro do Conselho Nacional de Segurança Alimentar, publicou um artigo na *Folha de S.Paulo* reclamando da demora em tirar do papel o Fome Zero, programa de combate à fome lançado por Lula no primeiro dia de governo. Também não deixou de reclamar de Luiz Gushiken, ministro da Secretaria de Comunicação, por não criar campanhas mais eficientes, capazes de evitar o desgaste do governo perante a opinião pública.

Outras vezes, era Marisa quem se queixava. Na semana que antecedeu a posse, não escondeu seu desconforto diante de uma entrevista concedida por um velho amigo à revista *Veja*. "Frei Betto afirma que dá e continuará dando conselhos de economia a Lula", dizia a matéria. Dias antes, em entrevista à rádio CBN, o dominicano havia criticado publicamente a hipótese de Gilberto Gil assumir o Ministério da Cultura, sem saber que o nome do artista já estava definido. Segundo ele, seria melhor um nome mais identificado com o PT.

— Mui amigo... – Marisa reclamava.

Frei Betto integrou a equipe de governo por dois anos, como assessor especial da Presidência, incumbido da missão de mobilizar a sociedade em prol do Fome Zero, o programa de segurança alimentar que, em dois anos, seria engolido por outro programa social, com maior publicidade: o Bolsa Família. A relação de Betto e Marisa, após vinte e três anos de amizade, sofreria outros dois abalos. Em julho de 2003, Frei Betto e o colega Oded Grajew, também assessor dedicado ao Fome Zero, foram despejados da sala que ocupavam no terceiro andar do Palácio do Planalto e transferidos para o Anexo II. Marisa havia reivindicado a sala para instalar ali seu gabinete. Queria receber pessoas de diferentes lugares do país que requisitavam reuniões com ela, além de dar entrevistas, discutir agenda e responder às cartas que chegavam. Para o frade, a mudança era um despropósito por dois motivos. Reforçava publicamente a sensação de que o Fome Zero não era prioridade e abria margem para ataques, uma vez que Marisa não tinha cargo na administração pública, ou seja, não precisaria de uma sala.

O segundo choque veio no ano seguinte. Já exonerado, Frei Betto lançou o livro *Mosca azul*, recheado de críticas à forma como Lula conduzira o governo, sobretudo nos temas mais caros à área social e às bandeiras históricas do PT. Marisa entendeu o livro como uma forma de traição.

Mesmo sem cargo no Poder Executivo, Marisa ocupava um gabinete no Planalto desde o início do governo. Havia se instalado numa das salas da Secretaria Pessoal do Presidente da República, a poucos metros do Gabinete Presidencial, também no terceiro andar. Ia, em geral, no período da tarde, pelo menos duas vezes por semana. Mas Jucinilde marcava presença todos os dias, em horário comercial. Oficial de chancelaria, Jucinilde Salazar Pereira trocou o Itamaraty pelo Palácio do Planalto para secretariar a primeira-dama. Tornou-se a fiel escudeira de Marisa ao longo dos oito anos de governo Lula.

Por ordem da assessora, o gabinete da primeira-dama adotou certa formalidade com a qual Marisa custou a se acostumar. A primeira regra foi acabar com o livre acesso à Marisa. Agora, quem quisesse falar com ela deveria ser anunciado. O segundo tópico era substituir a forma de tratamento, pelo menos entre os servidores. Não tinha essa de Lula e Marisa. Agora era "presidente Lula" e "Dona Marisa", ou ainda "senhora primeira-dama". Quando alguém ligava e pedia para falar com Marisa, Jucinilde corrigia:

— O senhor quer falar com a senhora primeira-dama, Dona Marisa?

Marisa achava aquilo um exagero.

— Não precisa isso –, dizia. — É muita pompa.

Mas acabou se acostumando. E parecia gostar da formalidade. O que ela não engolia era a sala que ocupava. Embora localizada ao lado do gabinete de Lula, era pequena e tinha um agravante que tirava Marisa do sério: além da porta de entrada, que dava para o corredor, havia em sua sala uma segunda porta, que dava para a sala de reunião do presidente. Esta porta só podia ser trancada pela sala do presidente, e não pela sala de Marisa. Em pouco tempo, a porta começou a ser usada por ministros e assessores que, ao sair de alguma reunião com o chefe, buscavam o caminho mais curto rumo ao corredor. Era por ali. Resultado: quase todo dia alguém irrompia pela sala de Marisa, pouco importando se a primeira-dama estava em reunião ou concentrada em alguma atividade. Após um ano nessa situação, não havia santo que fizesse Marisa desistir de disputar a sala maior, ocupada por Betto e Oded.

PARA OS FOFOQUEIROS PRESIDENCIAIS, o verdadeiro motivo para Dona Marisa bater ponto no Palácio do Planalto era o ciúme. Insegura com as horas extras cumpridas pelo marido, Marisa reivindicava o direito de ir ao Planalto na hora que bem entendesse. Pode até ser que essa fosse uma motivação, ou até a principal, mas a verdade é que Marisa tinha, sim, muitas cartas a responder, entrevistas a dar e audiências a fazer. Denise Gorczeski, assessora de imprensa que a acompanhara na campanha eleitoral e permaneceria com elas nos dois primeiros anos de governo, recebia pelo menos cinco pedidos de entrevista por dia, de jornais de cidades do interior a revistas internacionais. Convites para participar de eventos sociais chegavam com a mesma frequência. E as cartas dirigidas a Marisa, para surpresa de Cláudio, eram no mínimo dez por dia, enquanto as primeiras-damas anteriores recebiam no máximo uma.

Goiano de Catalão, Cláudio Soares Rocha dirigia o Departamento de Documentação Histórica do Gabinete Pessoal do Presidente (DDH) quando Lula e Marisa se instalaram no Alvorada. Cláudio trabalhava na Presidência desde o governo Sarney, emprestado pelo Arquivo Nacional. Cuidava do acervo da Presidência, o que incluía manejar os móveis e obras de arte dos palácios, organizar documentos, catalogar os presentes recebidos e também coordenar a equipe responsável por ler, fazer a triagem e responder as cartas endereçadas ao presidente. No dia 7 de janeiro, Lula e Marisa foram ao DDH conhecer o local de trabalho de Cláudio e sua equipe, no Planalto. O novo casal presidencial conversou com todo mundo, tirou fotos, e Lula se dirigiu diretamente às leitoras:

— Vocês serão a partir de hoje o meu canal de comunicação com o povo que me elegeu – ele disse. — Peço que vocês cuidem dele com carinho.

Marisa não escondia o encantamento. Viu como eram organizados os presentes que haviam chegado por ocasião da posse, tanto os de chefes de Estado quanto os de pessoas comuns, e, surpresa das surpresas, foi apresentada à pilha de cartas dirigidas a ela. Incrédula, quis saber se era normal a esposa do presidente receber cartas. Cláudio respondeu que sim, mas reconheceu que nunca havia chegado tantas cartas para a primeira-dama quanto agora.

— E vocês vão responder as cartas que chegarem pra mim? – perguntou, desconfiada.

— Faz parte do nosso trabalho – ele explicou, referindo-se à equipe de leitoras. — Elas fazem a triagem. Dependendo do teor da carta, algumas são respondidas de forma protocolar e padrão, outras são encaminhadas para o setor apropriado e uma pequena parte segue para a sua assessoria particular.

— Não sei, não – Marisa respondeu. — Quero ver essas respostas.

Em pouco tempo, Cláudio precisou recrutar mais funcionárias para o DDH. No auge, o número de leitoras chegou a vinte, pouco depois acomodando-se em doze. Ao longo do primeiro mandato, o Palácio receberia uma média de 8 mil cartas por mês. Uma parte, algo perto de trezentas, era direcionada a Marisa. A maioria, escrita por mulheres. Tinha de tudo: pedidos de ajuda, recomendações de como cuidar do presidente, receitas infalíveis para torná-lo ainda mais apaixonado por ela, receitas de comida, pedidos de fotos do presidente, apelos para que Marisa interviesse em favor de um filho preso, ou enfermo, ou dependente químico...

O rito adotado na Presidência estabelecia o prazo de dez dias para que as cartas fossem respondidas. No início do governo, foi impossível cumprir. Mesmo com atraso, as respostas eram enviadas.

Uma média de 100 cartas por mês merecia sua atenção. Em alguns casos, bastava responder. Em outros, era preciso agir. Para dar conta da tarefa, Marisa passou a contar não apenas com o auxílio de Denise, mas também de Jucinilde.

— Liga lá pro Marinho e vê se ele resolve – Marisa orientava, referindo-se ao ministro do Trabalho, Luiz Marinho, quando chegava algum pedido referente a emprego.

— Tenta com o Sarah – sugeria, referindo-se à rede de hospitais Sarah Kubitcheck, quando a carta trazia pedidos de próteses ou cirurgias.

Em geral, as cartas para o presidente eram mais pitorescas. No primeiro mês, muitas sugeriam tratamentos para a bursite de Lula. E vinham acompanhadas com pomadas e unguentos de tudo quanto era planta. "Joga esses remédios fora", diziam, "bursite se trata com sebo de carneiro". E chegavam dezenas de potes com sebo de carneiro. Às vezes chegavam meias e gorros. "Faz muito frio em Brasília, por isso fiz esse gorro pro presidente", diziam. Demorou algum tempo para que Cláudio se sentisse à vontade para mostrar a Marisa as cartas mais picantes. Algumas vinham com fotos sensuais. "Sou modelo e atriz e fico louca quando te vejo na TV", diziam as fãs do presidente. Marisa, escandalizada num primeiro momento, driblava o ciúme e acabava rindo junto com Cláudio. "Joga isso fora", brincava.

EMBORA DESPACHASSE COM FREQUÊNCIA no "gabinete da primeira dama", Marisa cumpriu a promessa de não assumir qualquer cargo público. Também limitou ao mínimo qualquer participação em programas do governo, embora fosse permanentemente cobrada para que o fizesse, sobretudo dentro do PT. Representantes da secretaria de mulheres do partido chegaram a se reunir com ela mais de uma vez na esperança de convencê-la a se engajar em campanhas contra a violência doméstica ou pela paridade de gênero no Congresso Nacional, entre outras. Foram raras as exceções.

No primeiro ano, Marisa topou virar presidenta de honra da ONG Apoio Fome Zero, uma organização da sociedade civil criada com a missão de buscar contribuições financeiras junto à classe empresarial para o programa de combate à fome lançado pelo presidente. Criada em julho, num evento que contou com a presença de 1.200 empresários, a ONG tinha como diretores executivos o consultor Antoninho Marmo Trevisan e o administrador Walter Bélik, especialista em segurança alimentar. A primeira-dama não chegou a participar da gestão da entidade.

Nos anos seguintes, Marisa se engajaria em outras duas ações de caráter político-social. A atuação que teve mais projeção foi como madrinha do III Congresso Mundial de Combate à Exploração Sexual de Crianças e Adolescentes, a convite da Rainha Sílvia, da Suécia. Numa viagem a Estocolmo, a rainha pediu uma reunião com Dona Marisa. Paulo de Oliveira Campos, o POC, chefe do cerimonial da Presidência da República, e Jucinilde a acompanharam. Sua majestade apresentou à primeira-dama o que era a Childhood Foundation e em que consistia o Congresso Mundial. Contou que o primeiro fora realizado em Estocolmo, em 1996, e o segundo em Yokohama, no Japão, em 2001. Finalmente, revelou o desejo de promover a terceira edição no Brasil. Marisa deu cartão verde para que os ministérios fossem acionados. O Congresso foi realizado no Rio de Janeiro em novembro de 2008, com a coordenação da Secretaria Especial de Direitos Humanos da Presidência da República e apoio dos ministérios do Desenvolvimento Social, das Relações Exteriores e do Turismo. Representantes de 114 países estiveram presentes.

No ano seguinte, o presidente do Serviço Social da Indústria (Sesi), Jair Meneguelli, convidou Marisa para ser madrinha do projeto ViraVida, concebido para a inclusão social e no mercado de trabalho de jovens vítimas de exploração sexual. Jovens de quinze a vinte e dois anos faziam um curso e recebiam uma bolsa mensal equivalente ao salário mínimo, enquanto o Sesi procurava empresas públicas e privadas dispostas a absorver essa mão de obra após a diplomação, permitindo que deixassem a prostituição. Marisa esteve presente nas formaturas das turmas em diferentes Estados, tirou fotos com a moçada, mas não houve quem a convencesse a discursar.

Nessas ocasiões de maior engajamento, Marisa lia tudo que chegava a suas mãos sobre o assunto, ia às cerimônias, mas sempre voltava para casa com a certeza de que sua maior vocação era mesmo cuidar do marido e da família. E da casa, que agora não era uma casa qualquer.

No dia a dia, sua equipe pessoal era completada pelos assessores Aurélio Pimentel e Freud Godoy. Ambos se revezavam na tarefa de grudar na primeira-dama. Sete dias um, sete dias o outro. Eram uma espécie de faz-tudo, além de se firmarem como o contato de Marisa com o mundo. Se algum servidor precisasse ir ao Alvorada para buscar um móvel para restaurar, fazer um conserto ou acompanhar uma visita técnica com algum pesquisador, cabia a eles consultar a primeira-dama sobre a melhor data e agendar. Normalmente, Marisa escolhia um período em que não fosse estar em casa.

No primeiro ano do segundo mandato, Freud foi substituído por Bismarck de Moura Alcântara. Os três trabalhavam com a família Lula da Silva desde a eleição de 1989, quando integraram a equipe de segurança do presidenciável. Agora, em Brasília, era preciso acordar cedo para estar a postos às quinze para as seis da manhã na porta do Alvorada para a caminhada matinal do casal. Lula e Marisa desciam às seis com suas roupas de ginástica, mesmo horário em que chegava o personal trainer. Ao longo do dia, as tarefas mais pessoais eram atribuídas a esses assessores, sobretudo a Aurélio.

Quando Marisa queria fazer uma blusa, por exemplo, pedia a Aurélio que fosse falar com Nilza, a costureira do Alvorada. Aurélio explicava o desejo da primeira-dama e a costureira determinava o tipo de tecido adequado. Aurélio buscava amostras na Asa Sul, comprava botões na 516 Norte e deixava tudo para a primeira-dama analisar. Depois que Marisa escolhesse, voltava para comprar um metro e meio disso, um metro daquilo, e levava tudo para a costureira. Ele também era acionado quando Marisa precisava ligar para alguém em São Paulo ou São Bernardo. Ou quando ela preferia não receber ligação de ninguém. Às vezes, mandava recados por meio dele, de forma implícita, e sempre eficiente. Se havia algo que a desagradasse, como a postura de algum funcionário, bastava comentar com Aurélio. Ele daria um jeito de fazer o recado chegar ao destinatário.

UM CANTEIRO DE FLORES EM FORMA DE ESTRELA!

A "denúncia" estampou a primeira página do *Correio Braziliense* em 15 de abril de 2004. Nos jardins do Alvorada, entre o campo de futebol e o laguinho, imagens aéreas mostravam um canteiro de sálvias vermelhas em forma de estrela, medindo 4 metros de uma ponta a outra. Não bastasse, outro canteiro em forma de estrela, este com 5 metros de diâmetro, tinha sido descoberto na Granja do Torto. Outros jornais repercutiram a notícia. Arquitetos e consultores do Instituto do Patrimônio Histórico e Artístico Nacional, o Iphan, repetiam na TV que aquilo era um absurdo, que o casal presidencial havia ultrapassado todos os limites, que aquilo era apropriação indevida do patrimônio público, que a estrela vermelha não apenas fazia propaganda ideológica do partido ao qual o presidente era filiado como configurava dano a um imóvel tombado.

Quase sempre, a infração era atribuída à primeira-dama. "Marisa coloca estrela do PT no Alvorada", foi o título da matéria publicada no jornal *O Estado de S. Paulo* na edição do dia seguinte. A *Folha de S.Paulo* dedicou um parágrafo à memória das ex-primeiras-damas Lucy Geisel e Dulce Figueiredo, que, segundo o jornal, teriam feito alterações nos jardins do Palácio, mas "respeitaram os canteiros estabelecidos no projeto original".

Os jardins do Alvorada foram concebidos por Yoichi Aikawa, jardineiro do Palácio Imperial do Japão. O projeto paisagístico foi um presente do imperador Hirohito ao presidente Juscelino Kubitschek. Aikawa veio ao Brasil para executá-lo pessoalmente nos anos 1950, a fim de adaptar o projeto de acordo com as espécies nativas do Brasil, como araucárias, paus-brasil e sibipirunas.

Ao longo dos anos, desde a inauguração do Palácio, em junho de 1958, muitas mudanças foram feitas nos 46 hectares do terreno, e nenhuma causou tamanha polêmica. Ruth Cardoso instalou uma horta. Um campo de futebol foi feito a pedido de Lula. Marisa encomendou um orquidário. Em seguida, a equipe escolheu um pedaço do terreno, fixou um banco e suportes para duas redes, colocou uma cascata e batizou o espaço de Praça do Namoro. Marisa também mandou espalhar flores coloridas pelos canteiros, uma tentativa de quebrar a monotonia das congéias, jasmins e crótons que predominavam na paisagem. A estrela de sálvias vermelhas, no entanto, não foi uma iniciativa dela, ao contrário do canteiro em forma de mapa do Brasil que Marisa havia criado um ano antes com Delzuíta.

Delzuíta Maria de Souza era a supervisora dos serviços de jardinagem. Funcionária da Novacap, a companhia urbanizadora de Brasília, chegara para trabalhar como jardineira no Palácio da Alvorada em 1998 e, em 2003, foi requisitada por Marisa para permanecer ali, agora como supervisora.

Marisa encomendou uma revolução nos jardins. A ordem era colorir. Antes, os canteiros eram permanentes, compostos com espécies monocromáticas que floresciam uma vez por ano e não careciam de replantio, apenas de poda. Agora, a dona da casa queria arranjos multicoloridos, com flores que muitas vezes precisavam ser repostas a cada trinta ou sessenta dias.

— A vida da gente precisa ser colorida, Delzuíta – Marisa instruía. — Já vivi muita coisa triste para morar no meio de plantas apagadas.

Aos poucos, os canteiros foram ganhando tons quentes, sobretudo vermelho, laranja e cor-de-rosa. Sálvia vermelha era uma de suas espécies preferidas. Quando algo a desagradava, Marisa não hesitava em reclamar:

— Não gostei desse canteiro. Pode refazer.

Um dia, conferindo junto com a primeira-dama o novo canteiro em forma de mapa do Brasil, Delzuíta comentou:

— E se a gente fizesse um canteiro com uma estrela vermelha?

— Você é maluca! – Marisa reagiu. — Não pode de jeito nenhum. Deus me livre. Vão querer me crucificar se aparecer um negócio desses no jardim.

Dias depois, Marisa retomou o assunto, curiosa.

— Delzuíta, aquela ideia da estrela, você estava falando sério?

Delzuíta, esperta, disse que não.

— Eu tava brincando, Dona Marisa. – respondeu. — Mas a senhora quer?

— Não, não. Isso aí não pode, não.

A supervisora ficou com aquilo na cabeça. Pensou em fazer uma surpresa para ela. Uma forma, também, de agradecer a atenção da primeira-dama. Em menos de um ano, Marisa havia criado a função de supervisora da jardinagem e mandado construir uma sala, com televisão e ar condicionado, onde Delzuíta podia guardar mudas e sementes, escolher espécies, redigir e assinar ofícios a serem enviados à Novacap. Com frequência, Marisa ia visitá-la no final da manhã. Quando o presidente chegava para almoçar em casa, muitas vezes se irritava com a ausência da esposa.

— Quer ver que ela está lá com a Delzuíta? – comentava, e pedia que fossem chamá-la. — Tô achando que Marisa gosta mais da Delzuíta do que de mim.

Em dezembro de 2003, Delzuíta aproveitou uma viagem do casal presidencial, que passaria uma semana no Oriente Médio, visitando países como Síria e Egito, e chamou um dos jardineiros para conversar.

— Silomar, enquanto a Dona Marisa está viajando, vamos fazer uma estrela de presente pra ela?

Fizeram. Não apenas a estrela, como também uma lua e um sol. Desenharam, pesquisaram as flores e, para a estrela, escolheram uma espécie chamada zínia. Encomendaram as mudas e as plantaram, próximo ao canteiro em forma de mapa do Brasil. Quando Dona Marisa chegou de viagem, estava tudo pronto. Pouco tempo depois, em janeiro, insatisfeitos com o aspecto criado pela zínia, Delzuíta e Silomar refizeram o canteiro com sálvia. Floriu e ficou vistoso.

— E agora? – Marisa comentou, como quem chama atenção de uma criança que fez arte. — Vocês vão me complicar com essas flores.

— Se a senhora preferir, a gente remove o canteiro hoje mesmo.

A intuição de Marisa dizia que era melhor arrancar tudo o quanto antes. Mas a generosidade do gesto e o carinho da surpresa fizeram a primeira-dama recuar, sem coragem de destruir o canteiro. Deu no que deu.

A estrela do Alvorada foi desmanchada logo após a reportagem. Especialista dividiam-se em relação ao "crime" cometido. Para uns, havia descaracterizado um imóvel tombado. Para outros, nada havia de errado, uma vez que o canteiro integrava a área privativa do jardim, nos fundos do Palácio, onde alterações podiam ser feitas, a exemplo do campo de futebol sugerido pelo presidente Lula, ou mesmo o canteiro em forma de mapa do Brasil. Houve também quem anotasse que um canteiro de 4 metros de diâmetro não interfere na composição de um jardim com a amplidão do Alvorada. De qualquer maneira, era inegável a referência ao PT, uma apropriação ideológica do espaço público. Melhor arrancar.

Logo depois desse episódio, foi Marisa quem surpreendeu Delzuíta com uma estripulia. Entregou a ela um galho de pitaia para que ela plantasse no pomar. E sussurrou:

— Essa planta eu roubei.

— Como assim, Dona Marisa?

— Roubei. Enfiei na mala e trouxe da China. Pedi e não me deram. Trouxe assim mesmo.

O pé de pitaia vingou e Marisa chegou a comer algumas vezes a fruta colhida no Palácio. Teve melhor sorte do que o pé de pitomba, que Marisa mandou plantar e nunca deu fruto nenhum. Com tanta fruta à disposição, ninguém chegou a sentir falta. Só de jabuticaba, havia sessenta e dois pés no Alvorada. Caju, manga, laranja, murici, pequi, seriguela, tamarindo.

Delzuíta comandava cerca de setenta empregados, incluindo tratoristas e equipe de varrição. Marisa logo aprendeu os nomes de todos. E foi ganhando intimidade com eles, sem perder o jeito rigoroso com que chefiava os trabalhos. Às vezes, quando Delzuíta chegava para trabalhar, encontrava Marisa de café tomado e caminhada feita, mexendo na terra.

— Já de pé, Dona Marisa? – Delzuíta perguntava.

— Quem quer trabalhar acorda cedo – Marisa respondia, risonha.

Outras vezes, Marisa apenas se aproximava da janela de seu quarto para ver o que se passava nos jardins e, lá do alto, via um dos jardineiros batendo papo, apoiado na enxada.

— Joel – gritava –, você ainda vai criar um calo no sovaco de tanto ficar aí escorado nessa enxada!

No começo, os empregados estranharam. Não estavam acostumados a serem chamados pelo nome pelo presidente e pela primeira-dama. Nem que lhe dissessem bom dia. Oficialmente, há uma recomendação no Palácio para que os funcionários evitem chegar perto dos governantes, salvo quando solicitados. Sobretudo na área da piscina. Lula e Marisa quebravam diariamente esse protocolo. Às vezes, Marisa se sentava perto da piscina para ler o jornal. Não demorava dez minutos e chamava Antônio de Carvalho Neto, funcionário que cuidava da piscina, da sala de ginástica e do equipamento de pesca, para conversar. Perguntava da família, queria saber dos peixes. Quando o garçom trazia seu café, ordenava:

— Traz mais um para o Seu Antônio.

Antônio e Delzuíta faziam companhia para Marisa nas pescarias no Lago Paranoá. Hobby que acompanhava Marisa desde a infância, a pescaria nunca tinha sido um hábito no Palácio. Bastou Lula e Marisa se mudarem para lá que um jogo de varas e molinetes foi logo providenciado.

Quem também passava horas pescando com Dona Marisa era Dalina, a camareira. Funcionária do Itamaraty, Dalinajara Almeida Campos fora requisitada para trabalhar no Alvorada por Fernando Henrique Cardoso, que a conhecera quando ministro de Itamar Franco. Por oito anos, Dalina foi o braço-direito de Ruth Cardoso e FHC. Como uma governanta, apressava-se em saber das vontades do casal, cuidava da roupa, intermediava os pedidos à cozinha e até costurava as cortinas do Palácio quando a barra ameaçava soltar. Dalina manteve o cargo e a função nos oito anos de governo Lula, um presidente que, segundo a camareira, merecia toda admiração por chegar à Presidência depois de ter uma infância pobre no Nordeste, como ela, que deixara o Maranhão nos anos 1970 para ser empregada doméstica em Brasília. No dia em que Ruth Cardoso faleceu, em 24 de junho de 2008, Dalina foi convidada por Lula a pegar uma carona no avião presidencial e ir a São Paulo para dar um abraço no ex-presidente.

— Vê lá quem mais quer ir – Marisa propôs, ao saber que ainda sobravam lugares no avião.

As pescarias no Alvorada e no Torto eram também uma forma de Marisa driblar a solidão do Palácio, quase sempre implacável. Quando o presidente viajava, a sensação de vazio aumentava. Pela primeira vez, Marisa não tinha filhos morando com ela. E, pela primeira vez, viveu a experiência de passar noites seguidas sem nenhum familiar por perto, numa casa de três andares e 7 mil metros quadrados.

Eventualmente, Marisa recebia a visita de amigas de São Bernardo, como Cidinha Demarchi e Elvira Teixeira. Algumas chegaram a pernoitar no Palácio, o que era sempre uma ocasião especial para a hóspede e para a anfitriã. Marisa ia pessoalmente conferir a arrumação do quarto, oferecer um travesseiro extra. Com o tempo, receber hóspedes no Palácio ou na Granja do Torto tornou-se algo natural. O amigo Jacó Bittar, com quem Lula havia fundado o PT em 1980, chegou a passar um longo período hospedado na Granja, recuperando-se de um tratamento de saúde.

Aos domingos, o astral melhorava. Quando não eram os filhos que iam a Brasília para visitá-los, Marisa e Lula abriam a casa aos amigos. Ministros e secretários que optavam por não voltar para suas cidades nos fins de semana eram frequentemente convidados para almoçar com o casal presidencial. Não todos. Marisa era seletiva nos convites. Em geral, a honra era limitada aos companheiros de longa data e aos ministros mais próximos.

De segunda a sexta, no entanto, os dias costumavam ser muito solitários para Marisa, principalmente quando o presidente viajava sem a primeira-dama. Nessas ocasiões, sobretudo no primeiro ano, Marisa pegava o telefone e pedia à telefonista que chamasse a assessora de imprensa ou o diretor do Departamento de Documentação Histórica. Denise Gorczeski e Cláudio Rocha, solidários, aceitaram o convite para jantar, jogavam mexe-mexe, tomavam vinho com a primeira-dama. Para Cláudio, funcionário de carreira lotado no Alvorada havia mais de quinze anos, essas ocasiões tinham algo de insólito, de fantástico. Desde Dona Marli, esposa do presidente Sarney, jamais uma primeira-dama havia se aproximado, sentado com ele para comer e jogar conversa fora.

O convívio refletia em cuidado e afeto. Uma vez, Marisa quis enviar a Cláudio um convite para um evento oficial e fez questão de consultá-lo para solucionar uma dúvida que, naquele momento, tornou-se urgente para ela: o que escrever no envelope de modo a estender o convite ao companheiro de Cláudio, com quem ele estava casado havia mais de trinta anos, sem precisar enviar um convite para cada um? Seria possível colocar "Ao senhor Cláudio Soares Rocha e Sr.", adaptando aos casais homoafetivos o padrão utilizado para casais héteros? Cláudio foi pesquisar o que dizia a etiqueta. E voltou com a resposta: bastaria colocar os dois nomes no envelope, começando com quem Marisa conhecia melhor.

Em outra ocasião, Marisa pôs-se a se queixar da falta do que fazer em Brasília. Colocou um disco do Roberto Carlos e voltou para o carteado.

— Isso aqui é uma gaiola dourada – reclamou. — Eu vivo engaiolada.

— Imagina, Dona Marisa, isso aqui é um palácio – disse Cláudio. — Tem todo o conforto necessário e você pode pedir o que quiser à equipe de segurança.

— De que adianta? É o tempo inteiro com esses seguranças no pé. Não posso sair sem eles, ficar sozinha, ver vitrine, passear.

— Marisa, se você quiser você põe uma peruca, óculos escuros, uma roupa diferente, e a gente vai pro shopping sem ninguém saber. Só eu e você.

— Será? Olha que eu topo.

No dia seguinte, Aurélio Pimentel, o ajudante de ordens de Marisa, deu um esporro em Cláudio:

— Você não se atreva a fazer isso!

Cláudio entendeu que a própria Marisa tinha comentado com Aurélio sobre a proposta indecente feita por ele.

— Mas, Aurélio, coitada dela. Ela não pode fazer nada que ela quer.

— Não inventa que eu te mato – Aurélio brincou.

Com exceção do pessoal do governo e de assessores mais próximos, as primeiras amizades de Marisa em Brasília demoraram a surgir. Um dos motivos foi a decisão do casal de não frequentar eventos sociais, como casamentos e aniversários. Lula temia despertar o que chamava de "ciumeira". Ir ao casamento da filha de um ministro e não ir ao casamento da filha de outro, por exemplo, poderia ser recebido como uma desfeita grave pelos pais da segunda. Jantar num restaurante e não aparecer em outro poderia causar inveja nos chefs ou proprietários. Sendo assim, Marisa e Lula, que já não iam a cinemas, teatros ou restaurantes em São Paulo e São Bernardo, ficaram ainda mais recolhidos durante os oito anos de governo.

Foram três as novas amigas que ficaram mais íntimas de Marisa durante a temporada em Brasília, e todas elas se aproximaram em razão das relações estabelecidas entre Lula e os respectivos maridos. Com duas delas, a amizade parecia representar o bom trânsito do Palácio com o Legislativo e o Judiciário. Marina Luce de Carvalho era esposa do advogado Luiz Carlos Sigmaringa Seixas, deputado federal pelo PT do Distrito Federal entre 2003 e 2006. Guiomar Feitosa de Albuquerque Lima namorava Gilmar Mendes, ministro e futuro presidente do Supremo Tribunal Federal. Juntas, as três formaram um trio, que chegou a sair algumas vezes à noite. Primeiro, foram ao Feitiço Mineiro, um bar com música ao vivo que pertencia a Jorge Ferreira, amigo de Marisa. Semanas depois, foram ao Mercado Municipal, outro bar do mesmo dono. Nesses bares, as amigas bebiam e comiam torresmo, pastel, mandioca frita, feijão tropeiro, linguiça. Marisa exigia que os seguranças ficassem do lado de fora. Clientes vinham tirar fotos com a primeira-dama. De meia em meia hora, as amigas iam fumar na calçada.

Marisa fumava. Mais de um maço de cigarros Marlboro Lights por dia. Lula preferia cigarrilhas Café Crème, marca holandesa facilmente encontrada na rede de lojas Duty Free. Embora o protocolo vetasse o consumo de cigarros – e cigarrilhas – em cerimônias oficiais e nos prédios públicos, Marisa não hesitava em fumar após a refeição quando o jantar ocorria no Alvorada. "Na minha casa, mando eu", pensava, enquanto alcançava um isqueiro e dava suas baforadas após a sobremesa. A amizade com Guiomar começou assim.

— Vou acompanhar a senhora – disse a companheira de Gilmar Mendes, também advogada, então secretária-geral do Tribunal Superior Eleitoral. Como a bolsa de Guiomar havia ficado em outro cômodo, Marisa estendeu seu maço para ela e fumaram juntas.

Mas a primeira das amigas que Marisa fez em Brasília, já em fevereiro de 2003, foi a chinesa Yu Xiu Fang. À primeira vista, parecia que as duas não tinham nada em comum. Em poucos dias, a amizade vingou e logo as duas se tornaram muito íntimas. Xiu Fang é esposa do Doutor Gu, acupunturista chinês que curou a bursite de Lula. Famoso por espetar políticos de diferentes legendas e ideologias – do ex-presidente José Sarney, do PMDB, ao senador Aécio Neves, do PSDB –, Gu Hang Hu foi indicado a Lula pelo senador petista Aloizio Mercadante. Três semanas após a posse, Dr. Gu atendeu a um telefonema da Presidência da República. Uma cirurgia já estava agendada quando o acupunturista foi espetar o presidente no Palácio da Alvorada. Eram quase dez horas da noite quando a sessão começou. Dr. Gu sugeriu que Lula fizesse três sessões e, se sentisse alguma melhora, adiasse a cirurgia. O presidente cumpriu o combinado. Como sentia-se melhor após o terceiro encontro, optou por agendar mais dez sessões. Em três meses, estava curado.

Lula passou a fazer sessões semanais de acupuntura como uma forma de prevenção. Gostava de ouvir histórias da China, que ficavam ainda mais atraentes na voz do Dr. Gu. Ele e a esposa falavam mal o português, apesar de viverem havia muitos anos em Brasília, e carregavam no sotaque estrangeiro. Logo a relação entre os casais se desenrolou em jantares e visitas recíprocas. Xiu Fang preparava comida chinesa em sua casa, no Lago Sul. Enchia a mesa com dez ou doze iguarias diferentes, enquanto Dr. Gu franqueava a garrafa de uísque 21 anos. A cada quinze ou vinte minutos, o médico chinês enchia os copos de todos.

— Gan Bei, Gan Bei! – comandava. Era o sinal para que todos fizessem um brinde e liquidassem num único gole o conteúdo dos copos.

Aos doze anos, Fernando Hu, filho mais novo do casal, ia passar o fim de semana no Alvorada, brincando com Thiago, neto de Lula e Marisa, cinco anos mais novo do que ele.

— Você tem irmãos ou irmãs? – Marisa perguntou a Xiu Fang ao saber que ambas haviam nascido no mesmo ano.

— Todos na China, nenhum no Brasil – a chinesa respondeu.

— De agora em diante, serei sua irmã brasileira e você vai ser minha irmã chinesa.

Marisa acabou se tornando a "mãe brasileira" de Fernando; e Xiu Fang, a "mãe chinesa" dos filhos de Marisa. Em maio de 2004, quando o governo montou uma supercomitiva com duas dezenas de ministros e governadores para ir à China, onde se encontrariam com quase 500 empresários brasileiros interessados em fazer negócios no país, Gu e Xiu Fang somaram-se ao grupo. Dr. Gu presidia a Associação Chinesa de Brasília, uma espécie de associação comercial formada por imigrantes radicados no Distrito Federal. Foram quatro dias em Pequim e dois em Xangai, após vinte e sete horas no "sucatão", como era conhecido o avião presidencial. Dr. Gu e Xiu Fang puderam reencontrar familiares e apresentar Xangai para Lula e Marisa.

Foi aquele fuzuê no mercado de jóias de Riade, na Arábia Saudita. Um escarcéu danado. O dono da loja começou a gritar impropérios em árabe e não havia quem entendesse o que estava acontecendo.

— Você tentou roubar o colar, Marlene? – Marisa perguntou à assessora e amiga Marlene Araújo, que a acompanhava na viagem e, anos depois, se tornaria sua nora ao se casar com o filho Sandro.

— É óbvio que não!

Jucinilde, a fiel escudeira, não se perdoava. Ela deveria ter sido mais atenta e evitado o mal-entendido, pensava. Aquilo jamais deveria acontecer com a primeira-dama, que vergonha. Minutos antes, o guia havia lhes indicado o local onde ladrões tinham a mão direita decepada quando flagrados tentando roubar alguma mercadoria, conforme determinava a legislação do país.

As três mulheres saíram às pressas, assustadas. Dona Marisa, que nunca comprava nada nas viagens oficiais, ficou constrangida com tamanho desaforo. Marlene, mais assustada ainda, sem conseguir colocar o véu de volta enquanto corria. E Jucinilde, chateada por não ter comprado o anel de brilhantes que namorava havia dez minutos.

Quando se afastaram o suficiente para respirar aliviadas, o guia lhes explicou que o comerciante as acusara de profanar seu estabelecimento.

— Profanar?

— O proprietário se sentiu afrontado porque uma de vocês resolveu experimentar um colar e já foi abrindo a blusa...

Era o fim da picada. Não bastava ser obrigada a usar o xador e cobrir a cabeça ao andar em público, ainda essa: queriam que elas experimentassem o colar colocando-o por cima daquela capa?

Marisa implicava com as viagens internacionais. Havia sempre algo que ela não entendia, não admitia ou que a incomodava. Mas uma cena como aquela, era demais. Que falta de respeito, que reação intolerante. Marisa teria de contar esse episódio ao chanceler Celso Amorim.

A epopeia não terminaria ali. Naquela mesma noite, houve um jantar oferecido pelo rei Abdullah no Palácio Real. Jucinilde confirmou com o cerimonial qual deveria ser o traje: passeio. Marisa, Marlene e Jucinilde chegaram de longuete e deram de cara com as rainhas, todas de longo. O rei Abdullhah não tinha uma esposa, mas quatro, contando apenas as oficiais. Marisa foi recebida pela mais velha, que veio cumprimentá-la à entrada e não conseguiu disfarçar o julgamento: fitou a estrangeira de alto a baixo e se demorou na barra do vestido. Minutos depois, presenteou Dona Marisa com um vestido de sua coleção, longo e pesado, insistindo para que ela o colocasse imediatamente. Para fechar a noite das arábias, a rainha pegou Marisa pelo braço e deu a volta no salão, apresentando a brasileira a todos os presentes.

— Me senti como uma mercadoria sendo exposta – Marisa reclamou com Jucinilde, na volta para o hotel. — Como você permitiu que a rainha botasse essa roupa em mim?

Em outra ocasião, em Amsterdã, a irmã da rainha convidou Marisa para fazer um passeio num parque de esculturas, repleto de estátuas de corpos nus. Quem disse que a primeira-dama quis ficar para ver? A irmã da rainha até que era gentil, mas aquele passeio tinha sido um erro. Marisa, que já não era muito chegada a museus, demonstrou constrangimento com aquela coleção. Andou por alguns minutos e logo quis ir embora.

Marisa fez dezenas de viagens internacionais ao lado do marido nos oito anos de governo. O acervo de Ricardo Stuckert, fotógrafo oficial da Presidência da República desde a primeira semana de governo Lula, mostra o casal em paisagens exóticas e situações cheias de significado. Em maio de 2003, por exemplo, os dois assistiram a uma cerimônia sagrada no sítio arqueológico de Sacsayhuaman, uma fortaleza inca ao norte de Cuzco, no Peru. Em julho, foram recebidos pela Rainha Sofia e pelo Rei Juan Carlos para um jantar de gala no Palácio Real da Espanha. Ali, Marisa viveu a mais famosa de suas gafes internacionais. Ao chegar ao Palácio de Zarzuela num Rolls-Royce, um valete abriu a porta do carro para que Lula descesse. Marisa esperava que sua porta também fosse aberta. Enquanto esperava por alguns segundos, a porta oposta foi fechada e o motorista deu a partida, sem perceber que a primeira-dama havia ficado no carro. O próprio rei correu para resgatá-la. Abriu ele mesmo a porta para ela descer, beijou-lhe a mão e pediu desculpas. A gafe terminou em risos efusivos.

Em outubro de 2003, Marisa e Lula excursionaram pela Patagônia Argentina com o casal Cristina e Néstor Kirchner. Em novembro, um périplo por países da África, incluindo Moçambique e África do Sul. Em dezembro, foram à Síria e ao Egito, onde visitaram a tumba do faraó Tutancâmon. Em janeiro de 2004 viajaram à Índia. Em pouco mais de um ano, Marisa já havia posado em frente às pirâmides de Gizé, no Cairo, e ao Taj Mahal, em Agra. A Grande Muralha entraria para a lista em maio. Naquela viagem à China, Marisa escapou por pouco de comer cachorro num banquete a que Lula e ela foram convidados.

— Au au? – Marisa perguntou à maître.

— Au au – a chinesa confirmou, para desconforto da primeira-dama, que passou o resto da noite pensando em sua cadela Michele.

Em março de 2006, Lula e Marisa foram a Londres, onde conheceram o Palácio de Buckingham e passearam de carruagem com a Rainha Elizabeth II e o Duque de Edimburgo.

Nunca antes na história deste país um presidente da República havia viajado tanto. No primeiro mandato, Lula passou um terço do tempo viajando. Visitou, em média, um município a cada quatro dias e dois destinos estrangeiros por mês. Foram mais de cinquenta países diferentes, em mais de 100 viagens, sempre com dois objetivos principais: dialogar de igual para igual com os líderes mundiais e "vender o Brasil lá fora". Lula foi bem sucedido em ambos. Já no terceiro ano de mandato, a balança comercial acusava 118 bilhões de dólares em exportação, o dobro dos 60 bilhões de dólares exportados em 2002, último ano antes da posse. Em 2009, na cúpula do G20 em Pittsburgh, o presidente dos Estados Unidos, Barack Obama, afirmaria que Lula é "o cara". "O político mais popular do mundo", ainda segundo ele.

Com o tempo, a frequência das viagens de Marisa foi ficando cada vez menor. Ela preferia ir para São Bernardo do Campo, ou permanecer em Brasília, desde que os filhos levassem os netos Thiago e Ashtar para passar o fim de semana com ela. Uma rara ocasião em que Marisa fez questão de viajar foi em abril de 2005, para o velório do Papa João Paulo II, no Vaticano. Outra ocasião aconteceu três meses antes, em janeiro, numa viagem a Tabatinga, na Amazônia. Não que o destino tivesse algum atrativo especial, mas a primeira-dama não queria perder a oportunidade de participar do voo inaugural do Aerolula, como ficou conhecida a nova aeronave presidencial: um Airbus ACJ que substituiu o "Sucatão", saudoso Boeing 707, fabricado em 1968, que era usado desde os anos 1980 pela Presidência da República.

Em geral, ocorria o contrário: Marisa consultava o cerimonial sobre a necessidade de sua presença, torcendo para ser dispensada. Quando havia algum compromisso programado especialmente para a primeira-dama, normalmente junto com a primeira-dama do país visitado, Marisa ia, mas não sem alguma resistência, postura que era potencializada pelo medo de voar. No país visitado, pouco saía e nada comprava. E nunca propunha qualquer passeio ou parada fora do roteiro combinado com o Itamaraty.

Quando chegou a Brasília, Marisa já conhecia uma porção de lugares no Brasil, resultado da longa trajetória de quinze anos ao lado do marido, marcada pelas campanhas eleitorais e pelas caravanas da cidadania. Junto com Lula, muito antes de se tornar primeira-dama, ela também havia percorrido uma porção de países, na Europa e na América. Agora, somava ao diário de bordo visitas a locais impressionantes da Ásia e da África. Mas o que ela gostava de verdade era de aproveitar o fim-de-semana na Granja do Torto.

Já nem parecia a mesma casa onde haviam se instalado durante o governo de transição. Agora, com a grama cortada, os jardins bem cuidados, a lagoa novamente limpa e cheia de peixes, a Granja do Torto inspirava viço e alegria. Em pouco tempo, a área ficou repleta de pássaros, macacos, até um casal de veados apreendido pelo Ibama foi deixado ali sob os cuidados da primeira-dama.

Se Ruth e Fernando Henrique haviam passado oito anos praticamente sem colocar os pés no Torto, Marisa e Lula iam com frequência. Em mais de uma ocasião, fizeram no Torto algumas das mais importantes recepções de chefes de Estado. O então presidente dos Estados Unidos, George W. Bush, foi recebido para um churrasco na Granja do Torto em sua primeira visita oficial ao Brasil, em novembro de 2005. Mas foram as festas juninas promovidas por Marisa que colocaram a Granja do Torto no centro da crônica política naqueles anos.

É OBRIGATÓRIO TRAJE CAIPIRA. A informação passou a constar no convite, sem meias palavras. Imposição de Marisa, que não aceitava que os convidados aparecessem na Granja do Torto com roupas do dia a dia. Muito menos em traje social. As mulheres deveriam ir de chapéu de palha, trancinhas, pintinhas no rosto e vestido. Quanto mais retalhos, melhor. Aos homens, o mais indicado era chapéu e calça "rancheira". De preferência pula-brejo (ou pega-frango, com a barra terminando na altura das canelas). A camisa numa estampa e a gravata em outra.

Nas festas juninas organizadas pela primeira-dama, quem não aparecesse em traje caipira sofria *bullying* na frente de todo mundo. "Cadê a roupa? Marisa não vai gostar de te ver assim", o presidente logo avisava. Dito e feito. Na melhor das hipóteses, dependendo de quem fossem os convidados e do humor da primeira-dama, Marisa mandava ir até um dos quartos da casa trocar de roupa. Havia sempre uma dezena de vestidos à disposição das distraídas. Superado o constrangimento da recepção, a bronca presidencial era suficiente para que tais convidados jamais se esquecessem da obrigatoriedade do traje.

Houve ano em que esposa de ministro, convidada na véspera, correu Brasília para arrumar às pressas um vestido caipira. Mal sucedida na empreitada, numa ocasião em que a festa foi realizada apenas em julho, acabou se virando com um traje caipira infantil, tamanho GG, comprada numa loja de departamentos, a única em que ainda havia estoque.

As festas juninas na Granja do Torto tornaram-se um dos eventos mais simbólicos e disputados da Era Lula. Quem era convidado ficava ouriçado e, envaidecido, botava a boca no trombone. Sinal de prestígio estar na lista. Num dos anos, por deslize de Jucinilde, que organizou a lista, e de Marisa, que não a conferiu direito, teve repartição em que o subordinado foi convidado e o superior não. Na ocasião, Marisa decidiu que faria uma festa menor e, por isso, convidaria apenas servidores do Poder Executivo. Foi preciso cortar da lista do ano anterior todos os representantes do Legislativo e do Judiciário. Mas Jucinilde deixou escapar uma das instituições do Judiciário, que por um momento lhe pareceu ser do Executivo, e Marisa endossou. No mesmo dia, o Palácio do Planalto recebeu uma ligação do alto escalão do Judiciário, questionando a ausência de convite. Até Gilberto Carvalho, ministro-chefe da Secretaria Geral da Presidência, teve de se envolver para tourear a situação. Não teve jeito. Naquela edição, foi somente o subordinado.

As festas juninas eram uma tradição mantida por Marisa desde o início dos anos 1990, no Los Fubangos. Promessa, segundo ela, embora não contasse a ninguém o motivo ou a graça alcançada. Os amigos mais recentes, que só conheceram as festas na Granja do Torto, achavam que tinha sido promessa para o marido vencer a eleição. Outros, que já frequentavam as festas juninas à beira da Billings, em São Bernardo do Campo, imaginavam outros motivos: a cura do filho Sandro era um deles, que transcorresse tudo bem no nascimento do Luís Cláudio, quando ela se sentia insegura por ter trinta e cinco anos, era outro. E havia quem garantisse por A mais B que Marisa tinha feito promessa a Santo Antônio para "segurar" o marido.

As festas eram produções coletivas. Cada família levava um prato, doce ou salgado conforme orientação prévia dada por Marisa. Era sempre um ritual. Começava com uma procissão e uma celebração religiosa conduzidas por Frei Betto (ele abandonaria a função em 2005, após deixar o governo, sendo substituído pelo ex-seminarista Gilberto Carvalho). Em seguida, fazia-se o casamento caipira, com Lula e Marisa nos papéis principais, embora as bênçãos pudessem ser estendidas a outros casais, sobretudo os de união recente. O casamento culminava na quadrilha: damas e cavalheiros fugiam da chuva, escapavam da ponte quebrada, gritavam quando aparecia a cobra. Por fim, um sanfoneiro ou um trio de forró assumia a animação da noite.

No primeiro ano de governo, a festa ainda foi feita em São Bernardo do Campo. Apenas em 2004, o casal presidencial transferiu o evento para a Granja do Torto. No dia 12 de junho daquele ano, véspera de Santo Antônio, o casamento na roça foi ainda mais especial: Marisa e Lula comemoraram no Torto o aniversário de trinta anos de união.

O hábito de pedir a cada convidado que levasse um prato de comida foi mantido, agora uma maneira de evitar qualquer acusação de uso indevido de dinheiro público. A mesma precaução levou o gabinete presidencial a recomendar a todos os servidores públicos que deixassem os carros oficiais na garagem naquele dia. Afinal, era uma festa, e não um compromisso de trabalho.

Marisa e Lula chegaram de charrete. Ele, de camisa xadrez e chapéu de palha esgarçado. Ela, com tranças, véu e vestido branco remendado, trazia um repolho no lugar do buquê. Antes de rezar o pai-nosso e recitar a Oração de São Francisco, Frei Betto leu versos de sua autoria, escritos em linguajar caipira, entremeados de "recados" políticos, com críticas à política econômica e puxões de orelha nos ministros e no próprio presidente. A procissão foi puxada pelo ministro da Cultura, o cantor e compositor Gilberto Gil.

Na hora do baile, o vice-presidente José Alencar e o ministro da Fazenda Antônio Palocci preferiram continuar sentados, de prosa um com o outro.

— É a dupla sertaneja da festa – brincou Ricardo Kotscho. — Juro Baixo e Juro Alto.

Kotscho fazia referência a um debate que vinha sendo feito publicamente entre os dois naqueles dias: José Alencar criticava a política econômica conduzida por Palocci e cobrava a redução dos juros como forma de estimular o investimento direto e, assim, o desenvolvimento e o crescimento econômico.

Ricardo Stuckert, fotógrafo oficial da Presidência, encarregou-se da cobertura do evento. Ali, sua chefe era Marisa. Dias depois, a primeira-dama fez questão de olhar todas as fotos e selecionou as melhores para que fossem ampliadas e enviadas aos convidados. Sobre algumas, escreveu uma dedicatória em tinta dourada agradecendo a presença.

Quatro meses após a primeira festa junina na Granja do Torto, Marisa e Lula se mudaram para lá na primeira semana de outubro. Ainda em junho, durante a visita presidencial à China, um cano havia estourado no segundo andar do Palácio da Alvorada e comprometera uma parede da sala de jantar. Foi a gota d'água. O Alvorada precisava urgentemente de uma reforma.

11

Sinfonia do Alvorada

Eu tenho consciência de que o Palácio da Alvorada não é minha casa. Mas cuido dele como se fosse.

Marisa em entrevista a Flávia Martinelli na revista *Criativa*, edição de junho de 2003

— O **Palácio está muito vazio** – Lula reclamou com Cláudio Rocha, diretor do Departamento de Documentação Histórica, logo no dia 7 de janeiro de 2003. — Não tem móveis.

— Como não tem móveis? – Cláudio não entendeu.

— Marisa e eu conhecemos o Alvorada antes da posse e não era assim. Estão faltando móveis. Tá esquisito. Vai lá ver.

— Quando o senhor quiser, presidente.

— Combina com a Marisa.

No dia seguinte, Cláudio não conseguiu acreditar no que viu. O segundo andar, de acesso reservado à família do presidente, parecia realmente vazio. E muito. Logo após a partida de Ruth e Fernando Henrique, muitos móveis haviam sido retirados. Faltavam quadros, aparadores, sofás. Cláudio ficou constrangido.

— Dona Marisa, eu não acredito! – disse Cláudio. — Mas fica tranquila. Os móveis só podem estar aqui no Palácio. Vou localizar todos eles.

Na mesma tarde, Cláudio disparou telefonemas. Falou com a governança do Palácio, com encarregados. Explicaram que os móveis haviam sido retirados para que os ambientes fossem pintados na virada do ano, aproveitando a troca de inquilinos. Era, ainda segundo os funcionários, uma tradição. Após a mudança, os móveis seriam realocados conforme o gosto dos novos moradores.

— E por que os ambientes estão pelados até agora?

Na opinião de Cláudio, o pessoal tinha sido leviano ao não recolocar os móveis de volta nem dar a devida atenção ao assunto. Alguém havia explicado a situação ao presidente e à primeira-dama? Tinham apresentado os móveis para que o casal decidisse o que aproveitar? Para ele, era como se pensassem: "Não precisa caprichar na decoração porque é um operário que vai morar aqui".

Ao tomar pé da situação, Marisa resolveu fazer do limão uma limonada.

— Então nós vamos fazer melhor – decidiu. — Vamos trazer de volta tudo o que deveria estar aqui e não está. E recuperar a decoração original.

Ainda naquela semana, Marisa e Cláudio excursionaram mais uma vez pelo Palácio da Alvorada, do subsolo ao primeiro andar. A cada ambiente, a esposa do operário observava móveis, quadros e demais objetos de decoração. E fazia perguntas. Admirou as telas de Portinari, Aldemir Martins, Volpi e Djanira, as tapeçarias de Di Cavalcanti, as esculturas de Brecheret e Alfredo Ceschiatti, as poltronas Barcelona de Mies van der Rohe, cômodas do século XIX, imagens barrocas do século XVIII, e até louças trazidas ao Brasil pela Companhia das Índias, no século XVII.

Em geral, móveis e obras de arte seguiam dois padrões distintos: havia as peças do projeto original, concebido por Anna Maria Niemeyer nos anos 1950, e, em paralelo, as intervenções feitas ao longo das quatro décadas seguintes pelos moradores que sucederam a Sarah e Juscelino Kubitschek. A filha do arquiteto Oscar Niemeyer foi quem desenhou todos os móveis do Palácio entre 1957 e 1958. Também selecionou tapetes, quadros, prataria, talheres, toalhas de mesa, roupas de cama, cada objeto de ambientação e utensílio necessário para transformar aquele palácio em um lar (ao menos o mais próximo possível de um lar). Nas décadas seguintes, enquanto a volumetria e a arquitetura foram quase sempre preservadas, a decoração sofreu modificações importantes.

Cláudio contava detalhes, para deleite de Marisa. Parecia uma revista de fofocas dedurando as estripulias de seus antecessores, sobretudo no regime militar. Scila Médici, primeira-dama entre 1969 e 1974, durante o governo de Emílio Garrastazu Médici, achou a decoração modernista muito pobre e foi ao Palácio das Laranjeiras, no Rio, buscar incrementos decorativos da época do Império, como pesadas cortinas de seda e móveis com detalhes dourados que subverteram o estilo conferido por Anna Maria Niemeyer.

Lucy Geisel mudou-se para o Palácio em seguida e providenciou para que sumissem com um dos mais tradicionais elementos decorativos dos jardins do Alvorada: as emas. Segundo a esposa do general Ernesto Geisel, ditador entre 1974 e 1979, as emas perturbavam sua dálmata Duquesa.

286

Coube a Ângelo Botturi, então supervisor do Palácio, requisitar ao Jardim Zoológico de Brasília que levasse as aves embora. Semanas depois, Dona Lucy foi surpreendida por uma cascavel na varanda. No delicado ecossistema do Palácio da Alvorada, cabe às emas espantar as cobras e os escorpiões. Se necessário, elas exterminam esses animais com bicadas e pisões. Por isso há sempre entre seis e oito emas no Palácio. O jeito foi trazê-las de volta e transferir a Duquesa para a Granja do Torto. Questão de segurança.

No governo Figueiredo (1979-1985), Dona Dulce ficou morando no Alvorada enquanto João se instalou no Torto. Os dois já estavam separados quando o marido foi escolhido presidente, de modo que o casal foi remendado por conveniência, mas sem coabitar. No Palácio, a primeira-dama reinou soberana. Tirou todos os tapetes e mandou substituir tudo por tapetes brancos. Não satisfeita, distribuiu pelo edifício móveis em veludo cor de rosa, mesas espelhadas, vasos com plumas brancas... Quando José Sarney (1985-1990) assumiu, ele e Marly retiraram os exageros da gestão anterior e trouxeram de volta os móveis modernistas, mas ainda permaneceram muitas das peças imperiais que tinham vindo do Palácio das Laranjeiras durante a dinastia Médici.

No governo Collor (1990-1992), o fato de o casal presidencial não habitar o Palácio (Fernando e Rosane permaneceram na Casa da Dinda, uma mansão de sua propriedade no Lago Norte) não impediu que novas mudanças fossem feitas, inclusive reformas estruturais. Em 1992, a ampla cozinha do térreo cedeu parte de sua área para a construção de uma sala de almoço. O projeto foi feito pelo escritório de Oscar Niemeyer e supriu a necessidade de um ambiente adequado para receber poucos convidados em uma refeição. Mais modesto que o salão de banquetes – ideal para recepções com mais de quinze comensais –, o novo cômodo ganhou uma mesa e doze cadeiras de madeira em estilo inglês e duas telas da escola flamenca do século XVII. Rosane ainda mandou cobrir com esmalte branco as portas dos armários do quarto da primeira-dama, feitos em lambri de freijó, e substituiu os puxadores originais por puxadores de plástico transparente em forma de flor.

No mezanino, subindo a rampa que liga o hall de entrada ao salão nobre, Marisa admirou três grandes vasos de cerâmica sobre uma mesinha retangular com tampo de cristal. Cláudio explicou que aquilo era coisa de

Dona Ruth. Tinha sido ela a responsável por trazer aquelas três urnas funerárias marajoaras do Itamaraty e encomendar a mesinha. Queria que as três peças, produzidas antes de 1500 por populações nativas da região amazônica, ocupassem uma área ao lado de uma tapeçaria de Di Cavalcanti intitulada "Motivos decorativos". Fazia sentido. Na tapeçaria, alguns motivos remetiam a múmias e sarcófagos, companhia ideal para três urnas funerárias pré-colombianas. Marisa achou aquilo meio mórbido, mas o conjunto lhe pareceu interessante e esteticamente agradável.

Sempre com Cláudio ao lado, Marisa foi registrando as histórias e observando os detalhes. No primeiro andar, onde fica a parte residencial do Palácio, com seis suítes para a família presidencial, três aposentos para hóspedes e salas de uso privativo, as intervenções haviam sido ainda mais significativas, algumas desastrosas, como as sucessivas demãos de tinta aplicadas sobre lambris e armários. Os quartos ganharam carpetes, aos quais eram sobrepostos novos carpetes sempre que havia a necessidade de renová-los.

Mas foi no salão de banquetes que Marisa demonstrou sua maior decepção. Havia algo estranho naquele ambiente. Marisa olhou para o chão, para as cortinas, para o conjunto de mesa e cadeiras e, finalmente, voltou-se para a parede maior. Encarou de frente a tapeçaria pendurada nela e buscou os olhos de Cláudio com ar de reprovação. Não combinava com aquele salão, nem com as amplas janelas de vidro que cobriam as outras três paredes.

— Eu não gosto dessa coisa escura – disse.

— Esta obra é do MASP – Cláudio esclareceu, referindo-se ao Museu de Arte de São Paulo.

— Como assim? Não é do Palácio?

— Não. Dona Ruth mandou trazer essa peça e assinou contrato de comodato com o MASP. Esta é uma tapeçaria francesa de meados do século XX. Seu autor se chama Jean Lurçat. Foi contemporâneo de Picasso. E o título é *O grande medo*.

Marisa arregalou os olhos, surpresa.

— O grande medo?

— *La grande peur*, em francês. Seis metros por três. 1954.

Era só o que faltava. Lula havia ganhado a eleição com o slogan "a esperança vai vencer o medo". Agora que Marisa não ia querer ficar com aquela tapeçaria de jeito nenhum.

— Quer dizer que esse grande medo não precisa ficar aqui?

— De forma alguma. Podemos devolver ao MASP. Aqui nesta parede havia originalmente três tapeçarias verticais de Concessa Colaço, todas claras e com motivos florais, doadas pelo governo português na gestão de João Goulart.

— Posso ver?

Cláudio buscou fotografias e apresentou para Marisa a série portuguesa *Saudades do meu jardim*. A primeira-dama sorriu aliviada.

— Dou uma semana para você colocá-las de volta.

Cláudio vasculhou onde podia, consultou algumas pessoas e acabou localizando as tapeçarias de Concessa Colaço. Uma das obras estava no depósito. Outra estava na sala de descanso da sauna. A terceira tinha sido mandada para o Ministério da Indústria e Comércio. Cláudio ligou para o MASP e pediu que providenciassem a retirada d'*O Grande Medo*:

— Como assim, retirar? Temos um contrato de empréstimo que ainda está longe de vencer, e preciso consultar o conselho...

— Você não está entendendo – Cláudio respondeu, já quase arrancando os cabelos. — A primeira-dama não quer nem ver essa tapeçaria pela frente. Tenho uma semana para tirá-la da parede.

Para driblar a burocracia, Cláudio se adiantou e removeu a tapeçaria ele mesmo. Embalou conforme os manuais. Em seguida, acionou o gabinete militar e conseguiu mandar para São Paulo num avião da Força Aérea Brasileira. As três tapeçarias verticais de Concessa Colaço chegaram logo depois. Mais tarde, após a importante reforma no Palácio conduzida pela própria Marisa em 2006,uma das três tapeçarias teve de ser removida. Mais alta do que as outras duas, ela tamparia o duto de ar condicionado instalado no salão de banquetes durante a reforma.

Ainda durante a visita às dependências do Alvorada, Cláudio aproveitou para mostrar a Marisa fotografias de uma escultura que não estava mais num dos cantos do salão nobre, onde deveria estar.

— E cadê ela? – a primeira-dama quis saber.

289

— Essa escultura se chama *Edificações* e foi feita por André Bloc para o salão de banquetes – Cláudio respondeu, modulando a voz como quem revela um segredo. — Hoje, está no salão verde da Câmara dos Deputados.

Marisa estranhou. Cláudio pôs-se a narrar mais um causo envolvendo Ruth Cardoso, que notara a ausência da escultura após a posse de Fernando Henrique Cardoso e dera o alerta, atribuindo a Cláudio a tarefa de encontrá-la. Um dia, Cláudio a viu na TV, compondo o cenário de uma entrevista na Câmara, e avisou Dona Ruth, que preferiu não criar caso com o Poder Legislativo. Agora, Cláudio aproveitou a oportunidade para revelar a Marisa o paradeiro da peça.

— E você tem como provar que a escultura é daqui? – Marisa perguntou.

— Tenho.

— Então manda trazer de volta!

Em menos de três meses, Marisa havia recuperado uma porção de obras de arte, móveis e objetos decorativos que tinham sido emprestados para outros gabinetes ao longo de mais de uma década. Também deu início ao projeto de restaurar móveis modernistas dos anos 1950 e devolvê-los aos ambientes.

LULA AINDA NÃO HAVIA COMPLETADO três meses na presidência quando o jornalista Roberto d'Ávila chegou do Rio de Janeiro trazendo de carona um convidado ilustre. Aos 95 anos, o arquiteto Oscar Niemeyer revelou que fazia cerca de quarenta anos que não punha os pés no Palácio da Alvorada. E que era apenas a segunda vez que ele entrava no prédio após sua inauguração, em 1958.

— Dá muito trabalho viajar até aqui – justificou o arquiteto, que morria de medo de voar de avião e, por isso, havia passado mais de doze horas na estrada para visitar o presidente operário em março de 2003.

Acompanhados de Roberto d'Ávila e Ricardo Kotscho, chefe do departamento de imprensa, Marisa e Lula levaram Niemeyer para passear.

— Venha conhecer minha casa nova – o presidente brincou.

Enquanto percorriam os corredores e as salas, Marisa mostrou alguns móveis que já tinha conseguido trazer de volta, inclusive peças do projeto original que foram abandonadas muito tempo antes e jogadas em porões. E não hesitou em apontar paredes com infiltração, armários descaracterizados e ambientes com gambiarras elétricas e outras vergonhas. Terminada a excursão, Niemeyer elogiou o que Marisa havia conseguido fazer em tão pouco tempo e concordou que uma reforma não faria mal ao Palácio.

— Conversei com a Marisa e vamos fazer o possível para deixar o Alvorada como era quando foi inaugurado – Lula comentou.

Niemeyer menosprezou a promessa. Disse que os espaços arquitetônicos são vivos e, por isso, devem estar abertos às novidades, às mudanças. Não faria sentido, segundo ele, querer manter indefinidamente o projeto original. Tentou dissuadir o presidente de qualquer ortodoxia na reforma. Lula discordou.

— Temos que pôr na cabeça que presidente é uma figura passageira, não é mais importante que o prédio – Lula insistiu, conforme anotações feitas por Ricardo Kotscho naquela mesma noite. — O Alvorada é um patrimônio da humanidade. O mandato do presidente dura apenas quatro anos.

— A arquitetura não é tão importante assim – Niemeyer teimou, ainda segundo Kotscho. — Importante é a vida. A gente tem que arriscar sempre.

A REFORMA NO PALÁCIO COMEÇOU NO FINAL DO SEGUNDO ANO. Não havia como escapar. O primeiro andar era uma concentração de infiltrações, vazamentos e gambiarras. Com frequência, alguém tomava choque por pisar descalço no carpete de um dos quartos. Provavelmente, havia fios desencapados entre o carpete e o piso, e ninguém jamais havia solucionado esse problema.

Antes de mais nada, foi preciso reformar a Granja do Torto para que a residência oficial fosse transferida para ali enquanto o Alvorada estivesse em obras. Em seguida, organizar a reforma, com duração estimada em dez meses, e garantir os recursos. Para isso, buscou-se financiamento privado. Por receio de que a destinação de recursos públicos, embora legítimo neste caso, fosse interpretada pela opinião pública como uma forma de beneficiar a si mesmo, o inquilino da vez decidiu que só faria a reforma se não houvesse nenhum real da União envolvido. Lula sabia que o momento era propício: o setor da construção civil estava aquecido, as empreiteiras estavam satisfeitas, e o gesto de apoiar o restauro de um monumento como o Alvorada seria muito bem recebido por todos. Após algumas reuniões para apresentar o projeto executivo aos possíveis patrocinadores, um consórcio formado por vinte empresas ligadas à indústria de base assumiu os custos da obra. Tudo por meio de doações. No final, a reforma se estendeu por quase um ano e meio, superando os quinze meses empregados na construção do Palácio, entre 3 de abril de 1957 e 30 de junho de 1958. Consumiu ao todo R$ 18,4 milhões (R$ 41 milhões em valores atualizados de 2020), pouco mais de R$ 900 mil (R$ 2 milhões em 2020) por empresa.

Marisa coordenava os trabalhos e era cuidadosa. Antes de dar início às obras, mandou chamar o Instituto do Patrimônio Histórico e Artístico Nacional (Iphan).

— Não é tombado? Então temos de checar o que é permitido fazer e o que não é.

Também determinou que o escritório de Niemeyer elaborasse o projeto.

— Não podemos descaracterizar a obra dele – dizia.

Uma das iniciativas propostas pelo Iphan e acatada por Marisa foi formar uma comissão responsável pela obra. Marisa era quem supervisionava tudo, como a proprietária de um imóvel que contrata um serviço. Cláudio Rocha assumiu a coordenação executiva. O arquiteto Rogério Carvalho veio representando o Iphan. Também integravam a comissão a assessora Jucinilde e o fotógrafo da Presidência, Ricardo Stuckert.

Rogério trabalhava no Iphan havia nove anos. Em 2004, era assessor do superintendente regional e acompanhava, em nome do Instituto, todas as reformas relacionadas à obra de Niemeyer no Distrito Federal. Conheceu Marisa na primeira vez que ela consultou o Iphan para solucionar dúvidas relacionadas ao Palácio. Na ocasião, Marisa indagou ao arquiteto se poderia substituir algumas peças de mármore do revestimento de seu banheiro.

— Estão esburacadas – reclamou.

Rogério explicou que os buracos tinham sido feitos com furadeira por iniciativa de outra primeira-dama, mas que seria mais indicado tapar os buracos, mesmo que ficasse alguma marquinha, do que substituir as peças, originais dos anos 1950. Marisa topou. No ano seguinte, Rogério apresentou a Marisa a proposta de transformar o Alvorada na síntese da casa brasileira, recuperando móveis e peças. Entre outubro de 2004 e o início de 2006, a grande reforma teve também esse objetivo.

A maioria das modificações foi feita na área íntima, à qual o público comum não tem acesso. Além dos já mencionados reparos hidráulicos e elétricos, foi preciso mexer nos banheiros para trocar pisos de mármore que não resistiram ao tempo, e recuperar as portas dos armários, principalmente na suíte presidencial. Também foram encontradas soluções criativas e contemporâneas para problemas que se arrastavam havia anos, como a entrada de água em alguns cômodos em dias de chuva forte, corrigida com a substituição de calhas e esquadrias. Houve ainda reparos e modernização de colunas e elevadores, no sistema de iluminação, no espelho d'água, na guarita e no heliponto. Foi instalado um sistema de ar-condicionado central.

O casal presidencial também aproveitou a ocasião para mexer na área da piscina. Não houve alterações na piscina em si, uma implantação de 50 metros de comprimento e 18 metros de largura revestida com azulejos assinados pelo artista plástico pernambucano Francisco Brennand. No entanto, investiu-se em infraestrutura no entorno. Lula e Marisa colocaram uma churrasqueira e uma geladeira sob a marquise vizinha à piscina, que permitiram aos moradores do Palácio usar aquele espaço para tomar um aperitivo ou assar uma carne sem precisar se vestir ou se enxugar.

— Se eu quiser tomar uma cachaça, tenho que ligar para a cozinha e um garçom tem que andar 200 metros para me trazer – indignava-se o presidente antes de mandar instalar uma geladeira ali.

Entre todas as reformas feitas sob a batuta de Marisa, nenhuma chamou tanta atenção quanto a recuperação da capela, não incluída no projeto original de restauração. Foi preciso aumentar o orçamento e também os prazos para reformá-la. Nada mais justo. Nenhum outro ambiente do Alvorada estava tão descaracterizado e maltratado quanto a capela. A começar pelo teto.

Quando Marisa e Lula chegaram ao Alvorada, o teto da capela era todo branco. Dava para adivinhar ali os contornos de um sol e de um peixe, símbolo católico relacionado à eucaristia, mas pintados de branco neve sobre fundo em branco gelo. Uma infiltração no início de 2005 mudou os rumos da obra. Rogério foi chamado em nome do Iphan para dimensionar a gravidade da infiltração e orientar os reparos. Estranhou. Aquele teto não parecia obra de Athos Bulcão. Faltava cor. Cutuca daqui, raspa dali, os técnicos detectaram pigmentos azuis num pedaço do teto e pigmentos cor de laranja em outro. Não demorou para que um dos técnicos apresentasse um diagnóstico:

— Este teto não era branco.

Rogério foi ao Rio de Janeiro para encontrar Athos Bulcão e elaborar um projeto do Iphan para restaurar a capela.

Aos oitenta e seis anos de idade, alternando momentos de absoluta lucidez e episódios de confusão mental, Athos mostrou um desenho do projeto original que mantinha pendurado na parede de seu escritório. Confirmou que o teto combinava tonalidades de azul e de amarelo e indicou os tons exatos numa palheta de cores.

Graças ao empenho de Marisa junto ao instituto e à comissão de obras, a capela foi totalmente recuperada. As paredes em lambril foram restauradas e revestidas novamente de ouro. O altar original, feito de jacarandá e encostado na parede, foi igualmente recuperado. Um altar de mármore construído nas décadas seguintes – quando as missas deixaram de ser celebradas com o padre de costas para a audiência – foi finalmente arrancado. Um novo genuflexório, idêntico ao original, foi produzido em substituição àquele que desaparecera em algum governo anterior. Refizeram também as duas únicas cadeiras previstas para a capela e os candelabros. Por fim, recuperaram a porta de entrada, feita de alumínio anodizado com recortes de vidro colorido que remetiam aos vitrais das velhas catedrais. A porta estava praticamente preta quando a reforma começou. Um dos restauradores passou um produto e percebeu que a cor saía, como se fosse uma camada de fuligem. Perceberam que, em algum momento, alguém havia aplicado purpurina para criar um efeito de brilho na porta. A purpurina oxidou e o resultado foi catastrófico.

Quando a capela ficou pronta, Marisa chamou Cláudio e Rogério para acompanhá-la em sua primeira visita ao local. E pediu a Ricardo Stuckert que registrasse o momento. Ficou encantada. Uma capela ao mesmo tempo barroca e modernista, rapidamente transformada num dos pontos preferidos dos turistas que visitam o Palácio.

As portas do Palácio foram finalmente reabertas em 6 de abril de 2006, véspera do aniversário de cinquenta e seis anos de Marisa. Lula e ela puderam providenciar a mudança.

— Tenho orgulho de deixar todas as casas em que morei melhores do que estavam quando cheguei a elas – Marisa comentava, satisfeita.

A empreitada foi tão bem sucedida que o governo resolveu reformar também o Palácio do Planalto no ano seguinte. Ali, formaram novamente uma comissão de curadoria. Recuperaram centenas de móveis modernistas brasileiros dos anos 1950, que haviam sido descartados pelo Senado Federal e estavam em contêineres para serem leiloados. Móveis de Sérgio Rodrigues que eram vendidos em casas de leilão de Nova York por R$ 29 mil (R$ 65 mil em valores de 2020) seriam vendidos no leilão do Senado por R$ 150 (R$ 330 em 2020). Em seguida, montaram oficinas para ensinar a arte do restauro em marcenaria para jovens em situação de vulnerabilidade. Os jovens do projeto restauraram 900 móveis do Planalto.

Marisa havia sido madrinha do projeto piloto, a partir do qual foram restaurados três móveis do Alvorada. Agora retomaram o projeto com um volume maior. Trouxeram um restaurador do Museu de Belas Artes e, em parceria com uma ONG, recrutaram trinta adolescentes, meninas e meninos, moradores dos núcleos de Itapoã e Paranoá, que vinham ao Planalto com transporte oferecido pela Presidência da República. Tomavam café, tinham aula teórica de manhã, trabalhavam com restauro, almoçavam, descansavam, faziam uma hora de atividade lúdica ou esportiva, ou introdução à informática, e voltavam à oficina antes de regressarem para casa, novamente de ônibus, e com um lanche. Estudavam à noite. As oficinas foram visitadas pelo designer Sérgio Rodrigues, autor da maior parte do mobiliário original do Palácio, que soube do projeto e quis conhecer os alunos.

— Estou muito bem acompanhado, com duas Marisas e mais a minha ex-mulher.

Sorridente, Lula punha banca de galã ao lado da esposa e das atrizes Juliana Baroni e Cleo Pires, intérpretes de Marisa e Maria de Lourdes na cinebiografia *Lula, o filho do Brasil*. Naquela noite de 17 de novembro de 2009, o presidente abriu as portas do Alvorada para receber a equipe do filme, que acabara de ser exibido publicamente pela primeira vez, na abertura do Festival de Brasília. Cerca de 1.500 pessoas, pelo menos uma centena espalhada pelos degraus do Teatro Nacional, conferiram a estreia nacional do longa de Fábio Barreto. Produzido por Lucy e Luiz Carlos Barreto, pais do diretor, a fita custou ao menos R$ 17 milhões (R$ 30 milhões em valores atualizados para 2020), o maior orçamento do cinema nacional até aquele ano. Vinte empresas patrocinaram a superprodução. Nenhuma estatal. Nenhum abatimento no imposto de renda.

Marisa foi à sessão representando o marido, que só assistiria ao filme onze dias depois, numa disputada pré-estreia para convidados em São Bernardo do Campo. Sentou-se ao lado de Glória Pires, atriz que interpreta Dona Lindu, a mãe de Lula. Após os créditos finais, foram todos confraternizar no Palácio.

— Gostei muito. É emocionante – Marisa afirmou a jornalistas.

Na intimidade, criticou alguns detalhes da caracterização de sua personagem e reclamou por não ter sido consultada ou procurada para nada.

— Ela podia ter vindo conversar comigo – comentou, referindo-se a Juliana Baroni, ex-paquita do *Xou da Xuxa* e estrela da telenovela adolescente *Malhação*. — Como fazem um filme sem falar com a gente?

Tinha sido o diretor, Fábio Barreto, o responsável pelo não-encontro. Para que Juliana não tentasse imitar a verdadeira Marisa, o que poderia tornar a personagem caricata, Fábio sugeriu que a atriz pesquisasse sobre a primeira-dama, mas não a encontrasse.

Estrelado pelo jovem Rui Ricardo Diaz, o filme estreou em mais de quatrocentas salas em 1º de janeiro de 2010. Um grave acidente de carro no Rio de Janeiro, em 19 de dezembro do ano anterior, impediu que o diretor Fábio Barreto conferisse a estreia. Barreto foi internado no Hospital Copa D'Or com traumatismo craniano e permaneceria inconsciente por quase uma década, até falecer, em 20 de novembro de 2019.

A bilheteria resultou menor do que a esperada. O termo "fracasso" foi usado sem moderação. A revista *Veja*, em março, incluiu o longa numa lista dos dez piores filmes brasileiros de todos os tempos elaborada pela própria redação. Jornalistas acusavam o filme de eliminar as contradições do protagonista e transformá-lo numa espécie de santo ou de herói. "O Lula do filme é plano, unidimensional. Faz tudo certo sem tropeçar em nenhum conflito", escreveu Eliane Brum na revista *Época*. "Beatificado em vida", anotou Jean-

-Pierre Langellier no *Le Monde*. Outros denunciavam as pretensões eleitoreiras da fita, uma suposta peça publicitária capaz de ajudar a candidata do governo, Dilma Rousseff, a substituir Lula no Planalto. "Um filme para a campanha eleitoral", escreveu a revista *The Economist* em resenha intitulada "Lula, *Sanitised*" (o equivalente a "Lula, Higienizado"), na qual afirmou que os defeitos do presidente haviam ficado na mesa de edição. Abordagem semelhante apareceu no *New York Times*: "Analistas políticos entendem o filme como parte da renovação do mito de Lula, que pode ajudá-lo a retornar ao poder em 2014", anotou o correspondente Alexei Barrionuevo.

Apesar das críticas negativas, o filme foi escolhido por unanimidade para representar o Brasil no Oscar. O júri era formado por Cássio Starling Carlos, Clélia Bessa, Elisa Tolomelli, Frederico Hermann Barbosa Maia, Jean Claude Bernardet, Leon Cakoff, Márcia Lellis de Souza Amaral, Mariza Leão Salles de Rezende e Roberto Farias. "*Lula*... nos pareceu melhor por representar a história de milhares de brasileiros", disse Farias ao anunciar o escolhido, em 23 de setembro de 2010 (às vésperas do primeiro turno). "Além disso, o Lula é uma estrela aqui e também lá fora". O longa acabou preterido da "lista curta", com os cinco títulos finalistas na disputa pela estatueta de melhor filme em língua estrangeira.

PASSAR O BASTÃO. Inspirada nas provas de revezamento do atletismo, em que um corredor conclui um trecho do percurso e passa o bastão para um colega de equipe correr o trecho seguinte, essa expressão é muito utilizada em referência a processos sucessórios. No mundo corporativo, como nas pistas de corrida, o momento de passar o bastão é sempre inevitável. Às vezes, porque há regras que determinam a aposentadoria compulsória de um dirigente em razão de sua idade. Outras vezes, porque o intervalo geracional começa a afetar o desempenho da marca, e substituir velhos modelos de gestão por iniciativas mais modernas e ousadas surge como decisão estratégica nos bastidores da corporação. Também há ocasiões em que a passagem de bastão é obrigatória após o cumprimento do tempo máximo de permanência no cargo. No Brasil, desde 1994, o limite para que uma pessoa ocupe a Presidência da República é de oito anos, divididos em dois mandatos de quatro. Ou seja: um presidente é eleito para um mandato de quatro anos e pode pleitear sua renovação por mais quatro. Decorridos os dois mandatos, é preciso passar o bastão. Com o presidente Lula, não seria diferente, embora houvesse quem tentasse aprovar, às pressas, uma autorização para que ele pudesse disputar um terceiro mandato.

Entre 2007 e 2010, mais de uma Proposta de Emenda à Constituição sobre o assunto tramitaram no Congresso Nacional. Uma delas, a PEC 99, de 1999, havia sido protocolada ainda no governo de Fernando Henrique Cardoso pelo então deputado federal Inaldo Leitão, do PR da Paraíba. Seu objetivo era permitir a possibilidade de reeleições sucessivas e ilimitadas, obrigando o ocupante de cargo executivo a se afastar seis meses antes da eleição. A PEC foi desarquivada em fevereiro de 2007 por iniciativa do deputado petista Fernando Ferro, de Pernambuco. Ferro solicitou o desarquivamento de uma PEC de sua autoria, que tinha por objetivo vetar a reeleição, e acabou desarquivando também a proposta de Leitão, que estava apensada à sua. Tal desarquivamento bastou para a primeira polêmica de grandes proporções em torno do tema do terceiro mandato. Foi preciso que o próprio presidente Lula conversasse com o presidente da Câmara dos Deputados, Arlindo Chinaglia (PT-SP), e viesse a público rechaçar qualquer hipótese de nova candidatura.

O tema voltou ao centro do debate político em maio de 2009, quando uma nova iniciativa isolada em defesa de um terceiro mandato de Lula começou a tramitar na Câmara. Com apoio de 183 deputados, de dez diferentes partidos (da base aliada e também da oposição), o peemedebista Jackson Barreto (SE) protocolou a PEC 367, que autorizaria presidente, governadores e prefeitos a disputar uma segunda reeleição consecutiva. Após a publicação de reportagem na imprensa sobre a proposta, ao menos doze deputados requereram a retirada de suas assinaturas com a intenção de suspender a tramitação da proposta, uma vez que são necessárias 171 para que uma Proposta de Emenda à Constituição seja protocolada. Ainda em 29 de maio, a matéria foi finalmente devolvida para seu autor em razão do número insuficiente de assinaturas.

A manobra legislativa não impediu que a proposta arrebanhasse um número significativo de entusiastas. Uma pesquisa do Instituto Datafolha realizada na mesma semana e publicada em 31 de maio mostrou uma sociedade dividida em relação ao assunto: 47% das pessoas disseram aprovar a proposta de autorizar Lula a disputar um novo mandato, enquanto 49% reprovavam a ideia. Em 2007, o resultado de uma enquete semelhante havia sido outro: aprovada por 31% da população, a disputa de um terceiro mandato havia sido rejeitada por outros 65%. Embora incapaz de alterar as regras do processo sucessório, a pesquisa sugeria uma arrancada da popularidade do presidente e fazia a oposição acender o sinal de alerta. A pouco mais de um ano da eleição, era preciso não apenas garantir que o nome de Lula ficasse fora das urnas, mas também barrar a ascensão de sua herdeira política, Dilma Rousseff.

Não foi um "passeio", como chegaram a prever alguns analistas políticos meses antes da eleição, mas Dilma, chamada de "o poste de Lula" por setores da imprensa, não encontrou dificuldades para vencer José Serra (PSDB) nas urnas e garantir o terceiro mandato consecutivo ao PT. Com 55,7 milhões de votos, ou 56% do eleitorado, Dilma foi eleita a primeira presidenta do Brasil em 31 de outubro de 2010. Tornou-se também a primeira representante da geração de 1968, ex-guerrilheira presa e torturada durante a ditadura, a chegar ao posto máximo da República. Contaram a seu favor a grande exposição a que foi submetida na reta final do segundo governo Lula, transformada numa espécie de primeira-ministra e apresentada à Nação como "a mãe" do Bolsa Família e do PAC (Programa de Aceleração do Crescimento), dois programas de grande aprovação, e, sobretudo, a enorme popularidade do presidente.

Eleito em 2002 e reeleito em 2006 com os mesmos 61% dos votos, Lula fechou o segundo mandato com aprovação recorde: 87% segundo o Ibope e 83% segundo o Datafolha em dezembro de 2010. Levantamento feito pelos jornais na ocasião indicou que nenhum outro presidente no mundo havia deixado o cargo com esses índices de popularidade. Nelson Mandela, outro líder extremamente popular, deixara o governo da África do Sul em 1999 com 82% de aprovação.

O maior feito de seu governo foi cumprir a promessa selada no primeiro discurso de posse, em janeiro de 2003, e vencer a fome no Brasil. O número de subalimentados, estimado em 54 milhões em 2002, havia caído para menos da metade em 2010. Cerca de 28 milhões de brasileiros deixaram a extrema pobreza, enquanto outros 36 milhões entraram no mercado consumidor, formando o estrato social que ficou conhecido como "nova classe C". Em 2014, a ONU anunciaria pela primeira vez a saída do Brasil do mapa da fome, ou seja, os subnutridos representavam, agora, menos de 5% da população.

A alta popularidade de Lula pode ser atribuída a uma conjunção de fatores que transcende o combate à fome. Algumas das conquistas lembradas com maior frequência eram, na ocasião, a retomada do investimento em infraestrutura; a descoberta do pré-sal e o subsequente desenvolvimento do setor de petróleo; o início das obras de transposição do Rio São Francisco, considerado o maior programa de combate à seca já realizado; a inauguração de quatorze novas universidades federais e 126 novos campi; a criação e manutenção do Bolsa Família, um ousado programa de transferência de renda com 13 milhões de famílias beneficiadas em 2010. Lula também se orgulhava de ter honrado a dívida do Brasil com o Fundo Monetário Internacional (FMI) e de ter ajudado a sediar a Copa do Mundo de 2014 e os Jogos Olímpicos de 2016.

Agora, sempre que um repórter o perguntava o que faria a partir de janeiro de 2011, Lula respondia que seu único desejo era ir para casa. Voltar para São Bernardo do Campo, preparar coelhos e espaguete à carbonara no Los Fubangos, jogar futebol com os netos. Dizia-se cansado. E sabia da importância de se afastar de Dilma para que a nova presidenta pudesse governar com independência, encontrar sua marca, tocar seus projetos e afastar a imagem de "poste" que parte da imprensa e a campanha adversária haviam criado.

Lula também pensava em Marisa. Lembrava que, em 1978, quando disputou pela segunda vez a presidência do Sindicato dos Metalúrgicos de São Bernardo, prometera à esposa que aquela seria sua última campanha e seu último mandato. Em seguida, passaria o bastão para um sucessor e abandonaria não apenas a disputa trabalhista, mas também a vida política. Voltaria a ser o que era antes: um metalúrgico. Sentia-se em dívida com a esposa e reivindicava o direito de chegar cedo em casa, tirar férias com a família, participar mais da educação dos filhos, estar com eles nos fins de semana. O que se passou em seguida foi exatamente o oposto: Lula fundou o maior partido e a maior central sindical da América Latina, candidatou-se sete vezes e nunca mais abandonou a política. A promessa, sempre adiada, parecia finalmente ao alcance das mãos.

Em 23 de dezembro, Lula falou por onze minutos em rede nacional de rádio e televisão.

— Saio do governo para viver a vida das ruas – afirmou. — Homem do povo que sempre fui, serei mais do povo do que nunca, sem renegar o meu destino e jamais fugir à luta. Não me perguntem sobre o meu futuro, porque vocês já me deram um grande presente. Perguntem, sim, sobre o futuro do Brasil. E acreditem nele, porque temos motivos de sobra para isso.

No dia 1º de janeiro de 2011, após a solenidade de transição do cargo, Lula e Marisa embarcaram para São Paulo. Já estava escuro quando os dois chegaram ao aeroporto de Congonhas, de onde partiram de carro em direção ao Hospital Sírio Libanês. Lula queria agradecer a seu vice, José Alencar, que estava internado para tratar um câncer e não pôde estar na cerimônia em Brasília. Ele morreria em março, aos setenta e nove anos. Dali, seguiram para o prédio em que moravam desde 1999, em São Bernardo do Campo, onde 2 mil pessoas esperavam debaixo de chuva. O diretório municipal do PT havia montado um palco na Avenida Francisco Prestes Maia, em frente ao prédio do casal mais ilustre de São Bernardo, para receber o ex-sindicalista que terminara o mandato como o presidente mais popular da história do Brasil.

Por volta das dez da noite, Marisa chegou e anunciou que Lula estava a caminho. Finalmente, às quinze para as onze, Lula subiu ao palco ao som do Tema da Vitória, trilha sonora das corridas de Ayrton Senna dos anos 1990. O cantor sertanejo Sérgio Reis cantou para o casal. Luiz Marinho, prefeito da cidade, e o ex-presidente José Sarney também prestaram homenagem ao ex-presidente. Passava das onze da noite quando Lula começou a falar. Em discurso, afirmou que não abandonaria a política e pediu apoio a Dilma. A festa terminou com queima de fogos antes da meia-noite.

Marisa, aliviada diante de um governo que fechava seu ciclo com chave de ouro, tinha uma única preocupação: o que fazer com Lula a partir de agora?

12

Lava Jato

Deviam enfiar essas panelas no cu

Marisa, ao telefone com o filho Fábio, após protesto contra Dilma Rousseff em 23 de fevereiro de 2016. A conversa íntima, captada em grampo da Polícia Federal, foi divulgada com autorização do juiz Sérgio Moro

— **L**ULA, A GENTE PRECISA VOLTAR.

— Voltar pra quê, galega? Tô de férias. Ou melhor, desempregado. Agora é com a Dilma, esqueceu?

Marisa estava impaciente. Fazia dez dias que a família Lula da Silva descansava no litoral de São Paulo. Junto com filhos, noras e netos, o casal se hospedara no Forte dos Andradas, propriedade do Exército cercada de Mata Atlântica e com uma faixa de areia privativa no Morro do Monduba, entre a Praia do Tombo e a Praia do Guaiúba, no Guarujá. Todas as manhãs, Marisa trocava telefonemas, ansiosa. Lula começou a se incomodar com aquilo.

— Por que você não relaxa um pouco? Nunca vi uma mulher gostar tão pouco de praia.

Marisa tentava se justificar. Dizia que tinha muita coisa para fazer em São Bernardo do Campo. Queria terminar a mudança de volta após oito anos em Brasília. Depois de dois ou três dias, começou a dar sinais de que havia algo importante à espera de Lula.

— Não é possível – o agora ex-presidente se irritava, mais interessado em aproveitar a piscina, o mar e o campo de futebol. — Fiquei oito anos no governo e agora você não me deixa curtir nem duas semanas de férias?

Duas semanas antes, era ele o chefe do Executivo. Agora, o posto era de Dilma Rousseff. Como gentileza, a presidenta ofereceu o Forte dos Andradas para que o antecessor e sua família passassem uma última temporada ali. Se dependesse de Lula, ninguém subiria a serra antes do dia 18, data de retorno divulgada por sua assessoria de imprensa, apesar do vento e da chuva forte que, por volta do dia 12, resolveram castigar o Guarujá.

— Já deu, Lu, vamos voltar – Marisa decretou após dez dias de praia.

— Volta você – o marido respondeu, teimoso. — Eu não vou.

Fábio intercedeu em favor da mãe:

— Pai, a mãe tem uma surpresa para mostrar pra você.

Resignado, o ex-presidente aceitou encerrar as férias no dia seguinte. Marisa queria mostrar a ele o sítio Santa Bárbara, em Atibaia, adquirido no final do ano anterior pelo amigo Jacó Bittar e reformado às pressas.

— É do Jacó e dos filhos – Marisa contou, chegando ao lote, a cerca de uma hora de São Paulo. — Eles querem que a gente volte a se reunir nos fins de semana, como nos velhos tempos.

Marisa esperava que Lula finalmente cumprisse a promessa que havia feito a ela em 1978: largar a política e dedicar mais tempo à família. O sítio de Jacó seria um refúgio, onde o ex-presidente e a esposa poderiam descansar e encontrar amigos de décadas.

Quem primeiro falou em comprar um sítio foi Jacó Bittar, no início de 2010. O petroleiro, fundador do PT e ex-prefeito de Campinas, estava animado com a ideia de voltar a reunir as duas famílias nos fins de semana, a dele e a de Lula, como no tempo em que iam ao Los Fubangos e viajavam juntos nas férias.

O reencontro com Marisa e Lula tinha sido uma enorme alegria na vida dele, após mais de uma década de afastamento, e Jacó imaginou que um sítio poderia funcionar quase como uma "desculpa" para continuarem se encontrando.

Embora Kalil e Fernando, os filhos de Jacó, continuassem frequentando a casa de Fábio, filho de Lula, de quem eram sócios desde o final dos anos 1990 numa produtora de games, a G4, os velhos sindicalistas e fundadores do PT estavam rompidos desde 1991, quando Jacó, então prefeito de Campinas, trocou o PT pelo PSB. Em abril de 2003, um convite presidencial pegou Jacó de surpresa: Lula estava decidido a nomeá-lo para o conselho do fundo de pensão da Petrobras, a Petros.

Foi um recomeço. Divorciado, com os filhos adultos, Jacó morava sozinho na Ilha Porchat, em São Vicente, no litoral paulista, quando voltou à ativa, aos sessenta e três anos, e pôde voltar a visitar Lula e Marisa. A casa, agora, não era mais o sobrado do Jardim Lavínia nem a casa do compadre Roberto Teixeira, na Rua São João, mas o Palácio da Alvorada, onde Jacó passou a almoçar com relativa frequência, algumas vezes com os filhos.

Um problema de saúde teria papel especial na retomada da amizade. Em 2005, enquanto os sócios fundavam uma nova empresa, a Gamecorp, especializada na produção de games e também de conteúdo jovem para a televisão, como videoclipes e programas sobre cultura pop, Jacó foi diagnosticado com Mal de Parkinson. À medida que os sintomas evoluíam, Jacó foi convidado por Lula e Marisa a passar um tempo morando com eles.

— Fica aqui – Lula convidou, quase matando o companheiro de susto.

Jacó aceitou o convite. Hospedou-se na Granja do Torto, para onde o casal presidencial havia se mudado em razão das obras no Alvorada. Em pouco tempo, os dois fundadores do PT contornaram as diferenças que os afastaram uma década antes.

Em 2010, último ano do segundo mandato de Lula, Jacó pensou em comprar um sítio, onde pudesse acomodar também a família do velho amigo de modo a continuar promovendo encontros nos fins de semana, como antigamente. Ele tinha uma reserva que lhe permitiria comprar um lote não muito grande, mas o suficiente para ter uma piscina e um pomar. Quando ouviu Marisa reclamar da necessidade de arranjar um espaço para acomodar o acervo presidencial – 9 mil objetos recebidos durante o governo, inclusive de delegações estrangeiras em visita ao Brasil e de chefes de Estado no exterior –, Jacó imaginou que o sítio também poderia comportar um galpão, grande o suficiente para acomodar as "tralhas", como Marisa e Lula costumavam se referir àao acerno (e que encheriam nove contêineres, segundo estimativa oficial). Pelo menos até que se criasse um Instituto Lula, nos moldes do Instituto Fernando Henrique Cardoso, responsável pela guarda do acervo do presidente anterior.

Marisa se entusiasmou com a ideia. E mais ainda com a possibilidade de ter um lugar para passear, mexer com plantas, quem sabe até pescar, a partir de janeiro de 2011. Ela não escondia a tristeza por deixar para trás o Palácio da Alvorada e, principalmente, a Granja do Torto. Em poucos meses, ela e o marido trocariam as residências oficiais por um apartamento com três dormitórios, 180 metros quadrados e uma escada caracol em São Bernardo do Campo.

Pronto, Jacó estava decidido. Conversou com os filhos sobre sua ideia e pediu a Fernando, o caçula, que o ajudasse a procurar lotes pela internet.

Nos primeiros meses de 2010, os dois vasculharam sites de imóveis e solicitaram dezenas de orçamentos. Quase todos os dias, trocavam entre si fotos de sítios à venda, por e-mail ou SMS. Procuraram no entorno de Campinas, onde Jacó havia sido prefeito, e, em seguida, na região de Atibaia, sugerida pelo então presidente do Sebrae, Paulo Okamotto, que havia se mudado para uma chácara no município. Até que encontraram o lugar ideal. Tinha até um laguinho, onde Lula e Marisa poderiam pescar.

Jacó transferiu o dinheiro para a conta de Fernando, que realizou a compra do sítio. O lote vizinho, integrado ao terreno dos Bittar, foi comprado por Jonas Suassuna, também sócio de Fernando, Kalil e Fábio em outra empresa, a BR4. Jonas não tinha interesse em construir nem em frequentar o sítio, mas entrou como sócio, para que o lote não fosse adquirido por um desconhecido. Se, após deixar o governo, Lula e Marisa gostassem do sítio, Suassuna ofereceria o lote para eles.

Lula, até então, não sabia de nada. Jacó queria fazer surpresa, por isso conversava sobre o sítio apenas com Marisa. A primeira-dama, por sua vez, tornou-se uma espécie de conselheira informal desde a compra. Chegou a ver as fotos do local antes de Fernando e Jonas assinarem os contratos.

— O que você acha que precisa ter no sítio? – Jacó perguntava a ela, deixando explícito desde o início que o plano era as duas famílias ocuparem.

A compra foi fechada em 5 de agosto de 2010. Faltavam cinco meses para fazer as reformas necessárias até janeiro de 2011. Dias depois, após um almoço no Palácio da Alvorada, Marisa esperou o presidente voltar ao Planalto para entrar no assunto do sítio. Jacó hesitou. Havia outro convidado à mesa, que ele acabara de conhecer. Era José Carlos Bumlai, empresário e pecuarista no Mato Grosso do Sul, que entrou na conversa e ficou igualmente entusiasmado com a ideia do sítio.

— Você não tem uma equipe de pedreiros que possa ir lá consertar um muro de arrimo e fazer uma ampliação na casa? – Marisa perguntou a Bumlai. Os dois quartos da casa não seriam suficientes para as duas famílias.

— Não tenho, Dona Marisa – Bumlai respondeu, lembrando a ela que seu ramo de atividade não era a construção civil.

— Não conhece ninguém que possa indicar?

Bumlai telefonou para um amigo, sócio numa construtora, e na mesma semana conseguiu uma equipe. Em setembro, encontraram-se todos no sítio. Bumlai levou o amigo e mais um engenheiro; Marisa foi com Fernando Bittar e Aurélio Pimentel, seu assistente. Mostrou o muro de arrimo prestes a tombar e relatou duas necessidades principais: construir um galpão para abrigar o acervo presidencial e ampliar a casa em mais três suítes, necessárias para receber todos os filhos e netos das duas famílias. Passados dois meses, Marisa e Jacó começaram a ficar aflitos. Achavam que a obra não andava. Eles queriam o sítio pronto na primeira semana de janeiro de 2011. Outubro já chegava ao fim e a reforma estava empacada.

Em 27 de outubro, aniversário de Lula, Marisa deu de cara com Alexandrino Alencar, executivo da Odebrecht. Ele fora a Brasília com Emílio Odebrecht, patriarca da construtora, para levar um presente ao presidente. Aliás, dois: um livro sobre a mãe de Lula, Dona Lindu, que a Odebrecht havia encomendado à escritora Denise Paraná especialmente para a ocasião, e uma maquete do estádio do Corinthians, que a empresa construiria em São Paulo para a Copa de 2014. A dupla de executivos conversou com Lula em seu gabinete e, em seguida, foi convidada a provar um bolo de aniversário numa sala ao lado. Marisa contou a Alexandrino sobre o sítio e relatou sua preocupação com o atraso.

No voo de volta a São Paulo, Alexandrino e Emílio resolveram assumir a obra. Alexandrino acionou o superintendente da construtora em São Paulo, que estimou o custo e designou um engenheiro. Como previsto, o sítio logo se tornou o destino preferencial das duas famílias. Era para Atibaia que o casal viajava sempre que sobrava tempo para o lazer. Lula e Marisa já nem se lembravam do Los Fubangos, relegado a segundo plano. A sede era simples, sem conforto. A piscina e o lago faziam a alegria de todos, principalmente das crianças. Até pedalinhos com os nomes de dois netos Marisa providenciou, além de um barco de alumínio para ela passear com o marido.

Apesar das tentativas de Marisa, não houve quem convencesse Lula a se aposentar. Pelo contrário, ela mesma mudou de ideia e incentivou o marido a continuar trabalhando. Sugeria que ele aceitasse os convites para palestrar e participou das primeiras conversas sobre como criar uma empresa de palestras.

— Deus me livre ficar com esse homem o dia inteiro dentro de casa – Marisa comentava com amigos mais próximos, como o presidente do recém-criado Instituto Lula, Paulo Okamotto. — Se deixar, ele fica aí o dia inteiro, vendo jogo de futebol e zanzando. Vocês precisam arrumar alguma coisa para ele fazer.

A preocupação de Paulo Okamotto era outra:

— Lula, você precisa ganhar dinheiro – alertava. — Como você vai sustentar apartamento, assessoria pessoal, cinco filhos...?

Em fevereiro de 2011, Lula começou a despachar como presidente de honra do Instituto Lula. Como a sede estava em obras, a diretoria alugou uma sala no Sofitel da Avenida Sena Madureira, na Vila Clementino, onde Lula passou a cumprir expediente. Recebia as pessoas, atendia fãs, convocava reuniões. Dizia que queria voltar a fazer política e estava motivado a levar sua experiência para outros países.

— Vou dar palestras pelo mundo, igual ao Bill Clinton –, afirmava, referindo-se ao ex-presidente dos Estados Unidos.

Em março, Lula fez sua primeira palestra remunerada, em São Paulo, contratado pela empresa de eletrônicos LG. No dia 18, foi constituída oficialmente a LILS Palestras, Eventos e Publicações. O nome da empresa reproduz as iniciais do ex-presidente. Paulo Okamotto ficou com 2% das ações e a função de administrador. Montou-se um calendário e foi estipulado um preço para as palestras: 200 mil dólares, mesmo valor cobrado por Clinton, o equivalente a 230 mil dólares (ou R$ 970 mil) em 2020.

Choveram convites. Em 6 de abril, Lula fez uma conferência em Washington a convite da Microsoft. No dia 8, esteve em Acapulco, no México, para falar sobre a crise financeira internacional num encontro da Associação de Bancos Mexicanos. Já em 14 de abril, foi a Londres palestrar sobre desafios e oportunidades do Brasil e da América Latina a convite do grupo do portal Terra. Em maio, foram três palestras no Brasil (uma em São Paulo e duas na Bahia) e duas no exterior (no Panamá e nas Bahamas). Em dez meses, os cachês já haviam formado uma cartela invejável de investimentos, logo convertida em R$ 9 milhões num fundo de previdência privada (R$ 14 milhões em valores atualizados para 2020). O patrimônio de Lula completava-se com o apartamento em que ele morava desde 1999 e outros dois apartamentos de 60 metros quadrados no Baeta, bairro de São Bernardo, além do terreno do Los Fubangos.

Atibaia tornou-se o refúgio ao qual Marisa, Lula e amigos fugiam pelo menos duas vezes por mês. Isso até outubro de 2011, quando a vida do casal virou mais uma vez de cabeça para baixo.

— **Pega a Marisa e arrasta ela pra cá agora!**

Foi assim que o médico Roberto Kalil Filho intimou o ex-presidente a levar a esposa até o Hospital Sírio Libanês. Ele já tinha ligado para Marisa e cobrado sua visita.

— A gente precisa fazer um check-up de rotina e verificar como está o aneurisma – Kalil insistia.

— Tô ótima – Marisa dizia, como de costume. — Mas pode deixar que vou agendar uma consulta.

Kalil era médico de Lula desde 1991, ocasião em que foi apresentado a ele pelo advogado Roberto Teixeira, também seu paciente. Cardiologista – e malufista –, Kalil atendia a família Lula havia vinte anos, incluindo os oito anos na Presidência, e gozava da intimidade do casal. Passara alguns fins de semana na Granja do Torto e, em maio de 2015, Marisa e Lula estariam entre os padrinhos de seu segundo casamento, com a endocrinologista Claudia Cozer. A então presidenta Dilma Rousseff seria outra das madrinhas. No primeiro casamento, em 1989, Kalil e Fernanda Luna foram apadrinhados por Paulo e Sylvia Maluf, Romeu e Zilda Tuma e João e Dulce Figueiredo. Tal histórico, somado ao fato de cuidar do coração de pelo menos quatro ex-presidentes da República e diversos ex-governadores e ex-prefeitos de São Paulo, rendeu a Kalil o apelido de "o médico do poder". "Um político vestido de branco", segundo a esposa.

Chefe da cardiologia do Sírio Libanês e prestes a tomar posse como diretor do Instituto do Coração do Hospital das Clínicas, o que ocorreria em 11 de novembro, Kalil tinha motivo para se preocupar com Marisa naquele finalzinho de outubro de 2011. O aneurisma que sua equipe havia diagnosticado na cabeça da ex-primeira-dama anos antes, ainda durante o governo Lula, e sobre o qual conseguira manter sigilo, exigia acompanhamento rigoroso. Como Marisa se recusasse a operar, era prudente avaliar o estágio do aneurisma a cada seis meses. Se ele crescesse, uma cirurgia seria recomendável. Desde que voltara à planície, Marisa não havia feito nenhum exame.

O exame de rotina foi agendado para um sábado, 29 de outubro. Lula cumpriu a promessa e acompanhou a esposa até o Sírio. Depois de constatar que o aneurisma estava sob controle, a equipe pediu que Marisa se submetesse a um PET Scan, exame de imagem capaz de verificar precocemente a presença de células cancerígenas. Minutos depois, o resultado foi tranquilizador: nenhum câncer localizado.

Marisa ficou encantada com aquele aparelho.

— Então isso aí pega todo tipo de câncer?

Virou para o marido e sugeriu que ele também fizesse o tal PET Scan.

— Aproveita, Lu. Já estamos aqui mesmo...

Os médicos sabiam que o ex-presidente se queixara de dor de garganta, rouquidão e um pigarro que, segundo ele, não desaparecia de jeito nenhum. Lula havia reclamado disso diretamente a Kalil durante a comemoração de seu aniversário de sessenta e seis anos, no Instituto Lula, na semana anterior.

— Já chupei todo tipo de pastilha e nenhuma dá jeito, porra – reclamou.

— Vem com a Marisa – o médico recomendou. — A gente vê o aneurisma dela e também a sua garganta.

Teimoso, Lula esquivou-se o quanto pôde, mas acabou entrando no equipamento. A demora na divulgação do resultado foi o primeiro sinal de que algo estava errado. O diagnóstico de Marisa havia saído em metade do tempo.

— Cadê o Kalil que não aparece? – Lula agitava-se.

No início da noite, um boletim divulgado pelo hospital revelava a descoberta de um tumor na laringe: "Após avaliação multidisciplinar, foi definido tratamento inicial com quimioterapia, que será iniciado nos próximos dias", dizia a nota do Sírio. "O paciente encontra-se bem e deverá realizar o tratamento em caráter ambulatorial". À imprensa, os médicos disseram tratar-se de um tumor com três centímetros de diâmetro localizado perto das cordas vocais.

Marisa perdeu o chão. Como assim? Era ela quem tinha um aneurisma. Era o seu estado de saúde, e não o do marido, que despertava preocupação, e foi por causa dela que os dois haviam ido ao hospital naquele sábado. Ironia do destino, foi Lula entrar no tal PET Scan e o câncer apareceu. Por sorte, em estágio inicial, localizado. Graças à esposa, o diagnóstico foi feito na hora certa.

Marisa não arredou o pé do hospital em nenhuma etapa do tratamento. Nos dias de quimioterapia ou radioterapia, o ex-presidente passava mais de dez horas no hospital e eventualmente permanecia à noite para avaliação. Marisa cuidava de Lula em cada detalhe. Numa imagem registrada duas semanas após o diagnóstico por Ricardo Stuckert, que permaneceu como fotógrafo oficial de Lula após o fim do governo, Marisa raspa o cabelo e a barba do marido. Adotada pelo então líder sindical em 1979, era a primeira vez em mais de trinta anos que a barba deixava de compor o visual de Lula. O bigode foi preservado, fazendo muitos velhos metalúrgicos de São Bernardo do Campo lembrarem o rosto do torneiro mecânico que, em 1978, liderou a primeira grande greve do ABC.

No Sírio Libanês, Marisa também desempenhava o papel de leão-de-chácara, sempre disposta a proibir a entrada de quem pudesse incomodar o marido. Durante os meses de tratamento, barrou dezenas de visitantes, entre eles alguns políticos de alto escalão, com a justificativa de que Lula precisava descansar. Em geral, o ex-presidente nem sequer era comunicado da presença dessas pessoas. Marisa as enxotava por conta própria. As raras exceções aconteceram quando Marisa baixou a guarda ou quando a iniciativa foi do médico.

Numa dessas ocasiões, Kalil irrompeu pelo quarto onde Lula repousava para contar que no mesmo bloco estava internado o empresário Roberto Civita, presidente do Grupo Abril e publisher das revistas *Veja* e *Exame*, entre outras. O câncer de próstata em estágio avançado inspirava cuidado. Lula sugeriu visitá-lo, com a condição de que Kalil e Marisa o acompanhassem. Prometeu não falar de política nem lavar roupa suja com o editor. Faria apenas uma visita de cortesia.

Assim que recebeu alta naquela tarde, o casal Lula e Marisa caminhou até o quarto de Roberto Civita junto com o médico. Em menos de dois minutos, Civita abordou o tema que Lula e Marisa evitavam a todo custo. Desculpou-se por ter publicado cinco anos antes uma matéria de capa da *Veja* com acusações de enriquecimento ilícito em relação a seu filho Fábio Lula da Silva, que a imprensa apelidou de Lulinha. A seu lado, Marisa se esforçava para manter a compostura.

— O senhor há de entender – Civita se explicava. — Nós, jornalistas, não temos amigos ou inimigos. Nós atuamos sob o imperativo da verdade. Somos impelidos a publicar as notícias. O leitor tem esse direito.

Lula, cansado em razão da quimioterapia, franziu a testa. Não acreditava que o dono da *Veja* havia se aproveitado daquele momento para falar sobre aquilo, e ainda se aproveitara da situação para dar lição de moral. Lula respirou fundo e optou por não dizer nada. Ou melhor, disse. Afirmou que estava ali como ser humano, numa visita de cortesia, e que não queria falar sobre seus filhos nem sobre as revistas da Abril. Marisa imitou o marido e conteve o afã de dizer "umas verdades" ao editor, falecido em maio de 2013.

A doença de Lula regrediu rapidamente, superando as melhores expectativas. Já em 12 de dezembro de 2011, o oncologista Athur Katz divulgou nota comunicando a redução de 75% no tamanho do tumor. Em fevereiro de 2012, uma tomografia feita por Lula não revelou qualquer sinal da doença. Nove quilos mais magro, o ex-presidente venceu a rouquidão e voltou a se alimentar melhor. Em breve, poderia retomar as articulações políticas, viajar e fazer palestras. Quem sabe voltar ao poder.

UMA OPERAÇÃO DA POLÍCIA FEDERAL deflagrada em novembro de 2012 tirou Marisa do sério pela primeira vez desde o diagnóstico do câncer de Lula, um ano antes. Trazia à tona, segundo a imprensa, um relacionamento extraconjugal que o marido teria mantido por mais de uma década – desde antes do governo – com a servidora Rosemary Noronha, nomeada por Lula para ser sua chefe de gabinete no escritório regional da Presidência em São Paulo.

Batizada de Operação Porto Seguro, a investigação envolveu quarenta e três mandados de busca e apreensão em cinco cidades e culminou no desmantelamento de um esquema de corrupção e tráfico de influência que envolvia, segundo o relatório de cinquenta e três páginas, servidores públicos lotados em órgãos como a Agência Nacional das Águas (ANA), o Tribunal de Contas da União (TCU) e a Agência Nacional de Aviação Civil (ANAC).

Ainda segundo o relatório da Polícia Federal, que serviu de base para a denúncia oferecida pelo Ministério Público Federal em 14 de dezembro, os acusados fraudariam pareceres nessas agências para acelerar processos que beneficiassem alguns em-presários. Quem mais atuava no sentido de facilitar a vida do grupo, inclusive na nomeação de servidores, era Rosemary, exonerada por Dilma após a denúncia.

Rose, como era conhecida, era acusada de usar o cargo para obter benefícios junto a pessoas interessadas em cavar espaço na administração pública. A nomeação de uma filha para a ANAC e uma viagem de lazer num cruzeiro estavam entre os "presentes" mencionados na peça. Segundo reportagens publicadas entre novembro e dezembro de 2012 na *Folha de S.Paulo* e nas revistas *Veja* e *Época*, Rose era conhecida nos bastidores do poder como "a namorada do Lula", quase uma segunda primeira-dama. O acesso facilitado ao presidente fizera dela uma espécie de lobista em posição privilegiada, sempre segundo a denúncia. E uma companhia frequente em viagens internacionais. Segundo levantamento feito pela ONG Contas Abertas divulgado na *Veja*, esteve em 24 países na comitiva do ex-presidente entre 2003 e 2010, em ocasiões nas quais Marisa permanecia em Brasília ou em São Bernardo.

Dias depois do escândalo, uma amiga de Marisa a procurou, solidária.

— Minha mágoa é que ele deveria ter desmentido – Marisa respondeu.

— Não adianta desmentir, Marisa – a amiga tentou pôr panos quentes.

— É melhor ignorar. Se não, cria uma bola de neve que não acaba nunca. A gente não sabe nem se é verdade.

— É claro que é verdade – Marisa assentiu, machucada.

Publicamente, não comentou o assunto. Nenhum dos dois. Marisa manteve o silêncio e a discrição habituais. Também não comprou briga com o marido.

Amigas próximas diziam que Marisa assumia uma postura blasé sempre que a imprensa divulgava boatos de infidelidade ou quando ela mesma desconfiava de algo. Nessas ocasiões, buscava transmitir a sensação de que não era atingida por esse tipo de coisa. Agia, segundo as amigas, como se o simples fato de Lula saber que ela tomara conhecimento de uma traição – ou de um boato de traição – bastasse para que o marido assumisse uma postura constrangida, mais amorosa, como se estivesse em dívida com ela. Não precisava verbalizar. Após quatro décadas de casamento, Marisa era orgulhosa o bastante para não fazer barraco nem cobrar explicação.

No Carnaval de 2014, houve quem resgatasse uma velha marchinha de 1950, composta por Haroldo Lobo e Marino Pinto, para promover a eleição do então candidato Getúlio Vargas à Presidência da República:

> *Bota o retrato do velho outra vez*
> *Bota no mesmo lugar*
> *Bota o retrato do velho outra vez*
> *Bota no mesmo lugar*
> *O sorriso do velhinho faz a gente trabalhar*

O movimento "Volta, Lula" ganhava proporções cada vez maiores. Já em meados de 2013, enquanto a presidenta Dilma Rousseff perdia popularidade na esteira das jornadas de junho (de 63% para 31% de ótimo e bom entre março e julho segundo o Ibope), um grupo bastante significativo de petistas e "lulistas" começou a cobrar a recondução do "velho" ao Palácio do Planalto.

Fazia sentido. Na avaliação dessas pessoas, o eleitorado petista e lulista havia votado em Dilma em 2010 apenas porque seu candidato preferido estava legalmente impedido de disputar um terceiro mandato. Em razão disso, acatara a recomendação do criador para votar na criatura. Quem foi eleito naquele ano, segundo parte da imprensa e dos cientistas políticos, foi "o poste do Lula", e não Dilma Rousseff. Mas e agora? Quatro anos depois, Lula poderia se candidatar novamente. Sendo assim, por que mais quatro anos de Dilma?

A mesma interpretação mobilizou alguns caciques do PT e de partidos da base aliada, a começar pelo ex-governador de Pernambuco, Eduardo Campos. Ex-ministro de Ciência e Tecnologia de Lula, Campos comunicou ao ex-presidente que, se ele fosse candidato, poderia contar com seu apoio e o de seu partido, o PSB, mas que, se o PT insistisse em manter Dilma por mais quatro anos, o PSB teria candidatura própria, no caso a dele mesmo. Campos oficializou sua candidatura a presidente meses depois e anunciou a também ex-ministra de Meio Ambiente de Lula Marina Silva como vice. Um acidente de avião em Santos, litoral de São Paulo, mataria Eduardo Campos em plena campanha eleitoral, em 13 de agosto de 2014, e Marina Silva assumiria a candidatura, terminando em terceiro lugar.

Fato é que Lula não foi candidato, apesar dos apelos de dirigentes políticos e parlamentares de diferentes partidos. O deputado federal Cândido Vacarezza (PT/SP), ex-líder do Governo Dilma na Câmara dos Deputados, postou a música "Retrato do Velho" numa rede social em abril. O também deputado federal Bernardo Vasconcellos (PR/MG) divulgou um manifesto assinado por vinte deputados de seu partido no mesmo mês. "Entendemos que o momento de crise, dentro e fora do País, reivindica a força de uma liderança política com a experiência e o brilho de Luiz Inácio Lula da Silva", dizia o manifesto.

Macaco velho, Lula permitiu que o tema vingasse na opinião pública para testar sua repercussão. Tardou a se posicionar, em especial porque esperava uma conversa com Dilma, um aceno dela nesse sentido. Quando se declarou a respeito do assunto, Lula atribuiu a ela a decisão

— Dilma precisa resolver se vai ser candidata ou não – Lula repetia.

Muitos dos seus correligionários não gostaram de ouvir aquilo. Sabiam que Dilma devia sua eleição ao ex-presidente, considerado seu "mentor" político. Sabiam também que faltava traquejo, jogo de cintura, para que ela fosse capaz de conduzir uma política de ganha-ganha como nos anos de Lula. Marisa era uma dessas pessoas.

— Lu, ela ainda não se manifestou? – perguntava.

— Não.

A ofensiva da turma do "Volta, Lula" esbarrou numa contra-ofensiva do pequeno grupo fiel a Dilma e também de alguns estrategistas. A favor de Dilma pesavam outros argumentos. O primeiro é que trocar o candidato poderia ser encarado pela oposição como uma admissão de culpa do PT. "Nem os próprios petistas aprovam o governo Dilma", diriam, discurso que poderia comprometer o desempenho do partido e interferir negativamente na forma como a primeira mulher presidenta da República teria seu nome gravado na História.

Acabou prevalecendo a tese da reeleição. Lula não foi candidato a presidente em 2014 e Dilma foi reeleita com 51,64% dos votos. Em números absolutos, um resultado expressivo. Em termos relativos, a vitória mais apertada do PT. O medo dos opositores agora era outro: Lula voltar para mais oito anos de governo depois de dezesseis anos de hegemonia petista. "Isso não vai acabar nunca?", pensavam. "Ninguém será capaz de vencer o PT nas urnas?"

QUANDO MORAES CHEGOU AO EDIFÍCIO HILL HOUSE, residência de Marisa e Lula em São Bernardo do Campo, um grupo de agentes da Polícia Federal aguardava na calçada.

Tenente do Exército, Valmir Moraes da Silva servira ao ex-presidente em São Bernardo do Campo durante o governo. Terminado o mandato, foi convidado a integrar a equipe de oito servidores pagos pela União a que todo ex-presidente tem direito. Opção de Lula, suas oito vagas foram preenchidas por militares do Exército com o propósito de cuidar de sua segurança e de sua família. Em janeiro de 2011, a equipe de segurança era formada por dois subtenentes, dois primeiros sargentos e quatro terceiros sargentos. Por questão de logística, a equipe que atuaria com a família Lula da Silva no período posterior ao governo foi formada por oficiais que residiam na Grande São Paulo. Moraes, um dos subtenentes, foi nomeado chefe da equipe.

Naquela manhã de 4 de março de 2016, uma sexta-feira, Moraes chegou ao batente antes das seis, como de costume. Em geral, Lula descia à garagem por volta de seis e quinze para ir à academia. Moraes ficava à sua espera, no carro. Dessa vez, a rua estava mais movimentada. Havia um grupo de policiais federais em frente ao prédio. Assim que Moraes embicou o carro no portão que dá acesso ao subsolo, um dos agentes foi conversar com ele. Apresentou-se como Delegado Luciano Flores e explicou que tinha um mandado de busca e apreensão. Moraes pediu que todos entrassem na garagem e os conduziu ao elevador.

Chegando ao décimo segundo andar, Moraes bateu na porta e explicou a Lula quem eram as três pessoas que haviam subido com ele no elevador. Todos entraram e o delegado repetiu a apresentação.

— Cadê o japonês? – o ex-presidente teve a presença de espírito de perguntar, referindo-se ao agente Newton Ishii, que ficara conhecido como "o japonês da Federal" em razão de sua presença em diversas ações da Operação Lava Jato. Naquela manhã, o japonês estava em outra missão.

A Lava Jato foi autoproclamada a maior operação de combate à corrupção da história do Brasil. Oficialmente, foi deflagrada pela Polícia Federal em março de 2014, com a prisão do doleiro Alberto Youssef, acusado de comandar um esquema gigantesco de desvio de verbas na Petrobras, que teria drenado ao menos R$ 10 bilhões conforme a denúncia (R$ 13,5 bilhões em valores de 2020). A suposta quadrilha, segundo os investigadores, usava um posto de gasolina no Setor Hoteleiro Sul, em Brasília, como fachada para lavar dinheiro, o que inspirou o nome da operação. Esse dinheiro teria beneficiado diretores da estatal – como Paulo Roberto Costa, o primeiro executivo preso, que ganhara um veículo Range Rover de Youssef como propina – e também grandes empreiteiras, como Odebrecht, OAS e Andrade Gutierrez, por meio de contratos superfaturados e licitações fraudulentas.

Nos meses que se seguiram à prisão de Alberto Youssef e Paulo Roberto Costa, novas investigações conduzidas pela Polícia Federal de Curitiba, com desdobramentos no Rio, em São Paulo e em Brasília, indicaram a existência de uma rede de corrupção que extrapolara os limites da Petrobras e avançara sobre contratos do Governo Federal em diversos setores, de usinas termelétricas a estádios de futebol construídos para a Copa de 2014.

As prisões de Alberto Youssef e Paulo Roberto Costa foram decretadas por Sérgio Moro, juiz à frente da 13ª Vara Criminal Federal de Curitiba, especializada em crimes contra o Sistema Financeiro Nacional e de lavagem de dinheiro. Aos quarenta e um anos, Moro passara os últimos doze na cola do doleiro Alberto Youssef. Em 2002, assumira a condução do caso Banestado, investigação que culminou com a primeira prisão de Youssef em 2003. Na ocasião, pesava sobre ele a acusação de operar um vultoso esquema de remessa ilegal de dinheiro para o exterior por meio do Banco do Estado do

Paraná, o Banestado. O doleiro foi solto no ano seguinte após sua primeira delação premiada: dedurou outros doleiros, contou como a evasão funcionava e prometeu largar a atividade.

O juiz responsável pelo caso manteve um olhar vigilante sobre Youssef. Até que, em 2014, investigações da Polícia Federal sobre outro doleiro de Brasília revelaram ligações dele com Youssef. O doleiro do Paraná havia mentido. Retomara a atividade criminosa com força total, agora exercendo influência sobre estatais e repassando dinheiro desviado de contratos superfaturados da Petrobras a políticos do Partido Progressista (PP). Youssef residia num apartamento de luxo avaliado em R$ 3 milhões (R$ 4 milhões em valores de 2020) num bairro rico de São Paulo, cruzava o país em avião particular e, segundo os investigadores, utilizava-se de empresas de fachada para saquear a Petrobras (e não mais de contas de pessoas físicas, como fizera no caso Banestado).

Agora, Alberto Youssef faria nova delação premiada. Após meses de negociação entre a Polícia Federal, o Ministério Público e a defesa do doleiro, a delação foi firmada em setembro de 2014. Os termos deveriam permanecer em segredo de Justiça, mas, graças a vazamentos supostamente atribuídos ao advogado de Youssef, a Lava Jato chegou pela primeira vez ao nome de Lula às vésperas do segundo turno da eleição presidencial. Em matéria de capa, reportagem da revista *Veja* afirmava que, segundo depoimento do doleiro, o ex-presidente conhecia o esquema de desvios que dilapidava a Petrobras. "Eles sabiam de tudo", dizia a manchete, sobreposta a fotos de Lula e também de Dilma, então candidata à reeleição.

Lula e sua família foram imediatamente alçados à condição de alvo principal, tanto do Ministério Público quanto da Polícia Federal e da 13ª Vara Criminal de Curitiba. Após prender o doleiro mais poderoso do Brasil, o juiz Sérgio Moro achou por bem prender Lula. Sua sensação era de que bastava procurar e um crime apareceria.

As investigações da Polícia Federal autorizadas por Moro haviam sido favorecidas pela adoção de procedimentos até então pouco conhecidos no Brasil, alguns deles amplamente criticados por parte dos juristas. Um desses procedimentos foi a delação premiada, instituída por lei em 2013, instrumento que permite ao réu negociar uma redução na sua pena em troca de informações que auxiliem a Procuradoria a desvendar detalhes e produzir provas contra terceiros. Outro procedimento igualmente controverso é o acordo de leniência, que se dá quando uma empresa acusada de corrupção aceita colaborar com a investigação, afastar os executivos acusados e assinar um termo de ajustamento de conduta. Um terceiro instrumento previsto em lei para casos em que os investigados estejam criando dificuldades para a coleta de depoimentos, e que a Lava Jato utilizou abundantemente de forma "preventiva", antes que tal resistência se tornasse palpável, foi a condução coercitiva.

Naquela manhã de 4 de março de 2016, agentes da Polícia Federal deflagraram a 24ª fase da Operação Lava Jato, batizada de Operação Aletheia. Cerca de 200 policiais e trinta auditores da Receita Federal foram às ruas para cumprir quarenta e quatro mandados de busca e apreensão nos Estados de São Paulo, Rio de Janeiro e Bahia. Entre os locais revistados pela polícia estavam a sede do Instituto Lula, o sítio frequentado pelo ex-presidente em Atibaia e as residências do presidente do Instituto, Paulo Okamotto, de uma das diretoras, Clara Ant, e de filhos de Lula. No apartamento de Sandro, arrombaram a porta e reviraram até o freezer. Ali e na casa de Fábio, levaram para averiguação os tablets das crianças, tanto o aparelho usado por Arthur, filho do Sandro, quanto o do Pedro, filho do Fábio. Esses equipamentos ficariam mais de um ano em poder da Polícia, sendo devolvidos após uma requisição protocolada pelo advogado de Lula. Um deles voltou quebrado. Neles, não encontraram nada além de jogos e aplicativos como Turma do Mickey e Minecraft.

No apartamento de Lula e Marisa, os investigadores vasculharam os armários, a coifa sobre o fogão e até o interior dos colchões, mas não se contentaram em revistar cômodos e móveis. Eles estavam ali para ouvir Lula. Por bem ou por mal.

— Presidente, nós precisamos ouvir o senhor – disse o delegado Flores. — Então nós selecionamos um local mais seguro e...

— Como mais seguro? Eu estou na minha casa. Aqui é onde eu mais me sinto seguro.

— Sabe o que é, presidente, daqui a pouco vai começar a juntar gente aí em frente. Melhor evitar problemas tanto para o senhor quanto para nós.

— Eu não vou sair. Se você quer me ouvir, pode fazer as perguntas.

— Não, presidente, é mais seguro pro senhor.

— Só se for uma ordem. Aí eu vou.

— Sim, é uma ordem. Espero que o senhor entenda. O senhor queira fazer o favor de nos acompanhar.

Moraes perguntou se havia um ofício que mostrasse a requisição da condução coercitiva. O delegado Luciano pediu a um dos agentes que entregasse ao ex-presidente. No papel, discretamente, constava o local de destino para a condução: aeroporto de Congonhas.

— Aeroporto de Congonhas? Vocês querem me levar preso?

— O senhor pode ficar tranquilo que não haverá nenhuma prisão nem viagem. Nós preparamos um ambiente para colher seu depoimento.

— Liga para o Roberto Teixeira – Lula pediu ao Moraes.

O advogado foi contatado e orientou Lula a acompanhar os agentes. Teixeira iria para o aeroporto em seguida.

Enquanto o ex-presidente trocava de roupa, oito agentes começaram a revirar móveis e esvaziar armários, para desespero de Marisa. Na suíte do casal, chegaram a rasgar o colchão.

— Que absurdo, Lula – Marisa reclamou. — Quando isso vai acabar?

Cobrava do marido, como se dependesse dele o fim da perseguição de que sua família era vítima. Como se Lula pudesse telefonar para Dilma e ordenar que ela enquadrasse a Polícia Federal. Como se coubesse a ele, o investigado, exigir o fim das investigações. Lula sabia que não era assim que a banda tocava. E, constrangido, tentava contornar a aflição da esposa.

— Vamos ver o que dá para fazer.

A câmera de segurança do elevador social indicava sete horas e dezesseis minutos quando o ex-presidente deixou seu apartamento cercado de policiais. Na garagem, entrou num dos carros da Polícia Federal, sem caracterização, e seguiu em direção a Congonhas. No aeroporto, centenas de pessoas o aguardavam no saguão. Muitos imaginavam que ele seria ouvido na delegacia da PF localizada no terminal de embarque, mas seu destino foi o Pavilhão de Autoridades, uma área inaugurada nos anos 1950 para embarque e desembarque de passageiros especiais quando Congonhas ainda recebia voos de outros países. Seus advogados já estavam à sua espera.

Por decisão do ex-presidente, sua defesa seria feita pelo escritório de Roberto Teixeira, seu compadre, que já o representava havia mais de trinta anos nos mais diferentes assuntos. Da incorporação do nome Lula à adoção do filho Marcos, passando pela aquisição de imóveis, quase todas as pendências na área cível tinham sido resolvidas por Roberto. Agora, a opção em manter a banca foi recebida com desconfiança por alguns amigos e também nos círculos jurídicos. O escritório de Roberto Teixeira não tinha experiência na área criminal. Seria mais seguro, aconselhavam, contratar os serviços de um criminalista famoso, sobretudo alguém com trânsito no STF e com um histórico relevante de absolvições em casos que envolvessem corrupção, lavagem de dinheiro e ocultação de patrimônio, temas com os quais a defesa de Lula teria necessariamente de lidar dali para frente. Lula preferiu apostar em pessoas de sua confiança. E, nesse quesito, acreditava que nenhum escritório superaria o Teixeira Martins Advogados.

Fundado por Roberto Teixeira, o escritório era agora tocado por suas duas filhas, Valeska e Larissa, e pelo genro, Cristiano Zanin Martins. Casado com Valeska, Cristiano tinha quarenta anos de idade e assumiria, dali para frente, a função de principal defensor do ex-presidente.

Durante a arguição, manifestantes favoráveis a Lula descobriram onde ele estava e começaram a esmurrar as paredes de vidro, a xingar os policiais, os procuradores do Ministério Público e também o juiz Sérgio Moro. O clima de tensão contribuiu para que o interrogatório fosse abreviado após três horas e meia.

Lula foi questionado sobre sua relação com Léo Pinheiro, ex-presidente da construtora OAS, e com o pecuarista José Carlos Bumlai, ambos presos pela Lava Jato, o primeiro condenado a dezesseis anos de detenção e o segundo em prisão preventiva. A razão da oitiva era a suspeita de que Lula recebera vantagens indevidas de empresas investigadas na Lava Jato, sobretudo das empreiteiras com contratos firmados com a Petrobras, como a OAS e a Odebrecht. As obras no sítio Santa Bárbara, em Atibaia, estariam entre essas vantagens indevidas. Doações feitas ao Instituto Lula entre 2011 e 2014 – R$ 4,7 milhões da Camargo Corrêa, R$ 4,6 milhões da Odebrecht, R$ 3 milhões da Queiroz Galvão e R$ 2,8 milhões da OAS, entre outras, segundo levantamento da Receita Federal feito em 2015 e anexado aos processos da Lava Jato (as cifras devem ser acrescidas em 25% para se chegar aos valores atualizados de 2020) – também foram interpretadas como vantagens indevidas, bem como a contratação de palestras do ex-presidente por essas mesmas empreiteiras. Em outras palavras, a tese era a de que o Governo Lula teria favorecido algumas empresas por meio de desvios, fraudes e contratos superfaturados e estaria agora repassando ao ex-presidente, em forma de presentes, sua parte no esquema.

Uma das suspeitas era a de que Lula seria o verdadeiro proprietário de uma cobertura triplex num empreendimento da OAS no Guarujá pela qual havia pagado somente uma pequena parte do valor. No ano anterior, uma reforma milionária teria sido feita no apartamento pela própria OAS, sem custo para a família Lula da Silva. Sobravam suspeitas e faltavam explicações. Uma história cheia de buracos que colocava Marisa na condição de cúmplice. Tinha sido ela que, anos antes, adquirira uma cota de participação na Cooperativa Habitacional do Sindicato dos Bancários de São Paulo, a Bancoop, de olho numa casa na praia para passear ou investir.

MAR CANTÁBRICO é o nome da porção do Oceano Atlântico que banha a costa oeste da França e o norte da Espanha, incluindo a Galícia e o País Basco. Os balneários de Santander e San Sebastián, na Espanha, e Biarritz, na França, devem parte de sua fama às águas do Mar Cantábrico. No início dos anos 2000, Mar Cantábrico foi o nome escolhido para um empreendimento imobiliário lançado na praia de Astúrias, no Guarujá, pela Cooperativa Habitacional dos Bancários de São Paulo, a Bancoop. Marisa ficou interessada.

Fundada em 1996 com a missão de ajudar os trabalhadores da categoria a realizar o sonho da casa própria, a Bancoop lançara três empreendimentos na capital paulista no primeiro ano de atividade. Entregues em 1999, eles somavam 306 unidades residenciais. Com o ex-presidente do sindicato Ricardo Berzoini no cargo de diretor técnico, a Bancoop ampliou seus negócios, totalizando 2.260 unidades entregues entre 2000 e 2003. Eleito deputado federal pelo PT em 1998, Berzoini foi nomeado ministro da Previdência Social em janeiro de 2003. A proximidade entre o partido e o Sindicato dos Bancários, e particularmente entre Berzoini e Lula durante o governo, contribuiu para que folhetos publicitários sobre o Mar Cantábrico chegassem às mãos de Lula e Marisa em 2004. Foi ela quem propôs ao marido:

— A gente podia entrar – sugeriu.

O valor da adesão, R$ 190 mil (R$ 455 mil em valores de 2020), com entrada de R$ 20 mil (R$ 48 mil em 2020) e prestações nunca superiores a R$ 4 mil (R$ 9,6 mil), era significativamente menor do que o preço médio de um apartamento similar lançado por uma incorporadora comercial na mesma praia de Astúrias. No sistema de cooperativa habitacional, os futuros proprietários entram como associados, e não como compradores. Cada associado adquire uma cota de participação, como se o conjunto constituísse uma sociedade no empreendimento. Também pode indicar a unidade que gostaria de ocupar ao final da obra.

Lula não deu muita bola para a proposta. Olhou para Marisa como quem diz: "Estou muito ocupado administrando o Brasil para pensar em apartamento na praia". Mas deixou a mulher à vontade para assinar o contrato em maio de 2005. Marisa, que cuidava das finanças domésticas e da conta do marido desde os anos 1980, concluiu que valia a pena. Daria para vender pelo dobro do preço depois da entrega das chaves. Eles tinham dinheiro para isso. E Lula adorava praia.

No termo de adesão assinado em maio de 2005, Marisa aparece como futura proprietária da unidade 141. Era um imóvel simples, modesto, com três dormitórios em 82 metros quadrados. Prometido para 2007, o empreendimento teve sua construção interrompida antes do prazo. Uma crise sem precedentes havia se instalado na construtora, sem capital para cumprir seus compromissos com os cooperados. Já em 2007, a Bancoop virou alvo de investigação do Ministério Público de São Paulo. Seus diretores foram acusados de desviar dinheiro da cooperativa para o Partido dos Trabalhadores, na forma de caixa dois, o que teria provocado o rombo.

Com seu nome nos jornais, a Bancoop viu sua situação piorar vertiginosamente. Fornecedores e prestadores de serviço passaram a evitar a cooperativa para não se expor, ou a cobrar valores exorbitantes em razão do risco. Os últimos empreendimentos lançados fracassaram por falta de adesões. A hipótese de falência era real. Essa conjunção de fatores não deixou alternativa a não ser cessar as obras. Buscava-se, então, uma solução que permitisse aos cooperados não perder tudo o que haviam investido.

Em maio de 2008, a Bancoop firmou um acordo judicial com o Ministério Público de São Paulo. Entre as cláusulas estabelecidas nesse acordo estavam as regras para que a cooperativa transferisse os empreendimentos em construção para outras empresas. Estabelecia, por exemplo, a necessidade de aprovação do contrato de transferência por pelo menos 90% dos cooperados que aderiram àquele empreendimento. E obrigava a construtora a oferecer aos cooperados a opção de desistir da unidade e receber de volta o valor pago até então.

No final de 2009, os cooperados do Mar Cantábrico finalmente receberam uma boa notícia. As obras seriam tocadas pela OAS. O custo final do imóvel subiria quase 50%, mas o edifício seria concluído e manteria a viabilidade comercial. Fechado o acordo, agora cada associado precisaria oficializar sua opção: desistir do apartamento e receber o dinheiro de volta ou confirmar o interesse no imóvel e retomar o pagamento das mensalidades. Marisa não fez nem uma coisa nem a outra. Após mais de um ano sem pagar mensalidades, desde o início da confusão judicial envolvendo a Bancoop, Marisa deixou de acompanhar o assunto com o zelo que ele exigia.

De sua parte, os executivos da OAS também não cobraram uma resposta de Marisa. Ela era a primeira-dama. Não custava dar mais algum tempo para ela e o marido se decidirem, pensavam os responsáveis pelo imóvel. Afinal, a presença do presidente Lula como proprietário ou morador só faria valorizá-lo.

QUANDO MARISA TOMOU PÉ DA SITUAÇÃO, a unidade 141 que havia escolhido em 2005 já estava comprometida. Outro associado havia optado por ela. E Marisa, inadimplente, não teve como reclamar. Agora, com as obras prestes a serem retomadas, os diretores da OAS apresentaram uma nova proposta à primeira-dama.

— Por que a senhora não fica com a cobertura? – sugeriu Léo Pinheiro, o presidente da empresa em pessoa.

Com verve de corretor de imóveis, Léo argumentou que um apartamento de apenas 82 metros quadrados seria muito pequeno para sua família. E que, por essa razão, em reconhecimento a tudo que ela e Lula significavam, havia tomado a iniciativa de reservar para eles uma cobertura duplex, que depois virou triplex, a unidade 174. Marisa não concordou nem discordou. Ficou de visitar o apartamento para decidir. Precisaria conversar com Lula também. Aquele não era um bom momento. Léo Pinheiro aguardaria.

Lula e Marisa voltaram a pensar no apartamento do Guarujá apenas quando deixaram Brasília. Mas, àquela altura, imprensa e Ministério Público já estavam em seu encalço, convencidos da tese de que havia algo de suspeito naquele imóvel. "Triplex do casal Lula está atrasado", noticiara o jornal *O Globo* em reportagem de página inteira no dia 10 de março de 2010. Em 19 de outubro do mesmo ano, o promotor de Justiça José Carlos Blat ofereceu denúncia à 5ª Vara Criminal denunciando ex-diretores da cooperativa, inclusive o ex-tesoureiro do PT, João Vaccari Neto, por crimes como estelionato e lavagem de dinheiro.

Quando as obras foram concluídas, no final de 2013, Léo Pinheiro precisou fazer o que tanto evitara nos anos anteriores: cobrar uma definição de Marisa. A ex-primeira dama fez, então, sua primeira visita ao apartamento, junto com o presidente da OAS.

Agora, o condomínio tinha nome novo: Solaris. Marisa ficou com a sensação de que, apesar dos três pavimentos – dois andares de 82,5 metros quadrados e um terceiro de 50 metros quadrados –, o imóvel era desconfortável, com cômodos pequenos demais. Seriam dois lances de escada para subir e descer o tempo todo. O acabamento estava muito aquém do alto padrão sugerido nos folhetos e na imprensa.

Marisa voltou a São Bernardo decepcionada. O marido teria de visitar o empreendimento para ajudá-la a se decidir. Em fevereiro de 2014, foi mais uma vez visitar o imóvel, desta vez com Lula.

— Parece que são três apartamentos do Minha Casa Minha Vida empilhados, um em cima do outro – Lula comentou.

A cada passo, uma reclamação.

— E esse monte de escadas? Não é um apartamento adequado para um velho como eu.

— Vamos resolver isso – Léo Pinheiro prometia.

— Fora que eu não posso ir para a praia – o ex-presidente parecia desconsolado. — Vocês acham que eu posso colocar uma sunga e um boné, esperar o sinal, atravessar a rua e depois sentar para tomar uma caipirinha numa praia cheia desse jeito? Não tem condições.

Para que o ex-presidente pudesse ir à praia, seria melhor trocar aquele imóvel por outro, num condomínio com praia privativa ou pelo menos com acesso direto à praia. Pé na areia, como se diz.

Léo Pinheiro fazia anotações e pensava. Ele não queria deixar um cliente graúdo como aquele escapar de jeito nenhum. Comprometeu-se a solucionar as falhas mencionadas pelo casal. As escadas, por exemplo, não seriam um problema: ele mandaria instalar um elevador privativo, ligando o 16º ao 18º andar. Só não conseguiria uma praia particular.

Quando Marisa voltou a visitar o imóvel, pela terceira e última vez, pouca coisa tinha sido feita. Agora, foi acompanhada pelo filho Fábio. O elevador estava lá, é verdade, assim como uma piscininha na laje. Mas os defeitos mais significativos continuavam evidentes. Principalmente, a excessiva exploração do caso pela mídia, que minou qualquer hipótese de privacidade.

Em novembro de 2015, Marisa finalmente assinou o "termo de declaração, compromisso e requerimento de demissão do quadro de sócios da seccional Mar Cantábrico da Bancoop", abrindo mão da unidade reservada para ela e solicitando o reembolso de 90% do valor investido. Para a investigação conduzida pelo Ministério Público de São Paulo, já era tarde demais.

Em janeiro de 2016, pouco antes da condução coercitiva, a revista *Veja* publicou uma entrevista na qual o promotor Cássio Conserino anunciava sua decisão de denunciar Lula e Marisa por ocultação de patrimônio e lavagem de dinheiro. A ação movida contra a Bancoop, segundo o promotor, havia desnudado uma engenhosa trama de desvio de recursos que alimentava uma organização criminosa chamada Partido dos Trabalhadores. Agora, graças à Operação Lava Jato, outro enigma parecia esclarecido.

Por que a OAS assumira os empreendimentos da Bancoop? E por que Léo Pinheiro mantinha com Lula e Marisa uma relação de tamanha cumplicidade? O que explicava tanto tempo sem pagar mensalidade e, principalmente, a reforma no imóvel, avaliada em mais de R$ 1 milhão? A Promotoria tinha uma resposta, e essa resposta era a Petrobras.

Segundo a tese do MP de São Paulo e da Polícia Federal de Curitiba, a OAS havia fechado três contratos com a Petrobras para o recebimento de valores superfaturados durante o governo Lula. Esses valores retornavam ao presidente da República, suposto chefe da "organização criminosa", por meio de benefícios como aqueles: as mensalidades não pagas e a reforma. Nesse sentido, Marisa era tratada no inquérito como uma espécie de laranja do marido. Desde o início, ela teria agido como cúmplice, e não como uma pessoa interessada numa casa na praia.

Analisada em perspectiva, a denúncia parece um exercício de futurologia. Para que a trama fizesse sentido, seria preciso adivinhar, em 2004, que a Bancoop encerraria as atividades antes da conclusão da obra e que o Mar Cantábrico seria incorporado pela OAS. Também causa estranheza o fato de a unidade ser financiada pela Caixa e não haver nenhuma possibilidade legal de transferência do imóvel para Lula ou Marisa sem que a dívida fosse honrada. Mesmo quanto às melhorias feitas no apartamento a mando de Léo Pinheiro, jamais houve qualquer prova de que elas não teriam seu custo acrescido ao preço final do imóvel, a ser quitado por Marisa no momento em que fizesse a opção de compra – ou por qualquer outro cliente que viesse a adquirir o triplex.

Já em 2015, o patrimônio do casal ultrapassara R$ 10 milhões em aplicações, o que tornava perfeitamente possível pagar pelo imóvel e pela reforma. Em outras palavras, Lula e Marisa poderiam ser donos do triplex. Mas não eram. E não eram porque não quiseram ser, mesmo depois de todo o esforço da construtora em agradar ao casal. Lula e sua família jamais receberam as chaves ou passaram mais de duas horas ali. Seu erro, agora ficava claro, foi adiar por tanto tempo a decisão de renunciar ao imóvel e pedir o dinheiro de volta. E permitir que a OAS fizesse todas as modificações propostas sem cortar de maneira firme as promessas de Léo Pinheiro.

Membros do Ministério Público de São Paulo estavam convencidos do contrário. Tanto o upgrade para a cobertura triplex quanto a reforma milionária eram produtos de corrupção, afirmavam os procuradores Cássio Conserino, José Carlos Blat e Fernando Henrique Araújo, responsáveis pelo caso. Lula foi convocado a depor no dia 17 de fevereiro, mas uma liminar concedida pelo Conselho Nacional do Ministério Público cancelou a audiência horas antes de seu início, quando centenas de apoiadores de Lula já lotavam a calçada em frente ao Fórum Criminal da Barra Funda, em São Paulo, com faixas e megafone. Era preciso, segundo a determinação do conselho, decidir sobre a competência do procurador Cássio Conserino para seguir à frente do caso. Na opinião de alguns juristas, Conserino havia antecipado o teor da denúncia em entrevista à revista *Veja*, semanas antes, sem ouvir o investigado, o que poderia comprometer seu papel na investigação. A promotoria recorreu e destravou a investigação dois dias depois, mantendo Conserino na função.

Nova audiência foi marcada para o dia 3 de março, agora para ouvir Lula e também Marisa. A defesa do casal informou, dias antes, que eles não compareceriam. Em ofício, o advogado Cristiano Zanin questionou o fato de a intimação prever a hipótese de condução coercitiva, medida que só seria possível aplicar a vítimas e testemunhas, nunca a investigados. Em razão disso, no dia 29 de fevereiro, Zanin impetrou habeas corpus no Tribunal de Justiça para impedir que Lula fosse conduzido coercitivamente ao Ministério Público e protocolou junto à promotoria os esclarecimentos de Lula e Marisa, por escrito, sobre o triplex. Um dia depois da data prevista para o depoimento, a condução coercitiva foi realizada, agora pela Polícia Federal do Paraná.

Não demorou uma semana para que o MP paulista se adiantasse à força-tarefa da Lava Jato e oferecesse denúncia à Justiça de São Paulo em relação ao apartamento no Guarujá. Segundo os procuradores Conserino, Blat e Araújo, o ex-presidente era o verdadeiro dono do triplex, apesar do registro em nome da OAS, e isso configurava ocultação de patrimônio. No imposto de renda, Lula e Marisa haviam declarado apenas uma "cota" no empreendimento, equivalente às parcelas pagas pelo apartamento 141, que já constava na declaração de outro proprietário. Lula foi denunciado por lavagem de dinheiro e falsidade ideológica. Marisa e o filho Fábio foram denunciados por lavagem de dinheiro.

Na denúncia, protocolada no dia 9 de março de 2016, a promotoria pedia a prisão preventiva do ex-presidente. No dia 22, o ministro Teori Zavascki, do STF, determinou que todos os processos relacionados aos desvios da Petrobras fossem remetidos à 13ª Vara Criminal de Curitiba para serem julgados pelo juiz Sérgio Moro, incluindo os processos do triplex e do sítio. Segundo a tese defendida pela Lava Jato, as empreiteiras envolvidas nesses dois casos estariam "devolvendo" a Lula parte do dinheiro desviado da Petrobras por meio de contratos ilícitos firmados em seu governo. O cerco começava a se fechar.

TUDO ACONTECEU MUITO RÁPIDO NAQUELE MÊS. O Brasil parecia de pernas para o ar. O pedido de prisão preventiva do ex-presidente Lula foi recebido com rojões por parte da população, sobretudo por quem fazia oposição ao governo Dilma – que, àquela altura, marchava em direção ao impeachment. No domingo seguinte, 13 de março, cerca de 1 milhão de pessoas foram à Avenida Paulista, em São Paulo, a maioria vestindo as cores da bandeira do Brasil. A Secretaria de Segurança Pública calculou 1,2 milhão de manifestantes. Para o Movimento Brasil Livre (MBL), uma das organizações responsáveis pelo ato, foram 1,4 milhão. A multidão, considerada recorde de público na cidade de São Paulo (o recorde anterior havia sido um comício por Diretas Já no Vale do Anhangabaú em 1984), pedia o impeachment de Dilma, mas também a prisão de Lula. Ambas as bandeiras começavam a se entrelaçar.

O processo de impeachment avançava rapidamente em Brasília. O então presidente da Câmara, o controverso Eduardo Cunha (PMDB/RJ) – ele mesmo objeto de um processo de cassação no Conselho de Ética –, marcou para 17 de março a votação que escolheria os representantes das bancadas na Comissão Especial do Impeachment. Segundo o regimento, após a formação da comissão, o governo teria um prazo máximo de dez sessões para apresentar sua defesa. Mais cinco sessões e o pedido de impeachment seria finalmente votado. Na ponta do lápis, e contando com a conivência de Eduardo Cunha, previa-se o fim do governo Dilma para dali a trinta dias.

Nos bastidores do governo e do PT, crescia a busca desesperada por uma liderança que fosse capaz de dialogar com a oposição, restaurar a relação com o Poder Legislativo – francamente desgastada – e restabelecer a confiança da população. A tarefa era hercúlea, talvez impossível. Na visão da direção do PT, um único nome do partido teria alguma chance, mesmo que remota, de ajudar o governo, àquela altura errático e desacreditado, e tentar reverter o impeachment. Havia um único problema: essa liderança havia se tornado o alvo principal da Lava Jato, e sua prisão poderia ser decretada a qualquer momento com base na denúncia do Ministério Público de São Paulo. Dilma bateu o martelo em favor de sua nomeação. Em 16 de março, véspera da sessão decisiva anunciada por Cunha, Lula foi nomeado ministro-chefe da Casa Civil.

A decisão foi tomada de manhã e publicada numa edição extra do *Diário Oficial da União* no fim da tarde. Assim que a nomeação de Lula foi anunciada, o juiz Sérgio Moro mandou tornar públicas as interceptações telefônicas do ex-presidente feitas sob sigilo pela Polícia Federal nos meses anteriores. "O levantamento (do sigilo) propiciará não só o exercício da ampla defesa pelos investigados, mas também o saudável escrutínio sobre a atuação da Administração Pública e da própria Justiça criminal", escreveu o juiz em seu despacho. "A democracia em uma sociedade livre exige que os governados saibam o que fazem os governantes, mesmo quando estes buscam agir protegidos pelas sombras".

Uma conversa em especial repercutiu intensamente no noticiário e nas redes sociais. Tratava-se de uma gravação captada naquela mesma tarde, às 13h32:

— Lula, deixa eu te falar uma coisa – era a presidenta Dilma ao telefone.

— Fala, querida.

— Seguinte, eu tô mandando o Bessias junto com o papel pra gente ter ele, e só usa em caso de necessidade, que é o termo de posse, tá?

— Tá bom. Tá bom.

— Só isso. Você espera aí que ele tá indo aí.

— Tá bom. Eu tô aqui. Fico aguardando.

O diálogo incendiou a opinião pública. Para a oposição, e também para a maioria dos comentaristas políticos, aquele diálogo funcionava como uma prova cabal de que a nomeação de Lula para a Casa Civil era uma manobra administrativa para evitar sua condenação. Ministro, ele passaria a ter foro por prerrogativa de função, também conhecido como foro privilegiado, o que, na prática, significaria escapar das garras de Sérgio Moro, juiz de primeira instância, e ter seu processo encaminhado ao STF. De acordo com a Presidência, o objetivo de Dilma era outro. O novo ministro estava com dificuldade de conciliar agenda para ir ao Planalto no dia seguinte, o que obrigou o governo a adiar a cerimônia de posse para a terça-feira da outra semana. Seu trabalho no ministério, no entanto, deveria começar imediatamente, daí a importância do termo.

Do ponto de vista legal, o gesto de Moro foi considerado irregular por muitos juristas. No Brasil, é vedada a interceptação telefônica de presidente da República – e, por extensão, sua divulgação – sem autorização expressa do STF. A Polícia Federal tinha a obrigação de encerrar a interceptação assim que identificada a interlocutora. E apagar imediatamente o conteúdo que por ventura tivesse sido gravado. O despacho assinado por Moro, no entanto, revelava com nitidez sua real intenção de subverter as regras. "A democracia em uma sociedade livre exige que os governados saibam o que fazem os governantes, mesmo quando estes buscam agir protegidos pelas sombras", disse Moro no despacho. Observar a legalidade ou a ilegalidade da interceptação presidencial e seu vazamento não parecia estar entre as prioridades do juiz naquele momento, o que reforçou a tese de que Moro agia como justiceiro, ao arrepio da lei quando necessário, e realizava um julgamento essencialmente político. Doze dias depois, o juiz pediria desculpas ao STF, em ofício, por ter gravado a presidenta da República e divulgado o conteúdo da conversa. Negou qualquer motivação política. Nenhuma sanção lhe foi imposta.

Outras conversas divulgadas naquela noite, com palavrões, piadas e risadas teriam o condão de arranhar a imagem de Lula naquela semana e na semana seguinte. Ao divulgá-las, Moro não apenas propiciara à sociedade o "saudável escrutínio sobre a atuação da administração pública", mas também elementos capazes de macular a reputação do ex-presidente e de sua família. Numa das conversas, Lula se referia às mulheres combativas do PT como "mulheres do grelo duro". Em outra, reclamava da inércia das instituições a despeito de tantos abusos. "Nós temos uma Suprema Corte totalmente acovardada, nós temos um Superior Tribunal de Justiça totalmente acovardado, um parlamento totalmente acovardado", disparou.

DIVULGADO NA MANHÃ SEGUINTE, outro áudio caiu como uma bomba na casa dos Lula da Silva. Desta vez, não era Lula quem conversava. Nem a presidenta Dilma. Na gravação feita pela Polícia Federal, Marisa conversava com Fábio. O trecho divulgado não versava sobre nenhum assunto que dissesse respeito às investigações da Lava Jato, o que deveria ser condição para sua divulgação. Era, antes, uma conversa íntima, entre mãe e filho, num momento turbulento da História do Brasil. Ao telefone, Fábio pergunta à mãe se houve panelaço em São Bernardo do Campo durante a exibição do programa político do PT. Marisa diz que sim, mas apenas nos prédios dos "coxinhas". A favela, segundo ela, não tinha se manifestado. O filho, então, percebe a irritação da mãe e diz para ela deixar para lá, porque, em suas palavras, aquelas pessoas tinham o direito constitucional de bater panelas.

— Deviam enfiar essas panelas no cu – Marisa responde.

A gravação viralizou naquele dia 17 de março e foi exibida nos principais jornais. Os brasileiros favoráveis ao impeachment, que àquela altura eram a maioria da população, revoltavam-se com a fala da ex-primeira-dama. Uma pesquisa feita pelo Instituto Datafolha nos dias 17 e 18 mediu o impacto da nomeação de Lula e da revelação dos áudios sobre a opinião pública. Lula atingira 57% de rejeição, o índice mais alto desde o início da série histórica, em 1989. Para 73%, Dilma agira mal ao nomeá-lo ministro. A motivação de Lula para aceitar o convite havia sido o foro privilegiado segundo 68% dos entrevistados. Apenas 19% acreditavam que ele tivesse aceitado o cargo para ajudar o governo.

Enquanto isso, o Brasil assistia a uma guerra de liminares. Uma hora após a posse de Lula no ministério, ainda no dia 17, um juiz federal de Brasília acatou uma ação popular impetrada às pressas por um advogado de Porto Alegre e suspendeu a posse. O governo recorreu. No dia 18, vinte e quatro horas após a posse, o ministro Gilmar Mendes, do STF, julgou procedente ação protocolada pelo PSDB e pelo PPS e suspendeu em caráter definitivo a nomeação de Lula. Segundo a decisão assinada pelo magistrado, o objetivo da nomeação era claro: "impedir o cumprimento de ordem de prisão de juiz de primeira instância", configurando "uma espécie de salvo conduto emitida pela Presidenta da República". No dia seguinte, em entrevista, Gilmar Mendes afirmaria que a interceptação telefônica continha elementos que poderiam configurar uma tentativa de obstrução da Justiça, o que poderia ensejar novo pedido de impeachment por crime de responsabilidade. Em nota, a defesa do ex-presidente Lula rebateu as acusações dizendo que a nomeação é "ato privativo da Presidenta da República, conforme a Constituição" e que "Lula não é réu em nenhuma ação e não tem impedimento legal ou constitucional para o exercício do cargo".

Marisa lembrou-se dos momentos agradáveis que vivera ao lado de Guiomar, esposa de Gilmar Mendes, na época da Presidência. Fazia tão pouco tempo, e tudo parecia tão mudado. Uma década antes, Lula e Gilmar se frequentavam. Agora, o ministro referia-se a seu marido como um criminoso, um fugitivo da Justiça que lançava mão de expedientes escusos para se livrar de uma condenação.

Três semanas depois, Dilma foi afastada temporariamente da Presidência. Autorizado pela Câmara dos Deputados, o processo de impeachment foi aberto no Senado. Seguiram-se quatro meses de embates, oitivas e muita gritaria. A torcida pelo impeachment era chamada de golpista pelos apoiadores de Dilma. Em protestos de rua por todo o país, uma legião de brasileiros indignados com a corrupção e cansados do PT rebatiam no mesmo tom. Vestindo camisetas da CBF e batendo panelas, repetiam que o PT havia saqueado o país, destruído a Petrobras e mostrava-se capaz dos maiores absurdos para se manter no poder.

Dilma era massacrada nas ruas, no plenário do Senado e também nos jornais. Até que sua destituição foi confirmada em 31 de agosto. Estava consumado o que o filósofo e linguista norte-americano Noam Chomsky chamou de *soft coup*, um "golpe brando" no Brasil. Michel Temer, vice de Dilma, assumiu a Presidência da República em caráter definitivo naquele mesmo dia, em cerimônia de posse no Congresso Nacional. "Assumo a presidência do Brasil, após decisão democrática e transparente do Congresso Nacional", discursou o recém-empossado em cadeia nacional de rádio e televisão. "A incerteza chegou ao fim. É hora de unir o país e colocar os interesses nacionais acima dos interesses de grupos." Mais adiante, em trecho que remetia à alegada tentativa de obstrução da Justiça por Lula e Dilma e também às acusações de conluio jurídico-parlamentar na sustentação do golpe brando contra a presidenta, Temer acenava para os outros poderes da República. "Respeitarei a independência entre Executivo, Legislativo e Judiciário", anotou.

POUCO ANTES DO DESFECHO DO GOLPE PARLAMENTAR – consumado no impeachment da presidenta Dilma em 31 de agosto de 2016 –, a Polícia Federal indiciou Lula e Marisa, em 26 de agosto, por corrupção passiva e lavagem de dinheiro no caso do triplex. A denúncia foi oferecida pelo Ministério Público Federal 19 dias depois, em 14 de setembro. Os procuradores da República que atuavam na força-tarefa da Lava Jato em Curitiba convocaram uma coletiva de imprensa para explicá-la. Deltan Dallagnol, coordenador dos procuradores, explicou as acusações feitas contra o ex-presidente enquanto uma tela exibia uma apresentação em PowerPoint. De acordo com um dos slides, diagramado de forma rudimentar, tudo convergia para o ex-presidente. Era Lula o maior beneficiado. Era Lula quem detinha o poder de decisão. Era Lula quem tinha, desde o mensalão, o objetivo de se perpetuar no poder. Sua administração, nos termos de Dallagnol, havia inaugurado um novo regime de governo no Brasil, a "propinocracia". E o triplex do Guarujá era a cereja do bolo.

Na tese defendida pela acusação, a OAS havia encontrado uma forma de materializar as vantagens que o ex-presidente deveria receber em razão dos contratos superfaturados que ajudara a construtora a obter junto à Petrobras. Em outras palavras, chegara o momento de pagar a Lula a parte que lhe cabia no que foi classificado por Dallagnol como o maior esquema de corrupção já montado na História do Brasil. Lula seria o chefe da organização criminosa. E, em vez de entregar sacos de dinheiro ou transferir valores para uma conta bancária, a construtora pagaria em imóvel, móveis e serviços: trocaria um apartamento padrão com pouco mais de 80 metros quadrados por uma cobertura triplex com mais de 200 metros; e faria uma reforma milionária, para realizar todos os gostos de Lula e Marisa, da piscina ao elevador privativo.

A coletiva se estendeu por mais de três horas. No total, oito pessoas foram denunciadas, incluindo Lula e Marisa. Ao cabo das explicações, a sensação de parte da audiência era de que faltavam provas robustas. A denúncia foi chamada de "ousada" em reportagem do jornal *El País*, não tanto por mirar um ex-presidente quanto pela ausência de elementos comprobatórios, conforme apontaram juristas consultados.

Ainda na coletiva, jornalistas indagaram sobre as provas que incriminavam o ex-presidente no caso do triplex. "Não teremos aqui provas cabais de que Lula é o efetivo proprietário", afirmou o procurador Roberson Pozzobon. Minutos depois, Dallagnol complementou de forma semelhante. "Todas essas informações, como num quebra-cabeça, permitem formar a figura de Lula no comando do esquema criminoso identificado na Lava Jato", afirmou. E arrematou, ao final da entrevista: "Dentro das evidências que nós coletamos, a nossa convicção, com base em tudo o que nós expusemos, é que Lula continuou tendo proeminência no esquema e continuou sendo líder desse esquema mesmo depois de ter saído do governo."

No dia seguinte, Lula discursou por mais de meia hora num hotel em São Paulo e classificou a denúncia do MPF como um "show de pirotecnia". Cinco dias depois, a denúncia foi aceita pelo juiz Sérgio Moro. Em 20 de setembro, Lula e Marisa tornavam-se oficialmente réus pela primeira vez no âmbito da Lava Jato. Com uma agilidade sem precedentes, Moro aceitou outras duas denúncias contra o ex-presidente num intervalo de dois meses. Em dezembro de 2016, Lula era réu em três processos no âmbito da Lava Jato: o do triplex, o do sítio e um terceiro processo, que investigava o suposto recebimento de dois imóveis como propina da Odebrecht, o apartamento vizinho ao seu em São Bernardo do Campo e um terreno em São Paulo, que seria doado pela empreiteira para a construção da nova sede do Instituto Lula, o que nunca se concretizou.

Lula respondia ainda a outros dois processos fora da Lava Jato, um na Operação Zelotes, suspeito de ter editado medidas provisórias para favorecer montadoras, e outro na Operação Janus, em que Lula é acusado de praticar tráfico internacional de influência para beneficiar a Odebrecht.

Marisa, por sua vez, respondia por lavagem de dinheiro em três processos, junto com seu marido, não apenas em razão de seu envolvimento no caso do triplex no Guarujá, mas também por supostamente ter intermediado o recebimento de vantagens indevidas na forma do tal terreno doado para o Instituto Lula, solicitado por ela à Odebrecht segundo a denúncia, e na forma de um apartamento, vizinho ao seu, pelo qual Marisa pagava aluguel, mas que os promotores afirmavam pertencer ao casal, embora registrado em nome de um "laranja", que seria seu proprietário apenas no papel.

Estava cada vez mais difícil ser Lula ou ser Marisa.

13
Agora eu sou uma estrela

Com essas coisas todas, ela foi ficando mais tensa, perdendo o humor, não queria mais sair de casa. Cada vez que havia alguma coisa contra um dos filhos, ela ficava muito magoada. Quando houve a minha condução coercitiva, aquela violência, acho que foi a gota d'água.

Lula em entrevista para seu livro
A verdade vencerá (2018)

MARISA QUERIA ACORDAR DAQUELE PESADELO. Sentia-se doloro-samente culpada. Não podia acreditar que o apartamento no Guarujá e o sítio em Atibaia haviam provocado tamanho estrago na vida de seu marido e de sua família. Logo ela, que tinha dedicado toda sua vida à atividade política de seu companheiro, agora via-se na condição de vilã.

Cedo ou tarde, ela pensava, Lula poderia ser preso em decorrência de uma trama perversa, que àquela altura envolvia Ministério Público e Polícia Federal e fazia salivar de ódio parte expressiva da população. O que raios eles tinham feito de ilegal? Ela queria entender.

Nada daquilo estaria acontecendo, ao menos não da mesma forma, se Marisa não tivesse se associado ao empreendimento da Bancoop anos antes. Ou se tivesse sugerido a Jacó Bittar desistir da compra do sítio em vez de incentivá-la. Ou se jamais tivesse se envolvido com nenhuma reforma. Ou se tivesse descartado logo no início o triplex no Guarujá e solicitado a Léo Pinheiro que providenciasse o distrato em vez de adiar a rescisão enquanto novas adaptações eram feitas no imóvel.

Desde a manhã da condução coercitiva, Marisa quase não saía de casa. As ruas, que tantas vezes se tingiram de vermelho em apoio a seu marido, agora pareciam inóspitas. Mesmo os corredores do Sam's Club de Santo André, onde costumava fazer supermercado, ou as lojinhas da Rua Marechal Deodoro, onde freguesas gostavam de puxar assunto, orgulhosas por frequentar os mesmos locais que a ex-primeira-dama, agora a deixavam insegura. A qualquer momento, alguém poderia abordá-la de forma grosseira. E se a xingassem? E se gritassem com ela? E se atirassem alguma coisa?

Podia ser paranoia, mas Marisa preferia não arriscar. Ela notava a diferença de tratamento. O tempo todo, inclusive de quem havia sido seu amigo.

A relação com Wanderley Nunes, o antigo cabeleireiro, servia de termômetro. Uma vez, chegou em casa irritada e confidenciou sua revolta a uma das noras: havia sido solenemente ignorada. Na época do governo, o profissional fazia questão de atendê-la pessoalmente e nem sequer cobrava pelo serviço. "Não cobro, primeiro, porque isso ficará na minha história, e, segundo, porque somos muito amigos", explicou em nota publicada na *Revista Quem* em agosto de 2005. Pouco depois, passou a voar até Brasília para arrumar o cabelo da primeira-dama e telefonava com frequência para saber se Marisa precisava de algum retoque. Com o fim do governo, passou a ir até a casa de Marisa para atendê-la. Tempos depois, alegou que não conseguia mais deixar o salão e Marisa passou a ir até lá. Normal, ela pensou, era muita mordomia receber cabeleireiro em domicílio. Durante a campanha eleitoral de 2016, quando o filho Marcos se candidatou à reeleição para a Câmara Municipal de São Bernardo, Marisa marcou horário no salão. Chegando lá, foi atendida por um assistente. Wanderley não apareceu nem se justificou. Marisa não voltou mais.

O mais difícil para ela foi deixar de ir ao sítio em Atibaia, agora um lugar permanentemente vigiado, sobretudo nos fins de semana. Drones sobrevoavam o lote o tempo todo. Duas fotografias haviam causado estrago na opinião pública. Numa delas, um bote de alumínio exibia na lataria a inscrição "Lula & Marisa". Em outra, viam-se dois pedalinhos em forma de cisne no lago, cobertos com capas nas quais se liam os nomes dos netos Pedro e Arthur. Torcendo para flagrar algo comprometedor, jornalistas e curiosos rondavam a entrada do sítio à espera de alguma cena que pudessem publicar, subir no YouTube, postar no Facebook ou enviar por WhatsApp.

Aos poucos, Marisa voltara a visitar o Los Fubangos, o velho sítio à beira da represa Billings comprado em 1991 e que ficara de escanteio desde a mudança para Brasília. Mas não era a mesma coisa. Naquele sítio, não havia onde dormir. E tudo estava abandonado, precisando de uma reforma geral.

Até em casa, Marisa sentia-se perseguida. Quando os telejornais abordavam as investigações contra Lula, o que ultimamente acontecia todo dia, berros ecoavam como no bairro. Vizinhos raivosos pediam a prisão do Lula, chamavam-no de ladrão, diziam que sua hora tinha chegado. Em mais de uma ocasião, as noras haviam escutado Marisa se queixar de gritos na madrugada. Eram sistemáticos, segundo ela. Alguém passava de carro em frente ao prédio por volta das quatro da madrugada para gritar ofensas ao ex-presidente. Marisa, que naturalmente se levantava por volta das cinco, passou a acordar mais cedo em razão dos gritos. Quando o relógio indicava cinco e meia, enviava a primeira mensagem de WhatsApp para o grupo das manas.

Manas Santas era o nome oficial do grupo. Desde que Marisa descobrira o WhatsApp, um ano antes, trocar mensagens com as amigas havia se tornado uma de suas ocupações favoritas, sobretudo em tempos de semiclausura. Era uma forma de se sentir acompanhada. E, principalmente, apoiada. Faziam parte do grupo duas de suas noras, Carla e Renata, uma amiga de Renata chamada Lili, e quatro amigas do ABC, todas casadas com políticos do PT: Nilza, esposa do ex-prefeito de São Bernardo e ex-ministro do Trabalho Luiz Marinho; Analucia, mulher do ex-secretário municipal de gestão de São Bernardo, Tarcísio Secoli; Ana Lúcia, mulher do ex-deputado federal Professor Luizinho; e Inês, casada com o ex-prefeito de Diadema José de Filippi.

Havia de tudo no grupo. Análise de conjuntura, convites para protestos e aniversários, sugestões de leituras ou filmes, fotos dos netos e até de atores bonitos e sarados, quase sempre acompanhadas de suspiros, elogios e carinhas com corações no lugar dos olhos. Marisa era do tipo que mandava mensagem logo cedo para desejar bom-dia, mas não aturava emojis de excessiva meiguice. Achava meloso e cafona. Era ali, no grupo, que Marisa encontrava conforto e conseguia conversar, trocar confidências e dar risada. No dia da operação de busca e apreensão na sua casa, em março de 2016, Lula chegou a pedir para os policiais que devolvessem logo o celular da Marisa. "Imaginem o que vai virar a minha vida se ela não puder ficar horas no zap-zap", disse Lula, arrancando risos dos agentes.

Alguns hábitos se mantiveram, outros foram retomados ao longo daquele ano tão adverso. Marisa fazia sabão, por exemplo. Para isso, pedia que as noras juntassem óleo usado e lhe dessem de presente. Cuidava das plantas e voltou a bordar. No final de 2016, quis fazer tricô e não encontrou suas agulhas. Sabia que elas estavam por ali, em algum lugar. Não lembrava de ter jogado as agulhas fora. Aliás, Marisa dificilmente jogava alguma coisa fora. Numa das gravações interceptadas pela Polícia Federal, Kalil Bittar se referia a ela como "acumuladora". Não sem razão. Marisa guardava todos os presentes que ganhava, o que implicava armários sempre abarrotados. Colecionava chapéus, incluindo alguns que nunca foram usados. Quando ganhava algum artesanato, arrumava lugar para ele na sala, mesmo que não combinasse com o ambiente. Devota de Nossa Senhora de Aparecida, mantinha meia dúzia de imagens da santa à vista. Quando alguém sugeria que se desfizesse de algum presente, Marisa se irritava:

— É seu? Foi você que ganhou?

Marisa pensou em pedir ao segurança que fosse comprar agulhas novas. Logo mudou de ideia. Foi até a cozinha, tirou da gaveta dois espetinhos de madeira, desses de churrasco, e improvisou duas bolinhas de durepox, uma para cada espeto. Pronto, agora ela já poderia fazer seu tricô, assim mesmo, com agulhas improvisadas.

Todo fim de tarde, esperava o marido com um copo de uísque. Ou melhor: dois copos, um para ele e outro para ela. À medida que as semanas foram passando, principalmente depois de protocolado o primeiro pedido de prisão de Lula, o copo de Marisa foi ficando cada vez mais cheio. E o horário do aperitivo, cada vez mais cedo.

Marisa também dobrara o número de cigarros. No final de 2016, consumia dois maços por dia. Quando algum filho a visitava, principalmente Fábio, o único deles que era fumante, o papo se estendia para além da meia-noite, sempre com um copo numa mão e um cigarro na outra.

— Pega leve, galega – o marido alertava, lembrando o aneurisma e a recomendação do Dr. Kalil para que não bebesse nem fumasse.

— Imagina – Marisa respondia. — Eu tô bem.

Em dezembro, a ansiedade se agravou. Num churrasco de fim de ano no Instituto Lula, Marisa ouviu o barulho de um helicóptero e gritou:

— Estão vindo nos prender!

Diante dos olhares surpresos dos outros convidados, alguns preocupados, outros levando na brincadeira, Marisa olhou para o céu e desafiou:

— Venham! Venham nos buscar!

Em outro momento, aproximou-se do deputado federal Paulo Teixeira e fez um apelo:

— Você está vendo o que estão fazendo com a minha família? Você não vai deixar que eles continuem, vai?

Fez a mesma pergunta ao prefeito de São Paulo, Fernando Haddad.

Em 19 de janeiro, Marisa convidou as amigas do grupo de WhatsApp para passarem o dia juntas. Em determinado momento, durante o almoço, evocou a notícia da morte do ministro do Supremo Tribunal Federal Teori Zavascki num acidente aéreo, dois dias antes:

— Mataram o Teori, vão matar meu marido também!

Naquela noite, comentou com as "manas" que estava se sentindo triste e sozinha, algo impensável para a Marisa de antigamente. Propôs a elas que fizessem um pacto, um trato, para se encontrar mais vezes em 2017.

O encontro seguinte jamais aconteceu.

— Me leva pra casa da minha mãe?

Eram sete horas da manhã de uma terça-feira, 24 de janeiro, quando Sandro acordou Marlene. A mulher estranhou o horário e o pedido. Cedo assim?

— O Arthur vem também – Sandro emendou.

— Mas ele está dormindo!

— A gente leva de pijama.

Marlene deixou pai e filho na garagem do prédio de Lula e Marisa e saiu. O aniversário do Arthur se aproximava, e ela aproveitou para dar um pulo numa loja de artigos para festas. Nem bem havia entrado na loja, recebeu uma mensagem de texto:

— Minha mãe vai levar as crianças para o Riacho.

— Crianças?

— Ela chamou o Pedro também – Sandro explicou, referindo-se ao filho do Fábio. Os dois primos, ainda de férias, passariam o dia no sítio com a avó.

Mais alguns minutos, outra mensagem:

— Minha mãe está passando mal. Voa pra cá.

Sandro nunca havia falado nesse tom. Marlene largou a cesta de compras na fila do caixa e voltou voando para o prédio.

Marisa havia desabado na cozinha. Sandro a amparou até a sala e a colocou no sofá. Seu corpo tremia e a fala oscilava. Aos cinco anos, Arthur se assustou com o jeito com que a avó se debatia e apertava o braço de seu pai. Marisa convulsionava.

Sandro telefonou para Wilson. Dono de uma farmácia e ex-colega de Fábio na faculdade de Biologia, Wilson Liria morava a poucos quarteirões dali e era consultado com frequência pelos Lula da Silva, atuando quase como um médico da família. Em poucos minutos, chegou com um medidor de pressão e um kit de primeiros socorros. Wilson tomou o pulso, ajustou o aparelho em torno do braço de Marisa e conferiu os números no visor. Em seguida, repetiu a medição. A pressão sistólica estava na casa dos 24 e a diastólica acima de 18.

— A gente precisa ir para o pronto socorro imediatamente – anunciou. Marisa não queria ir.

— Não precisa. Eu tive apenas uma tontura. Já vai passar.

— Tem que ir, Dona Marisa!

Elias, o segurança, a agarrou por um braço; Wilson pelo outro. O elevador chegou à garagem na mesma hora em que o carro de Marlene apontou no portão. Elias assumiu o volante e Marlene entrou no banco de trás com Marisa. Correram para o Hospital Assunção, o mais próximo. Marisa vomitou no caminho.

— Foi a pizza que a gente comeu ontem – assegurou. — Bem que eu vi que ela estava salgada e gordurosa demais.

Pouco antes de Sandro chegar com Arthur, Marisa havia comentado com Lula que não estava se sentindo bem, que a pizza da véspera parecia ter feito mal. Foi o tempo de Lula sair com Moraes e Sandro chegar. Que tipo de infecção alimentar poderia ser?

— Vai mais devagar, minha cabeça está estourando – Marisa reclamou.

Elias sabia que não havia tempo a perder e que qualquer atraso poderia ser fatal. Ao chegar ao hospital, a equipe do pronto atendimento colocou Marisa numa cadeira de rodas.

— Vocês estão fazendo um estardalhaço à toa – ela reclamou.

Minutos depois, Marisa convulsionou novamente. Recebeu medicação para baixar a pressão e logo começou a dizer coisas desconexas. Mesmo assim, tentava manter a postura e a voz de comando.

— Não fala nada pro Lula – determinou. — Ele tem um compromisso importante. E eu tô bem.

Moraes já havia sido comunicado. Fora da visão de Marisa, Marlene telefonou também para a amiga e médica Nana Miura Ikari, chefe da cardiologia pediátrica do Instituto do Coração do Hospital das Clínicas, o InCor.

— Manda fazer uma tomografia imediatamente – alertou a médica. Em seguida, complementou por mensagem: — Avisa que ela tem um aneurisma. Calcificado.

Em seguida, Marlene telefonou para Roberto Kalil, chefe da cardiologia do Sírio Libanês, que repetiu a mesma orientação.

— Ela tem um aneurisma, Marlene – ele lembrou. — É melhor trazê-la para cá. Avisa os médicos que eu já vou enviar uma ambulância.

Marlene comunicou à equipe do Assunção a existência do aneurisma. Uma tomografia de emergência revelou o que os médicos desconfiavam: Marisa fora vítima de um acidente vascular cerebral hemorrágico. O aneurisma havia se rompido.

Todo cuidado era pouco. Nas horas seguintes, Marisa precisaria se submeter a um procedimento para estancar o derrame e drenar o líquido. A meta era preservar intacta a maior área cerebral possível. Sua vida dependia disso.

Marisa foi transferida para a UTI para aguardar a remoção. Quando soube, agarrou o braço da nora:

— Não quero ir para o Sírio! Quero ficar aqui!

Marisa ainda enviou uma mensagem de voz para o neto Arthur, dizendo que não demoraria, que era para ele esperar a avó junto com Pedro, porque ainda iriam para o Riacho. Desmaiou em seguida.

QUANDO LULA CHEGOU AO SÍRIO, a embolização ainda não havia terminado. Embolização é o nome do procedimento que consiste em acessar o local do AVC por meio de um cateter e interromper a irrigação sanguínea. Cessado o sangramento, o passo seguinte é drenar o líquido derramado. Conduzido pelo neurologista José Guilherme Caldas, o procedimento levou cerca de duas horas. Durante todo esse tempo, o neurocirurgião Marcos Stávale permaneceu por perto. Caso a embolização não fosse viável, Marisa precisaria ser operada às pressas, com cirurgia aberta.

Àquela altura, muito se especulava sobre a real situação de Marisa, mas pouco se sabia de fato. As primeiras informações divulgadas à imprensa pelo cardiologista Roberto Kalil, antes mesmo da publicação do primeiro boletim médico pelo hospital, davam conta de que a ex-primeira-dama havia sido vítima de um AVC hemorrágico com gradação IV na escala de Fisher, o estágio mais grave segundo a área afetada. Esse diagnóstico fora antecipado na internet depois que um jornalista da rádio *Jovem Pam*, também professor de jornalismo da USP, sem nenhum constrangimento, exibiu em seu canal no YouTube imagens da tomografia feita no Hospital Assunção. Em seguida, o mesmo diagnóstico circulou por grupos de WhatsApp formados por médicos. Num deles, a reumatologista Gabriela Munhoz, do Sírio Libanês, confirmou a antigos colegas de faculdade a extensão do derrame. "Esses fdp vão embolizar ainda por cima", respondeu o neurocirurgião Richam Faissal El Hossain Ellakkis. "Tem que romper no procedimento. Aí já abre a pupila. E o capeta abraça ela." O ódio contra Lula e o PT movia corações e mentes. Nem na UTI a perseguição a Marisa dava trégua.

Seguiram-se nove noites de internação. Várias vezes por dia, os médicos monitoravam a atividade cerebral da paciente. Filhos e noras acamparam na antessala da UTI e revezavam-se no sofá e nas poltronas. Por um momento, ao fim da primeira semana, a equipe se mostrou otimista. O sangue havia sido drenado e a estrutura cerebral parecia preservada. Kalil e o neurologista Milberto Skaf cogitaram suspender a sedação.

Porta voz do hospital para o caso, Kalil evitava arriscar um prognóstico. Lamentava-se por não ter conseguido examinar Marisa a tempo. Contou a Lula e aos filhos que conversara com ela, por telefone, em 31 de dezembro de 2016, e insistira para que ela agendasse uma consulta.

— Estarei na minha sala no dia 2 de janeiro, segunda-feira – Kalil teria prometido. — Vai lá. Não brinque com seu aneurisma.

— Não se preocupe – Marisa teria respondido. — Em março o Lula terá que passar por exames de rotina e eu vou junto com ele.

Políticos de diversas tendências estiveram no hospital naqueles dias. Vinham de diversos Estados para abraçar Lula e rezar por Marisa. Um deles, o ex-ministro da saúde Alexandre Padilha, foi especialmente presente. Médico, ajudava a traduzir para a família o que diziam os profissionais responsáveis pelo caso e também adiantava o que poderia acontecer em seguida.

Terminada a primeira semana de internação, a espera tornava-se cada vez mais dramática. A recuperação não se confirmara. Aos poucos, o Brasil entendeu que, se sobrevivesse, Marisa teria sequelas. No oitavo dia, um vasoespasmo cerebral, estreitamento de artéria decorrente da hemorragia, complicou o quadro.

Na manhã de 2 de fevereiro, uma quinta-feira, foi divulgado que Marisa já não tinha fluxo cerebral. Rádios, TVs e portais anunciaram sua morte. Em seguida, uma nota emitida pelo hospital fez o tempo parar. A medicação fora suspensa, mas apenas dezoito horas depois da suspensão seria possível declarar oficialmente a morte cerebral. Até lá, o coração continuaria batendo com a ajuda de aparelhos. Ainda pela manhã, no entanto, o Instituto Lula publicou uma nota nas redes sociais agradecendo as manifestações de carinho e anunciando que a família havia autorizado a doação de órgãos. Fígado, rins e córnea seriam doados.

Amigos, familiares, companheiros e também adversários políticos encheram a ante-sala da UTI naquela noite. Três presidentes da República passaram por ali. Fernando Henrique Cardoso chegou no meio da tarde acompanhado de seu ex-ministro da Justiça, José Gregori. À noite, Michel Temer chegou numa comitiva que incluía o ex-presidente José Sarney, o presidente do Senado, Eunício Oliveira, e os ministros José Serra, Henrique Meirelles, Eliseu Padilha e Moreira Franco. Dilma Rousseff deixou para ir na manhã seguinte.

Parlamentares como os senadores Lindbergh Farias, Gleisi Hoffmann e Humberto Costa, bem como os deputados e deputadas Benedita da Silva, Maria do Rosário, Vicentinho, Paulo Teixeira, Jandira Feghali, Orlando Silva e muitos outros passaram pelo hospital. O teólogo Leonardo Boff chegou para abraçar o amigo. Padre Júlio Lancelotti e Dom Angélico Sândalo Bernardino proferiram palavras de acalanto.

Na madrugada do dia 2 para o dia 3, Kalil encontrou Marlene e Renata no corredor. As duas noras haviam acabado de estar com Marisa.

— E aí, morreu? – o médico as interpelou, sem rodeios.

— Ai, Kalil, que horror. Claro que não. Ela está respirando! – Marlene respondeu.

— Acorda! – o médico demonstrava irritação. — Já era. Acabou.

Marisa Letícia Lula da Silva morreu aos sessenta e seis anos, às 18h57 do dia 3 de fevereiro de 2017, uma sexta-feira.

— MATARAM A MARISA!

Zelinha contornou o balcão da lanchonete e subiu as escadas correndo. Havia acabado de receber a notícia e precisava confirmar com a diretoria do sindicato. A neta havia telefonado para contar.

— O quê, menina? – gritara Zelinha, ao telefone.

— Calma, vó. Pode ser boato...

Maria Elicélia Feitosa, a Zelinha, trabalhava havia quarenta anos no Sindicato dos Metalúrgicos de São Bernardo. Entrou como faxineira no mesmo ano em que Lula, o Baiano, assumiu a presidência. Limpava, ajudava a olhar as crianças do Lula quando Marisa os trazia para visitar o pai, saía para comprar cigarro quando Lula pedia. Em 1980, no período em que ele ficou preso no Dops, Zelinha foi ajudar Marisa a cuidar dos filhos e da casa. Agora, era ela quem tocava a pequena lanchonete no térreo do Sindicato.

Subiu as escadas num tufão e invadiu a sala da diretoria sem bater na porta. As pernas tremiam.

— É verdade que mataram a Marisa?

Sim, ela havia morrido, confirmaram. Não resistiu ao AVC.

— Marisa foi morta! – Zelinha decretou, em voz alta. — Filhos da puta! Ninguém discordou.

Nas redes sociais, entre as muitas fotografias antigas de Marisa que pipocaram nas páginas e perfis de amigos, políticos e admiradores, uma delas mostrava a mulher de Lula num palanque, com flor no cabelo, sorriso estampado no rosto e mãos entrelaçadas com as do marido, cercada por artistas e políticos como Lucélia Santos, Hélio Bicudo, Eduardo Suplicy e Luiza Erundina. Diante deles, uma faixa reproduzia uma frase emprestada do título de um especial de TV gravado por Elis Regina seis anos antes: "Agora, eu sou uma estrela". Era um verso, pinçado de um poema declamado por Elis no programa:

Agora retiram de mim a cobertura de carne
Escorrem todo o sangue
Afinam os ossos em fios luminosos; e aí estou:
Pelo salão, pelas casas, pelas cidades
Parecida comigo
Um rascunho
Uma forma nebulosa, feita de luz e sombra
Como uma estrela.
Agora, eu sou uma estrela.

Agora, Marisa era uma estrela.

"**MINHA GALEGA,** agora o céu ganha a estrela que iluminou minha vida". A coroa de orquídeas brancas com a mensagem assinada por Lula foi uma das primeiras a chegar ao salão do Sindicato, no terceiro andar do prédio. Quando as portas foram abertas ao público, às dez horas da manhã do dia 4 de fevereiro, a fila descia até o estacionamento, chegava à calçada e dobrava a esquina. Naquele sábado, mais de 10 mil pessoas foram a São Bernardo do Campo para se despedir da ex-primeira-dama.

Sites, blogs, rádios e tevês repercutiam a cerimônia, transmitida ao vivo e na íntegra pela TVT. Presenças ilustres ganhavam destaque em alguns veículos, enquanto outros pareciam orientados a não citar nenhum nome, como se tentasse reduzir a dimensão política do velório. A cada obituário divulgado pela imprensa, listavam-se os processos nos quais Marisa era ré ou investigada. Editores de rádio não hesitaram em colocar no ar, repetidas vezes, o polêmico áudio vazado pelo juiz Sérgio Moro em que Marisa empregava um palavrão para se referir a quem batera panela em protesto contra Dilma e o PT.

Nas redes sociais, fake news se alastravam feito fogo na caatinga. Numa das mais compartilhadas, Marisa não havia morrido. Seu caixão estava lacrado durante o velório, uma besteira facilmente conferida nas imagens reproduzidas na imprensa. E, enquanto um falso cadáver era cremado em São Bernardo, embarcava para a Europa, onde se encontraria com Lula dali a alguns dias.

A realidade era uma só: Marisa estava ali, no centro do salão do sindicato, cercada por uma multidão. Vestia vermelho e usava uma estrelinha dourada como broche. Sobre seu corpo, até a cintura, uma bandeira do PT e uma bandeira do Brasil.

Por volta das duas e meia da tarde, os portões do Sindicato foram fechados. Lula e os filhos se postaram ao lado de Marisa. Em volta deles, dirigentes sindicais e partidários, fundadores e parlamentares do PT, ex-ministros e amigos de Marisa e Lula.

— Força, Lula! Força, Lula! – entoou a multidão.

Um vídeo de cinco minutos, produzido pela TVT com imagens de arquivo e depoimentos colhidos na véspera, foi exibido num telão.

— Marisa, guerreira da pátria brasileira! – repetiu em coro a audiência.

Padre Júlio Lancelotti, da pastoral do povo da rua, Dom Pedro Carlos Cipollini, bispo de Santo André, e Dom Angélico Sândalo Bernardino, bispo emérito de Blumenau, falaram em seguida.

— É verdade que atrás de cada grande homem está uma grande mulher – comentou Dom Angélico, abraçado a Lula.

— Ao lado! Ao lado! – retificaram vozes femininas.

— Ao lado! – acatou o bispo, sob aplausos.

Antes de terminar sua mensagem de solidariedade ao ex-presidente, Dom Angélico recitou o Sermão da Montanha.

— Bem-aventurados os que sofrem perseguição por causa da Justiça, porque deles é o reino dos céus – destacou, sob aplausos.

Após a cerimônia religiosa, Lula improvisou um discurso emocionado, a um só tempo íntimo e profundamente político. Falou por vinte minutos.

— Aqui eu conheci Marisa – disse, referindo-se ao Sindicato. — Aqui Marisa sustentou a barra para que eu me transformasse no que me transformei.

Contou do nascimento de cada filho e lamentou não ter estado ao lado de Marisa, na maternidade, nenhuma das vezes.

— Ela praticamente criou os filhos sozinha, porque era ela que ia à escola... – a fala imergia em choro, era preciso um instante para se recompor. — Na verdade, acho que ela foi mãe, ela foi pai, ela foi tia, foi avó, foi tudo. Porque ela cuidou de todos e nunca reclamou da vida.

Orador habilidoso, mestre em harmonizar emoções, aliando irreverência e revolta e conduzindo a audiência pelo raciocínio e pelo coração, Lula arriscou a primeira piada após nove minutos de discurso.

— Eu brinco com a Marisa – o viúvo levaria semanas até deixar de usar o tempo presente ao se referir à esposa –, faz quarenta e três anos que eu brinco com ela, todo ano, que ela acaba de ser eleita, todo ano, a mulher mais bem casada do mundo.

O exercício doméstico da democracia e a busca cotidiana do consenso também foram temas da homenagem à mulher.

— Nós tivemos uma vida extraordinária. Uma vida de muita compreensão porque eu tenho em mente que o casamento é o maior exercício de democracia que um ser humano pode fazer. É no casamento que você aprende a ceder. E tem que ceder todo dia. E tem que brigar todo dia para conquistar alguma coisa. Você cede pra mulher. Você cede para o filho. Eles cedem para você. E se você não tiver a paciência de exercer essa lógica de ceder toda hora um para o outro, o casamento não dura muito tempo.

Lula ainda comentou o preconceito de classe de que Marisa foi vítima ao longo da vida, sobretudo durante o governo.

— A direita dizia: "Será que ela vai conseguir limpar aqueles vidros do Palácio da Alvorada? Será que ela vai ser ministra?" – o tom agora era de indignação. — E eu dizia pra Marisa: "Você não vai ser ministra, Marisa". Porque a obra mais importante que a mulher de um presidente pode fazer é dar segurança para o presidente da República não fazer as bobagens que os presidentes fazem neste País. (...) Em casa, a gente sentava, jantava, conversava, discutia. E ela tinha muito mais importância que os ministros. E a Marisa sempre dizia para mim: "Ô, Lula, você não esqueça nunca de onde você veio e para onde você vai voltar".

Por fim, Lula denunciou a perseguição feita pela Lava Jato, reiterou sua inocência e selou um pacto de fidelidade com milhares de testemunhas:

— Marisa morreu triste, porque a canalhice que fizeram com ela, a imbecilidade e a maldade que fizeram com ela... – emocionado, Lula perdeu o fio da meada para retomá-la adiante. — Eu tenho setenta e um anos. Não sei se Deus me levará em curto prazo. Eu acho que vou viver muito, porque

353

eu quero provar... Que os facínoras que levantaram leviandades contra a Marisa tenham um dia a humildade de pedir desculpas a ela.

Por volta das cinco da tarde, o corpo de Marisa foi cremado no Cemitério Jardim da Colina, em cerimônia restrita aos familiares.

POR MUITOS MESES, as coisas de Marisa continuaram no exato lugar em que ela havia deixado. Armários entupidos, produtos de higiene pessoal sobre a bancada da pia. Agora, mais uma imagem de Nossa Senhora Aparecida se somara às demais: uma urna funerária, discretamente colocada na prateleira mais alta da sala, vigiava do alto o movimento da casa. Lula pensava em despejar as cinzas, talvez nos Fubangos, talvez no mar. Ele não tinha pressa para decidir seu destino, nem para se desfazer das roupas e objetos da esposa. Após mais de quarenta anos sob o mesmo teto, preservar a decoração e o estilo de Marisa era uma forma de mantê-la por perto.

Se o apartamento continuava igual, as noites tornaram-se especialmente difíceis. Voltar para casa depois do trabalho exigia alguma dose de coragem e resignação. Não mais encontraria Marisa à sua espera com o copo de uísque ou a taça de vinho. Era melhor espichar o expediente no Instituto. Aos trinta e oito anos, o filho Sandro resolveu se mudar para a casa do pai para fazer companhia. Marlene e o filho Arthur, de cinco anos, também passaram a dormir ali parte da semana. Na intimidade, todos sabiam do risco de dispersão da família. Era Marisa quem tecia os nós e promovia os encontros. Se ninguém assumisse a voz de comando, as reuniões de família ficariam cada vez mais esparsas. Cada casal faria seu programa e juntar os netos seria cada vez mais raro. Lula sabia disso. E temia perder para sempre os momentos de casa cheia.

— Vamos assar uma paca no domingo – decidiu, três meses após a morte de Marisa, tentando substituir a mulher na nobre tarefa de propor cardápios e encontros.

A churrasqueira do Los Fubangos aguardava por eles. E a caça, presente de um amigo, já estava no freezer.

Enquanto elaborava o luto, Lula enfrentava as espocadas da Justiça. Sentia-se perseguido. E agora, pela primeira vez, triste. Era como se a Lava Jato tivesse feito sua primeira vítima – ou segunda, de acordo com a tese, defendida por Marisa, de que o acidente aéreo que matou o juiz Teori Zavascki não foi exatamente acidental. E Lula não se perdoava por ter deixado Marisa partir sem cumprir a promessa de aposentadoria e tranquilidade.

Um mês após a morte de Marisa, Moro extinguiu a punibilidade da ré, mas negou o pedido de absolvição sumária impetrado pela defesa. "Pela lei e pela praxe, cabe, diante do óbito, somente o reconhecimento da extinção da punibilidade, sem qualquer consideração quanto à culpa ou inocência do acusado", despachou o magistrado de Curitiba. Em ofício, os advogados Cristiano Zanin Martins, Valeska Martins e Roberto Teixeira reproduziram um trecho da lei para contestar a decisão: "O artigo 397, inciso IV, do Código de Processo Penal, com a redação dada pela Lei nº 11.719/2008, por seu turno, estabelece que o juiz deverá absolver sumariamente o acusado quando verificar 'IV – extinta a punibilidade do agente'. Como visto, a lei dispõe expressamente que o óbito deve motivar a extinção da punibilidade e, ainda, a absolvição sumária do acusado".

No mesmo documento de apelação, a defesa listou "ilegalidades" cometidas por Moro no julgamento do caso Lula: "Resta indagar o motivo pelo qual o juiz da 13ª Vara Federal Criminal de Curitiba insiste em desrespeitar a lei em relação a Lula, sua esposa e seus familiares. Depois de cometer diversas ilegalidades contra D. Marisa, como foi o caso da divulgação de conversas privadas que ela manteve com um de seus filhos, agora afronta a sua memória deixando de absolvê-la sumariamente, como determina, de forma expressa, a legislação".

Em 21 de novembro, o Tribunal Regional Federal da 4ª região negaria a absolvição sumária e a apelação feita pelos advogados de defesa, preservando apenas a extinção da punibilidade concedida em primeira instância.

MARISA MORREU SEM PRESTAR DEPOIMENTO. Lula, por sua vez, viajaria a Curitiba para depor ao juiz Sérgio Moro no caso do triplex no dia 10 de maio. Na ocasião, ao longo de cinco horas, o ex-presidente repetiu em juízo o que já havia afirmado outras vezes: que era Marisa quem administrava a conta bancária e os investimentos do casal; que fora ela a compradora da cota-parte do condomínio Mar Cantábrico, da Bancoop, em 2005; que demorou para providenciar o distrato por cogitar adquirir o imóvel como investimento, a despeito dos defeitos percebidos nas visitas e da inviabilidade de fazer uso pessoal do apartamento.

Na sexta-feira, dois dias após o depoimento, a revista *Veja* divulgou a capa da edição da semana: uma foto de Marisa e a chamada "A morte dupla: em seu depoimento ao juiz Moro, Lula atribui as decisões sobre o triplex no Guarujá à ex-primeira-dama, falecida há três meses". No mesmo dia, a rede de lojas Marisa publicou nas redes sociais uma campanha de Dia das Mães na qual ironizava o depoimento de Lula. "Se sua mãe ficar sem presente, a culpa não é da Marisa", dizia a peça. A polêmica foi imediata. Pessoas indignadas com a propaganda propunham boicote à marca. Se não agravou o endividamento da rede de varejo, tampouco a campanha teve sucesso. Marisa fecharia o segundo trimestre de 2017 com prejuízo de R$ 24,4 milhões. No terceiro trimestre, o déficit chegaria a R$ 50,4 milhões.

Moro condenou Lula a nove anos e meio de prisão pelos crimes de corrupção passiva e lavagem de dinheiro. Publicada em 12 de julho, a sentença estimava em R$ 2,25 milhões o valor total da propina que teria sido repassada, indiretamente, ao ex-presidente. Metade equivaleria à diferença entre o valor de mercado do triplex e o total pago por Marisa na forma de cota de participação. A outra metade compreendia o custo total das reformas realizadas pela OAS na unidade 164-A, ocultada pela família Lula da Silva segundo a tese da promotoria. Moro descartou categoricamente a tese repetida por Lula e pelos advogados de defesa, e reiteradas vezes por réus e testemunhas, de que as reformas tinham sido realizadas por iniciativa da própria empreiteira, a fim de dirimir os defeitos apontados por Lula e por Marisa.

Juristas de diferentes Estados e também do exterior publicaram artigos e assinaram manifestos denunciando a ausência de provas contra o ex-presidente. Principalmente, não foi apresentado nada concreto que ligasse o dinheiro aportado nas reformas pelas construtoras a eventuais favorecimentos a elas durante o governo Lula ou a desvios na Petrobras. A fragilidade da acusação e a profusão de criminalistas que a contestavam obrigou Moro a dedicar parágrafos inteiros da sentença à tarefa de justificar sua opção por condenar Lula por corrupção mesmo sem poder apontar ato de ofício, ou seja, um gesto ou ação específica que configurasse a prática de crime.

"Há crime de corrupção se há pagamento de vantagem indevida a agente público em razão do cargo por ele ocupado", escreveu o juiz. "A efetiva prática de ato de ofício ilegal é causa de aumento de pena, mas não é exigido para a tipificação dos crimes dos arts. 317 (corrupção passiva) e 333 (corrupção ativa) do CP (Código Penal)". Ainda na sentença, Moro afirmou que uma empresa pratica corrupção quando oferece propina a agentes públicos mesmo sem uma contrapartida imediata: "Basta para a configuração (do crime) que os pagamentos sejam realizadas em razão do cargo, ainda que em troca de atos de ofício indeterminados, a serem praticados assim que as oportunidades apareçam".

Nas últimas linhas do documento, Moro explicou que uma prisão preventiva de Lula seria legítima, mas concederia a ele o direito de responder em liberdade por prudência. "Considerando que a prisão cautelar de um ex-presidente da República não deixa de envolver certos traumas, a prudência recomenda que se aguarde o julgamento pela Corte de Apelação antes de se extrair as consequências próprias da condenação. Assim, poderá o ex-presidente apresentar sua apelação em liberdade." E completou: "Por fim, registre-se que a presente condenação não traz a este julgador qualquer satisfação pessoal, pelo contrário", arrematou o juiz. "É de todo lamentável que um ex-presidente da República seja condenado criminalmente, mas a causa disso são os crimes por ele praticados, e a culpa não é da regular aplicação da lei. Prevalece, enfim, o ditado: 'não importa o quão alto você esteja, a lei ainda está acima de você'".

Condenado em primeira instância, a Lula bastaria uma condenação em segunda instância para ver expedido um mandado de prisão. Desde outubro de 2016, o Supremo Tribunal Federal admitia como legal a execução da pena após condenação por órgão colegiado. O ex-presidente dificilmente escaparia caso o Tribunal Regional Federal da 4ª Região, responsável pelas comarcas de Paraná, Santa Catarina e Rio Grande do Sul, confirmasse a condenação de Moro. Neste caso, em razão da Lei da Ficha Limpa, o ex-presidente também seria proibido de concorrer na eleição de outubro de 2018, para a qual já havia anunciado a pré-candidatura.

O processo chegou à segunda instância em quarenta e dois dias, o menor tempo entre todos os casos julgados pela Lava Jato até então. O julgamento no TRF-4 foi marcado para dali a cinco meses, em 24 de janeiro de 2018. Em média, os tribunais de segunda instância na Justiça Federal levavam o dobro do tempo para julgar os recursos apresentados na esfera criminal, segundo estudo feito pelo Conselho Nacional de Justiça. O julgamento de Lula não poderia esperar tanto: se o processo não fosse julgado a tempo, ele poderia voltar a se candidatar à Presidência.

Sem direito a fala, o ex-presidente não compareceu ao julgamento. Seus advogados fizeram uma explanação inicial que nada influenciou a decisão dos magistrados. Todos os três desembargadores levaram seus votos por escrito. A leitura foi feita com transmissão ao vivo pela Internet, algo inédito na Justiça brasileira. Alinhados, os votos de João Pedro Gebran Neto, Leandro Paulsen e Victor Luiz dos Santos Laus pareciam resultar de um acordo prévio entre os três juízes. Todos, sem exceção, condenaram o réu. Todos, sem exceção, sugeriram a mesma alteração na dosimetria: a pena passaria de nove anos e seis meses de reclusão para doze anos e um mês. Apenas um habeas corpus, expedido pelo Superior Tribunal de Justiça ou determinado pelo Supremo Tribunal Federal, poderia livrar Lula da cadeia.

No primeiro aniversário de sua morte, Marisa gravou seu nome no mapa de São Paulo. Proposto pelo vereador Paulo Batista dos Reis, do PT, o projeto de lei que batizava com o nome de Marisa Letícia um viaduto na Zona Sul da cidade foi aprovado na Câmara Municipal em 12 de dezembro e sancionado no último dia de 2017 pelo prefeito em exercício, o presidente do Legislativo municipal, vereador Milton Leite. A obra viária no Jardim São Luiz ligava a Estrada do M'Boi Mirim à Avenida Luiz Gushiken, coincidentemente batizada em homenagem a um ex-dirigente do PT.

A polêmica foi imediata. Entre as muitas pessoas que se disseram indignadas estava o prefeito João Doria. Embora tenha voltado atrás na ameaça de vetar o projeto, Doria mandou cancelar a cerimônia de inauguração, marcada para 2 de fevereiro. Na opinião de Doria, era injusta a homenagem à primeira-dama, descrita por ele como "alguém envolvido no maior escândalo de corrupção já registrado no país e que nunca morou na cidade nem jamais lhe trouxe qualquer benefício".

O argumento colou para parte da população, embora Marisa não tivesse qualquer condenação na Justiça e não fosse a única ex-primeira-dama a batizar um logradouro numa cidade onde nunca morou. Darci Vargas era nome de ruas em Belo Horizonte, Curitiba, Contagem, Juiz de Fora, Diadema e Duque de Caxias, cidades onde ela e Getúlio jamais moraram. Placas com o nome de Carmela Dutra, esposa de Eurico Gaspar Dutra, podiam ser vistas nos postes de São Paulo, Guarulhos, Rio de Janeiro, Nilópolis, Londrina, Petrópolis e Mogi das Cruzes. Esposas de presidentes empossados havia mais de um século também receberam homenagens em mais de um município. Orsina da Fonseca, por exemplo, primeira-dama em 1910, virou rua no Rio de Janeiro e em Duque de Caxias, onde nunca morou. Seu marido, o presidente Hermes da Fonseca, ficou viúvo no meio do mandato e contraiu novo matrimônio meses depois: Nair de Teffé, a segunda esposa, seria homenageada em pelo menos duas ruas, uma em São Paulo e outra em Araraquara, cidades em que nunca residiu.

Em resposta ao cancelamento da cerimônia, o diretório municipal do PT organizou uma inauguração simbólica do viaduto em 3 de fevereiro de 2018.

"DEVE ESTE JUÍZO CUMPRIR o determinado pela Egrégia Corte de Apelação quanto à prisão para execução das penas".

Assinado pelo juiz Sérgio Moro e divulgado às 17h50 de quinta-feira, 5 de abril de 2018, o despacho expedido pela 13ª Vara Federal de Curitiba caiu feito meteoro sobre a família do ex-presidente Lula. Moro não havia esperado sequer vinte e quatro horas desde que um STF rachado decidira, por 5 votos a 4, pela legalidade da prisão após condenação em segunda instância, confirmando a jurisprudência autorizada pelo próprio STF em 2016. Trinta dias antes, a 5ª Turma do Superior Tribunal de Justiça já havia recusado, por 5 votos a zero, um habeas corpus preventivo para Lula.

"Expeçam-se, portanto, como determinado ou autorizado por todas essas Cortes de Justiça, inclusive a Suprema, os mandados de prisão para execução das penas contra José Adelmário Pinheiro Filho, Agenor Franklin Magalhães Medeiros e Luiz Inácio Lula da Silva", prosseguia o despacho de Moro. José Adelmário, mais conhecido como Léo Pinheiro, e Agenor Franklin Medeiros, respectivamente presidente e diretor da OAS, já cumpriam prisão provisória na Polícia Federal de Curitiba. Faltava prender o ex-presidente.

"Relativamente ao condenado e ex-presidente Luiz Inácio Lula da Silva, concedo-lhe, em atenção à dignidade cargo que ocupou (sic), a oportunidade de apresentar-se voluntariamente à Polícia Federal em Curitiba até as 17:00 do dia 06/04/2018, quando deverá ser cumprido o mandado de prisão", determinou o juiz, estabelecendo o limite da tarde seguinte, uma sexta-feira. "Vedada a utilização de algemas em qualquer hipótese."

Para os entusiastas da Lava Jato, o despacho encerrava com chave de ouro uma longa jornada iniciada quatro anos antes, com o desmantelamento da quadrilha comandada pelo doleiro Alberto Youssef a partir de um posto de gasolina em Brasília. Se a megaoperação da Polícia Federal era amplamente celebrada por colocar atrás das grades empresários e políticos poderosos, que jamais haviam recebido tal tratamento da Justiça brasileira, aquela seria a primeira vez em cinquenta anos que um ex-presidente do Brasil amargaria uma temporada na cadeia – o último fora Juscelino Kubitscheck, preso por alguns dias após o AI-5, em 1968.

Para Moro, prender o ex-presidente era como bater a meta à qual dedicara a vida. Desde os primórdios da Lava Jato, antes mesmo de 2014, o juiz sabia que a operação – e, por extensão, sua carreira – alcançaria proporções inéditas e repercussão internacional se chegasse ao ex-presidente. Por isso, partiu da premissa de que desvios robustos numa estatal do porte da Petrobras teriam necessariamente o apadrinhamento de Lula, pondo-se imediata e obsessivamente a buscar elementos, pistas ou qualquer fato que pudesse, aos olhos da opinião pública, desempenhar a função de elo de ligação. E seguiu esse rastro, frágil do ponto de vista criminal, até o fim. Mesmo uma palestra do ex-presidente, contratada por uma empresa que, anos antes, firmara um contrato de fornecimento com a Petrobras, tornou-se suspeita. E Moro, um admirador declarado da Operação Mãos Limpas, na qual um engenhoso esquema de corrupção envolvendo o governo italiano foi desmantelado pelo juiz Antonio di Pietro e outros magistrados em meados dos anos 1990, comprometia-se a cumprir passos semelhantes a fim de obter resultados ainda mais vultosos.

Nada menos que quatorze anos antes de deflagrar a Lava Jato, o jovem e desconhecido juiz federal de trinta e dois anos – no cargo desde os vinte e quatro – publicara na revista do Centro de Estudos Judiciários do Conselho Nacional de Justiça um artigo sobre a Operação Mãos Limpas em que destrinchava a estratégia adotada pelo judiciário italiano naquela que considerou "uma das mais impressionantes cruzadas judiciárias contra a corrupção". Quando chegou sua vez, o aluno aplicado soube obter sucesso semelhante repetindo as mesmas táticas: delações premiadas, prisões preventivas como método para pressionar os investigados a confessar ou delatar, vazamentos sistemáticos, e "largo uso da imprensa", como citara em seu artigo, de modo a transformar a opinião pública em torcida e manter os investigados em permanente tensão. Agora, Moro não se contentaria em desmantelar um esquema de corrupção. Ele derrubaria o ex-presidente e o colocaria atrás das grades.

A imprensa internacional deu ampla visibilidade à ordem de prisão. "Ex-presidente do Brasil, Lula da Silva perde a briga pelo adiamento da pena de reclusão", afirmou a CNN. "Decretada prisão de Lula, empurrando o Brasil para o caos político às vésperas de eleição presidencial", publicou o *Washington Post*. "Ex-presidente brasileiro Lula a algumas horas da prisão", foi o título da nota no jornal *Le Monde*. O que veio a seguir foi uma turbulenta maratona de quarenta e oito horas alimentada por enorme euforia, angústia e confusão.

Uma hora após a divulgação da ordem de prisão, Lula deixou seu apartamento em direção ao Sindicato dos Metalúrgicos do ABC, para onde o Partido dos Trabalhadores convocou a militância. O plano era ocupar o prédio. Se fosse tomada qualquer decisão no sentido de resistir à prisão, seria preciso um "exército vermelho" entrincheirado ao redor do Sindicato para manter as forças policiais afastadas. Caso o ex-presidente optasse por se entregar no prazo estabelecido, uma multidão estaria ali para transformar o momento da queda numa catarse simbólica.

Lula passou a noite no segundo andar, onde fica a sala da presidência. O local havia se transformado em bunker. Parlamentares do PT, caciques da legenda e de outros partidos de esquerda, ex-ministros de Lula e familiares entravam e saíam da sala, alguns enxugando os olhos, outros em fúria.

Numa curiosa inversão de papéis, era Lula quem consolava os companheiros. Na rua, dirigentes partidários e de movimentos sociais como a CUT e o MST revezaram-se sobre um trio elétrico até uma da madrugada. Por volta das duas, Lula se recolheu na sala ao lado para descansar um pouco. Dormiu até as seis da manhã.

Na manhã da sexta-feira, 6 de abril, as atenções de todos os canais de rádio, emissoras de TV e sites de notícia estavam voltadas para a Rua João Basso, no centro de São Bernardo. Jornalistas e correspondentes do mundo inteiro queriam saber se Lula se entregaria, obedecendo ao despacho de Moro, ou se ensaiaria uma rebelião, uma fuga, um pedido de asilo em alguma embaixada.

— Não se entrega – diziam uns.

— Melhor se entregar – diziam outros.

Os mais íntimos sabiam que a decisão viria do próprio Lula. Restava tentar influenciá-lo. Os senadores Lindbergh Farias e Gleisi Hoffmann compunham o time da resistência. Repetiam que a rendição era um erro e que era preciso esticar a corda: não arredar pé do Sindicato até que a Polícia Federal mandasse tropas para o local. Outros pediam cautela e cobravam um plano.

— A gente resiste hoje e talvez amanhã; mas na semana que vem a gente faz o quê – provocava um dirigente. — Nossa gente consegue botar 100 mil pessoas aqui?

Aliados buscavam organizar os próximos passos quando alguém lembrou:

— Gente, amanhã é o aniversário da Dona Marisa.

Pronto, surgia ali uma primeira proposta prática, que a presidenta do PT, Gleisi Hoffmann, tratou de levar ao ex-presidente.

— Vamos fazer uma missa para Dona Marisa – sugeriu.

— Tá bom — Lula respondeu, decidido a não cumprir o prazo determinado por Moro e a passar mais uma noite no sindicato.

MARISA COMPLETARIA 68 ANOS NAQUELE SÁBADO, 7 de abril, se tivesse sobrevivido ao AVC. Dom Angélico Sândalo Bernardino, o mesmo bispo emérito de Blumenau que havia conduzido a cerimônia de despedida de Marisa, um ano e dois meses antes, foi novamente convidado para conduzir uma celebração ecumênica em memória da ex-primeira-dama. Desta vez, o altar seria não mais o salão do Sindicato, como na ocasião anterior, mas um trio elétrico no meio da rua.

Quando pegou o microfone para saudar a multidão de 8 mil pessoas que se reuniram no Sindicato naquela manhã, Dom Angélico sabia que aquele seria um dia muito angustiante e, ao mesmo tempo, especial.

Lula começou a falar de improviso por volta do meio dia, após o ato religioso. Ao lado de políticos como a ex-presidenta Dilma, o ex-prefeito de São Bernardo Luiz Marinho, o ex-prefeito de São Paulo Fernando Haddad e os pré-candidatos à Presidência da República Guilherme Boulos, do PSOL, e Manuela D'Ávila, do PCdoB, Lula agradeceu a presença de tantos companheiros e citou nominalmente alguns. O ex-chanceler Celso Amorim, o escritor Fernando Morais, os dirigentes do MST, João Pedro Stédile, e da Intersindical, Edson Índio, os deputados Ivan Valente, Orlando Silva, Paulo Pimenta e Jandira Feghali, os senadores Jorge Viana, Gleisi Hoffmann, Humberto Costa e Lindbergh Farias, o governador do Piauí, Wellington Dias, o ator Osmar Prado e tantos outros.

— Quando eu cheguei aqui, esse sindicato era um barraco – discursou. — Este prédio foi construído já na nossa diretoria. Aqui, para vocês saberem, eu fui diretor de uma escola de madureza que tinha 1.800 alunos. Vocês pensam que eu sou só torneiro mecânico? Pode dizer: "diretor de escola com 1.800 alunos também".

Como se antevisse o longo período de clausura, o ex-presidente falou com inspiração e garra. Lembrou sua trajetória, acusou o Ministério Público e a imprensa de perseguir sua família e prestou homenagens a Marisa.

— Não é fácil o que sofre a minha família. Não é fácil o que sofrem os meus filhos. Não é fácil o que sofreu a Marisa. E eu quero dizer que a antecipação da morte da Marisa foi a safadeza e a sacanagem que a imprensa e o Ministério Público fizeram contra ela. Tenho certeza.

Em seguida, denunciou a parcialidade do juiz Sérgio Moro e alegou inocência.

— Não pensem que eu sou contra a Lava Jato, não. A Lava Jato, se pegar bandido, tem que pegar bandido mesmo, que roubou, e prender. Todos nós queremos isso. Todos nós a vida inteira dizíamos, "só prende pobre, não prende rico". E eu quero que continue prendendo rico. Agora, qual é o problema? É que você não pode fazer julgamento subordinado à imprensa. Porque, no fundo, você destrói as pessoas na sociedade, na imagem das pessoas, e depois os juízes vão julgar e falam: "Eu não posso ir contra a opinião pública porque a opinião pública está pedindo pra cassar".

Lula concebia sua prisão como uma etapa do mesmo golpe que cassara Dilma Rousseff. Segundo ele, o objetivo dessa campanha não era outro senão impedir sua candidatura a presidente e, por extensão, uma quinta vitória consecutiva do PT.

— O golpe só vai se concluir quando eles conseguirem convencer que o Lula não possa ser candidato a presidente da República. (...) O sonho de consumo deles é a fotografia do Lula preso.

Após quarenta e dois minutos de depoimento, Lula estava pronto para enfrentar o maior desafio daquela tarde: Era preciso revelar à multidão que ele se entregaria. E que assim deveria ser feito, sem radicalização nem conflito.

— Vou atender o mandado deles – afirmou. A multidão reagiu com gritos, desaprovando a decisão e pedindo mais uma vez que ele não se entregasse. — Vou atender porque eu quero fazer a transferência de responsabilidade. Eles acham que tudo o que acontece nesse país, acontece por minha causa. (...) Eles vão descobrir pela primeira vez o que eu tenho dito todo dia. Eles não sabem que o problema desse país não se chama Lula. O problema desse país chama-se vocês, a consciência do povo, o Partido dos Trabalhadores, o PCdoB, o MST, o MTST...

Muitos choravam, sem desgrudar os olhos de Lula. Prestes a se entregar, o ex-presidente elaborou uma espécie de testamento oral, legando a seus admiradores a herança que lhe restava: o compromisso de resistir e lutar.

— Não adianta tentar evitar que eu ande por este país, porque tem milhões e milhões de Lulas, de Boulos, de Manuelas, de Dilmas Rousseff para andar por mim. Não adianta tentar acabar com as minhas ideias; elas já estão pairando no ar e não tem como prendê-las. Não adianta tentar parar os meus sonhos, porque quando eu parar de sonhar, eu sonharei pela cabeça de vocês. Não adianta achar que tudo vai parar no dia em que o Lula tiver um enfarte. É bobagem, porque o meu coração baterá pelo coração de vocês, e são milhões de corações. Não adianta eles acharem que vão fazer com que eu pare; eu não pararei, porque eu não sou mais um ser humano. Eu sou uma ideia. Uma ideia misturada com a ideia de vocês.

Caminhando para o fim do discurso, Lula tentou justificar a decisão de se entregar.

— Estou fazendo uma coisa muito consciente. Eu falei para os companheiros que, se dependesse da minha vontade, eu não iria, mas eu vou. Eu vou porque eles vão dizer a partir de amanhã que o Lula está foragido, que o Lula está escondido. Não, eu não estou escondido. Eu vou lá na barba deles, para eles saberem que eu não tenho medo, para eles saberem que eu não vou correr e para eles saberem que eu vou provar a minha inocência.

Com a habitual capacidade de animar as pessoas à sua volta, Lula tatuou na memória política brasileira aquela que seria a mensagem mais importante do dia e que marcaria profundamente os meses seguintes.

— Eu vou terminar com uma frase que eu peguei em 1982 com uma menina de dez anos em Catanduva (SP), que eu não sei quem é. E essa frase não tem autor. A frase dizia: "Os poderosos podem matar uma, duas ou três rosas, mas jamais conseguirão deter a chegada da primavera".

Passava de uma hora da tarde quando Lula terminou.

— Podem ficar certos, esse pescoço aqui não baixa. A minha mãe já fez um pescoço curto para ele não baixar e não vai baixar porque eu vou de cabeça erguida e vou sair de peito estufado de lá porque vou provar a minha inocência. Um abraço companheiros, obrigado, muito obrigado a todos vocês.

Lula desceu do caminhão de som e foi carregado nos ombros para dentro do Sindicato. Uma mão segurava flores, a outra cumprimentava outras mãos pelo caminho. Do sistema de som, ecoava uma interpretação ao vivo de "Apesar de você", canção de Chico Buarque associada à resistência à ditadura militar de 1964.

> *Você vai se amargar*
> *Vendo o dia raiar*
> *Sem lhe pedir licença*
> *E eu vou morrer de rir*

Que esse dia há de vir
Antes do que você pensa

Por volta das cinco da tarde, Lula finalmente entrou no carro para ir à Polícia Federal. Manifestantes tentaram impedir sua saída. Trancaram o portão e improvisaram barricadas ao redor do edifício. Um cordão humano foi formado para manter o ex-presidente no local. Luiz Marinho e Gleisi Hoffmann voltaram ao caminhão de som e pediram repetidas vezes para que a multidão se afastasse. Chegara a hora de respeitar o desejo de Lula e abrir caminho para que ele pudesse passar. Não houve acordo. Após mais de uma hora e meia de negociação, Lula deixou o prédio a pé por um portão que dava para uma rua lateral e, ladeado por seus seguranças, caminhou até um carro da polícia, sem identificação visual, que o levaria à sede da PF em São Paulo – e, de lá, rumo ao aeroporto de Congonhas e a Curitiba.

Na TV, o que se viu foram imagens aéreas de um comboio percorrendo a Rodovia Anchieta rumo a São Paulo. Já na cabine de comando do avião que o levou a Curitiba, minutos antes da decolagem, o piloto registrou a seguinte mensagem em seus fones de ouvido, proferida por uma voz masculina:

— Leva e não traz nunca mais.

— Vamos tratar só do necessário – respondeu o piloto. — Vamos respeitar nosso trabalho aqui.

— Eu respeito, mas manda esse lixo janela abaixo aí.

Uma terceira voz, dessa vez de uma mulher, busca retomar o respeito e o bom senso:

— Pessoal, a frequência é gravada e pode ser usada contra a gente. Mantenham a fraseologia padrão, por gentileza.

A Força Aérea Brasileira afirmou, em seguida, que não é de nenhum controlador de voo a voz de quem ofendeu o ex-presidente, mas jamais divulgou sua origem nem tomou providências para punir o responsável pela interferência ofensiva.

Não foi feita a fotografia que, segundo Lula, revistas e emissoras de TV gostariam de ter publicado. Nada de algemas, como a legislação determinava. Nada de Lula cabisbaixo num banco de trás. No lugar disso, o que correu o mundo, principalmente na imprensa internacional, foi a fotografia de um líder carregado nos ombros e cercado de admiradores.

PASSAVA DAS DEZ E MEIA DA NOITE QUANDO LULA, aos setenta e dois anos, entrou pela primeira vez na sede da Polícia Federal, em Curitiba, condenado a doze anos e um mês de detenção. A partir de agora, aquele seria seu endereço.

Localizado no bairro Santa Cândida, na zona norte da cidade, o prédio da Superintendência da Polícia Federal do Paraná foi inaugurado em 2007, no governo Lula. Tem quatro andares e toda a estrutura necessária ao funcionamento da polícia: uma ala dedicada a emissão de passaportes, escritórios dedicados à burocracia e aos departamentos de inteligência e investigação, e uma carceragem, no primeiro andar do prédio, formada por seis celas de 10 metros quadrados cada. Como nas demais superintendências estaduais da PF, a carceragem da sede de Curitiba fora concebida como lugar de passagem, onde os presos deveriam ficar por pouco tempo, enquanto aguarda a definição do local onde cumprirá a pena.

A cela ocupada por Lula não ficava na carceragem nem tinha caráter transitório. Para ele, foi destinada uma sala especial, com 15 metros quadrados, onde cumpriria pena sozinho, no quarto e último andar do prédio.

Sob todos os aspectos, a cela de Lula não parecia uma cela. Era uma sala, ou melhor, uma suíte: um cômodo com banheiro privativo, sem beliche de alvenaria nem grade. Ali, Lula encontrou uma cama e uma mesa com quatro cadeiras. Nas primeiras semanas, foram providenciados um isopor para armazenar alimentos e uma esteira ergométrica. O advogado Luiz Carlos da Rocha, o Rochinha, o presenteou com uma televisão. Uma entrada de USB permitiu que o ex-presidente assistisse não apenas à programação da TV aberta, sobretudo jogos de futebol e telejornais, mas também vídeos selecionados por sua assessoria, como o documentário *Democracia em vertigem*, de Petra Costa, gravações de eventos do PT e entrevistas veiculadas em canais jornalísticos como *Nocaute, Brasil 247, Tutaméia, Opera Mundi*, TVT e *Rede Brasil Atual*.

Na maior parte do tempo, a porta da cela ficava destrancada. No corredor, uma dupla de agentes permanentemente de plantão. Entre os agentes que se revezavam no local estavam Paulo Rocha, o Paulão, com quem Lula logo ganhou intimidade a ponto de Paulão ser acusado de petista, e Jorge Chastalo Filho, chefe do Núcleo de Operações da Polícia Federal após a saída de Newton Ishii (o "Japonês da Federal"). Bastou aparecer publicamente para que Chastalo fosse apelidado pela imprensa de "policial gato" e de "Rodrigo Hilbert da PF" em razão da semelhança física com o ator e apresentador global.

Sob todos os aspectos, a cela de Lula não parecia uma cela, a não ser pelo mais importante: a falta de liberdade.

CURITIBA ENFRENTA BAIXAS TEMPERATURAS nas noites de abril. Sobretudo naquele bairro, uma das regiões mais altas da cidade, onde o vento corta a noite e faz a sensação térmica cair para menos de dez graus centígrados. Mas o frio não foi suficiente para desmobilizar a vigília que se formou desde o dia da prisão em frente à Superintendência da Polícia Federal. De sua cela, o ex-presidente conseguia ouvir quase tudo o que se passava na Vigília Lula Livre.

Todas as manhãs, a multidão o homenageava com uma saudação coletiva.

— Bom dia, presidente Lula! – gritavam em coro, três vezes seguidas, homens e mulheres que se revezavam do nascer ao pôr do sol a poucos metros de sua janela. À tarde e à noite, repetiam-se as homenagens:

— Boa tarde, presidente Lula! Boa noite, presidente Lula!

Uma intensa programação foi montada pela coordenação da vigília, da qual participavam militantes do Movimento dos Trabalhadores Rurais Sem Terra (MST), do Movimento dos Atingidos por Barragens (MAB) e da Central Única dos Trabalhadores (CUT). Momentos de fala, aulas abertas, cursos, rodas de samba, lançamentos de livros, apresentações musicais, atividades religiosas compunham a rotina na vigília. Entre os momentos mais aguardados estava a visita das personalidades que se dirigiam a Curitiba para encontrar o ex-presidente em sua cela. Era quase um ritual: cantores, escritores, religiosos, lideranças de movimentos sociais, políticos e intelectuais vindos de diferentes locais do Brasil e também do exterior deixavam a Superintendência da Polícia Federal e caminhavam até a Vigília Lula Livre para contar detalhes do encontro com o ex-presidente aos presentes – e também em depoimentos transmitidos pelas redes sociais.

A fim de melhor acomodar os militantes que iam até Curitiba para se somar à vigília, um acampamento foi montado num terreno alugado, a cerca de um quilômetro dali. Deram a ele o nome de Acampamento Marisa Letícia. Permaneceu ativo por 200 dias, quando foi desmontado em razão das muitas ameaças recebidas e dos ataques recorrentes feitos por opositores, sobretudo de madrugada, sem que as autoridades locais e estaduais garantissem a segurança necessária. Em duas ocasiões, o acampamento foi alvo de atentados a tiros, em 28 de abril e em 26 de junho de 2018. No primeiro atentado, um sindicalista de Santo André foi baleado no pescoço e internado às pressas. Ninguém foi preso ou acusado pelo crime.

Também atacada por opositores, que recorreram à Justiça e à Secretaria Estadual de Segurança Pública para remover as tendas e proibir o agrupamento de manifestantes em área pública, a Vigília Lula Livre teve de ser transferida da Praça Olga Benário, onde havia se instalado, para um terreno vizinho, alugado na Rua Professora Sandália Monzon, bem em frente à Superintendência da Polícia Federal. Embora sem conseguir mobilizar o mesmo número de manifestantes conforme a temporada de Lula na cadeia se alongava, a vigília permaneceu ativa e engajada durante todo o período de prisão.

Com exceção dos advogados, que podiam visitar Lula de segunda a sexta-feira, todas as demais visitas seguiam um cronograma rigoroso. Às segundas-feiras, foram autorizados encontros de assistência espiritual. O teólogo Leonardo Boff, o frade dominicano e escritor Frei Betto, o padre Júlio Lancelotti, o pastor evangélico Ariovaldo Ramos, a monja budista Monja Cohen e o babalorixá Caetano de Oxóssi foram alguns dos religiosos que estiveram com Lula. Em janeiro de 2019, as visitas religiosas semanais foram substituídas por uma única visita por mês, da religião professada pelo preso.

Às quintas-feiras eram dedicadas aos parentes e amigos. Das quatro às cinco da tarde, Lula podia receber visitas "sociais": no máximo duas pessoas, meia hora cada. Nessa condição, Lula pôde se encontrar com personalidades internacionais, como o ator Danny Glover, o ex-presidente uruguaio Pepe Mujica, o sociólogo português Boaventura de Sousa Santos, o linguista norte-americano Noam Chomsky e os músicos Chico Buarque e Martinho da Vila, entre outros. Em agosto de 2018, quem o visitou foi o escultor argentino Adolfo Pérez Esquivel. Agraciado com o prêmio Nobel da Paz em 1980, Esquivel lançou o nome de Lula para a edição de 2019. "Não conheço outro líder que tenha tirado 36 milhões de pessoas da extrema pobreza", comentou. "Isso é um feito que precisa ser reconhecido, porque tirar milhões de pessoas da extrema pobreza é construir a paz". A campanha se consolidou e reuniu mais de meio milhão de assinaturas. No dia 31 de janeiro de 2019, sua candidatura foi oficializada por meio do envio da petição ao Comitê Norueguês do Nobel.

Paralelamente a ela, no entanto, outra campanha foi organizada e supervisionada de dentro da cela de Lula: sua candidatura à Presidência da República.

O PARTIDO DOS TRABALHADORES REGISTROU A CANDIDATURA de Lula a presidente no dia 15 de agosto, data limite determinada pelo Tribunal Superior Eleitoral. Três dias depois, em 18 de agosto, o Comitê de Direitos Humanos da ONU publicou recomendação para que o ex-presidente tivesse garantidos seus direitos políticos, inclusive o direito de se candidatar, até que todos os recursos judiciais fossem esgotados. Na semana seguinte, as primeiras pesquisas de intenção de voto após o início da campanha eleitoral confirmaram o que muitos previam: condenado e preso, Lula era líder isolado em todos os cenários, com 39% dos votos segundo o Datafolha e 37% segundo o Ibope, mais que o dobro dos pontos do segundo colocado, Jair Bolsonaro, que oscilava entre 18% e 19% nas pesquisas.

Deputado federal pelo pequeno PSL do Rio de Janeiro e capitão reformado do Exército, Bolsonaro estava prestes a terminar seu sétimo mandato na Câmara dos Deputados, totalizando vinte e oito anos no cargo, e ganhara fama em razão do discurso extremista. Elogiava a ditadura militar, defendia a tortura e a liberação do porte de armas, recomendava o uso de castigos físicos como forma de impedir que um filho "virasse" gay. À vontade numa posição ideológica diametralmente oposta à do PT, Bolsonaro cresceu politicamente à medida que crescia o antipetismo. Ninguém tinha tanto interesse quanto ele na impugnação da candidatura de Lula. E ela não demorou para acontecer. Duas semanas após o registro, o Tribunal Superior Eleitoral vetou o nome de Lula com base na Lei da Ficha Limpa. Por seis votos favoráveis à cassação e apenas um contrário, o tribunal considerou o ex-presidente inelegível por ter sido condenado em segunda instância.

Autor do único voto divergente, o ministro Edson Fachin justificou sua decisão com o argumento de que o país não deveria desprezar uma decisão da ONU. "Descumpri-la pode violar o dever de boa-fé, uma vez que, na prática, o que estamos a fazer é esvaziar a competência do comitê prevista em regras do qual o Brasil é parte", argumentou. Segundo o magistrado, não era normal, em nenhum país do mundo, tamanho desprezo por uma decisão das Nações Unidas.

O mesmo TSE definiu o prazo de dez dias para que o PT registrasse o nome do substituto. Ex-ministro da Educação de Lula e ex-prefeito de São Paulo, Fernando Haddad assumiu o posto, com Manuela d'Ávila de vice. Foi o início de uma corrida contra o tempo. Em apenas um mês, era preciso explicar ao eleitorado de Lula que o ex-presidente estava fora do páreo e dizer que o candidato de Lula era Fernando Haddad. Tudo isso sem que Lula pudesse viajar o país, segurar as mãos de Haddad e Manuela nos comícios, tampouco aparecer na televisão recomendando o voto em seu candidato. "Lula é Haddad, é o povo, é o Brasil feliz de novo", dizia o jingle da campanha. Foi o suficiente para chegar ao segundo turno, mas não para vencer a eleição. No dia 28 de outubro, um dia após o aniversário de setenta e três anos de Lula, Bolsonaro foi eleito presidente com 55% dos votos válidos. Haddad teve 45%.

Em 1º de novembro de 2018, quatro dias após a eleição, Sérgio Moro foi anunciado ministro da Justiça de Bolsonaro.

Impedido de sair da cadeia para o velório do amigo Sigmaringa Seixas, em 25 de dezembro de 2018, e do irmão Vavá, em 29 de janeiro de 2019, Lula deixou a carceragem da Polícia Federal por algumas horas no dia 2 de março de 2019, para a cerimônia de cremação do neto Arthur. Aos sete anos, o menino falecera um dia antes, vítima de uma infecção generalizada causada pela bactéria do tipo estafilococo. Lula voou num helicóptero da PF até o aeroporto de Curitiba, embarcou para São Paulo num avião emprestado pelo governo do Paraná e pegou outro helicóptero no aeroporto de Congonhas rumo a São Bernardo, onde permaneceu menos de duas horas entre seus familiares, conforme o limite imposto pela Justiça. As autoridades também proibiram que ele fizesse qualquer aparição ou pronunciamento público, o que frustrou parte das mais de mil pessoas que foram ao Cemitério Jardim da Colina naquele sábado.

Na privacidade do velório, Lula lamentou não ter convivido mais tempo com o neto nos meses de confinamento. Lamentou também ser motivo de sofrimento de um menino tão novo. Segundo relatos de familiares, colegas de escola incomodavam Arthur ou o evitavam por ser neto de Lula. Em mais de uma ocasião, pelo mesmo motivo, ele teria sido o único menino da classe a não ser convidado para festas de aniversário de colegas.

— Arthur sofreu muito bullying porque era neto do Lula – disse o avô, no velório, usando a terceira pessoa para se referir a si mesmo, segundo testemunhas que acompanharam o discurso que antecedeu a cremação. — Sofreu demais. Por isso eu tenho um compromisso com você. Quando for te encontrar, vou levando meu diploma de inocência.

Por fim, abraçado ao filho Sandro e à nora Marlene, Lula chorou a dor de todas as privações e todas as perdas que vinha sofrendo. Já tropeçando nas palavras, olhou uma última vez para o caixão branco que abrigava o neto e lembrou de sua galega.

— Vai lá encontrar a vovó Marisa – despediu-se. — E espera o vovô.

Acima: Marisa e Lula desfilam de Rolls-Royce, em Brasília, em 1º de janeiro de 2003.
Foto: Victor Soares, Ag. Brasil.

Ao lado: retrato oficial do casal.
Foto: Ricardo Stuckert.

Na página anterior: Presidente e Primeira-Dama, Lula e Marisa caminham pela varanda do Palácio da Alvorada em 2003. Foto: Ricardo Stuckert.

Contrariando o prognóstico feito por Marisa em sua primeira ida a Brasília, em 1981, agora ela voltava à capital federal para morar no Palácio da Alvorada. Foto: Ricardo Stuckert.

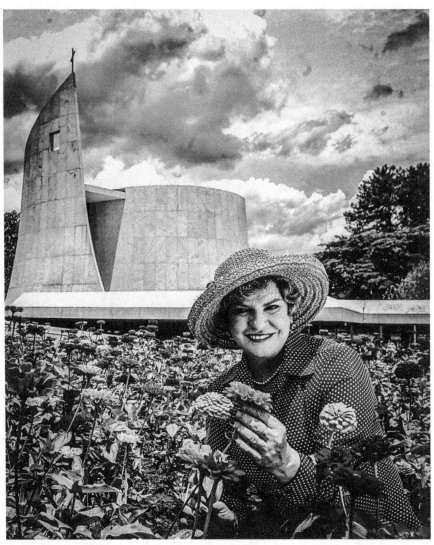

Marisa orientou a equipe de jardinagem a cultivar flores coloridas nos jardins do Alvorada. Foto: Ricardo Stuckert.

Lula e Marisa embarcam no Airbus A319, adquirido no segundo ano do governo. O novo avião presidencial foi apelidado de "Aerolula" pela oposição. Foto: Ricardo Stuckert.

Marisa de braços dados com o rei Haroldo V, da Noruega, no Palácio Real de Oslo, em 2007. Foto: Ricardo Stuckert.

Visita oficial ao Egito em dezembro de 2003. Ao fundo, Quéfren e Quéops, duas das três pirâmides de Gizé, nos arredores do Cairo. Foto: Ricardo Stuckert.

Lula e Marisa vão a Moscou em outubro de 2005. Foto: Ricardo Stuckert.

Com Príncipe Philip e Rainha Elizabeth II em recepção no Palácio de Buckingham, residência oficial da família real britânica, em 2006. Foto: Ricardo Stuckert.

Com a Rainha Sílvia, da Suécia, diante da guarda real em Estocolmo, em 2007. A rainha, filha de mãe brasileira e que viveu parte da infância no Brasil, aproveitou a visita para treinar o português. Foto: Ricardo Stuckert.

Desfile de posse para o segundo mandato, em 1º de janeiro de 2007.
Em segundo plano, o vice-presidente José Alencar com a esposa,
sua quase-xará Mariza Gomes da Silva. Foto: Ricardo Stuckert.

Ao lado: Marisa sentia-se sozinha no Alvorada. Gostava quando
Lula estava em casa, sem hora extra no Planalto nem viagens oficiais.
Costumava esperar o marido com um aperitivo. Foto: Ricardo Stuckert.

Nas festas juninas organizadas por Marisa na Granja do Torto, o traje caipira era obrigatório e os convidados levavam doces ou salgados. Foto: Ricardo Stuckert.

Istambul, na Turquia, em maio de 2009. Foto: Ricardo Stuckert.

No lago do Palácio da Alvorada, Marisa pratica seu esporte preferido. O prazer pela pesca foi adquirido ainda na juventude, na represa Billings, em São Bernardo do Campo. Foto: Ricardo Stuckert.

Festinha surpresa no Alvorada para comemorar aniversário de Marisa em abril de 2009. A primeira-dama completava cinquenta e nove anos. Foto: Ricardo Stuckert.

Lula e Marisa participam em 2009 de reunião do G20 em Pittsburgh. O casal é recebido por Barack Obama e Michelle. Foto: Ricardo Stuckert.

Torcida uniformizada na Copa do Mundo de 2010. São Bernardo do Campo. Foto: Ricardo Stuckert.

Última sessão de fotos no Palácio do Planalto, às vésperas da transmissão da faixa presidencial para Dilma Rousseff. 31 de dezembro de 2010. Foto: Ricardo Stuckert.

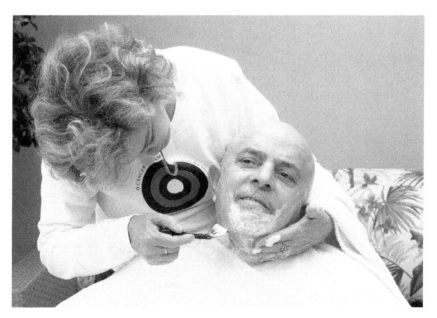

Marisa raspa barba e cabelo do marido durante tratamento contra um câncer na laringe. Novembro de 2011. Foto: Ricardo Stuckert.

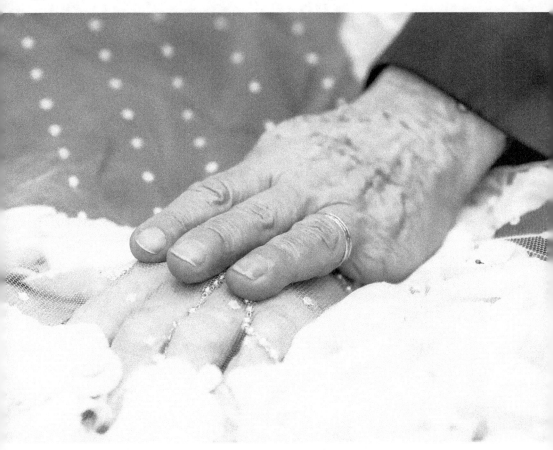

Marisa morreu em 3 de fevereiro de 2017, aos sessenta e seis anos, em decorrência de um acidente vascular cerebral. Seu corpo foi velado no mesmo Sindicato dos Metalúrgicos de São Bernardo do Campo, onde Lula e Marisa se conheceram.
Foto: Ricardo Stuckert.

Epílogo

LULA FOI SOLTO NO DIA 8 DE NOVEMBRO DE 2019, uma sexta-feira, após 580 dias de prisão. Requerida pela defesa menos de doze horas depois que o STF decidiu, por 6 votos a 5, que condenados só podem cumprir pena após o trânsito em julgado – ou seja, após se esgotarem todos os recursos, e não mais após condenação em segunda instância –, a soltura imediata do ex-presidente foi determinada pelo juiz federal Danilo Pereira Júnior no meio da tarde.

À noite, Lula foi solto, mas não libertado. O risco de voltar à prisão passaria a acompanhá-lo permanentemente. O último recurso impetrado por seus advogados no caso do triplex poderia ser negado a qualquer momento, e outros processos em tramitação poderiam ser acelerados. Para isso, bastaria repetir o empurrãozinho dado nos anos anteriores pelos juízes Sérgio Moro e Gabriela Hardt para que as condenações de Lula fossem feitas em tempo recorde.

Durante os meses que antecederam a soltura, Lula repetira diversas vezes que nenhum acordo o interessava, somente a absolvição. Em 27 de setembro de 2019, quando Lula se tornara elegível ao regime semiaberto por ter cumprido um sexto da pena, o detento se recusara a pedir a progressão. "Não troco minha dignidade pela minha liberdade", afirmara em entrevista no dia 30.

Desde o início do ano, três mudanças importantes no xadrez político contribuíam para conferir a Lula uma postura ainda mais confiante. Uma delas era a reprovação crescente ao governo de Jair Bolsonaro e a desconfiança cada vez maior de que Sérgio Moro agira por interesse pessoal e objetivos políticos ao condenar Lula, uma maneira de impedir sua eleição e pavimentar o caminho para a vitória de Bolsonaro, a quem passara a servir sem nenhuma hesitação ou crise de consciência. Um segundo ingrediente foi a autorização judicial que lhe permitiu voltar a dar entrevistas. Após mais de um ano calado, sem direito a voz, Lula deu sua primeira entrevista após a prisão em 26 de abril, para os jornalistas Florestan Fernandes Júnior, do *El País*, e Mônica Bergamo, da *Folha de S.Paulo*. Finalmente, havia a série de reportagens publicadas pelo site *The Intercept Brasil*, trazendo áudios e transcrições de conversas privadas que os procuradores da Lava Jato tiveram durante o processo, entre si e com Sérgio Moro, explicitando a parcialidade do julgamento, sua disposição em ajudar uma das partes no processo e, principalmente, sua obsessão em condenar um réu, o que poderia configurar desvio de finalidade do cargo de juiz.

Ao sair da prisão, Lula caminhou até a Vigília Lula Livre, onde fora improvisado um palco, e fez seu primeiro discurso desde 7 de abril do ano anterior. Para a audiência, formada por admiradores e entusiastas, Lula apresentou a cientista social Rosângela da Silva, a Janja, funcionária da empresa Itaipu e sua namorada desde o final de 2018, quando teriam engatado o romance após uma partida de futebol no campo Dr. Sócrates, na Escola Nacional Florestan Fernandes, do MST, em Guararema (SP). Revelou que estava apenas esperando a soltura para se casar com ela.

No início da tarde do dia seguinte, 9 de novembro, Lula discursou mais uma vez, em frente ao Sindicato dos Metalúrgicos. Criticou declarações recentes do governo federal, como a ameaça de um novo Ato Institucional número 5, repercutiu as suspeitas relacionadas ao assassinato da vereadora Marielle Franco, possivelmente por um miliciano que frequentava o condomínio de Bolsonaro na Barra da Tijuca, no Rio de Janeiro, e condenou a política econômica de Paulo Guedes. "Quero saber por que este cidadão que se aposentou muito jovem quis tirar a aposentadoria do povo trabalhador", disse, em referência ao presidente. Ao final, voltou a fazer referência a Janja. "Eu, na verdade, não sabia que eu ia me apaixonar aos setenta e quatro anos de idade", afirmou. "Então quero que vocês saibam o seguinte, esse jovem de tesão de vinte [anos], de energia de trinta e de experiência de setenta estará na rua junto com vocês. Pra gente não deixar destruir o nosso país".

Conheci Marisa em 1986. Eu tinha acabado de completar sete anos de idade e acompanhava meu pai, Paulo Vannuchi, num dia de intensa atividade política. Assessor do Sindicato dos Metalúrgicos de São Bernardo e militante do PT, meu pai estava envolvido, naquele mês de outubro, na reta final da campanha de Lula para deputado federal constituinte. Naquele dia, estive com ele numa maratona de compromissos na região do ABC. Já era noite quando passamos na casa do candidato para repor material e para que Lula pudesse ver a família e dar alguns telefonemas. Ainda faltava uma última agenda a cumprir. Meu pai estava preocupado comigo. Já não era mais hora de zanzar pela rua. Precisávamos voltar para São Paulo para ele me colocar na cama. "Deixa ele aqui com os meninos", Marisa convidou. "Vai lá e volta. Se ele quiser dormir, tem lugar". Fiquei.

A casa era um sobrado modesto num bairro operário próximo da Rodovia Anchieta. Havia uma sala com uma TV ligada, outros três garotos de diferentes idades distribuídos entre sofá e tapete. Um dos meninos, um ano mais velho do que eu, me chamou até a garagem e abriu um saco, fazendo despencar de dentro dele duas dezenas de bonequinhos da Marvel e da Liga da Justiça, pequenos, de plástico, cada um produzido numa única cor. Batman, Homem-Aranha, Aquaman, Capitão América. Seu nome era Sandro.

A mulher que havia me convidado para passar a noite ali com seus filhos não parava quieta. Atendia ao telefone, recebia pessoas, mostrava uma pilha de santinhos e outra de bandeiras vermelhas para quem perguntava. E acudia o filho caçula, um bebê de apenas um ano.

Assim que meu pai saiu, Marisa colocou sobre um balcão dois pacotes de pão Pullman, um pote de manteiga, um saco com queijo fatiado e outro com presunto. "Você cuida deles?", perguntou para o garoto mais velho, Marcos, já adolescente. O rapaz, de uns quinze anos, começou a fazer "tostex" para todo mundo. Eu adorava tostex.

Uma coisa, no balcão, me chamou atenção. Havia ali garrafas de refrigerantes enormes, de plástico, com dois litros cada uma, lançamento recente

391

no Brasil. Eu nunca tinha visto aquilo. Só conhecia as garrafas de um litro, de vidro, retornáveis, e as de 300 mililitros, "KS", todas de "casco", como se dizia. Acabou tudo rapidinho. O refrigerante e os dois pacotes de pão. Como comiam, aqueles meninos... Marisa estranhou minha recusa em aceitar um segundo sanduíche. "Nessa casa é três pra cada um", brincou, orgulhosa dos moleques. O apetite dos meninos era proporcional à capacidade de fazer bagunça, eu notei. E aquela mãe, em especial, dava ordens aqui, instruía ali, ajeitava acolá, tudo ao mesmo tempo. "Como ela aguenta?", pensei.

ESTE LIVRO COMEÇOU A NASCER EM MARÇO DE 2007. Naquele mês, publiquei um livro de memórias de José Alberto de Camargo, executivo que havia presidido por trinta anos a Companhia Brasileira de Metalurgia e Mineração (CBMM), empresa do Grupo Moreira Salles responsável por explorar nióbio em Minas Gerais. Ao se aposentar, Camargo fora convidado para presidir o Instituto Cidadania, organização da sociedade civil liderada por Luiz Inácio Lula da Silva que trazia no currículo a experiência de ter elaborado, ao longo da década de 1990, importantes projetos de políticas públicas, como o Fome Zero e o Projeto Moradia, que em 2003 inspiraria o Programa Minha Casa Minha Vida.

Vivíamos, então, o primeiro ano do segundo mandato de Lula. E Camargo seguia à frente do instituto, àquela altura sem nenhum grande projeto em execução. Anos depois, o Instituto Cidadania seria reestruturado como Instituto Lula.

Em março de 2007, fui com Camargo lançar o livro de memórias em Brasília. Uma recepção foi organizada na casa de Toninho Drummond, diretor da Rede Globo na capital federal. Entre os convidados, um grupo de políticos e empresários. O evento constava na agenda do Presidente da República. Os ministros Tarso Genro, Luiz Dulci, Walfrido dos Mares Guia e Franklin Martins perambulavam pelo jardim e conversavam com Pedro e Fernando Moreira Salles. Meu pai, agora ministro da pasta de Direitos Humanos de Lula, também estava lá.

Os exemplares de *Memórias de um vendedor de nióbio* já haviam sido distribuídos aos presentes quando a primeira-dama chegou, acompanhada pelo fotógrafo oficial da Presidência. O presidente da República se desculpava por não poder comparecer. Era preciso apagar incêndios no Palácio do Planalto. Incêndios em sentido figurado costumam ser mais destruidores e letais do que incêndios de verdade.

Prestes a completar cinquenta e sete anos, Marisa Letícia Lula da Silva não estava ali somente para representar o presidente. Amiga de José Alberto de Camargo desde 1989, quando conheceu Düsseldorf a seu lado enquanto o então presidente do PT visitava montadoras e sindicatos, Dona Marisa queria prestigiar o biografado. Por isso, fez o que muito raramente fazia: deixou o Palácio da Alvorada à noite e foi ao jantar sem o marido. Recebeu um exemplar das mãos de Camargo e engatou uma conversa sobre o processo de produção do livro de memórias. Ricardo Stuckert, que eu já conhecia do tempo em que trabalhávamos na revista *IstoÉ*, registrou o encontro. Camargo sugeriu:

— Sua vida daria um ótimo livro.

Marisa olhou para ele com desconfiança.

— Também acho – concordei. — Vou querer ler.

Camargo tratou de me corrigir, como quem dá uma bronca:

— Não! Você vai escrever.

A primeira-dama sorriu. Arregalei os olhos.

— Ôpa. Quando começamos? – arrisquei. — Posso me mudar para Brasília neste fim de semana mesmo.

Marisa franziu a testa, como quem analisa uma proposta.

— Quem sabe um dia – respondeu. Em seguida, tergiversou:

— Vocês tinham que fazer um livro sobre o Palácio da Alvorada. Você não imagina a reforma que estamos fazendo lá. Se eu contar como nós encontramos aquele palácio...

A ideia de escrever um livro sobre Dona Marisa foi para o freezer. Desde aquele dia, publiquei outros sete livros num intervalo de dez anos, como autor ou coautor. Em 2009, entrevistei Marisa para uma reportagem, por telefone, e não toquei no assunto. Em 2014, a encontrei num evento e repeti a proposta:

— Dona Marisa, aquele convite para escrever sua biografia continua de pé.

— Não sei, Camilo, uma biografia...

393

— Por que não? Seria ótimo contar sua história. Babá aos nove anos, operária aos treze, viúva aos vinte... – àquela altura eu já tinha pesquisado alguma coisa sobre sua vida. — Depois, o casamento com Lula, as greves de 1979 e 1980, as idas ao Dops, a estrela que você bordou na primeira bandeira do PT, as camisetas que você pintava para as campanhas eleitorais, os filhos, o longo caminho até o Palácio...

— Não sei se devo. Você falou com o Lula?

— Não. O livro é sobre você, não é sobre o Lula.

Dona Marisa insistiu:

— Fala com o Lula. Vê o que ele diz.

Na semana seguinte, coloquei o projeto do livro no papel e fiz chegar ao ex-presidente. Semanas depois, ele mandou um recado devolvendo a pergunta:

— Você falou com a Marisa?

Percebi que os dois formavam uma dupla sintonizada e imbatível, não apenas no carteado. Sabiam combinar o jogo, recuando ou avançando conforme a ocasião. E me driblavam, naquele momento, como os casais que não sabem o que responder para o filho: "Pede pro seu pai"; "Pergunta pra sua mãe".

Respondi que sim, que já havia conversado com Dona Marisa, e deixei por isso mesmo, sem criar expectativa.

Foi apenas um ano depois, em agosto de 2015, que voltei a encontrar o casal, novamente por acaso. José Mujica, ex-presidente do Uruguai, subiria ao palco ao lado do ex-presidente Lula no encerramento de um seminário sobre participação cidadã e gestão democrática em São Bernardo do Campo. O prefeito Luiz Marinho era o anfitrião. Cheguei ao local junto com o deputado federal Paulo Teixeira e fomos pinçados para uma sala na qual Lula e Mujica tiravam selfies com dezenas de fãs. Para minha surpresa, foi o presidente Lula quem trouxe o assunto à pauta, enquanto a fila de pessoas para abraçar continuava aumentando:

— Camilo, você falou com a Marisa? Ela topou fazer aquele livro.

Semanas antes, tinha chegado a mim a informação de que Marisa havia se convencido a fazer o livro. Não levei tão a sério, a ponto de tomar a iniciativa de procurá-la. Poderia ser um blefe, um mal-entendido, um consentimento da boca pra fora. Agora, era diferente. O próprio Lula havia tomado a iniciativa de comentar.

— Que ótimo! – respondi. — Vi que ela está aqui. Vou falar com ela.

Encontrei Marisa numa rodinha de amigas.

— Oi, Marisa. Como vai? – conversamos amenidades por três minutinhos até que eu criei coragem para repetir a tática — Olha, aquele convite para escrever suas memórias continua de pé. Quando você se animar, é só mandar recado que eu te ligo para combinar.

Ela respondeu ali mesmo.

— Sabe, Camilo, andei pensando, conversei com meus filhos e minhas noras. Acho que vou topar, sim.

— Que bom, Marisa.

— Acho que tenho coisas para contar.

Naquele momento, os jornais haviam começado a envolver Dona Marisa em acusações, ainda dispersas, mas que já anunciavam um processo de criminalização que em pouco tempo culminaria em seu indiciamento, juntamente com Lula, no caso do triplex no Guarujá. Imaginei que ela se referisse à oportunidade de contar sua versão sobre esses episódios, coisa que, na sua opinião, a imprensa preferia noticiar de maneira tendenciosa, sem ouvi-la.

— E como vai ser? – ela quis saber. — Você vai me entrevistar?

— Sim. Muitas vezes. Podemos começar com dois encontros semanais de duas horas, ao longo de quatro semanas. Depois a gente avalia. Enquanto isso vou pedir para você uma lista com uns cinquenta nomes de pessoas que poderão falar comigo sobre você. Quem pode falar da sua infância, quem pode falar do seu primeiro casamento...

— E pode ser na minha casa?

— Melhor, impossível.

— Então vamos combinar. Podemos começar em janeiro?

— Quando você quiser.

Fiquei feliz. E senti alívio com o adiamento. Em setembro, eu defenderia meu mestrado e faria exame de admissão para o doutorado. Em novembro, lançaria outro livro. Aquele final de ano estava infernal.

No início de 2016, fui nomeado para a Comissão da Memória e Verdade da Prefeitura de São Paulo. Ainda não seria naquele ano que eu conseguiria me dedicar ao livro da Marisa. Deixei o projeto em banho-maria. Se Dona Marisa me procurasse, eu daria um jeito de conciliar. Se ela não o fizesse, deixaria por isso mesmo. Para que a pressa? Aparentemente, não haveria problema algum em adiar o projeto para 2017.

ESTAVA DE FÉRIAS NO SUL DA BAHIA quando soube, pela televisão, que Marisa havia sofrido um AVC. Pensei no Lula, pensei nos filhos, só depois me lembrei do livro. No primeiro momento, não havia me dado conta da gravidade do derrame. "Vou começar já", decidi. "Daqui a uns quatro meses, quando eu já tiver entrevistado boa parte dos familiares e amigos de Dona Marisa, ela estará fazendo sessões de fono para treinar a fala e eu agendo as entrevistas. Vai ser até bom para o tratamento."

Nos dias que se seguiram, fui me inteirando da gravidade do AVC. Voltei para São Paulo no dia 25 de janeiro e, por volta do dia 30, ouvi pela primeira vez que Marisa poderia não sobreviver. O dia 2 de fevereiro amanheceu com o anúncio de ausência de fluxo sanguíneo no cérebro. A maioria dos portais noticiou a morte cerebral. Embora, tecnicamente, a morte cerebral dependa de um quadro clínico inalterado vinte e quatro horas após a retirada da medicação e o desligamento do ventilador, muitos correram para o hospital naquela noite. Eu fui um deles.

Eu havia acabado de chegar quando vi o ex-presidente Lula no canto da sala, servindo-se de água e sozinho. Enquanto andava até ele, o vi caminhar em minha direção. Notei seus olhos vermelhos. Antes que eu chegasse perto o bastante para prestar solidariedade e manifestar meus sentimentos em voz baixa, o vozeirão de Lula me atingiu primeiro:

— Cadê o livro que você ia fazer da minha mulher? Você fez a porra do livro?

— Não, Lula – respondi, constrangido e surpreso. — Faz nove dias que não paro de pensar nisso.

— Agora eu que vou ter que te contar tudo o que ela ia te contar – ele disse.

Aquele comentário me deixou sem fala. Eu não havia considerado a ideia de fazer o livro sem ela. Minha intenção era colher suas memórias.

— Mas vai ser bom – Lula continuou — porque vou falar mais bem de mim do que ela falaria.

Lula fazia piada para afastar a dor.

— O livro é sobre ela, Lula, e não sobre você – respondi, como quem embarca na brincadeira. — Ninguém vai falar bem de você no meu livro.

Marisa morreu no dia seguinte. Seu corpo foi velado no Sindicato dos Metalúrgicos do ABC, onde os dois se conheceram e onde deram início à trajetória que os levaria ao Palácio da Alvorada.

Naquela semana, entendi que escrever sobre Dona Marisa havia se tornado não mais uma possibilidade, mas uma missão. Logo após a missa de sétimo dia, na Igreja Matriz de São Bernardo, escrevi uma carta para o presidente Lula e outras quatro, praticamente iguais, para cada um dos filhos de Marisa: Marcos Cláudio, Fábio Luís, Sandro Luís e Luís Cláudio. Nelas, eu fazia uma rápida retrospectiva das conversas que tive com Dona Marisa sobre a ideia de escrever suas memórias e, o mais importante, consultava-os. Se acusassem qualquer desconforto ou constrangimento, eu abandonaria o projeto. Se todos os cinco consentissem, daria início à pesquisa imediatamente. Demorou cerca de um mês até que todos me escreveram, colocando-se à disposição.

ESTE LIVRO FOI ESCRITO ENTRE MARÇO DE 2017 e dezembro de 2019. Entrevistei cerca de 100 pessoas, entre familiares, amigos e pessoas do convívio de Marisa, que somaram cerca de cento e vinte horas de gravação. Li dezenas de reportagens e assisti a todas as entrevistas de Marisa que consegui localizar. Aprofundei-me também, tanto quanto foi possível, nas origens de São Bernardo do Campo, na experiência do novo sindicalismo, na história do PT, na cobertura das eleições presidenciais, na arquitetura e no mobiliário do Palácio da Alvorada, no golpe desferido contra a presidenta Dilma Rousseff e nos processos da Lava Jato. Ao mesmo tempo, conduzi esta apuração com o desejo de não me estender demais nem me demorar indefinidamente. Neste sentido, peço desculpas pelas lacunas que tenham ficado e pelos equívocos que possa ter cometido.

Um livro-reportagem, como toda produção jornalística, é sempre obra em processo, em permanente construção. O que contamos aqui é o que nos foi possível conhecer até o fechamento desta edição. Novas edições terão a função de reparar os deslizes que tiverem escapado neste primeiro produto.

A tarefa de narrar a história de Marisa impôs alguns desafios específicos. O primeiro foi decifrar o pensamento de minha biografada nas poucas entrevistas que deu ao longo de trinta e seis anos de vida pública, desde as greves de 1979 e 1980, que a levaram pela primeira vez a ser citada em páginas de jornais e revistas. Outro desafio foi reunir elementos que nos permitissem descobrir uma Marisa anterior e, sobretudo, independente do marido, uma Marisa que não pode ser reduzida ao lugar social de esposa do Lula, embora desempenhasse essa função com gosto e cumplicidade.

Enfrentei, ainda, o desconforto de alinhavar a história de Marisa a despeito de acreditar, em diversos momentos, que teria sido mais adequado que essa história fosse contada por uma biógrafa. Espero que o meu lugar de fala não tenha comprometido a justa exposição das dimensões familiar, amorosa e social simbolizadas pela protagonista destas páginas. Precisei, também, me esquivar da armadilha do discurso áulico, condescendente, típico dos testemunhos registrados logo após a morte de alguém.

Busquei a todo momento fazer justiça à jornada de Marisa. Esta não é e jamais poderia ser a trajetória de uma heroína. Tampouco a descrição reducionista da esposa ou da primeira-dama me interessava. O que me norteou ao longo desses dois anos foi contar a história de uma mulher, com sua complexidade, o que implicou desvendar e respeitar suas incongruências, sua teimosia, suas fragilidades e deslizes.

Por fim, foi preciso insistir até conseguir entrevistar seus familiares, alguns arredios à hipótese de deturpação de seus relatos, outros ocupados com compromissos que lhe tomavam todo o tempo. Com o próprio presidente Lula, tive cinco encontros neste período, mas apenas uma entrevista. A segunda entrevista, pré-agendada, foi impossibilitada após sua prisão. Quando finalmente foi solto, o manuscrito já estava com a editora.

Para reconstruir episódios históricos, me fiei no que ouvi das testemunhas entrevistadas, tomando o cuidado para checar os pontos mais importantes ou controvertidos com pelo menos duas fontes. Outras vezes, recorri a fontes secundárias. Nesta etapa, foram fundamentais as consultas que fiz a arquivos de jornais e revistas, a fim de suprir hiatos que a história oral não dava conta de preencher. Os arquivos da *IstoÉ* e do *ABCD Jornal* foram especialmente valiosos na reconstituição do início da trajetória de Lula e Marisa, nos anos 1970, motivo pelo qual agradeço a Eduardo Cruz e Leila Reis. Também li e utilizei cerca de quarenta livros, conforme bibliografia consultada publicada adiante.

Optei por redigir esta biografia como um romance de não ficção, sem notas de rodapé e sem atribuir cada informação ao respectivo informante. A lista com os nomes de todos os entrevistados e entrevistadas está publicada no final deste volume.

ESTE LIVRO NÃO EXISTIRIA sem a proposta inicial e o incentivo de José Alberto de Camargo. Tampouco sem a parceria de Paulo Teixeira, com quem trabalhei em dois momentos durante o período de produção deste livro, e Paulo Vannuchi, meu pai, que acreditaram neste projeto, me estimularam e se mobilizaram para garantir, de forma coletiva e solidária, sua viabilização.

Para que o autor pudesse se dedicar com exclusividade ao livro por pelo menos um ano, foi indispensável o apoio recebido de dezenas de amigas e amigos. Muito obrigado a José Alberto de Camargo, Li An, Aroldo Camillo, Walfrido Jorge Warde Júnior, Marco Aurélio de Carvalho, Marco Antônio Barbosa, Ladislau Dowbor, José de Filippi Júnior e Inês Maria de Filippi, Tarcísio Secoli e Analucia Bebiano Secoli, Luiz Marinho e Nilza Oliveira, Maria Beatriz Costa Carvalho Vannuchi, Stella Bruna Santo, Sigmaringa Seixas, Cezar Britto, Luiz Carlos da Rocha, Wagner Gonçalves, Valeska Teixeira Zanin Martins e Cristiano Zanin Martins, Larissa Teixeira Quattrini, Fernando Fernandes, Fernando Haddad e Ana Estela Haddad, Anderson Lopes, Celso Antônio Bandeira de Melo e Weida Zancaner, Luiz Carlos Bresser Pereira e Vera Cecília Bresser Pereira, Álvaro Augusto Ribeiro Costa, *Toron, Torihara e Szafir Advogados*, Fermino Fechio e Alba Maria Baldan Fechio, Vinícius Marques de Carvalho e Carolina Gabas Stuchi, Paulo Okamotto, Eduardo Suplicy, Reinaldo Morano Filho, Daniel Lerner e *Instituto Defesa da Classe Trabalhadora (Declatra)*, sempre com a assessoria de Regina Orsi.

Agradeço também àqueles que abriram portas, desvendaram caminhos, sugeriram novos entrevistados e revelaram pistas que orientaram novas descobertas, sobretudo nas pessoas de Marlene Araújo, Cláudia Troiano, Fábio Luís Lula da Silva, Gabriella Gualberto e Jucinilde Salazar Pereira.

Agradeço ao Marcola pela paciência, ao Cezar Britto, à Yu Xiu Fang, ao Marcos Barreto e ao Renato Braz pela acolhida, a cada entrevistado e entrevistada, e aos fotógrafos que cederam gentilmente sua arte para este trabalho, em especial ao Ricardo Stuckert, que registrou de forma carinhosa e ininterrupta mais de uma década da vida de Marisa.

Agradeço ao jornalista e escritor Fernando Morais pela inspiração, por ter sido sempre uma referência neste fascinante ofício de biografar, pela leitura atenta dos originais e pelas orelhas mais generosas que eu já tive a oportunidade de ler.

Agradeço ao ex-presidente Lula pela trajetória, pela garra e pela compreesão de que, nesta história, seu papel é de coadjuvante.

Impossível não agradecer aos meus editores, Joana Monteleone e Haroldo Ceravolo Sereza, pela confiança, pela generosidade e principalmente pelas canetadas. Agradeço também a toda equipe da Alameda. Todo livro é obra coletiva. Finalmente, meus agradecimentos afetuosos a Maria Lúcia Morano, minha mãe, inspiração em diversos capítulos deste relato; a Aline, companheira da vida toda; e às duas pessoas que mais me proporcionaram ânimo e motivação nesta longa tarefa de colocar um livro de pé: Daniel e Bruna, meus amores.

Camilo Vannuchi
Janeiro de 2020

Pessoas entrevistadas

Ana Estela Haddad
Ana Lúcia Sanches
Analúcia Secoli
Antonio Alonso Jr.
Antonio Rodrigues de Carvalho Neto
Candido Portinari Fabbri
Carmela Romano Campanholo
Chico Malfitani
Clara Ant
Cláudia Troiano
Cláudio Rocha
Delzuíta Maria de Souza
Denise Gorczeski
Devanir Ribeiro
Divina Maria Duarte
Edna Maria Godói Meneguelli
Eduardo Matarazzo Suplicy
Elvira Teixeira
Emília Mares de Oliveira
Fábio da Silva Gomes
Fábio Luís Lula da Silva
Fátima Mendonça (Fatinha)
Fernando Bittar
Fernando Haddad

Fernando Henrique Cardoso
Frei Betto
Gabriella Gualberto
Genival Inácio da Silva (Vavá)
Geraldo Siqueira
Gilberto Carvalho
Gu Hang Hu
Guiomar Feitosa Lima Mendes
Inês Maria Boffi de Filippi
Jair Antônio Meneguelli
Jaques Wagner
Joana Gonçalves
José Alberto de Camargo
José de Filippi
José Dirceu
José Ferreira da Silva (Frei Chico)
José Ivo de Sousa Barbosa
José Rodrigues Damasceno
Jucinilde Salazar Pereira
Juno Rodrigues Silva (Gijo)
Kalil Bittar
Larissa Teixeira Quattrini
Leila Reis
Luís Cláudio Lula da Silva

Luiz Alves Rabelo
Luiz Carlos Sigmaringa Seixas
Luiz Dulci
Luiz Eduardo Greenhalgh
Luiz Marinho
Lurian Cordeiro Lula da Silva
Marcos Cláudio Lula da Silva
Maria da Silva
Maria Elicélia Feitosa (Zelinha)
Mariaugusta Salvador
Marina Luce de Carvalho
Mario Casa
Marlene Araújo Lula da Silva
Mino Carta
Monica Zerbinato
Nadia Francisco Françoso Liria
Nana Miura Ikari
Nelson Campanholo
Nilza Oliveira
Paulo de Oliveira Campos
Paulo Okamotto
Paulo Skromov
Paulo Teixeira
Renata Moreira
Renato Braz
Ricardo Kotscho
Ricardo Stuckert
Roberto Kalil
Roberto Teixeira
Rogério Aurélio Pimentel
Rogério Carvalho
Sérgio Mamberti
Sheila Emrich dos Mares Guia
Swedenberger Barbosa
Thiago Lula da Silva

Valdeni Almeida Timóteo (Baianinho)
Valeska Teixeira Zanin Martins
Valmir Moraes da Silva
Vera Lúcia Ferranti Fabbri
Walfrido dos Mares Guia
Wilson Liria
Yu Xiu Fang
Zeneide Lustosa Ribeiro

Bibliografia e filmografia

Livros

AB'SABER, Tales. *Lulismo, carisma pop e cultura anticrítica*. São Paulo: Hedra, 2014.

ALMEIDA, Alberto Carlos. *Por que Lula?: o contexto e as estratégias políticas que explicam a eleição e a crise*. Rio de Janeiro: Record, 2006.

BETTO, Frei. *Lula: Biografia política de um operário*. 5ª edição. São Paulo: Estação Liberdade, 1989.

_____. *OSPB: Introdução à política brasileira: Caderno de atividades*. 4ª edição. São Paulo: Ática, 1989.

_____. *Calendário do Poder*. Rio de Janeiro: Rocco, 2007.

BRUM, Eliane. *A menina quebrada e outras colunas de Eliane Brum*. Porto Alegre: Arquipélago Editorial, 2013.

CARTA, Mino. *O Brasil*. 4ª edição. Rio de Janeiro: Record, 2013.

CARTA, Mino; CARTA, Gianni. *O desafio de Lula*. São Paulo: Hedra, 2017.

CARVALHO, Luiz Maklouf. *Já vi esse filme: reportagens (e polêmicas) sobre Lula e o PT (1984-2005)*. São Paulo: Geração Editorial, 2005.

CONTI, Mário Sérgio. *Notícias do Planalto: a imprensa e Fernando Collor*. São Paulo: Companhia das Letras, 1999.

DANTAS, Audálio. *O Menino Lula*. Rio de Janeiro: Ediouro, 2009.

DIMENSTEIN, Gilberto. *As armadilhas do poder: bastidores da imprensa*. São Paulo: Summus, 1990.

FRANCISCO, Severino. *Palácio da Alvorada: majestosamente simples.* Brasília: Instituto Terceiro Setor, 2011.

GADOTTI, Moacir; PEREIRA, Otaviano. *Pra que PT: origem, projeto e consolidação do Partido dos Trabalhadores.* São Paulo: Cortez, 1989.

GOMES, Fábio S. *Origem das famílias de São Bernardo do Campo: famílias tradicionais e ilustres.* V. 3. São Paulo: Edicon, 2005.

HARNECKER, Marta. *El sueño era posible: los origenes del Partido de los Trabajadores de Brasil narrados por sus protagonistas.* La Habana: Mepla/Editorial Cultura Popular, 1994.

KOTSCHO, Ricardo; VENTURA, Zuenir; GRAZIANO, José. *Viagem ao Coração do Brasil.* São Paulo: Scritta, 1994.

KOTSCHO, Ricardo. *Documento: A Greve do ABC: A greve vista por vários fotojornalistas.* São Paulo: Ed. Caraguatá/Agência F4, 1980.

_____. *Do golpe ao Planalto: uma vida de repórter.* São Paulo: Companhia das Letras, 2006.

LEITE, Paulo Moreira. *A outra história da Lava Jato.* São Paulo: Geração Editorial, 2015.

MARTINS, Cristiano Zanin; MARTINS, Valeska Teixeira Zanin; VALIM, Rafael. *O Caso Lula: a luta pela afirmação dos direitos fundamentais no Brasil.* São Paulo: Contracorrente, 2017.

MEDICI, Ademir. *São Bernardo do Campo 200 anos depois: a história da cidade contada pelos seus protagonistas.* São Bernardo do Campo: PMSBC, 2012.

MENDONÇA, Duda. *Casos e coisas.* São Paulo: Globo, 2001.

MOREL, Mário. *Lula, o início.* 3ª edição. Rio de Janeiro: Nova Fronteira, 2006.

NETTO, Vladimir. *Lava Jato.* Rio de Janeiro: Primeira Pessoa, 2016.

NOSSA, Leonencio; SCOLESE, Eduardo. *Viagens com o Presidente: dois repórteres no encalço de Lula do Planalto ao exterior.* Rio de Janeiro: Record, 2006.

NUNES, Walter. *A elite na cadeia: o dia a dia dos presos da Lava Jato.* São Paulo: Objetiva, 2019.

PARANÁ, Denise. *O Filho do Brasil: de Luiz Inácio a Lula*. São Paulo: Xamã, 1996.

_____. *O Filho do Brasil*. 3ª edição. São Paulo: Fundação Perseu Abramo, 2008.

_____. *A história de Lula: o filho do Brasil*. Rio de Janeiro: Objetiva, 2009.

PEDROSA, Mário. *Sobre o PT*. São Paulo: Ched, 1980.

PINTO, José Nêumanne. *O que sei de Lula*. Rio de Janeiro: TopBooks, 2011.

PRONER, Carol et al (org.). *Comentários a uma sentença anunciada: o processo Lula*. Bauru: Canal 6, 2017.

SECCO, Lincoln. *História do PT*. 3ª edição. Cotia: Ateliê, 2011.

SILVA, Luís Inácio da. *Lula: Entrevistas e discursos*. 2ª edição. Guarulhos: O Repórter, 1981.

_____. *Lula sem censura: ...e aí a peãozada partiu pro pau*. 2ª edição. Petrópolis: Vozes, 1981.

SILVA, Luiz Inácio Lula [et al]. *A verdade vencerá*. 2ª edição. São Paulo: Boitempo, 2019.

SINGER, André. *O PT*. São Paulo: Publifolha, 2001.

SINGER, André (org.). *Sem Medo de Ser Feliz*. São Paulo: Scritta, 1990.

SOLANO, Esther; ZAIDEN, Aldo; VANNUCHI, Camilo. *Luiz Inácio Luta da Silva: nós vimos uma prisão impossível*. São Paulo: Contracorrente, 2018.

TUMA JUNIOR, Romeu. *Assassinato de reputações: um crime de Estado*. São Paulo: TopBooks, 2013.

VITALE, Marco. *$ócio do Filho*. Rio de Janeiro, M.A.V. da Costa, 2018.

WARDE, Walfrido. *O espetáculo da corrupção: como um sistema corrupto e o modo de combatê-lo estão destruindo o país*. Rio de Janeiro: LeYa, 2018.

Filmes

ABC da Greve. Direção de Leon Hirzman. Brasil, 1990. DVD.

BRAÇOS cruzados, máquinas paradas. Direção de Roberto Gervitz. Brasil, 1979. DVD.

BRASIL em transe. Direção de Kennedy Alencar. Brasil: K.doc/BBC Word News, 2019. Streaming.

DEMOCRACIA em Vertigem. Direção de Petra Costa. Brasil: Busca Vida Filmes/Netflix, 2019. Streaming.

ENTREATOS. Direção de João Moreira Salles. Brasil: Videofilmes, 2004. DVD.

LINHA de montagem. Direção de Renato Tapajós. Brasil, 1982. DVD.

LULA, o filho do Brasil. Direção de Fábio Barreto. Brasil: L C Barreto, 2010. DVD.

PEÕES. Direção de Eduardo Coutinho. Brasil: Videofilmes, 2004. DVD.

Alameda nas redes sociais:

Site: www.alamedaeditorial.com.br
Facebook.com/alamedaeditorial/
Twitter.com/editoraalameda
Instagram.com/editora_alameda/

Esta obra foi impressa em São Paulo
no verão de 2020. No texto foi utilizada a fonte Minion Pro em corpo 11 e
entrelinha de 16 pontos